国家级一流本科专业建设点配套教材
高等院校物流专业"互联网+"创新规划教材

现代仓储与配送管理

主　编　马小雅　符丹丹

内 容 简 介

本教材紧跟物流业的发展前沿,以先进的理念和行业案例为基础,系统阐述了现代仓储与配送概述、现代仓储与配送规划、现代仓储与配送设施设备、仓储操作业务管理、仓储商务管理、特殊物品保管和仓储安全管理、配送作业管理、配送运营管理、仓储配送成本与绩效管理等内容。同时,在适应经济和技术的新变化,紧密结合当前数字化、人工智能等技术的应用、专业化仓配的发展以及绿色发展要求的前提下,本教材介绍智慧仓储与配送、绿色仓储与配送、现代专业化仓储与配送等内容。全书共12章,每章按照"引导案例——学习目标——知识导图——相关知识——本章小结——习题"的顺序展开,体现理实结合,便于读者拓展视野,丰富理论知识,提高解决实际问题的能力;也便于学生培养创新意识和能力,为今后从事相关工作打下良好的基础。本教材既可作为高等院校物流管理、物流工程等物流类专业的教学用书,也可作为企业在职人员参考、学习和培训用书。

图书在版编目(CIP)数据

现代仓储与配送管理 / 马小雅,符丹丹主编. -- 北京 : 北京大学出版社,2025.8. --(高等院校物流专业"互联网+"创新规划教材). -- ISBN 978-7-301-36541-0

Ⅰ.F253

中国国家版本馆CIP数据核字第20255CJ206号

书　　名	现代仓储与配送管理 XIANDAI CANGCHU YU PEISONG GUANLI
著作责任者	马小雅　符丹丹　主编
策划编辑	郑　双
责任编辑	李斯楠　郑　双
数字编辑	金常伟
标准书号	ISBN 978-7-301-36541-0
出版发行	北京大学出版社
地　　址	北京市海淀区成府路205号　100871
网　　址	http://www.pup.cn　新浪微博:@北京大学出版社
电子邮箱	编辑部 pup6@pup.cn　总编室 zpup@pup.cn
电　　话	邮购部 010-62752015　发行部 010-62750672　编辑部 010-62750667
印　刷　者	河北文福旺印刷有限公司
经　销　者	新华书店
	787毫米×1092毫米　16开本　18印张　467千字 2025年8月第1版　2025年8月第1次印刷
定　　价	55.00元

未经许可,不得以任何方式复制或抄袭本书之部分或全部内容。
版权所有,侵权必究
举报电话:010-62752024　电子邮箱:fd@pup.cn
图书如有印装质量问题,请与出版部联系,电话010-62756370

前　　言

在全球化与数字化深度融合的时代背景下，物流与供应链管理作为经济发展的重要支撑力量，其战略地位日益凸显。仓储与配送作为物流体系的核心环节，正从传统的货物存储与配送，向智能化、协同化的方向加速变革。这一变革不仅提升了全球贸易的运作效率，更推动了新兴技术的深度应用，为经济可持续发展提供技术支撑和创新动力。尤其在电商经济蓬勃发展的今天，市场需求的多样化颠覆了传统的仓储与配送模式，推动了仓储与配送服务一体化、平台化的发展。大数据、云计算等先进技术的广泛应用，不仅为仓储与配送的深度融合提供了坚实的技术基础，还产生了巨大的经济和社会价值。

在此背景下，未来的仓储与配送管理人才不仅需要具备扎实的专业知识与技能，还需要具备跨界的创新思维和综合能力。因此，编写《现代仓储与配送管理》教材，旨在系统呈现现代仓储与配送的最新理念、技术应用与管理方法，培养适应行业发展需求的高素质、复合型人才，为物流行业的创新发展注入新的活力。

本教材的编写基于"现代仓储与配送管理"的核心理念，注重融合性、跨界性创新思想的应用，旨在构建一个系统、完整、前瞻的知识体系。在编写过程中，本教材始终站在物流业发展的前沿，立足物流业发展的现状，用最新的理念和行业成果来丰富课程知识体系。同时，本教材致力于积极拓展学生的知识与技能领域，以适应网络经济与平台经济的新变化，确保他们能够掌握未来物流行业发展所需的核心技能。为了达成这一目标，本教材深入分析了现代仓储与配送管理的各个环节，在规划、设施设备、操作业务管理、商务管理、特殊物品保管和安全管理等方面进行了全面而深入的探讨。此外，教材还特别关注了当前正在实施及未来行业趋势中的创新模式和创新理念，如智慧仓储、绿色仓储、电商仓储、海外仓、保税仓库、冷链仓储与前置仓等。在内容编排上，本教材注重理论与实践相结合，通过引入大量的实践案例和成功模式，帮助学生更好地理解现代仓储与配送管理的运作机制与商业价值。这些案例涉及了多种行业和应用场景，为学生提供了丰富的实践经验。

本教材具有以下几个显著特点。

（1）知识体系的逻辑性与创新性的统一。本教材使用总分式的体系设计，对现代仓储与配送管理的知识体系进行了全面梳理。这样的设计不仅可以帮助学生全面、系统地理解现代仓储与配送管理的知识体系，还能够引导他们关注行业的最新动态和创新发展方向。

（2）案例分析与模式诠释的统一。在仓储与配送管理理论基础上，本教材结合大量的实践案例和成功模式，对现代仓储与配送管理的运作机制与商业价值进行了深入诠释。通过案例分析与模式诠释相结合的方式，学生能更好地理解现代仓储与配送管理的实践基础，掌握其在实际应用中的技巧和方法。

（3）课内知识与业内现状的统一。本教材注重将课内知识与业内现状紧密结合，通过引入业内最新案例和前沿理论，帮助学生实现学业与职业的对接。教材系统介绍了现代仓储与配送管理的理论和方法，同时聚焦了行业的最新动态和发展趋势。这样的设计不仅使学生能够更好地适应市场需求，还为他们未来的职业发展提供了有力的支持。

（4）传统理论与前瞻趋势的统一。在尊重传统经典理论的基础上，本教材特别关注了现代仓储与配送管理涉及的创新理念。在内容设计上，既介绍了传统的仓储与配送管理理论和方法，也深入探讨了电商仓储、前置仓、海外仓等全新的仓配模式。这些创新模式不仅代表了现代仓储与配送管理的发展方向，也为学生提供了更广阔的视野和更多的发展机会。

全教材共分为12章，每一章节都围绕着如何更好地理解和应用现代仓储与配送管理展开讨论。

第1章"现代仓储与配送概述"，从宏观角度出发，探讨了现代仓储与配送的概念和特征，分析了仓储与配送的关系以及"仓配一体化"的趋势，帮助读者建立起对整个领域的基本认知框架。第2章"现代仓储与配送规划"，着眼于整体布局与长远规划，介绍了如何根据企业的实际需要制定合理的现代仓储与配送规划，包括仓库选址规划、总体布局规划等方面的内容。第3章"现代仓储与配送设施设备"，详细描述了各类先进的仓储和配送设备的应用情况，体现了科技进步给物流行业带来的巨大变革。第4章"仓储操作业务管理"，深入讲解了日常运营中具体的仓储操作业务流程和管理要点，涵盖货物收货、存储、盘点直至出库的全过程管理。第5章"仓储商务管理"，侧重于商业交易层面的问题研究，例如合同签订、成本控制、客户关系维护等，强调了良好的商务管理在提高企业竞争力方面的重要性。第6章"特殊物品保管和仓储安全管理"，专门针对危险品、贵重物品等特殊类型货物的安全存放提出了专业的解决方案，并系统介绍了仓库治安保卫、消防安全以及安全生产等管理方法，为确保货物在整个流通环节中的安全性和可靠性提供指导。第7章"配送作业管理"，聚焦于"最后一公里"服务的质量提升，详细介绍了配送订单的处理，拣货、补货与流通加工，装配与送货管理以及退货或换货作业管理等作业流程，为实现高效准确的货物送达提供指导。第8章"配送运营管理"，介绍了配送运营管理的基本内容和方法，包括配送服务合同的洽谈和订立、配送路线的确定、配送车辆营运管理以及配送客户服务等内容。第9章"仓储配送成本与绩效管理"，介绍了仓储与配送成本的构成，以及科学的成本控制策略和绩效考核指标，为企业管理者提供了宝贵的决策参考与实践指导。第10章"智慧仓储与配送"，展示了物联网、大数据、人工智能等新兴技术在仓储配送领域的最新应用成果，描绘了一个更加智能化、自动化的仓储与配送领域发展图景。第11章"绿色仓储与配送"，介绍了实施绿色仓储与配送的措施和技术手段，介绍了可持续发展理念在物流行业的实施路径。最后，第12章"现代专业化仓储与配送"，总结了近年来国内外出现的仓储与配送领域的新业态新模式，如跨境电商物流、前置仓等，并对其发展前景进行了展望。

总之，《现代仓储与配送管理》是学习现代物流知识的理想选择。我们希望本教材能够激发更多人关注并参与到这个充满活力与潜力的行业中来，共同见证中国乃至世界物流事业的发展壮大。在此过程中，也期待各位读者提出宝贵的意见和建议，以便我们在后续版本中不断完善和提高。

在编写过程中，我们得到了众多专家学者的支持和帮助，在此表示衷心的感谢！同时，由于水平有限，教材中难免存在不足之处，恳请广大读者批评指正。我们将虚心接受意见并不断总结经验教训，完善教材内容，为培养更多优秀的物流管理人才贡献力量。

编　者
2025年1月

目 录

第1章 现代仓储与配送概述 …… 1
1.1 现代仓储概述 …… 3
- 1.1.1 仓储的概念 …… 3
- 1.1.2 仓储的作用 …… 4
- 1.1.3 仓储的功能 …… 5
- 1.1.4 仓储的种类 …… 7

1.2 仓储管理概述 …… 12
- 1.2.1 仓储管理的含义 …… 12
- 1.2.2 仓储管理的内容 …… 12
- 1.2.3 仓储管理的意义 …… 12
- 1.2.4 仓储管理的原则 …… 13

1.3 现代配送与配送管理概述 …… 14
- 1.3.1 配送的含义 …… 14
- 1.3.2 配送的作用 …… 15
- 1.3.3 配送的分类 …… 16
- 1.3.4 配送管理概述 …… 17

1.4 配送中心 …… 19
- 1.4.1 配送中心的概念 …… 19
- 1.4.2 配送中心的分类 …… 20
- 1.4.3 配送中心的功能 …… 22

1.5 仓储与配送的关系 …… 23
- 1.5.1 仓储与配送的区别 …… 24
- 1.5.2 仓储与配送的联系 …… 24

本章小结 …… 25
习题 …… 25

第2章 现代仓储与配送规划 …… 28
2.1 仓库选址规划 …… 30
- 2.1.1 选址的原则 …… 30
- 2.1.2 仓库选址的影响因素 …… 31

2.2 仓库总体布局规划 …… 32
- 2.2.1 仓库的平面规划 …… 32
- 2.2.2 现代仓库的立体规划 …… 36

2.3 货物储存规划与货位管理 …… 38
- 2.3.1 货物储存分区分类的原则与方法 …… 38
- 2.3.2 仓库内部平面布局 …… 39
- 2.3.3 货位管理 …… 41

2.4 现代配送中心选址设计 …… 44
- 2.4.1 配送中心选址概念及意义 …… 44
- 2.4.2 配送中心选址的影响因素 …… 44
- 2.4.3 配送中心选址流程 …… 45

2.5 现代配送中心规划 …… 47
- 2.5.1 配送中心规划概述 …… 47
- 2.5.2 配送中心规划原则 …… 48
- 2.5.3 配送中心规划要素及资料分析 …… 48
- 2.5.4 配送中心内部规划 …… 49
- 2.5.5 配送中心规划示例 …… 50

本章小结 …… 51
习题 …… 52

第3章 现代仓储与配送设施设备 …… 54
3.1 常见仓储与配送设备 …… 56
- 3.1.1 货架 …… 56
- 3.1.2 装卸搬运设备 …… 60
- 3.1.3 输送设备 …… 64
- 3.1.4 运输设备 …… 68
- 3.1.5 包装设备与其他设备 …… 68

3.2 自动化立体仓库 …… 70
- 3.2.1 自动化立体仓库的产生与发展 …… 70
- 3.2.2 自动化立体仓库的基本组成 …… 70
- 3.2.3 自动化立体仓库的主要特点 …… 71

本章小结 …… 72
习题 …… 73

第4章 仓储操作业务管理 …… 75
4.1 仓储操作业务管理概述 …… 77
- 4.1.1 入库管理概述 …… 78
- 4.1.2 在库管理概述 …… 79
- 4.1.3 出库管理概述 …… 80

4.2 货物入库管理 …… 82

	4.2.1	入库准备 …………………………… 83
	4.2.2	货物接运 …………………………… 84
	4.2.3	质量检验与验收 …………………… 85
	4.2.4	争议问题处理 ……………………… 86
	4.2.5	入库存放 …………………………… 87
4.3	在库管理 ………………………………… 88	
	4.3.1	物品的堆码 ………………………… 88
	4.3.2	选择和确定货位的原则 …………… 89
	4.3.3	仓储保管 …………………………… 90
	4.3.4	盘点 ………………………………… 92
4.4	出库管理 ………………………………… 93	
	4.4.1	出库准备 …………………………… 93
	4.4.2	备货 ………………………………… 94
	4.4.3	出库 ………………………………… 95
本章小结 ……………………………………… 97		
习题 ………………………………………… 97		

第 5 章　仓储商务管理 …………………… 99

5.1	仓储商务管理概述 ……………………… 102	
	5.1.1	仓储商务管理的概念 ……………… 102
	5.1.2	仓储商务管理的过程 ……………… 102
	5.1.3	仓储商务管理的内容 ……………… 103
	5.1.4	仓储商务管理的意义 ……………… 104
5.2	仓储合同洽谈与订立 …………………… 105	
	5.2.1	仓储合同的含义、特点和 种类 ………………………………… 105
	5.2.2	仓储合同的订立 …………………… 106
	5.2.3	仓储合同的生效和无效 …………… 109
	5.2.4	仓储合同的变更、解除 与终止 ……………………………… 110
	5.2.5	仓储合同当事人的权利 和义务 ……………………………… 111
	5.2.6	违约责任和免责规定 ……………… 112
5.3	仓单业务 ………………………………… 114	
	5.3.1	仓单的概念 ………………………… 114
	5.3.2	仓单的性质 ………………………… 114
	5.3.3	仓单的内容 ………………………… 115
	5.3.4	仓单的业务 ………………………… 117
本章小结 ……………………………………… 118		
习题 ………………………………………… 119		

第 6 章　特殊物品保管和仓储安全管理 … 122

6.1	特殊物品保管工作 ……………………… 123	
	6.1.1	仓储物的防霉工作 ………………… 123
	6.1.2	仓储物的防虫工作 ………………… 126
	6.1.3	金属货物的防锈工作 ……………… 128
	6.1.4	高分子货物的防老化工作 ………… 129
	6.1.5	危险品的仓储 ……………………… 130
6.2	仓库治安保卫管理 ……………………… 134	
	6.2.1	仓库治安保卫概述 ………………… 134
	6.2.2	仓库治安保卫组织机构 …………… 134
	6.2.3	仓库治安保卫管理制度 …………… 135
	6.2.4	仓库治安保卫工作及要求 ………… 136
6.3	仓库消防安全管理 ……………………… 137	
	6.3.1	火灾基本知识 ……………………… 137
	6.3.2	仓库的灭火和防火方法 …………… 138
	6.3.3	仓库灭火系统 ……………………… 139
6.4	仓库安全生产管理 ……………………… 141	
	6.4.1	人员安全 …………………………… 141
	6.4.2	设备使用安全 ……………………… 143
	6.4.3	仓库作业安全 ……………………… 144
	6.4.4	存储区作业安全 …………………… 144
6.5	库区和仓库技术安全管理 ……………… 145	
	6.5.1	库区的安全管理 …………………… 145
	6.5.2	仓库技术的安全管理 ……………… 145
本章小结 ……………………………………… 146		
习题 ………………………………………… 147		

第 7 章　配送作业管理 …………………… 149

7.1	配送作业管理概述 ……………………… 151	
	7.1.1	配送作业流程 ……………………… 151
	7.1.2	配送作业合理化 …………………… 152
7.2	配送订单处理 …………………………… 157	
7.3	拣货、补货与流通加工 ………………… 157	
	7.3.1	拣货作业 …………………………… 157
	7.3.2	补货作业 …………………………… 159
	7.3.3	流通加工作业 ……………………… 159
7.4	装配与送货管理 ………………………… 163	
	7.4.1	装配作业 …………………………… 163
	7.4.2	送货管理 …………………………… 164
7.5	退货或换货作业管理 …………………… 165	
本章小结 ……………………………………… 165		
习题 ………………………………………… 166		

第8章 配送运营管理 169

8.1 配送服务合同洽谈与订立 171
- 8.1.1 配送服务合同概述 171
- 8.1.2 配送服务合同的种类 171
- 8.1.3 配送服务合同的主要条款 172
- 8.1.4 配送服务合同的订立 174
- 8.1.5 配送服务合同的履行 174

8.2 配送运输路线的确定 175
- 8.2.1 配送运输的形式 175
- 8.2.2 配送运输路线的类型 177

8.3 配送车辆营运管理 181
- 8.3.1 车辆调度工作的作用和特点 181
- 8.3.2 车辆调度的原则 181
- 8.3.3 配送车辆调度优化问题分类 182
- 8.3.4 车辆调度优化方法 183

8.4 配送客户服务 183
- 8.4.1 客户服务管理 183
- 8.4.2 配送服务质量体系 185
- 8.4.3 配送服务质量管理基本工作 187

本章小结 188
习题 189

第9章 仓储配送成本与绩效管理 191

9.1 仓储成本管理 192
- 9.1.1 仓储成本构成 193
- 9.1.2 成本控制原则 195
- 9.1.3 仓储成本控制策略 197

9.2 配送成本管理 198
- 9.2.1 配送成本构成 198
- 9.2.2 配送成本控制策略 200
- 9.2.3 成本预测 201

9.3 仓储绩效管理 203
- 9.3.1 仓储生产绩效考核意义 203
- 9.3.2 仓储生产绩效考核指标的制定和管理 205
- 9.3.3 仓储生产绩效考核指标体系 206
- 9.3.4 仓储生产绩效考核指标分析的方法 209

9.4 配送绩效管理 211
- 9.4.1 配送服务质量的评估及评分标准 211
- 9.4.2 配送绩效的评估标准 212

本章小结 213
习题 213

第10章 智慧仓储与配送 215

10.1 智慧仓储与配送概述 216
- 10.1.1 智慧仓储概述 216
- 10.1.2 智慧配送概述 218

10.2 仓储与配送数字化技术 222
- 10.2.1 大数据技术的概念 222
- 10.2.2 大数据的特点 223
- 10.2.3 大数据技术应用的基本环节 224
- 10.2.4 大数据技术在智慧仓配中的应用 226

10.3 仓储与配送人工智能技术 227
- 10.3.1 人工智能的概念 227
- 10.3.2 人工智能在智慧仓配中的应用 227

10.4 智慧仓配决策与应用案例 229
- 10.4.1 智慧仓储决策 229
- 10.4.2 智慧配送决策 233
- 10.4.3 智慧仓配案例 240

本章小结 245
习题 246

第11章 绿色仓储与配送 250

11.1 绿色仓储与配送概述 252
- 11.1.1 绿色仓储 252
- 11.1.2 绿色配送 253

11.2 绿色仓储与配送措施 254
- 11.2.1 绿色仓储与配送现状 254
- 11.2.2 绿色仓储与配送对策 255
- 11.2.3 绿色仓储与配送相关技术 256

11.3 绿色仓储与配送案例 258

本章小结 260
习题 260

第12章 现代专业化仓储与配送 262

12.1 电商仓配物流 263
- 12.1.1 电商仓配物流概述 263

12.1.2　电商仓配供应链体系结构……264
　　12.1.3　电商仓配的主要优势…………264
　　12.1.4　电商仓配运作模式……………266
12.2　海外仓与保税仓库……………………268
　　12.2.1　海外仓概述……………………268
　　12.2.2　保税仓库概述…………………270
12.3　物联网技术介入的冷链仓储…………272
　　12.3.1　冷链物流的概念………………272
　　12.3.2　物联网技术介入的冷链仓储…272
12.4　前置仓与即时配送……………………274
　　12.4.1　前置仓概述……………………274
　　12.4.2　前置仓业务主要内容…………275
　　12.4.3　前置仓模式的优势与劣势……275
本章小结………………………………………277
习题……………………………………………278

参考文献……………………………………280

资源索引

第1章 现代仓储与配送概述

【本章学习目标】
1. 掌握现代仓储及仓储管理的基本概念，理解其在供应链中的关键作用。
2. 理解配送的定义、作用及分类，以及配送管理在满足客户需求中的重要性。
3. 掌握配送中心的定义、分类和功能，了解其在物流运作中的地位和作用。
4. 理解现代仓储与配送之间的关系及其相互影响，掌握如何通过协调现代仓储与配送提升供应链整体效能。

【知识导图】

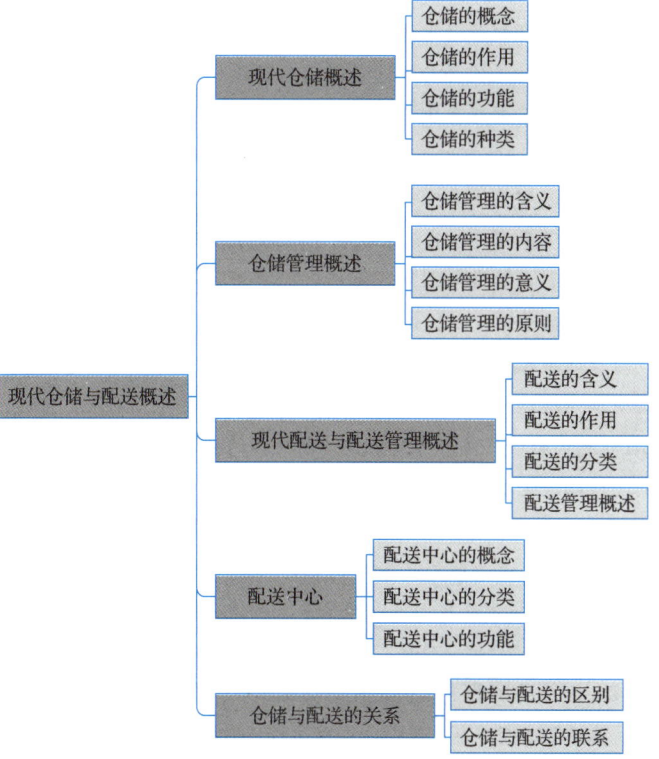

导入案例

5G助推物流智能化时代加速到来

随着5G的出现，物流行业迎来了新的发展契机！

中华人民共和国工业和信息化部（以下简称工信部）向中国电信集团有限公司（以下简称中国电信）、中国移动通信集团有限公司（以下简称中国移动）、中国联合网络通信集团有限公司（以下简称中国联通）、中国广播电视网络有限公司（以下简称中国广电）发放了5G商用牌照，这标志着中国5G商用的大幕正式拉开。5G，即第五代移动通信技术，被视为万物互联的先驱。在物流领域，机器分析应用、信息协同、快递面单加密、开放数据平台等正推动整个物流行业朝着智能化方向迈进。5G首先带来的是物联网技术质的飞跃，将推动物流行业实现基于"物联网+人工智能"的智慧物流模式转型，实现车、货、仓的真正互联互通互动，加速物流的智能化进程。对于物流行业来说，5G将带来新的技术竞争，既是机遇也是挑战。

相较于4G，5G的理论下行速度达到了10 Gb/s，是4G的百倍。如果说4G改变了生活，那么5G将改变世界。因为4G在带宽、时延和接入特性上仍然无法完全适应物联网、人工智能等热点技术，而5G可以克服4G的诸多不足，为物流等领域带来革命性变革。"高速率、大容量、低时延"是5G的三个特点。5G不仅给物流业带来速度的提升，更具有重塑、推动行业快速变革的潜力。低时延的网络传输技术将使物流运作相关信息更迅捷地触达设备端、作业端、管理端，实现端到端的无缝连接。物联网技术的巨大进步将改变物流信息碎片化的弊端，有利于获取更全面的环境信息，形成更具应用价值的"数据链"。此外，人工智能在物流领域有了更多的切入点，真正实现让技术赋能物流产业。

5G至少会给行业带来三方面的变化：一是设备和设施的智能化应用的普及，无人车、无人机、无人仓等更广泛地应用，把人从低端劳动中释放出来；二是人与车、货、仓的互联互通互动，物联网和人工智能技术将使车、货、仓拟人化并与人沟通联动，实现更高效的互动；三是服务的动态化、透明化和智能化。例如，在供应链金融服务中，过去静态的仓单质押将被在途运单质押等更灵活的方式取代。推动物流智能化加速到来，5G可以说是物联网达成万物互联目标的"点金石"。

此前，许多物流企业通过智能物流技术的布局，如无人机、无人车、无人仓、人机交互等，为5G时代的物流智能化发展奠定了基础，也为未来提供了广阔的想象空间。从应用场景来看，5G可能在智能物流园区、自动分拣、冷链、蜂窝物联网、无人机配送等方面带来变革。以菜鸟为例，其将物联网战略定义为物流智能化发展的关键，并认为5G有助于加速自动化仓储和物流自动驾驶的布局和发展。由于4G速率有限，行业通常使用Wi-Fi网络调度机器人，但Wi-Fi网络覆盖范围小，需要频繁切换网络，存在网络不稳定和网络延时等问题，而5G时代这些问题将得到解决，仓储、分拨中心的运营将更加稳定和高效。5G还将为新一代物流行业提供一些特殊的场景，例如增强现实技术实现的场景，包括协助员工完成分拣、协助快递员识别门牌号；在冷链物流中，节点可以通过5G连接远程云物流架构实现温度调控和物品跟踪。对从业者来说，海量物联网、增强型户外无线宽带等网络技术的实现将进一步丰富和深化车联网的应用，显著提高货车行驶安全性及驾驶人员的舒适性。

借助5G、区块链和物联网技术，我们可以轻松掌控物流全链路的环节和流程，通过场景互联打造智慧园区、无人仓、无人运输、"最后一公里"无人配送以及冷链物流等专业细分物流领域。5G不仅给行业和从业者带来改变，还能为消费者提供更好的物流体验。例如，苏宁物流目前能够通过人工智能技术预测包裹的轨迹。在5G时代，消费者或许可以通过实时视频来追踪自己的包裹。

阿里巴巴旗下的物流平台菜鸟与中国联通、圆通速递联合打造了"5G快递分拨中心"，据称建成后将大幅提高包裹自动分拣的效率和稳定性；顺丰正在研究机器视觉，包括在5G环境下冷链可视化的创新应用；德邦携手广东联通成立了快递物流界的5G联合创新实验室，将在干线物联网、"最后一公里"物联网、冷链物流等领域进行研究。

5G带来的是数字化物流和供应链服务的全面转型，但技术适应对许多人来说是一个渐进的过程。在这个过程中，人才的储备至关重要，这不仅包括培养熟练应用新技术的新物流人才，还包括对传统人才队伍的能力升级和重塑。5G时代的来临对人才提出了新的要求。

（资料来源：惠众网，有改编）

1.1 现代仓储概述

1.1.1 仓储的概念

纵观仓储角色的演变，从物流功能整合的角度来看，可以概括为仓储向配送中心转化，仓储与配送的业务交融。在这个过程中，二者的业务边界日益模糊，呈现出融合的趋势。

1. 现代仓储内涵的演变过程

传统的仓储的定义是从物资储备的角度演变出来的。进入21世纪，现代仓储不仅仅是传统意义上的"仓库"和"仓库管理"，而且是在经济全球化与供应链一体化背景下的仓储，是现代物流系统中"仓配一体化"的一个重要环节。尤其是信息技术的快速发展与逐步普及，为现代仓储模式的创新带来了很多机遇。随着物流管理向供应链管理以及区块链方向的发展和演进，企业越来越多地开始强调仓储作为供应链中的一个资源提供者的独特性。由此，仓库再也不只是存储货物的库房了，仓储与零售、国际贸易、金融等行业相互融合，逐步扩大其服务内容和服务范围。

2. 现代仓储的内涵

现代物流系统中的仓储是一个动态的概念，它是系统要素中的重要构成。仓储包含了多项活动或过程，旨在满足供应链上下游的需求。这些活动或过程发生在特定的有形或无形的场所，是运用现代技术对物品的进出、储存保管、分拣、包装、配送及信息处理等流程进行有效计划、执行和控制的物流活动。从这个概念可以发现，现代仓储有以下几个基本内涵。

（1）物流活动。仓储首先是一项集成化的物流活动，或者说物流活动是仓储的本质属性。仓储不是产品生产也不是商品交易，而是为生产与交易服务的物流活动中的一个中间环节，这表明仓储只是物流活动之一。仓储应该融于整个物流系统之中，在与其他物流活动相联系、相配合中实现自身价值，这一点与过去的"仓库管理"是有很大区别的。

（2）仓储活动。仓储活动包括了物品的储存保管、分拣、包装、配送及其信息处理等多个方面，这些内容已经把具有原初含义的配送包含在其中。

物品的储存保管可以说是仓储最基本的活动，也是传统仓储的基本功能。在信息化技术支持下，其管理手段与管理水平得到了不断提升。

物品的分拣与包装在传统仓储中也有，只不过在现代仓储中表现得更普遍、更深入、更精细、更精准，甚至已经与物品的储存保管作业相结合，共同构成现代仓储的基本活动。

将配送作为仓储活动，是因为配送不是一般意义上的运输，而是仓储功能的自然延伸，是仓库发展为配送中心乃至仓配中心的内在要求。若没有配送，仓储也依旧是孤立的仓库，就像没有出口的"水库"，只具有蓄水功能。

仓储信息处理已经是现代经济活动的普遍现象，也是仓储活动的内容之一。如果没有现代信息处理技术支持，现代仓储的意义就不存在了。

（3）仓储目标。仓储的目标反映出仓储运营者的经营目标，就是为了满足供应链上下游的需求，对仓储物以及附带相关服务进行有效的管理以获得预期经济效益。这与传统上仅仅满足客户的需求这一目标在深度与广度上都有重大区别。要明确需求者与服务接受者，确定目标客户，以供应链思维经营仓储。客户可能是上游的生产者，也可能是下游的零售业者，还可能是企业内部人员。仓储要满足供应链中直接客户或间接客户的需求，应该融入供应链上下游之中，根据产业供应链的整体需求确立仓储的角色定位与服务功能。

（4）仓储条件。仓储的条件由特定的有形或无形的场所与现代技术构成，是硬件与软件条件的统一。"特定"是指因为各个企业的供应链具有特定性，所以仓储的场所也有特定性。"有形的场所"是指仓库、货场或储罐等。在现代网络经济背景下，仓储有时可以在虚拟仓（即虚拟的空间）进行，如云端库存管理系统等虚拟仓储形式，这需要许多现代技术的支撑，离开了现代仓储设施设备及信息化技术，现代仓储便无从谈起。

（5）仓储方法。企业仓储的方法与水平主要体现在利用现代技术能力方面，包括有效地实施仓储计划、执行和控制等。科学、合理、精细的仓储也应当通过现代技术对传统的仓储方式加以创新改造，从而形成具有数字化时代特点的仓储方法和模式。

1.1.2 仓储的作用

1. 仓储的正作用

（1）仓储是物流的主要功能要素之一。在物流体系中，运输和仓储被称为两大支柱。运输承担着改变物品空间状态的重任，仓储则承担着改变物品时间状态的重任。

（2）仓储是整个物流业务活动的必要环节之一。仓储作为物品在生产过程中各间隔时间内的物流停滞状态，是保证生产正常进行的必要条件，它可以使上一步生产活动顺利进行到下一步生产活动。

（3）仓储是保持物资原有使用价值和使物资使用合理化的重要手段。生产和消费的供需在时间上的不均衡、不同步造成物资使用价值在数量上减少（如部分损毁、失效），同时剩余部分的实际效用（如功能、性能下降），只有通过仓储才能减少物资损害，防止其积压浪费，使物资在最佳效用期内发挥作用，充分发挥物资的潜力，实现物资的最大效益。

（4）仓储是提升资金周转速度、减少流通费用、降低物流成本以及提高经济效益的有效手段。有效的仓储可以避免加班成本和紧急采购带来的额外支出。然而，仓储也意味着物资和资金的消耗，因此优化仓储管理具有巨大的节约潜力。合理规划仓储可以加速物资流通和资金周转，节省支出，并开辟"第三利润来源"。

2. 仓储的逆作用

仓储是物流系统中一种必要的活动，但也可能冲减物流系统效益，影响物流系统顺畅运行。甚至有人明确提出，仓储中的库存是企业的"癌症"。因为，仓储也会使企业付出巨大代价，这些代价主要包括以下内容。

（1）固定费用和可变费用支出。仓储要求企业在仓库建设、仓库管理、仓库工作人员工资和福利等方面支出大量的成本费用，这会导致企业开支增加。

（2）机会损失。库存占用资金及资金利息，这些资金如果用于另外的项目可能会使企业获得更高的收益。

（3）陈旧损失与跌价损失。随着储存时间的增加，库存货物时刻都在发生陈旧变质，严重的更会完全丧失其价值及使用价值。同时，库存货物一旦错过有利的销售期，又会因为必须低价贱卖而导致不可避免的跌价损失。

（4）保险费支出。为了分担风险，很多企业会对库存采取投保（缴纳保险费）方法。保险费支出在库存总值中占了相当大的比例。在信息经济时代，社会保障体系和安全体系日益完善，这个费用支出的比例还会呈上升的趋势。

由此可见，仓储既有积极的一面也有消极的一面。只有考虑到仓储作用的两面性，尽量使仓储合理化，才能有利于物流活动的顺利开展。

1.1.3 仓储的功能

1. 储存保管功能

储存保管功能是仓储最传统、最基本的功能。商品从生产过程到进入消费过程，始终存在时间差。在这段时间间隔内，形成了商品的暂时停滞。商品在流通领域中暂时的停滞过程，形成了商品储存。同时，商品储存又是商品流通的必要条件。

现代生产的复杂性决定了在经济领域中不均衡、不同步的现象是客观存在的。因此，生产的商品需要经过一定时间的储存保管才能和消费相协调。此外，为了应付突发事故和自然灾害，合理使用资源，防止商品积压浪费，获得较优价格而延迟一段时间出售商品，都需要对生产的商品进行一定时间的储存保管。在现代物流领域，人们经常将其看成是整个物流过程的"调节阀"。

2. 搬运功能

搬运功能可以分为接收、转移或存放、用户订单分拣和配装等几种活动。

（1）接收活动：既包括运输承运商的卸货，也包括更新仓库中的库存记录，检查是否存在破损情况，以及根据订单和运输记录进行商品数量的确认。

（2）转移或存放活动：包括将商品移动到仓库进行存储的物理移动，将商品搬运到进行特殊服务（如合并）的地方的移动，以及出厂运输的搬运。

（3）用户订单分拣活动：可分为全面分拣、批处理分拣、分区分拣和分拨分拣4类。

（4）配装活动：既包括准备商品和将配齐的订单商品搬运到承运商的运输设备中，并调整存货记录，检查发货订单，也包括替特定用户进行商品的分类和包装。例如，将商品放入箱、包或其他容器中，再将其放在托盘上，进行包装并标记运输信息（原产地、目的地、发货人、收货人及包装内容）。

3. 加工功能

仓储物在仓储期间，保管人根据存货人或客户的要求对仓储物的简单的外观、形状和尺寸等进行调整，使仓储物发生所期望的变化。加工主要包括以下6个方面：一是为保护产品进行的加工。例如，对保鲜、保质要求较高的水产品、肉产品和蛋产品等食品，可进行冷冻加工、防腐加工和保鲜加工等的加工；对金属材料可进行喷漆、涂防锈油等防锈蚀的加工。二是为适应多样化进行的加工。例如，对钢材卷板的展开、剪切加工；对平板玻璃的开片加工；以及将木材改制成方材、板材等的加工。三是为使消费者方便、省力的加工。如将木材直接加工成各种型材，可使消费者直接使用；将水泥制成混凝土拌合物，只需稍加搅拌即可使用等。四是为提高产品利用率的加工。例如，对钢材、木材的集中下料，搭配套材，减少边角余料，可节省原材料成本和加工费用。五是为便于衔接不同的运输方式，使物流更加合理的加工。例如，散装水泥的中转仓库担负起散装水泥装袋的流通加工及将大规模散装水泥转化为小规模散装水泥的任务，这就属于这种形式的加工。六是为实现配送进行的流通加工，仓储中心为实现配送活动，满足客户对物品的供应数量、供应构成的要求，可对配送的物品进行各种加工活动。例如，拆整化零，定量备货，把沙子、水泥、石子和水等各种材料按比例要求装入水泥搅拌车可旋转的罐中，在配送的途中进行搅拌，到达施工现场后，混凝土已经被搅拌好，可直接投入使用。

4. 信息传递功能

信息是进行物流调度指挥的手段。只有有效地运用信息，才能使物流活动顺利进行。企业管理者想要控制仓储活动，通常需要及时准确的信息。例如，在安排商品储存时，必须掌握进仓商品的数量、品种，以及商品的重量和体积等信息，同时还要了解各仓库的空余仓位情况，只有这样才能充分发挥仓库的使用效能。因此，运用电子数据交换（Electronic Data Interchange，EDI）、互联网及条形码技术来提高信息传递的速度和准确性，对于仓储运营至关重要。

5. 整合功能

整合是仓储活动的一个经济功能。通过这种功能，仓库可以将来自多个制造企业的产品或原材料整合成一个单元，进行一票装运。这样有利于降低运输成本，也可以减少由多个供应商向同一客户进行供货带来的拥挤和不便。为了能有效地发挥仓储整合功能，每一个制造企业都必须把仓库作为货运储备地点，或用作产品分类和组装的设施。这是因为，整合装运的最大好处就是能够把来自不同制造商的小批量货物集中起来形成规模运输，使每一个客户都能享受到低于其单独运输成本的服务。

6. 提供现货交易场所的功能

存货人要转让已在仓库存放的商品时，购买人可以到仓库查验商品，进行取样化验，双方可以在仓库进行转让交割。国内众多的批发交易市场兼具商品存储和交易功能，并能够提供便利的交易条件。如我国大量发展的阁楼式仓储商店，就是仓储功能高度发展、仓储与商业密切结合的结果。

7. 提升企业市场形象的功能

尽管提升企业市场形象的功能所带来的利益不像前面几个功能带来的利益那样明显，但对于一个企业的营销主管来说，仓储活动的重要性不容忽视。

从满足客户需求的角度看，从一个距离较近的仓库调货远比从生产厂商处调货方便得多，同时，仓库也能提供更为快捷的配送服务。这些不仅提高了供货的便利性和速度，还能快速响应市场需求，从而助力企业树立一个良好的市场形象。

8. 提供信用保证的功能

在大批量货物的实物交易中，购买方必须检验货物、确定货物的存在和货物的质量，方可成交。购买方可以到仓库查验货物，由保管人出具的货物仓单是实物交易的凭证，可以作为对购买方提供的信用保证。仓单本身就可以作为融资工具，即可以直接使用仓单进行质押。

1.1.4 仓储的种类

1. 按仓储经营主体划分

（1）自营仓储。

自营仓储主要包括生产企业和流通企业的自营仓储。生产企业自营仓储是生产企业为保障原材料供应、半成品及成品的保管需要而进行的仓储保管，其存储对象较为单一，以满足生产为原则；流通企业自营仓储则是将流通企业所经营的商品进行仓储保管，其目的是支持销售。自营仓储不具有经营独立性，仅仅是为企业的产品生产或商品经营活动服务，规模小、数量众多、专业性强、仓储专业化程度低、设施简单。自营仓储的优缺点如表1-1所示。

表1-1 自营仓储的优缺点

优缺点	说明
优点	1. 可以根据企业特点加强仓储管理 2. 可以依照企业的需要选择地址和修建特殊需要的设施 3. 长期仓储成本低 4. 可以为企业树立良好形象
缺点	1. 存在位置和结构的局限性 2. 企业的部分资金被长期占用

（2）第三方仓储。

第三方仓储又称合同仓储，是指企业将物流活动转包给外部公司，由外部公司为企业提供综合物流服务的一种方式。第三方仓储不同于一般的租赁仓库仓储，它能够提供专业化、高效、经济和准确的分销服务。第三方仓储公司与传统仓储公司相比，能为货主提供满足其特殊要求的空间、人力、设备和特殊服务。第三方仓储的优缺点如表1-2所示。

表 1-2　第三方仓储的优缺点

优缺点	说明
优点	1. 有利于企业有效利用资源 2. 有利于企业扩大市场 3. 有利于企业进行新市场的测试 4. 有利于企业降低运输成本
缺点	对物流活动失去直接控制

（3）公共仓储。

公共仓储是公用事业的配套服务设施，主要为车站、码头提供仓储配套服务，其运作的主要目的是保证车站、码头等的货物作业和运输流畅，具有内部服务的性质，处于整个物流运作体系的从属地位。但对于存货人而言，公共仓储也适用于营业仓储关系，只是不独立订立仓储合同，而是将仓储关系条款列在作业合同或运输合同之中。公共仓储的优缺点如表1-3所示。

表 1-3　公共仓储的优缺点

优缺点	说明
优点	1. 需要进行货物保管时，保证有场所；不需要进行货物保管时，不用承担仓库场地空闲的无形损失 2. 有专家参与进行保管和进出货物的工作，管理安全 3. 无需仓库建设资金 4. 可以根据市场需求变化选择仓库的租用面积与地点
缺点	1. 当货物流通量大时，仓库保管费与自家仓库成本相比较高 2. 所保管的货物需遵守营业仓库的各种限制规则

（4）战略储备仓储。

战略储备仓储是国家根据国防安全、社会稳定的需要，对战略物资进行储备。战略储备仓储特别重视仓储物的安全性，且储备时间较长。所储备的物资主要有粮食、油料和有色金属等。

2. 按照仓储功能分类

（1）生产仓储。

生产仓储为生产领域服务，主要是用来保管生产企业生产加工的原材料、燃料、在制品和待销售的产成品，包括原材料仓储、在制品仓储和成品仓储。

（2）流通仓储。

流通仓储为流通领域服务，专门储存和保管流通企业待销售的商品，包括批发仓储和零售仓储。

（3）中转仓储。

中转仓储是衔接不同运输方式的仓储，主要设置在生产地和消费地之间的交通枢纽地，如港口、车站等地。中转仓储具有货物大进大出、储存期限短、注重货物的周转效率和周转率等特性。

（4）保税仓储。

保税仓储是指使用海关核准的保税仓库存放保税货物的仓储行为。保税仓储所储存的对象是暂时进境并还需要复运出境的货物，或是海关批准暂缓纳税的进口货物。保税仓储受海关的直接监管，虽然所储存的货物由存货人委托保管，但保管人要对海关负责，入库或出库单据均需要经海关核准。

（5）加工型仓储。

加工型仓储是商品保管和加工相结合的仓储活动。主要职能是根据市场需要对商品进行选择、分类、整理和更换包装等流通加工活动。

相关链接

【大厂智能仓储物流】
之华为&顺丰-亚洲
最大手机仓

仓储形态发展的过程

1. 人工和机械化的仓储阶段

这个阶段物资的输送、仓储、管理和控制主要是依靠人工及辅助机械来实现的。物料的移动和搬运可以通过多种设备实现，如传送带、工业输送车、机械手、吊车、堆垛机和升降机。存储方面，可使用货架、托盘和可移动货架。存取操作既可通过人工完成，也可借助机械存取设备完成。此外，限位开关、螺旋机械制动和机械监视器等控制设备可用于保障运行的安全性和稳定性。机械化满足了人们对速度、精度、高度、重量、重复存取和搬运等方面的要求，其实时性和直观性是明显优点。

2. 自动化仓储阶段

自动化技术对仓储技术的发展起到了重要的促进作用。从20世纪50年代末开始，自动导引小车（AGV）、自动货架、自动存取机器人、自动识别和自动分拣等系统得到应用。到20世纪70年代，旋转体式货架、移动式货架、巷道式堆垛机和其他搬运设备都加入了自动控制设备行列，但只是各个设备的局部自动化并各自独立应用，被称为"自动化孤岛"。

随着计算机技术的发展，仓储技术研究的工作重点转向对物资的控制和管理，要求实时、协调和一体化。通过计算机之间、数据采集点之间、机械设备的控制器之间及它们与主计算机之间的通信，计划人员可以及时地汇总信息，通过仓库计算机及时地记录订货和到货时间，显示库存量，计划人员可以方便地做出供货决策，管理人员可以随时掌握货源及需求。

信息技术的应用已成为仓储技术的重要支柱。到20世纪70年代末，自动化技术被越来越多地应用到生产和流通领域。"自动化孤岛"需要集成化，于是便形成了"集成系统"的概念。在集成系统中，整个系统的有机协作，使总体效益大大超过了各部分独立效益的总和。集成化仓库技术作为计算机集成制造系统（Computer Integrated Manufacturing System，CIMS）的核心组成部分受到人们的重视，集成系统里包括了人、设备和控制系统。

3. 智能化仓储阶段

在自动化仓储的基础上继续研究，实现仓储与其他信息决策系统的集成，并使其朝着智能控制和模糊控制的方向发展。人工智能推动了仓储技术的发展，即实现了智能化仓储。现在智能化仓储技术还处于初级发展阶段，21世纪仓储技术的智能化将具有广阔的应用前景。20世纪70年代初期，我国开始研究采用巷道式堆垛机的立体仓库。1980年，由北京机械工业自动化研究所等单位研制、建成的我国第一座自动化立体仓库在北京汽车制造厂投产。从此以后，自动化立体仓库在我国得到了迅速的发展。

据不完全统计，2022年初，我国已建成的立体仓库有300座左右，其中全自动的立体仓库有50多座，高度在12米以上的大型立体仓库有8座，这些自动化的仓库主要集中在烟草、医药保健品、食品、通讯和

信息、家具制造业和机械制造业等传统优势行业。在此基础上，我国对仓库的研究也向着智能化的方向发展，但是截至 2023 年底，我国还处于自动化立体仓库的推广和应用阶段。

3. 按照仓储的保管条件分类

（1）普通物品仓储。

普通物品仓储是指不需要满足特殊仓储条件的物品仓储。其设备和库房建造都比较简单，使用范围较广。这类仓储有一般性的保管场所和设施，常温保管，自然通风，无特殊功能。

（2）专用仓储。

专用仓储是专门用来储存某一类（种）物品的仓储。一般由于物品本身的特殊性质（如对温度和湿度的特殊要求，或易于对与之共同储存的物品产生不良影响）要专库储存。例如，机电产品、食糖和烟草仓库等。

（3）特殊物品仓储。

特殊物品仓储是在保管中有特殊要求或需要满足特殊仓储条件的物品仓储，这些物品包括危险品、石油和冷藏物品等。这类仓储必须配备防火、防爆和防虫等专门设备，其仓库的建筑构造、安全设施都与一般仓库不同。例如，冷冻仓库、石油仓库和化学危险品仓库等。

4. 按照仓储物的处理方式分类

（1）保管式仓储。

保管式仓储也被称为纯仓储，是以保管物原样保持不变的方式所进行的仓储。存货人将特定的物品交由保管人进行保管，到期保管人原物交还存货人。保管物除了发生自然损耗和自然减量，数量、质量和件数都不发生变化。保管式仓储分为仓储物独立保管仓储和将同类仓储物混合在一起的混藏仓储。

（2）消费式仓储。

保管人在接受保管物时，同时接受保管物的所有权，保管人在仓储期间有权对仓储物行使所有权。在仓储期满后，保管人将相同种类、品种和数量的替代物交还给委托人。消费式仓储特别适合于保管保管期较短的商品，例如，农产品和市场价格变化较大的商品等。

5. 按仓储的集中程度分类

（1）集中仓储。

把较大批量的货物集中于一个场所之中的仓储活动，被称为集中仓储。作为一种大规模储存的方式，集中仓储能够发挥"规模效益"的优势，实现仓储作业的机械化和自动化，并促进现代科技在仓储领域的应用。集中仓储从储存的调节作用来看，有比较强的调节能力及对需求的更大的保证能力，集中仓储的单位仓储费用较低，经济效果较好。

（2）分散仓储。

分散仓储是较小规模的储存方式，往往和生产企业、消费者、流通企业相结合，不是面向社会而是面向某一企业的仓储活动。因此，其仓储量取决于企业生产或消费要求的经营规模大小。

分散仓储的主要特点是供给和需求直接密切结合，仓储位置离需求地很近，但是由于数量有限，供应保障能力一般较小。同样的供应保障能力，集中仓储总量远低于分散仓储总量之和，资金占用量也低于分散仓储资金占用量之和，但周转速度高于分散仓储的周转速度。

（3）零库存。

零库存是现代物流学中的重要概念，指某一领域不再保有库存，以无库存（或很低库存）作为生产或供应保障的一种系统方式。

广东省台山市"粮食绿色仓储"项目

背景故事：

党的二十大报告中两次提及产业链供应链，指出要着力提升产业链供应链韧性和安全水平，确保粮食、能源资源、重要产业链供应链安全。粮食安全是国家安全的重要基础，推进粮仓建设是保障粮食安全的基石。台山市国有粮食集团有限公司（以下简称"粮食集团"）正在大力推进粮仓建设，该项建设承载着保障区域粮食安全的重任。作为广东省台山市粮食储备和加工能力提升的核心项目，"粮食绿色仓储"项目的实施不仅符合国家和广东省的产业政策，还能够显著助力广东农业产业化，为台山市乃至江门市的产业结构优化和经济发展带来新的动力。

（1）项目建设。

"粮食绿色仓储"项目选址在台山市端芬镇、都斛镇和斗山镇的3个库点，规划建设总仓储容量达6.3万吨，并配备稻谷烘干生产线、冷链仓储设施以及高科技智能化仓储系统。这种科学布局的仓储网络不仅有效解决了粮食储存的短板问题，还提升了仓储安全性和效率。新建设施的启用，不仅使粮食集团能够应对台山市的粮食需求，还为提高广东省粮食储备的数量和质量提供了强有力的保障。

（2）市场影响。

《广东省粮食安全和应急物资保障"十四五"规划》指出，要在产销缺口大的地区新建高标准粮食仓储设施，并配备先进设备，逐步替代传统的小散粮库。台山市的这一项目正是该规划的重点工程之一，为台山市乃至更广泛地区的粮食应急保障工作提供了坚实的支撑。项目建成后，将极大提高台山市的稻谷深加工能力、"绿色储藏"能力和智能化仓储管理水平，确保台山市粮食生产安全，同时也为地方经济的发展增添了活力。

（3）资金筹措与收入模式。

该项目计划总投资53240.85万元，主要包括项目资金和专项债券筹措资金。随着项目的逐步落成，其收入来源将包括粮油保管费、轮换费补贴、粮食销售收入以及冷链仓储收入等。其中，粮食的轮换周期为两年，这不仅确保了粮食储备的品质，还通过不断更新的粮食储备提升了台山市的经济效益。

（4）政策支持与社会效益。

"粮食绿色仓储"项目响应了国家及广东省对于粮食安全的政策要求，得到了各级政府的大力支持。粮食集团通过深入挖掘区域资源优势，不仅推动了粮食仓储的现代化发展，也带动了周边农副产品深加工、精加工等粮食工业产业链的完善。通过"粮食绿色仓储"项目，台山市实现了在农业全产业链的延伸，有效促进了地方农业与工业的融合。

项目的建设还为当地农业从业者带来了新的就业机会和增收渠道，提升了农村经济水平。更重要的是，该项目增强了国家在台山市的粮食宏观调控能力，为防灾抗灾、提供军需民食提供了可靠保障。在粤港澳大湾区建设和"一带一路"倡议的机遇下，"粮食绿色仓储"项目既是确保粮食安全的重要举措，又是促进农业现代化发展的新引擎。

（5）结语

作为"十四五"规划的重要一环，"粮食绿色仓储"项目展现了广东省在粮食安全领域的前瞻性布局。未来，该项目将继续助力区域粮食安全、社会经济发展，为提升国家粮食安全保障能力提供重要支撑力量。

（资料来源：https://mp.weixin.qq.com/s/zKmtgTO8vA5Au5lM0TT_Sg，有改编。）

1.2 仓储管理概述

仓储管理在物流中的地位

1.2.1 仓储管理的含义

根据《物流术语》（GB/T18354—2021）的表述，仓储管理（Storage Management）是指对仓储及相关作业进行的计划、组织、协调与控制。具体来说，仓储管理包括仓储资源的获得、经营决策、商务管理、作业管理、仓储保管、安全管理、人事管理、经济管理等一系列管理工作。这种管理工作，是随着储存物料品种的多样化和仓库结构、技术设备的科学化而不断变化、发展的。随着仓储管理在社会经济领域中的作用不断扩大，其内涵已从单纯意义上对物料存储数量和质量的静态管理，转变成为动态管理，它的功能已不再是单纯的物料存储，而是兼有包装、分拣、整理、简单装配等多种辅助性功能，其目标是实现仓储合理化。仓储合理化的含义，就是用最经济的仓储管理来实现仓储的功能。仓储的核心功能是实现物资的时间价值。因此，仓储管理中用成本控制的方式来满足客户需求的仓储量是衡量仓储管理是否合理化的一个原则。

1.2.2 仓储管理的内容

仓储业作为社会经济活动中的一个行业，其管理既具有一般企业管理的共性，也体现出其本身的管理特点。从物流系统功能的整体观念来看，仓储管理不仅是对仓储业务活动与作业过程的管理，也包括对仓储的战略规划和对以仓库定位为中心的物流网络的设计与物流节点的布局。仓储管理具体涉及以下内容。

仓储网点的布置和选址，仓储设施的选择，仓库规模的确定，仓储商务管理，特殊物品的仓储管理，库存货源管理，仓储计划，仓库作业，货物包装和养护，仓库治安、消防和生产安全，仓储经济效益分析，仓储货物的保税制度和政策，库存控制与管理，仓储管理中信息技术的应用以及仓储系统的优化等。

1.2.3 仓储管理的意义

1. 科学的仓储管理是顺利实现社会再生产过程的必要条件

仓储是以改变"物品"的时间状态为目的的活动。仓储活动保障社会再生产过程的顺利进行可以从以下三个方面体现：(1) 衔接生产与消费的时间差。商品从生产到最终实现消费，这之间存在着时间差，有的商品是季节生产，常年消费，如粮食商品等；有的商品是常年生产，季节消费，如冬季消费的羽绒商品等。因而，绝大部分的商品从生产到消费都需要仓储活动，而且现代仓储还能通过流通加工环节满足消费者不断增长的个性化需求。(2) 克服生产与消费地理上的分离。为了降低生产成本，工业生产的集中化、规模化不断加强，这使得商品的生产地与消费地的空间差扩大，需要运输的商品品种、数量增加，而且平均运输的距离也在不断增加，因此就需要多种运输方式的联合。商品仓储活动的重要意义之一就是通过仓储活动平衡运输的负荷，衔接多种运输方式。（3）调节生产与消费方式上的差别。专业化生产将生产的产品品种限制在比较窄的范围之内。专业化程度越高，一个工厂生产的产品品种就越少。而买方市场中消费者不断增长的个性化需求体现出消费者要求更多样化的商品品种和表现形式。这种生产企业对单一品种、大批量生产的愿望与消费者对多样化品种、小批量的需要之间的矛盾，就要求仓储环节在流通过程中不断进行商品品种组合和商品分拨。

2. 科学的仓储管理可以保持物品的使用价值

任何物品的从生产到消费的这段过程都会发生物理和化学变化，只是快慢不一样而已。要使物品在流通过程中仍具有使用价值，需要依赖于科学的仓储管理。根据物品的特性、储存要求和消防要求等进行物品的储存规划，最大限度地减少储存物品的变质损耗，以达到降低成本，满足客户需求，扩大市场规模的目的，最终达到企业经济效益和社会效益的提高。

3. 科学的仓储管理可以创造时间效用、极大地获取"第三利润源"

物品所处的时间节点不同，其所体现出的使用价值也不同。因此，利用科学仓储管理的时间效用可以实现物品使用价值的最大化，并降低企业成本，实现利润的最大化。

4. 科学的仓储管理可以优化物品流通中的各项活动，发挥库存信息的作用

物品从生产地到消费地的过程中，为了实现高效率的物流运输，需要在仓储管理中进行候装、配载、包装、成组、分批、疏散等活动；为了满足销售的需要，物品在仓储管理中需要进行整合、分类、拆除包装、配送等活动。这些活动必须依靠科学的仓储管理来进行指挥和协调。

高效的企业管理已进入供应链管理的时代，企业间建立的战略合作伙伴关系，要求企业之间做到库存信息共享。仓储管理中的库存信息反馈和共享可以使企业准确把握市场需求的动向，降低企业成本，更好地满足客户需求。

1.2.4 仓储管理的原则

1. 效率的原则

效率是指一定的产品产出量与一定的劳动要素投入量之比。较小的劳动要素投入和较高的产品产出量才能实现高效率。高效率是现代生产的基本要求，仓储经营的目标是要实现仓储经营活动的"快进、快出、多仓储、保管好、费用省"。"快进"是指货物运抵港口、车站或仓库装卸区时，要以最快的速度完成货物的接运、验收和入库作业。"快出"是指货物出库时，要及时、迅速、高效率地完成备料、复核、出库和交货清理作业。"多仓储"是指在库存合理规划的基础上，最大限度地利用有效的仓储面积和空间，提高单位面积的仓储量和面积利用率。"保管好"是指按照货物的性质和仓储条件的要求，合理安排仓储场所，采用多种经营方式和科学的保管方法，使其在保管期间内质量完好、数量准确。"费用省"是指在货物输

入和输出，以及保管的整个过程中，都要努力节省人力、物力和财力，以最低的仓储成本获取最好的经济效果。

2. 经济效益的原则

企业生产经营的目的是获得最大化利润，这是经济学的基本假设条件，也是社会现实的反映。利润是经济效益的表现，即：

$$利润=经营收入-经营成本-税金$$

实现利润最大化则需要做到经营收入最大化和经营成本最小化。

社会主义企业经营也不排除追求利润最大化的动机，作为参与市场经济活动主体之一的仓储业，也应围绕获得最大经济效益的目的进行组织和经营。同时，仓储业也需要承担部分社会责任，履行保护环境、维护社会安定、满足社会不断增长的需要等社会义务，以实现生产经营的社会效益。

3. 服务的原则

仓储活动本身就是向社会提供服务产品。服务是贯穿在仓储中的一条主线，仓储的定位布点、具体操作、对储存货物的控制等都是围绕着服务进行的。仓储管理就是围绕服务定位开展的关于如何提高服务、改善服务、提高服务质量的管理，包括直接的服务管理和以服务为原则的生产管理。仓储的服务水平与仓储经营成本有很高的相关性，一般是服务好，成本高，收费也高。仓储服务管理就是要在降低成本和提高（保持）服务水平之间保持平衡。

1.3　现代配送与配送管理概述

1.3.1　配送的含义

1. 配送的概念

按照《物流术语》（GB/T18354—2021）的表述，配送（Distribution）是根据客户要求，对物品进行分类、拣选、集货、包装、组配等作业，并按时送达指定地点的物流活动。可见，配送几乎包括了物流的所有功能要素，是在一个经济合理区域内全部物流活动的体现。

2. 对配送概念的理解

对配送的深入认识，应当掌握以下几点。

（1）配送是"配"和"送"的有机结合。

配是指配用户、配时间、配货品、配车辆、配路线，送是指送货运输。配送是"配"和"送"有机结合的形式。

（2）配送与一般送货是有区别的。

配送是特殊的送货，是高水平的送货，它与一般送货的区别表现在以下三个方面：首先，配送是一种体制行为，是一种现代物流形式，而一般送货可以是一种偶然的行为；其次，配送是一种有组织、有计划、高效率、提供优质服务的行为，而一般送货是被动的服务行为；最后，配送依靠现代生产力和现代物流科技，而传统送货主要依靠自发意识。

（3）配送以低成本、提供优质服务为宗旨。

专业配送系统中的运输工具，如一辆汽车，能够实现多用户、多品种、按时的联合配送，比多个用户各派一辆汽车分别直送要大大节约车辆、人力和费用，从而最大限度地降低成本。此外，专业配送还可实现按时、按量、按品种配套齐全地送达用户手中，并提供各种服务，适时适量满足用户需要。可见，配送是以低成本、提供优质服务为宗旨的。

（4）配送是一种先进的现代物流形式。

配送是一种先进的现代物流形式，其体现在两个方面。一方面，配送不但给供应者和需求者带来降低物流成本、享受优质服务的优势，而且还能为社会节省运输车次，为缓解交通压力、减少运输污染做出贡献。另一方面，配送既能保障物资供应，保障人们的生产、生活正常进行，又能使企业生产和人们生活产生革命性的变化，促进生产力的发展和人们生活水平的提高。

1.3.2 配送的作用

配送与包装、运输、仓储搬运、流通加工融为一体，构成了物流系统的功能体系。配送的作用表现在以下几个方面。

1. 增强企业竞争力

分销领域采用配送系统，可以降低物流成本、提高服务水平，从而进一步扩大销售、扩大市场。生产领域实行配送体制，配送需要多少，就生产多少，这样可以实现产成品零库存，最大限度地节约资源。采购领域实行配送体制可以实现企业需要多少，供应商就配送多少，何时需要，供应商就何时送货。可见，企业实行配送体制，促进了分销体制、生产体制、采购体制发生革命性变化，增强了企业的竞争力。

2. 提升物流服务水平

配送能够按时按量、按品种配套齐全地送货上门，为用户免去了出差采购、运输进货等奔波之累，从而简化手续、方便用户、节省成本、提高效率。配送还保障了物资供应，从而保障了企业生产和流通的正常进行，满足了人们生产生活的物资与服务享受需求。总之，通过配送可以提升物流服务水平。

3. 提高库存周转率

通过配送中心集中库存，进而最大限度地利用有限仓库、有限库存为更大范围、更多客户服务。这种配送方式需求大、市场面广，物资利用率和库存周转率必然大大提高。此外，通过仓储与配送环节的有机结合，可以发挥规模经济优势，从而使单位存货、配送和管理的总成本下降。

4. 完善干线运输体系

采用配送作业，可以在一定范围内将干线运输、支线运输与仓储等环节统一起来，使干线输送体系得到优化，形成一个将大范围物流与局部范围配送相结合的、完善的物流配送体系。

5. 保护生态环境

合理的配送体系可以节省运输车辆、缓解交通压力、减少噪声污染、降低尾气排放量，为保护生态平衡、创造美好家园作出巨大贡献。

1.3.3 配送的分类

1. 按配送的组织形式分类

（1）分散配送。

分散配送是指销售网点或仓库根据自身或客户的需要，对多品种、小批量货物进行配送。它的特点是分布广、服务面宽，适用于近距离、多品种小额货物的配送。

（2）集中配送。

集中配送又称为配送中心配送，指专门从事配送业务的配送中心针对社会性客户的货物需要而进行的配送。他的特点是规模大、专业性强、计划性强，与客户关系稳定且密切，配送品种多、数量大。集中配送是配送的主要形式。

（3）共同配送。

共同配送是指若干企业制订统一计划，集中配送资源，以满足客户需求的货物配送形式。共同配送一般有两种类型：一种是几家中小生产企业通过合理分工和协商，实行共同配送；另一种是中小型配送中心之间联合，实现共同配送。它的特点是专业性强，柔性化程度高，能节约成本，但运作流程较复杂。

2. 按配送的时间、数量分类

（1）定时配送。

定时配送是指根据规定的时间进行配送，如几天一次、一天几次、几小时一次等。这种配送方式每次配送的数量及品种，是按事前计划拟订的，也可以临时根据客户的需求进行调整。

（2）定量配送。

定量配送指按规定的数量进行配送，不严格规定时间，通常只确定一个时间的期限范围，在这个期限范围内按照批量进行配送。

（3）定时、定量配送。

这是按照规定的时间和规定的数量进行配送的方式，也就是把上述定时与定量配送方式综合起来实行，发挥两个配送模式的优势，以期达到最大效果。

（4）定时、定路线配送。

定时、定路线配送是在确定的运送路线上，指定运送时间表，再由配送中心按运送时间表进行配送。客户则按照到达时间表，在规定路线或场站等待接货。这种配送方式的计划性很强。

（5）随时配送。

随时配送既不预先规定配送数量、配送时间，也不规定配送路线，完全按客户随时提出的数量、品种、时间以及要求配送的方式，临时组织配送活动。这种配送方式要求时间快、质量高、灵活性大，是一种很受客户欢迎的配送方式。

1.3.4 配送管理概述

1. 配送管理的概念

配送管理是指为了以最低的配送成本达到客户所满意的服务水平,对配送活动进行的计划、组织、指挥、协调与控制。

2. 配送管理的内容

配送管理可以从不同的角度来理解,通常包含以下内容。

(1)配送模式管理。

配送模式一般是指企业对配送所采取的基本战略和方法。在国内外的实践和经验中,主要有以下几种配送模式:自营配送模式、共同配送模式、第三方配送模式。企业选择何种配送模式,主要取决于四个方面的因素,即配送对企业的重要性、企业的配送能力、企业保证的服务及配送成本、市场规模与地理范围。

(2)配送作业管理。

由于各种物品的属性不同,所以不同物品的配送可能各有特点,但是配送的一般流程却大体相同。配送作业流程的管理就是对流程中的各项活动进行计划和组织。

(3)配送业务管理。

配送的对象、品种、数量较为复杂,为了做到有条不紊地组织配送活动,管理者需要遵循一定的工作程序对配送业务进行安排与管理。一般来说,组织配送活动的基本程序和内容主要包括以下几个方面。

第一,选择配送路线。配送路线是否合理,对配送速度、成本、效益影响很大。可见,采用科学的方法确定合理的配送路线是一项非常重要的工作。确定配送路线可以采取各种数学方法,此外还可以运用在数学方法的基础上发展起来的经验方法,常用的经验方法和数学方法有数学计算法、方案评价法和节约里程法。随着电子信息化技术的发展,已有多种先进软件可以帮助管理者及员工设定配送路线,从而避免了烦琐的数学计算。

第二,拟订配送计划。管理者需拟订配送计划,以供具体负责配送作业的员工执行。现在除了人工拟订配送计划,还可以采用计算机编制配送计划。

(4)配送系统的要素管理。

从系统的角度看,对配送系统各要素的管理主要包含表1-4所列的内容。

表1-4 配送系统各要素的管理说明

要素	说明
人的管理	人是配送系统和配送活动中最活跃的要素。对人的管理包括多方面的内容。例如,配送从业人员的选拔、录用和考核;配送专业人才的教育、培训与提高;配送专业人才培养规划的制定
财的管理	财的管理是配送管理的出发点,也是配送管理的归宿,主要是指配送管理中关于降低配送成本,提高经济效益等方面的内容。具体包括:配送经济效益指标体系的建立,资金的筹措与运用,配送成本的计算与控制,提高经济效益的方法等

续表

要素	说明
物的管理	物的管理是指配送活动的客体的管理，即物质资料实体和设备的管理。物质资料种类繁多，它们的物理、化学性能更是千差万别。物的管理的主要内容有：各种配送设备的选型与优化配置；各种设备的研制、开发与引进；各种设备的合理使用和更新改造等。对物的管理贯穿于配送活动的始终
信息管理	信息是配送系统的神经中枢，只有做到有效地收集、处理并及时传输物流信息，才能对系统内部的人、财、物等各个要素进行有效的管理
方法管理	方法管理的主要内容有：现代管理方法的应用，各种配送技术的研究、推广普及，新技术的推广普及，配送科学研究工作的组织与开展等

（5）配送活动的职能管理。

从职能上划分，配送活动主要包括以下四个方面。

第一，配送计划管理。配送计划管理是物流管理工作中最重要的职能。配送计划管理是在系统目标的约束下，对配送过程中每个环节进行科学的计划管理，体现在配送系统内各种计划的编制、执行、监督及修正的全过程。

第二，配送质量管理。配送质量管理是配送管理工作的中心问题。配送质量管理包括配送工作质量管理、配送服务质量管理、配送工程质量管理等。配送质量的提高意味着配送管理水平的提高，也意味着企业竞争力的提高。

第三，配送技术管理。配送技术管理是配送管理工作的依托。配送技术管理包括配送硬技术管理和配送软技术的管理。配送硬技术的管理是指对配送基础设施和配送设备的管理，具体包括：配送设备的购置、安装、使用、维修和更新，配送设施的规划、建设、维修和运用，对日常工具的管理等。配送软技术的管理包括：配送作业流程的制定，配送各种专业技术的开发、推广和引进，配送技术人员的培训，技术情报和技术文件的管理等。

第四，配送经济管理。配送经济管理的核心是成本费用的管理。配送经济管理通常包括：配送费用的计算和控制，配送活动的经济核算、分析，配送劳务价格的确定和管理等。

（6）配送中心管理。

配送中心是专门从事配送活动的场所。对配送中心的管理应从管理一个企业或者部门的角度出发，对其涉及的各项工作予以妥善的安排。

3. 配送管理的意义

（1）对从事配送工作的企业的意义。

对于从事配送工作的企业来说，配送管理的意义主要表现在以下几点。

第一，提高企业的配送效率。科学合理的配送管理可以大幅度提高企业的配送效率。通过对企业配送活动的合理组织，可以提高配送决策的效率和准确性，加快信息的传递效率，提升各作业环节的效率。此外，科学合理的配送管理还能有效地对配送活动进行实时监控，从而促进配送作业环节的合理衔接，减少失误率，更好地履行配送的职能。

第二，提高配送企业的客户满意度。通过完善的配送管理，企业可以大幅度地提高货物供应的稳定性，降低客户因缺货而产生不满甚至投诉的风险，从而提高配送企业的客户满意度。

第三，提高配送企业的经济效益。企业通过配送管理，可以大幅度地提高经济效益。一方面，货物供应保障程度和客户满意度的提高，意味着配送企业的信誉和形象的提升，可以吸引更多的客户；另一方面，这将会使企业更科学合理地选择配送的路线及方式，保持较低的库存水平，降低成本。

（2）对客户的意义。

对于需求方客户来说，通过完善的配送管理，可以有效降低库存水平，甚至可以实现零库存，从而减少库存资金，改善财务状况，降低经营成本。

对于供应方客户来说，如果供应方采用自营配送模式，可以通过科学的配送管理提高其配送效率，降低配送成本。若供应方采用委托配送模式，可以节约在配送系统方面的投资和降低人力资源的配置，以提高资金的使用效率，降低成本开支。

（3）对配送系统的意义。

对配送系统来说，配送管理的意义主要表现在以下几点。

第一，完善配送系统。配送活动处于物流活动的末端，它的完善和发展会使整个配送系统得以完善和发展。通过科学合理的配送管理，可以使整个配送系统的性能得以提升，从而达到完善配送系统的目的。

第二，强化配送系统的功能。通过配送管理，可以更加凸显配送运作乃至整体物流运作的系统性，使运作中的各个环节紧密衔接、互相配合，实现整个系统的最优化。

第三，提高配送系统的运作效率。配送工作与其他任何工作一样，需要实施全过程的管理，从而不断提高系统运作效率，更好地实现配送工作的经济效益和社会效益。

1.4 配送中心

【大厂智能仓储物流】之
亚马逊-HBX1 配送中心

1.4.1 配送中心的概念

根据《物流术语》（GB/T 18354—2021）的描述，配送中心（Distribution Center，DC）是一个具有完善的配送基础设施和信息网络，可便捷地连接对外交通运输网络，并向末端客户提供短距离、小批量、多批次配送服务的专业化配送场所。配送中心应基本符合下列要求：主要为特定的客户服务，配送功能健全，拥有完善的信息网络，辐射范围小，多品种、小批量配送，以配送为主、储存为辅。

配送中心是针对某一类用户，通过合理配置物流各功能要素，运用完善的信息系统，在经济合理的区域范围内，组织配送性销售或供应，以为客户进行实物配送为主要职能的流通型物流节点。在配送中心，通过采取少品种、大批量进货作业，实现对商品资源的配备工作；再根据用户的需要，采取多品种、小批量、高频次的送货作业，实现高水平的商品配送服务。为了满足用户需要，配送中心还可以根据用户的要求，开展各种形式的流通加工活动。因此，配送中心实际上是将集货、存货、配货、流通加工以及送货合为一体的现代化物流基地，也是能够发挥多种功能作用的物流组织。

1.4.2 配送中心的分类

1. 按配送中心的功能侧重分类

（1）储存型配送中心。

储存型配送中心具有强大的储存功能，能够利用自身的储存能力开展快速配送活动。生产资料配送中心、连锁超市的配送中心等就属于这一类型。从商品销售的角度来看，为确保用户的需求能够得到及时的满足，企业商品的销售需要有较大的库存支持；同样，生产企业也需要储存一定数量的生产资料，以保证生产的连续运转，因此其配送中心需要有较强的储存功能。另外，配送范围较大的配送中心，也需要有较大的库存支持，这也属于储存型配送中心。例如，瑞士 GIBA-GEIGY AG 公司的配送中心拥有可储存 4 万个托盘货物的储存库。

（2）流通型配送中心。

流通型配送中心以对商品进行快速中转为主要职能，不具备长期保存商品的能力，通常采取随进随配随送的方式，或对进入配送中心的商品进行暂存，并在最短的时间内组织出货。这类配送中心的特点表现为"快进快出"，商品在进入配送中心后，或者直接换装出货，或者经过简单分拣、配套后出货，或者进入暂存并等待另一批商品到达后同时出货，商品在配送中心内不进行储存，或滞留很短的时间。例如，MAINSTREET 公司的哥伦布配送中心主要从事服装和鞋类商品的分拣、标价和配送，商品从进货到出货不超过 3 天。

（3）加工型配送中心。

加工型配送中心以对商品进行流通加工为主要职能，在配送中心内开展对商品的分拣、分类、分割、组合、分装、贴标签等加工活动，也有的配送中心开展食品加工、生产资料加工、配套、组装等加工活动，并将加工好的商品直接配送给用户。例如，上海联华生鲜加工配送中心开展蔬菜加工、肉类加工、熟食加工等生鲜食品加工配送活动，经营多达 15 个大类约 1200 种生鲜食品的流通加工和配送。此外，为火力发电厂进行配煤配送，为建筑工地进行商品混凝土加工配送等，都属于加工型配送中心的配送活动。

2. 按配送中心的经营主体分类

（1）生产制造型配送中心。

生产制造型配送中心是生产制造企业为本身产品的生产和销售需要所建立和运营的，以提供后勤保障为主要职能的配送中心。例如，青岛海尔物流配送中心为海尔公司提供生产电器产品的原材料、零配件，并为公司的用户提供海尔电器产品的配送服务。美国 SUZUKI Motor 洛杉矶配件中心以及德国 MAZDA Motor 配件中心等，也是这种配送中心的典型代表。生产制造型配送中心担负着向本企业或企业的用户提供配送的职能，起着保障供需的作用。因此，这类配送中心占地面积比较大，一般建有大型的现代化仓储设施并储存了一定数量的产品。

（2）商业销售型配送中心。

商业销售型配送中心是商业销售企业为了商品的销售需要所建立和运营的，以提供商品销售支持作为主要职能的配送中心。这类配送中心借助于配送这一服务手段来开展经营活动,通过理货、加工、分拣配货和送货等服务手段来降低成本,提高服务质量,促进商品的销售。这类配送中心主要有两种类型。

第一,商业批发企业或代理企业建立和运营的,以商品批发为主要职能的配送中心。作为本身经营的一种方式,批发企业建立配送中心以扩大商品的销售。如芬兰 SESKO 公司中央配送中心、瑞典 LCA 公司西南配送中心,以及大多数生产资料配送中心,都属于这种类型。

第二,商业零售企业建立和运营的,以支持商品销售为主要职能的配送中心。此类配送中心为专业零售店、超级市场、连锁店等销售点提供商品配送,为这些零售店的商品零售和降低经营成本提供有力的支持。如沃尔玛、华联超市的配送中心,都属于这种类型。

(3)第三方物流型配送中心。

第三方物流型配送中心是一种由专业物流企业建立或运营的,为一些特定用户开展配送服务的配送中心。这种配送中心有很强的配送能力,利用其专业的优势,能够在较短的时间内将用户所需的物品送达用户所在地。这类配送中心的社会化程度高,能为多家用户提供定制化的物流配送服务,其物流专业化和现代化水平通常处于各类配送中心的较高层次。例如,为日本关东地区的 239 家 Family Mart 便利店进行配送的座间物流配送中心,就属于第三方物流型配送中心。

(4)共同型配送中心。

共同型配送中心是一种由多家货主企业共同设立和运营的,为这些企业共同进行配送的配送中心。共同型配送中心将所进商品汇总、分类后统一进行配送,可以提高车辆的装载率,使多家货主的货物一次便可送达。另外,这种配送方式还可以使装卸搬运作业更加省力、方便,提高配送资源的利用率,有效地降低配送成本。如日本伊藤洋华堂的配送中心就是最典型的共同型配送中心,通过多家货主企业共同设立配送中心来实现共同集货和共同配送。

3. 按配送中心的运营方式分类

(1)自有型配送中心。

自有型配送中心是指隶属于某一个企业或企业集团,通常只为本企业提供配送服务的配送中心。这类配送中心通常规模较大,具有充足的业务量,能够通过规模化运作降低配送成本,实现较高水平的配送服务。连锁经营的企业常常建有这类配送中心,如美国沃尔玛公司所属的配送中心,就是公司独资建立并专门为本公司所属的连锁门店提供商品配送服务的自有型配送中心。

(2)公共型配送中心。

公共型配送中心是以营利为目的,面向社会开展配送服务的配送组织。这类配送中心不限于服务单一企业,而是为多家企业提供配送服务。通过配送业务的有机组合,实现了配送资源的有效利用,这有利于形成规模化运作,从而有效降低配送成本。这种配送组织在现有的配送中心数量中占有相当大的比例,如香港特别行政区和记黄埔集团公司设在北京的和黄天百物流配送中心,它同时为物美超市和华普超市等连锁企业提供物流配送服务。

4. 按配送中心服务辐射范围分类

（1）城市配送中心。

城市配送中心是为一个城市范围内的用户提供配送服务的物流组织。根据城市道路的特点，城市配送中心的运载工具通常为小型厢式货车，具有较好的灵活性，配送速度快。另外，城市配送的对象多为连锁零售企业的门店和最终消费者，其需求特点是多品种、小批量，配送距离短，需要提供门到门的配送服务，如很多城市的生鲜食品配送中心、菜篮子配送中心等都属于城市配送中心。

（2）区域配送中心。

区域配送中心存货量大，配送运作能力强，辐射范围大，配送范围广，可以跨省、市开展配送业务，甚至在国家之间开展配送业务。这种配送中心通常规模较大，客户较多，配送批量也较大，通常采用大型货车或货运飞机进行配送。其服务对象经常是下一级的配送中心、零售商或生产企业用户，如美国沃尔玛公司的配送中心，建筑面积在 12 万平方米以上，该配送中心采用大型集装卡车进行配送，配送距离可达 350 千米，每天可为 6 个州 100 家连锁店配送上万种商品。

5. 按配送中心配送货物分类

按照配送中心配送货物的种类，配送中心可以分为日用品配送中心、食品配送中心、医药配送中心、化妆品配送中心、家电配送中心、服装配送中心、书籍配送中心、汽车配件配送中心、电子产品配送中心、化工产品配送中心、生产资料配送中心、建材配送中心等。

1.4.3 配送中心的功能

配送中心是一个整合了采购、集货、储存、分拣、流通加工、送货、信息处理等多种功能的统一体。在集货、储存、流通加工等功能上与仓储的功能相似，与仓储功能的区别有以下六个方面。

1. 分拣功能

配送中心所面对的用户众多，用户对所需商品的品种、规格、数量以及送达时间等方面的要求差异很大。为了能够满足用户多样化的需求，配送中心必须采取适当的方法，通过分拣作业从现有的存货中拣选出用户所需要的商品，完成用户所需商品的配货工作，为送货做好准备，以满足用户的不同需要。分拣功能体现了配送中心"配"的精髓，是配送中心高水平物流服务的体现，是配送中心与普通仓库的主要区别，也是配送中心的主要功能。

2. 包装功能

根据配送的需要和用户的特殊要求，商品在配送中心有时需要进行重新包装。例如，为了避免商品的散落、损坏，需要对商品进行保护性包装；为了商品销售的需要，需要对商品进行促销包装；为了提高送货过程中的装卸便利性，需要对商品进行集装处理等。包装功能是配送中心的一项辅助功能，但却具有保护商品、促进销售、方便储运的重要作用，因此包装功能在配送中心中是必不可少的。

3. 采购功能

采购功能是配送中心根据市场或下游用户的需求情况制订统一的采购计划，并按照计划获得所需的商品资源，从而为后续的配送活动做好必要的准备。配送中心只有首先采购到所有需要的商品，才能确保及时、准确地为用户配送所需要的商品。采购功能的另一个重要职责就是要确保配送中心获得质量符合要求、进货成本最低的商品。因此，采购功能既是配送中心向用户提供商品的前提和保障，同时也是配送中心降低进货成本、提高经济效益的重要手段，是配送中心必不可少的功能。

4. 送货功能

配送中心为了降低自己的库存，往往采取小批量进货的方法；而为了满足用户的需要，就必须采用小批量送货的策略。为了避免小批量送货的不经济性，配送中心在开展送货的过程中，必须运用科学的方法，制定出合理的车辆配载方案和车辆行驶路线，以确保配送车辆的运力得到充分的利用，并在最短的时间内，完成最多用户的送货任务，同时要保证商品及时、准确地送达用户指定的地点。配送中心的送货功能实现的是"门到门"的高水平服务，同时又要考虑降低送货成本，即要实现用较少的物流成本提供高水平的服务。因此，送货功能充分体现了配送中心"送"的精髓，也是配送中心的主要功能。

5. 退货回收功能

配送中心要对下游滞销商品的退货、问题商品的退换货和返修、包装容器的回收等进行合理处理。同时还要对上游供应商进行相关商品的退换货处理，以及包装容器的返还等处理。通常配送中心的退换商品和包装容器回收等活动需要额外的费用，因此配送中心必须对此类活动进行严格的控制，采取有效的方法尽量减少此类活动的发生。

6. 信息处理功能

配送中心为沟通物流配送中的各个环节、各作业间活动而建立信息系统和信息网络，有效地为用户提供有关商品的购、储、运、销一体化服务及有关咨询服务，协调各部门、各环节的配送作业，并对配送商品的信息、作业信息、供应商信息、用户信息、市场信息、政策信息等进行处理，从而确保配送中心的各项工作顺利开展。

配送中心不仅可以实现物的流通，而且也可以通过信息处理来协调各个环节的作业，如通过对用户需求信息和库存信息的处理产生拣货信息，指挥拣货活动的开展。配送中心通过信息处理来协调与上游供应商的业务关系，如通过对采购信息的处理生成对供应商的采购订单；通过信息处理来协调与下游用户的供需关系，如通过对用户订单的处理生成送货信息等。信息化、网络化、自动化是配送中心的发展趋势，信息系统已经成为配送中心的重要组成部分。

1.5 仓储与配送的关系

仓储是配送的物质基础和运作前提，配送是仓储功能的业务延伸和价值扩张，这是仓储与配送关系的核心。

仓储和配送都是为了满足顾客对物流服务的需求而展开的活动。在买方市场条件下，顾客的需求特点是多种类、小批量。因此，从这个意义上说，仓储与配送并非简单的存储和交付，而是基于市场营销策略的企业综合经营活动。

在新零售背景下，单一的存货与送货功能已无法满足用户对物流服务的需求，因此仓储与配送活动是多项物流活动的统一体，也是传统仓储功能的延伸和扩张。而配送被人们认为是"微物流"，只是比大物流系统在程度上有些降低和在范围上有些缩小而已。从这个意义上说，仓储与配送活动几乎包含了所有的物流功能及其功能拓展。

1.5.1 仓储与配送的区别

从传统意义上看，仓储与配送的主要区别在于以下几个方面。
（1）仓储属于物流相对静态的活动，配送则为物流动态性活动。
（2）仓储一般指内部存储与管理，配送则特指外部送达与相关延伸服务。
（3）仓储服务的内容相对具有单一性，配送则是一项综合性、复合性的服务。

总之，传统意义上的仓储是指在特定的场所储存物品的一切管理行为，而配送则是以组织配送性销售或供应为目的，以执行实物组配和送达为主要职能的区域性全流程活动。二者在功能、价值、业务等方面有一定的区别。

表1-5从六个方面比较说明了仓储与配送的区别。

表1-5 仓储与配送的区别

项目	配送	仓储
服务对象	特定用户	所有企业需求用户
功能	配送核心作业等功能	物流功能健全
辐射范围	小	大
配送特点	多品种、小批量、高频率	少品种、大批量
经营特点	以配送为主，储存为辅	储存、吞吐能力强
应用场景	货物的运送过程	货物的保存与管理

1.5.2 仓储与配送的联系

从功能和逻辑演进方面看，先有仓储后有配送，配送是在仓储功能扩张的基础上延伸出来的一项综合性功能。

（1）仓储是配送的基础和前提。从国际物流业态发展逻辑过程看，现代配送大部分都是在原有的仓储功能完备的基础上产生的，尤其是现代技术，首先在仓储业中使用，再逐渐在配送活动中推进，从前沿科技以及智慧物流的发展脉络中就可以看到端倪。

（2）配送是仓储功能的立体化演进和扩展。现代配送活动基于市场需求，采取客户导向，实施功能驱动，利用现代技术支撑，进一步模糊了仓储与配送的功能边界。尤其是在电商企业进入后，在互联网技术的推动下，配送功能在原有的仓储功能基础上，正在向各个方面进行立体化拓展，海外仓、融通仓、前置仓等仓配模式使得原有的仓配功能在金融、海关、零售等领域构建了一个经济生态圈。

（3）配送活动是物流管理流程的浓缩。从逻辑关系上看，配送与仓储互相包含对方的功能，配送与仓储存在既包含又交叉的复合型关系。在互联网经济时代，电子商务活动对物流功能的整合趋势日益明显，现代物流在仓配一体化趋势下，已非传统意义上的物流功能的有形呈现，它包括所有可以为客户增值的相关业务内容。在整体成本中，伴随资本有机构成的全面提升，成本权重更倾向于整合之后的配送活动。

本 章 小 结

仓储与配送是现代物流系统中重要的活动或过程。仓储是指利用仓库及相关设施设备进行商品流通的入库、存储、出库等活动。仓储具有正作用和逆作用的双向作用，仓储活动包括物品的进出、储存保管、分拣、包装、配送和信息处理等多个方面。仓储管理是指对仓储及相关作业进行的计划、组织、协调与控制。随着仓储管理在社会经济领域中的作用不断扩大，其内涵从单纯意义上对物料存储数量和质量的静态管理，已转变成为动态管理，它的功能已不再是单纯的物料存储，而是兼有包装、分拣、整理、简单装配等多种辅助性功能，其目标是实现仓储合理化。有效的仓储管理必须坚持效率原则、经济效益原则和服务原则。

配送是根据客户要求，对物品进行分类、拣选、集货、包装、组配等作业，并按时送达指定地点的物流活动。配送的作用表现在：增强企业竞争力，提升物流服务水平，提高库存周转率，完善干线运输体系，保护生态环境。配送管理是指为了以最低的配送成本达到客户所满意的服务水平，对配送活动进行的计划、组织、指挥、协调与控制。通过配送管理，可以实现以最低的成本达到最高的顾客服务水平的总目标。

仓储与配送存在既包含又交叉的复合型关系，但是二者融合的趋势十分明显。

习　　题

一、选择题

1．仓库是物流系统的调运中心，其最基本、最传统的功能是（　　）。
　　A．搬运功能　　　　　　　　　　B．储存保管功能
　　C．信息传递功能　　　　　　　　D．运输功能

2．当某些仓库承担起国家的安全使命时，这些仓库通常被称为（　　）。
　　A．战略储备仓储　　　　　　　　B．保险库存
　　C．国家储备仓储　　　　　　　　D．制造库存

3．根据客户要求，对物品进行分类、拣选、集货、包装、组配等作业，并按时送达指定地点的物流活动是（　　）。
　　A．发货　　　　　B．送货　　　　　C．集运　　　　　D．配送

4. 配送中心的业务活动是以（　　）发出的订货信息作为驱动源。
   A．生产订单　　　　B．客户订单　　　　C．采购订单　　　　D．内部订单
5. 以下各项中，现代仓储管理所涉及的内容有（　　）。
   A．现代库存控制问题　　　　　　　　B．仓库作业
   C．现代仓库的选址与建筑问题　　　　D．仓储经济效益分析

二、简答题

1. 现代仓储的基本内涵是什么？
2. 仓储的作用和功能有哪些？
3. 仓储管理的内容是什么？
4. 如何理解配送的概念及其作用？
5. 配送中心包括哪些功能？
6. 仓储与配送的区别与联系是什么？

三、思考题

1. 结合实际案例，分析现代仓储的不同种类及其在供应链中的作用。
2. 试从仓储管理的基本原则出发，探讨在配送中心的运作中，仓储与配送之间的关系是如何影响供应链的效率和客户满意度的。

案例分析

沃尔玛的"不停留送货"供货系统

沃尔玛被称为零售配送革命的领袖。其独特的供货体系，大大降低了成本，加快了存货周转速度，成为"天天低价"的最有力的支持。这套"不停留送货"的供货系统共包括三部分。

1. 高效率的配送中心——沃尔玛的前任总裁曾说过："配送设施是沃尔玛成功的关键之一，如果说我们什么比别人干得好的话，那就是配送中心。"沃尔玛第一间配送中心于1970年建立，占地6000平方米，负责供货给4个州的32间商场，集中处理公司所销商品的40%。在整个物流中，配送中心起中枢作用，将供应商向其提供的产品运往各商场。从工厂到上架，实行"无缝链接"平滑过渡。供应商只需将产品提供给配送中心，无须自己向各商场分发。这样，沃尔玛的运输、配送以及对于订单与购买的处理等所有过程，是一个完整网络中的一部分，这样做可以大幅降低成本。

2. 迅速的运输系统——沃尔玛拥有强大的物流运输和信息管理系统。至2005年，沃尔玛已经在美国本土建立了62个配送中心，负责全公司85%的货物配送，而其竞争对手只有50%～65%的商品集中配送。截至2011年，在美国国内，沃尔玛拥有近3万辆大型集装箱挂车，5500辆大型货运卡车，每年的运输总量达到77.5亿箱，总行程6.5亿公里。如此庞大的运输车队和物流分销系统，使沃尔玛每年可比竞争对手节约1%～3%的物流运输成本，同时也提高了货物周转率，减少了库存量。沃尔玛可以保证货物从仓库运送到任何一家商店的时间不超过48小时，相对于其他商店每两周补货一次，沃尔玛可以做到一周补货两次。

3. 先进的卫星通信网络——强大的运输体系为沃尔玛的管理带来了困难，因此沃尔玛配送系统中的运输车队全部安装了全球卫星定位系统。通过卫星定位，配送中心可以随时掌握每一辆卡车的位置、每一件货物的状态，从而合理安排运输线路，避免空载，节省物流成本。供应链的协调运行建立在各个环节主体间高质量的信息传递与共享的基础上。沃尔玛投资4亿美元发射一颗商用卫星，实现全球联网。沃尔玛在

全球4000多家门店通过卫星全球网络可在1小时内对每种商品的库存、上架、销售量全部盘点一遍，以保证各个门店不会发生缺货情况。通过卫星通信系统，沃尔玛每天直接把销售情况传送给5000家供应商，该系统的应用使总部、分销中心和各商店之间可以实现双向的声音和数据传输，使配送中心、供应商及每一家分店的每一个销售点都能进行在线作业，在短短数小时内便可完成"填妥订单—各分店订单汇总—送出订单"的整个流程，大大提高营业的效率和准确性。不论是供应商管理系统还是物流运输系统，在所有供应链的节点上，信息流都是双向的。信息充分共享使沃尔玛的信息和货物的交换更加快捷、有效、可靠，使供应链的整体效率得到提高。

（资料来源：根据沃尔玛公司官网有关资料整理，有删减。）

根据以下案例所提供的资料，试分析：

（1）沃尔玛的"不停留送货"供货系统包括哪些内容？

（2）为什么沃尔玛的"不停留送货"能减少库存，成为"天天低价"的最有力支持？

第 2 章 现代仓储与配送规划

【本章学习目标】

1. 熟悉仓库与配送中心的选址原则、规划原则和影响因素等。
2. 掌握仓库和配送中心的规划要求和方法。
3. 了解仓库和配送中心的应用。

【知识导图】

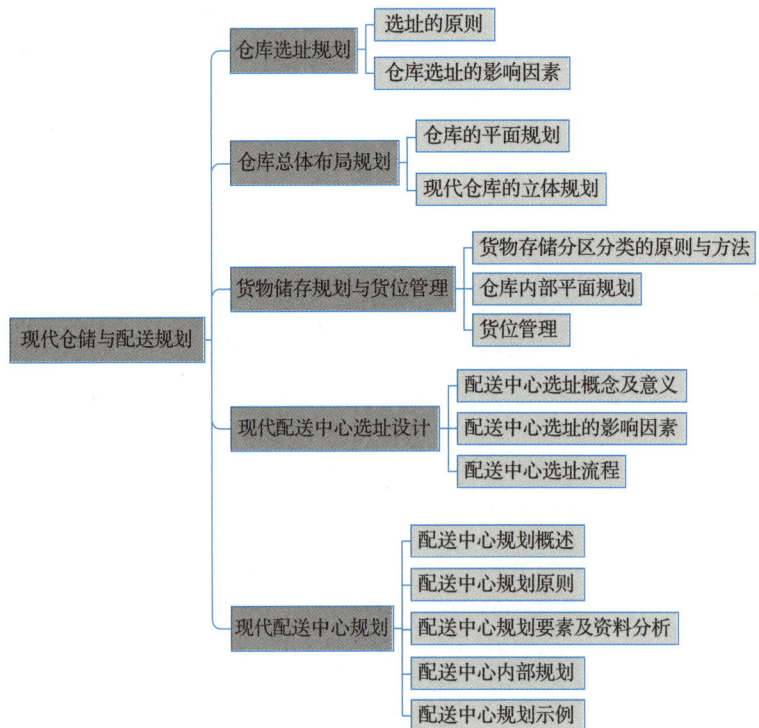

让县域商业火起来：到 2025 年基本实现县县有连锁商超和物流配送中心

县域商业将迎来快速发展。2021 年 5 月 19 日，国务院新闻办公室举行国务院政策例行吹风会。时任的商务部副部长王炳南在会上指出，"十四五"时期，将实施县域商业建设行动，着力在农村建立完善以县城为中心、乡镇为重点、村为基础的农村商业体系，力争到 2025 年，在具备条件的地区，基本实现县县有连锁商超和物流配送中心、乡镇有商贸中心、村村通快递，从而促进农民收入和农村消费双提升。

要推进农村商业体系建设。"十四五"时期，农村流通工作将呈现"四个突出"。首先，突出把县域作为工作切入点。中国有 2.1 万个镇，当前农民消费主要集中在镇。因此，把县域作为农村商业切入点，不仅包括传统意义的农村，还包括镇，以适应当前农村流通、农村消费的实际情况，强化县城的中心地位，发挥镇的重要节点功能。其次，突出下沉和上行两个重点。下沉是指引导城市的生产流通企业下乡，带动新产品、新服务、新技术、新理念下乡，逐步缩小城乡消费差距，让农民在家门口就能享受到与城市同样水平的消费环境、同样质量的商品、同样标准的服务。上行是指推动农产品进入城市市场，建立更紧密的产销衔接，减少流通环节，提高效率，培育品牌，增加农民收入，为城市消费者提供更优质、更合理的农产品。同时，还要突出发展现代流通体系。发展农村商业体系应着眼于提升质量，将农村现代流通体系作为发展方向。通过推进信息化、标准化、集约化和规范化，整合软硬件建设，可以补足农村商业短板，改善落后面貌，提升发展水平，从而杜绝低水平的重复建设和无序竞争。此外，农民收入和农村消费的双提升也非常重要。农村流通环节连接生产和消费，乡镇和村庄消费市场占中国消费市场的 38%，具有巨大潜力。健全农村现代商业体系，不仅可以提升农民收入、增强其获得感和幸福感，还可以扩大农村消费，并有助于构建强大的国内市场。

提高农民消费能力是实现目标的关键。随着农民收入水平稳步提升，农村消费规模"水涨船高"。2020 年，乡村消费品零售额达 5.3 万亿元，比 2015 年增长 26.1%，并连续 8 年快于城镇。农村消费升级趋势明显，2020 年，农村居民人均教育文化娱乐、交通通信、医疗保障消费支出分别比 2015 年增长 35.1%、58.3% 和 67.6%。商务部流通发展司司长刘德成介绍，未来将继续促进农民增收，提高农民消费能力，让农民有更多的获得感、幸福感。

完善农产品流通骨干网是重要措施。主要以农产品主产区、主要集散地和主销区为基础，提升产地加工和销售设施，打造跨区域产销链条，促进农产品流通。扩大电商在农村的覆盖面是另一个重要举措。通过建设县级电商服务中心，支持农产品上行，从而降低物流成本，实现统一配送。提升农产品商品化处理能力同样重要。加快补齐农产品冷链设施短板，加强农产品品牌培育，拓展延伸产业链，提升价值链，进一步促进小农户与大市场之间的有效对接。为此，还需要强化产销对接长效机制，推动订单农业、产销一体化等模式，促进农产品与市场精准对接。通过组织开展多种形式的产销对接活动，鼓励各地发挥东西部协作、对口支援、县企合作等机制作用，推动对接资源向乡村振兴重点帮扶县和脱贫地区加大倾斜力度。

改善农村消费环境也是行动的重要内容之一。农村商业领域存在城乡发展不平衡的情况，突出表现在农村商业设施水平低、商品服务质量不高、市场秩序欠佳等方面。既有市场主体进入农村意愿不高等市场原因，也有监管力量薄弱等制度因素。下一步，将重点进行四方面升级工作，使农村消费环境实现较大改观。第一，设施升级。在县城，重点改造升级一批综合商贸服务中心和物流配送中心，强化县城综合商业服务能力。在乡镇，重点改造升级一批乡镇商贸中心，增加生活服务功能，推动购物、娱乐、休闲等业态融合。在村里，把一批"夫妻老婆店"改造升级为新型连锁便利店，鼓励因地制宜丰富快递收发、农产品经销等业务。第二，商品服务升级。要引导城市生产流通企业进入农村市场，向农村延伸营销网络，开发适合农村市场的商品服务，推动其更新换代。同时发展乡村旅游、民俗、特色文化、休闲农业等服务，推动农村商旅文娱体融合发展。第三，模式升级，即"改造"和"融合"。改造，就是数字化、智能化改造。一方面要大力发展农村电子商务，进一步扩大农村电商覆盖面，着力解决农村网购"最后一公里"问题，力争用3~5年时间，做到快递网点在所有行政村全覆盖。另一方面，要推动农村传统商业企业大规模应用现代信息技术，进行软硬件升级。融合，即在功能上推动跨界融合发展，叠加"商业+生活服务"等功能，实现一点多能、一网多用。第四，监管升级。"十四五"时期，把规范农村市场秩序和加强农村市场监管放在突出位置，完善城乡联动机制，加强源头治理，严厉打击农村生产经营假冒伪劣商品等违法经营行为。

（资料来源：http://www.chinawuliu.com.cn/zixun/202105/21/549466.shtml，有改编。）

2.1 仓库选址规划

选址是仓储与配送管理战略的一部分，是企业取得竞争优势的重要条件之一。仓库的选址直接影响到企业的物流服务投资成本和运行成本，更是企业战略布局和长远发展的关键所在。正如党的二十大报告所强调的："我国发展进入战略机遇和风险挑战并存、不确定难预料因素增多的时期"。因此，选址决策必须充分考虑到企业自身的战略目标和市场需求。仓库的选址对投资多少以及投资后运行费用有很大影响，库址是否靠近市场、毗邻原材料产地，当地劳动力资源是否丰富，基础设施是否完善等不仅影响初始投资，也影响投产后的运营成本、服务成本和经营成本。据估算，商业经营是否成功，选址因素占70%，经营和推广因素等只占30%。古语说："一步差三市"。西方国家服务行业流行这样一句话："Location，Location，Location."（位置，位置，位置。）

选址需要考虑的因素有很多。首先，选址通常是多目标规划问题，而且这些目标常常是互相矛盾的。其次，不同因素的相对重要性很难确定和度量。最后，周围的环境是变化的，当时选的是最佳位置，但随着时间推移、环境变化，未来也许会转变为不好的选址。

2.1.1 选址的原则

1. 适应性原则

仓库地址的选择须与国家及地区的经济发展方针、政策相适应，与国家物流资源分布、物流中心节点分布、城市群分布、产业布局和需求分布相适应，与国民经济和社会发展相适应。

2. 协调性原则

仓库的选址应将区域物流网络作为一个大系统来考虑，使仓库的设施设备在地域分布、物流作业生产力、技术水平等方面互相协调。仓库的选址还应与国际、国内物流网络相适应，有效融入物联网、区块链、供应链系统中。

3. 经济性原则

仓库在建设过程中，选址费用主要包括建设费用及物流费用（经营费用）两部分。仓库的选址定在市区、近郊区或远郊区，其未来物流辅助设施的建设规模、建设费用以及运费等是不同的。选址时，应遵循总费用最低的经济性原则。

4. 战略性原则

仓库的选址应具有前瞻性：一是要考虑全局；二是要考虑长远规划。局部要服从全局，眼前利益要服从长远利益，既要考虑目前的实际需要，又要考虑日后发展的可能，应根据即将出现的新技术、新趋势、新模式布局进行选址。

5. 可行性原则

仓库的选址要充分考虑到建设的可行性，在兼顾以上四条原则的同时，考虑选址最终的可操作性。仓库的选址必须建立在现有的生产发展水平基础上，要考虑到实际的需要，做到技术上可行、经济上合理，并兼顾当前与长远目标，使规划能够最终实现既定目标。

2.1.2 仓库选址的影响因素

进行仓库选址决策时，需要考虑各种要求和影响因素，在此基础上预先确定仓库的地址，并列出多个可供选择的可行方案。借助科学评价方法进行技术经济分析，从多个可行方案中选定理想的位置。仓库选址的影响因素可划分为成本因素与非成本因素。成本因素指那些与成本直接相关、可以用货币单位直接度量的因素；非成本因素主要指与成本无直接的关系，但能够影响成本和企业未来发展的因素。

1. 主要成本因素

（1）运输成本。

转运多，运输成本居高不下，一直是困扰物流企业的难题。运输成本占物流成本的30%以上。因此，要通过合理选址、从战略角度出发，调整运输结构，提高铁路和水路运输量比例；做好运输接驳，实现多种运输方式之间有效衔接；有效开展多式联运，缓解地域经济结构导致的运输往返满载率不平衡的矛盾；为开展物流领域标准化工作创造有利条件，降低运输成本。

（2）原材料供应成本。

将仓库地址定位在原材料附近，不仅能够保证原材料的安全和及时供应，还能够降低运输费用，获得较低的采购成本。

（3）人力资源成本。

不同地区的劳动水平不尽相同，差异较大，在选址决策时需要考虑人力资源成本在物流费用中所占的比重。

（4）建筑成本和土地成本。

不同的选址方案，在土地的征用、建筑等方面的要求是不同的，从而导致不同的成本开支。因此，在选址过程中，应尽量避免占用农业用地和环保用地，以减少拆迁费、安置费和建设成本。

2. 非成本因素

（1）经营环境。

选址时应考虑当地经营环境、商业氛围、政府为企业服务的意识和行为、经济发展水平等因素，还应该注重选址周围的社区环境、周边地区的顾客流量、人们的购买力水平、交通运输状况、公用设施条件、医疗卫生条件、学校分布、购物和休闲场所分布等因素。

（2）当地政府政策法规。

在进行选址决策时，要充分考虑当地政府的相关政策法规。有些地区的政府采取比较积极的政策，鼓励在经济开发区进行仓库的建设或出租，并在资本、税收等方面提供比较优惠的政策。同时，这些地区的交通、通信、能源等方面的基础设施建设也比较完善。

（3）自然环境。

有些商品的仓储与运输需要在一定的温度和湿度范围内进行，即需要特定的地理环境条件，以确保商品质量。因此，在选址过程中，要考虑自然环境因素。此外，仓储是大量商品的集结地，某些容重很大的建筑材料堆码起来会对地面造成很大的压力，因此选址还需考虑到地质条件。如果仓库地面以下存在淤泥层、流沙层、松土层等不良地质条件，可能在受压地段造成沦陷、翻浆等严重后果。另外，在沿江河地区选址时，需要调查和掌握有关的水文资料，特别是汛期洪水最高水位的情况，防止洪水隐患。同时，在水文条件方面，还要考虑地下水位的情况，水位过高的地方不宜作为工程的基地，洪泛区、内涝区、故河道、干河滩等区域绝对禁止选址。

（4）时间。

快速响应、快速送达是影响物流企业竞争力的重要因素之一。建立综合物流中心的目标是既要使整个供应链的成本最小，又要对顾客的需求作出有效的快速响应。此外，有些产品时效性强，因此选址时必须考虑时间因素。

2.2 仓库总体布局规划

仓库总体布局规划是指在城市规划管理部门批准使用地的范围内，按照一定的原则，把仓库区域中的各种建筑物、道路等各种用地进行合理协调的系统布置，使仓库的各项功能得到发挥。

2.2.1 仓库的平面规划

1. 仓库区域的构成

仓库平面布置

仓库区域一般可以划分为仓储作业区、辅助生产区及行政生活区等。仓库的平面规划指对仓库内各个组成部分（如库房、货场、辅助建筑物、铁路专用线、库内道路、设备场地等）进行合理安排，以满足规定范围内的需要。这种规划可以在平面图上反映出来，例如图2.1所示的仓库园区平面布置图。现代仓库为了满足商品快速周转的需求，在总体布置时应注意适当增大仓储作业区中的收发作业区和待检区的面积。

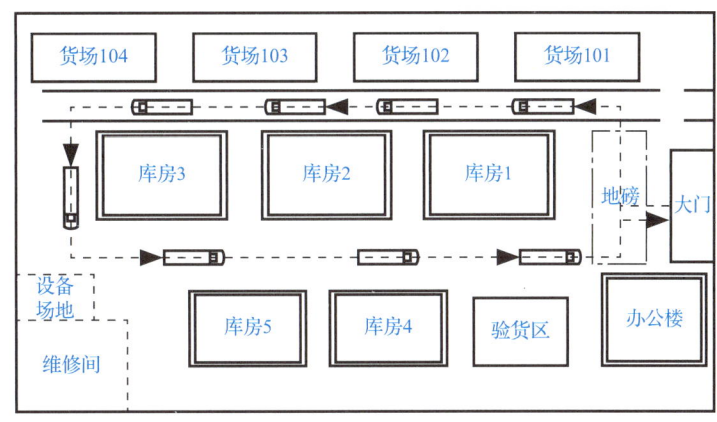

图 2.1　仓库园区平面布置图

（1）仓储作业区。

仓储作业区是仓库的主体部分，是货物储运活动的场所，主要包括储货区、库区铁路专用线、现代仓库道路等。

储货区是储存保管、收发整理货物的场所，是仓储作业区的主体区域。储货区主要由保管区和非保管区两大部分组成。保管区是主要用于储存货物的区域，非保管区主要包括各种装卸设备通道、待检区、收发作业区、集结区等。现代仓库已由传统的储存型仓库转变为以收发作业为主的流通型仓库，其各组成部分的构成比例通常为：合格品储存面积占 40%～50%；各种装卸设备通道占 8%～12%；待检区及收发作业区占 20%～30%；集结区占 10%～15%；待处理区和不合格品隔离区占 5%～10%。

库区铁路专用线应与国家铁路、码头、原料基地相连接，以便机车直接进入库区内进行货运，实现多式联运、无缝连接。库内的铁路专用线最好是顺着库长方向铺设，并应使岔线的直线长度最大，其股数应根据货场和库房宽度及货运量来决定。

现代仓库道路的布局，是根据商品流向的要求，结合地形、面积，各个库房建筑物、货场的位置来决定的。汽车道路主要用于起重机械调动及防火安全，同时也要考虑保证仓库和行政生活区之间的畅通。仓库道路分为主干道、次干道、人行道和消防道等。道路宽度应符合相关标准规定，具体应考虑运输车辆尺寸、最小转弯半径、运输方式（单行还是双行，是否需要转弯、掉头等）等因素。通常主干道应采用双车道，宽度应在 6～7m；次干道应为 3～3.5m 的单车道；消防通道的宽度不应小于 6m，布局在库区的外周边。

（2）辅助生产区。

辅助生产区是为货物储运工作进行服务的辅助车间或服务站，包括设备维修车间、车库、工具设备库、油库、变电室等。值得注意的是，易燃的特殊物品（如油库等）应远离维修车间、流通加工、食堂、宿舍等易出现明火的场所，并且周围须设置相应的消防设施。

（3）行政生活区。

行政生活区是仓库的行政管理机构和生活区域。为便于业务接洽和管理，行政办公室通常设在仓库的主要出入口。大型配送中心的进货、退货、出货的单据处理区域通常设在人员作业区的中间位置，以减少驾驶员的行走距离。

此外，现代仓库的消防给水管道应布置成环状管网，覆盖仓库的全部区域，并在消防系统管道上安装室内外消火栓。存放易燃物品的货架上部也需安装消防配水系统。

2. 仓库平面规划的原则

在进行仓库平面规划时主要考虑三个方面：一是充分利用储存空间，二是保证物流作业效率，三是保证安全生产和文明生产。因此，进行仓库平面规划时应遵循以下原则。

（1）符合作业流程、缩短搬运距离。

为了提高作业效率，缩短物品流动中的运输距离，减少迂回、交叉等现象，各区域要根据仓库作业的流程方向进行布置，关系密切的区域要紧邻，使仓库内物流流畅、搬运距离短、作业效率高。

（2）减少一切浪费、减少无效作业。

运用价值工程和精益生产理念来分析作业，最大限度地去掉不创造价值的活动，减少浪费和无效作业。仓库的规划应便于充分利用作业时间，避免各种无效、重复工作和时间延误，使各项作业环节有机衔接，防止货物堵塞。仓库规划应减少在库货物的装卸搬运次数和环节，货物的卸车、验收、堆码作业最好一次完成。

（3）进行优化布置、合理利用空间。

库区内各区域中的各种设备布置，应运用优化布置技术，进行优化布置。充分利用仓库面积和建筑物空间，在满足生产和未来发展需要、安全需要的前提下，最大限度地减少仓库面积和建筑物空间的浪费，提高仓库利用率和仓库经济效益。

（4）保证安全生产和文明生产。

仓库平面规划应遵循相关设计标准与规定，注意承重、防火、防盗、防爆等安全生产相关规定标准。存储作业区的规划要有利于包括仓储物资、仓储人员、仓储设施和仓储器具在内的整个仓库的安全，有利于工作人员的身心健康和文明生产。

3. 仓库动线规划

在配送型仓库平面规划中，动线规划是至关重要的。动线决定了待检区、保管区、收发作业区等各个区域的设置和安排。

仓库动线规划

（1）动线的类型。

仓储作业区内的动线布局有四种，即 I 形（直线形）、U 形、L 形和上下 U 形，如图 2.2 至图 2.5 所示。

图 2.2　I 形动线布局

图 2.3　U 形动线布局

图 2.4　L 形动线布局

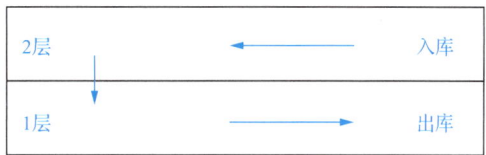

图 2.5　上下 U 形动线布局

（2）功能。

在进行动线规划时，可根据进、出货月台的位置和实际作业流程选用不同的动线或动线组合，以满足实际需要，使整个物流作业顺畅、有序、省时、省力。

I 形动线适用于进、出货月台分别位于仓库两边的情况。

U 形动线适用于进、出货月台位于仓库同侧的情况。

L 形动线适用于进、出货月台分别位于仓库的相邻两边的情况。

上下 U 形动线适用于进、出货月台分别位于仓库同一侧且彼此上下分布的情况，适合多层仓库或立体仓储环境，有助于提高空间利用率和作业效率。

4．仓库面积的确定

（1）仓库面积的种类。

现代仓库的种类与规模不同，其面积的构成也不尽相同。因此，必须首先明确仓库面积的有关概念，然后再确定仓库的各类面积。

仓库总面积，即从仓库外墙线算起，整个围墙包围的全部面积。若在墙外还有仓库的行政生活区或库外专用线，则应把它们的面积也计算进来。

仓库建筑面积，即仓库内所有建筑物所占平面面积之和。若建筑有多层，则还应加上各层面积的累计数。

仓库使用面积，即仓库内可以用来存放货物的区域的面积，也就是库房、货棚、货场的使用面积之和。其中，库房的使用面积为库房建筑面积扣除外墙、间隔墙、内柱及固定设施等所占的面积。

仓库有效面积，即在库房、货棚、货场内计划用来存放货物的区域的面积。

仓库实际利用面积，即在仓库使用面积中，实际用来堆放货物的部分所占的面积，也就是库房使用面积减去因必需的通道宽度、垛距、墙距、柱距要求而无法使用的面积及收发、验收、备料等作业区所占面积后所剩余的面积。

仓库有效面积率，即仓库有效面积除以仓库总面积的得数。

（2）仓库相关面积的计算。

【例题 2-1】 某一平面仓库墙内长 35m，宽 18m，过道宽度 3.5m，两条支道（与过道垂直）宽度各 1.5m，外墙距 0.5m，内墙距 0.3m。假设仓库内无柱子、壁墙、扶梯、固定设备等，求仓库有效面积和仓库有效面积率。

解：

仓库总面积：35m×18m=630m^2

仓库有效面积：(18m-1.5m-1.5m-0.5m-0.5m)×(35m-3.5m-0.3m-0.3m)=432.6m^2

仓库有效面积率：432.6m^2/630m^2×100%≈68.7%

【例题 2-2】 某物流公司的高架仓库长 54m，宽 45m，高约 15m，库内共有货架 24 行，每行货架 7 层。实际有效货位是 2560 盘，每一货位（托盘 1100mm×1100mm）的面积是 1.21m²。求仓库有效货位面积和仓库使用面积。

解：

仓库有效货位面积：1.21m²×2560=3097.6m²

仓库使用面积：54m×45m=2430m²

3097.6m²>2430m²，说明立体储存货物的仓库面积利用率较高。

5. 库房内部规划

按照仓储作业的功能特点及 ISO9000 国际质量体系认证的要求，库房内可划分为待检区、待处理区、不合格品隔离区、合格品储存区等。为了提高管理效率，实施目视管理技术，用不同颜色代表不同区域。

（1）待检区。

待检区用于暂存处于检验过程中的货物，位于库房入口附近，便于装卸与检验。这些货物一般采用黄色的标识以区别于其他状态的货物。

（2）待处理区。

待处理区用于暂存不具备验收条件或质量暂时不能确认的货物，位于库房入口附近，与待检区相邻，便于检验。这些货物一般采用白色的标识以区别于其他状态的货物。

（3）不合格品隔离区。

不合格品隔离区用于暂存质量不合格的货物，位于库房出口附近，便于搬运。处于不合格隔离状态的货物一般采用红色的标识以区别于其他状态的货物。

（4）合格品储存区。

合格品储存区用于储存合格的货物，位于库房主要存储区。处于合格状态的货物一般采用绿色的标识以区别于其他状态的货物。

库房内除设置上述基本区域外，还应根据仓储业务的需要，设置卸货作业区、拣货区、流通加工、退货区和出库备货区等。

2.2.2 现代仓库的立体规划

现代仓库的立体规划是指现代仓库在立体空间上的布局，即仓库建筑高度的规划。仓库基建时，要满足库区各建筑物、库房和货场之间的装卸运输要求，提高运作效率。

1. 库房、货场、站台标高布局

库房地坪标高与库区路面标高决定了仓储机械化程度和叉车作业情况。库房地坪与路面之间的高差要适当，应设置最多不超过 4%的纵向坡度，以利于提高机械作业的效率。许多库房地坪与路面相差车厢高度（0.9m 左右），这种设计便于装卸货物。也有库房增设装卸货平台，平台高度与货车车厢高度基本一致，通过斜坡把平台与库房地面相连。此外，还有一种可升降站台，可根据需要调节高度，使站台与货车车厢高度一致。

货场与铁路专用线标高的关系是：货场一般沿铁路专用线布置，多数布置在铁路专用线两侧。在标高方面，应确保铁路专用线的正常运营。

装卸作业平台一般有火车站台和汽车站台，其高度和宽度与轨面和汽车路线标高关系密切，通常因货物批量、搬运方式和运输工具的不同而有所区别，通常可以分为高站台和低站台两种。处理多品种、小批量的货物，一般采用高站台。站台平面与收发作业区连成一体，进出库的货物可以方便地装入车内。一般汽车站台高出汽车路线标高 0.9～1.2m，宽度不小于 2m；铁路站台高出轨面 1.12m，宽度不小于 3m。处理少品种、大批量的货物，一般采用低站台，即站台面和轨面或汽车路线标高等高，这有利于铲斗车、吊车等机械进行装卸作业。此外，还有一种可升降站台，可根据需要调节高度和坡度，若库房地面高度与库外地面高度一样，可采用引桥装置，以提高装卸货效率。

2. 合理利用地坪建筑承载能力

仓库地坪单位面积建筑承载能力因地面、垫层和地基的结构而不同。例如，在坚硬的地基上采用 300mm 厚的片石，地面用 200mm 厚的混凝土，则其建筑承载能力为 5～7t/m^2。应充分利用地坪建筑的承载能力，采用各种货架存储货物，以充分利用空间，同时使用各种装卸机械设备配合作业，加速库存的周转。

3. 多层仓库平面布局原则

多层仓库平面布局除必须符合单层仓库布局原则要求，还必须满足下列要求。

（1）多层仓库最大占地面积，防火隔间面积、层数，应根据储存物品类别和建筑耐火等级遵照现行建筑设计防火规范来确定。

（2）一座多层库房占地面积小于 300m^2 时，可设置一个疏散楼梯；面积小于 100m^2 的防火隔间，可设置一个门。

（3）多层仓库建筑高度超过 24m 时，应按高层库房处理。

（4）多层仓库存放物品时应遵守上轻下重、周转快的物品分布在低层的原则。

（5）当设地下室时，地下室净空高度不得小于 2.2m。

4. 地面承载力要求

地面承载力必须根据承载货物的种类或堆码高度进行具体研究。通常，一般平房或普通仓库 1m^2 的地面承载力为 2.5～3t，其次是 3～3.5t。多层仓库中层数越高，地面承受负荷能力越小，1 层是 2.5～3t，2 层是 2～2.5t，3 层是 2～2.5t（与第二层接近或相同，具体值取决于该层仓库结构系统和用途），4 层是 1.5～2t，5 层是 1～1.5t 甚至更小。地面承载力是由保管货物的重量、所使用的装卸机械的总重量、楼板骨架的跨度等所决定的。流通仓库的地面还必须满足重型叉车作业的承载力要求。

5. 立柱间隔要求

库房内的立柱是出入库作业的障碍，会导致作业效率低下，因而立柱应尽可能减少。但当平房仓库梁的长度超过 25m 时，建立无柱仓库有困难，则可以设置中间的梁间柱，使仓库成为有柱结构。不过，在开间方向上的壁柱，可以每隔 5～10m 设一根。由于这个距离仅和门的宽度有关，库内又不显露出柱子，因此与梁间柱相比，在开间方向上的壁柱在设柱方面比较简单。但是在开间方向上的柱间距必须和隔墙，防火墙的位置，门、库内通道的位置，天花板的宽度或是在库内开间的方向上设置的货车停车站台长度等相匹配。

6. 天花板的高度要求

仓库的机械化、自动化对仓库天花板的高度也提出了很高的要求。如使用叉车的时候，标准提升高度是 3m，而在使用多段式高门架的时候，标准提升高度需达到 6m。另外，从托盘装载货物的高度看（包括托盘的厚度在内），密度大且不稳定的货物，高度通常为 1.2m；密度小而稳定的货物，高度通常为 1.6m。从货架倍数（层数）来看，1.2m/层×4 层=4.8m，1.6m/层×3 层=4.8m，因此，仓库的天花板高度最低应该是 5m。

2.3 货物储存规划与货位管理

仓库储位划分

2.3.1 货物储存分区分类的原则与方法

仓库对储存货物进行科学管理的一个重要方法是实行分区分类保管，并对货位进行编号。所谓分区，是指按照仓库的建筑、设备条件，将库房、货棚、货场划分为若干保管货物的区域，以适应货物储存的需要。所谓分类，则是根据货物自然属性及其消费上的连带性将其划分为若干大类，以便分类集中保管。

1. 分区分类的原则

仓库货物的分区分类储存是依据"四一致"原则，把仓库划分为若干保管区域，把储存货物划分为若干类别，以便统一规划储存和保管。

（1）货物的自然属性、性能应一致。在货物的分区分类储存过程中，货物的自然属性和性能应该保持一致，性质互有影响或相互抵触的货物不能存放在一起。

（2）货物的养护措施应一致。在货物的分区分类储存过程中，考虑到不同类货物所要求的温度、湿度、光线等养护条件不同，应该将货物分区分类存放，即将保管要求条件相同的货物存放在一起。

（3）货物的作业手段应一致。在货物的分区分类储存过程中，同一分区的货物在作业手段上需要保持一致，作业手段不同的货物不能存放在一起。

（4）货物的消防方法应一致。在货物的分区分类储存过程中，需要考虑到存储货物在消防方法上的差异，消防方法不同的货物不能存放在一起。

2. 分区分类的方法

通常，可采用下列四种方法对货物进行分区分类储存。

（1）按货物种类和性质分区分类。

这是当前仓库较多采用的一种方法。它是按货物的自然属性，把怕热、怕冷、怕潮、怕干、怕光、怕风等不同性质的货物分别归类，集中存放。例如将仓库储货区分为干货区、冷藏区等。

（2）按不同货主分区分类。

这通常是综合性仓库采用的方法。当仓库为几个大货主服务时，为便于与货主工作的衔接，防止不同货主的货物混淆，便于货物存取，往往采用这种分区分类方式。例如，储货区里可按快递货主分为顺丰货区、圆通货区等多个区。

（3）按货物危险性质分区分类。

这种方法主要适用于化学品、危险品的存储。储存时可根据易燃、易爆、有毒等性质以及不同的灭火方法等特性来对其进行分区分类。应注意不同性质的危险品之间相互引发危险的可能。

(4) 按仓储作业特点分区分类。

对出入库频繁、笨重的货物,要安排在靠近库门处,不宜放在库房深处;易碎货物避免与笨重货物存放在一起,以免在搬运时影响易碎货物的安全。

2.3.2 仓库内部平面布局

为了提高仓库的运作效率,要根据所存储货物的特点,为货架或货垛确定具体的位置。仓库内部平面布局方式有垂直式布局和倾斜式布局两种。

仓储库区规划及货架货位排布设计规划

1. 垂直式布局

垂直式布局是指货架或货垛的排列与仓库的侧墙互相垂直或平行的布局。具体包括以下三种。

(1) 横列式布局。

横列式布局是指货架或者货垛的长度方向与仓库长度方向的侧墙互相垂直(见图2.6)。这种布局的优点是主通道长且宽,副通道短,整齐美观,便于货物的存取与查点;如果将此布局用于库房布局,还有利于通风和采光。其缺点是通道占用面积较多,导致仓库的面积利用率较低。

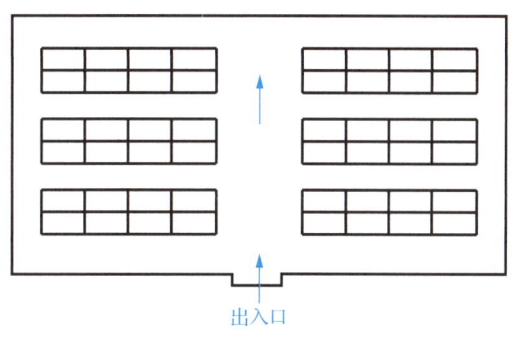

图 2.6 横列式布局

(2) 纵列式布局。

纵列式布局是指货架或者货垛的长度方向与仓库长度方向的侧墙平行(见图2.7)。这种布局的优点是可以根据货物在库时间和进出频率的不同来安排货位:在库时间短、进出频繁的货物放置在主通道两侧;在库时间长、进出不频繁的货物放置在仓库两侧。

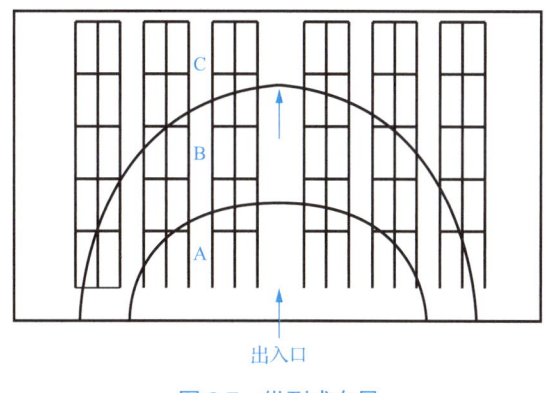

图 2.7 纵列式布局

(3) 纵横式布局。

纵横式布局是指在同一保管场所内,横列式布局和纵列式布局兼而有之,综合利用两种布局的优点的一种布局形式,如图2.8所示。

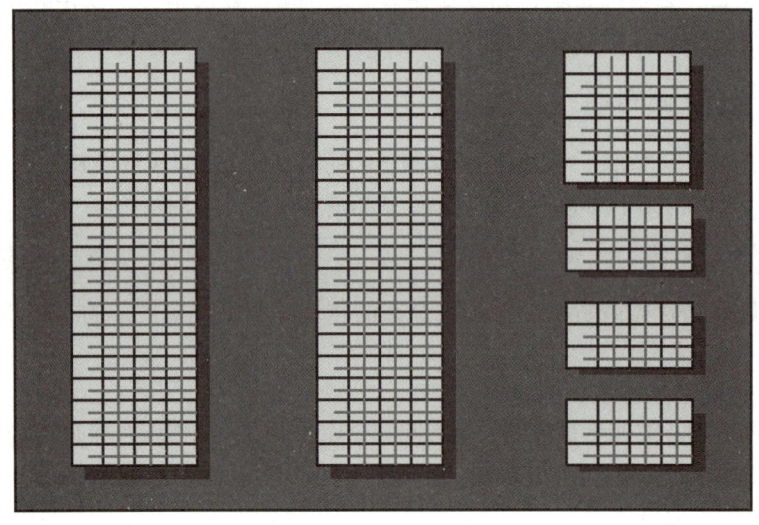

图 2.8　纵横式布局

2. 倾斜式布局

倾斜式布局是指货架或货垛与仓库侧墙或主通道成一定夹角的布局。具体包括以下两种。

(1) 货垛倾斜式布局。

货垛倾斜式布局是横列式布局的变形,它是为了便于叉车作业,缩小叉车的回转角度,提高作业效率而采用的布局形式,如图2.9所示。

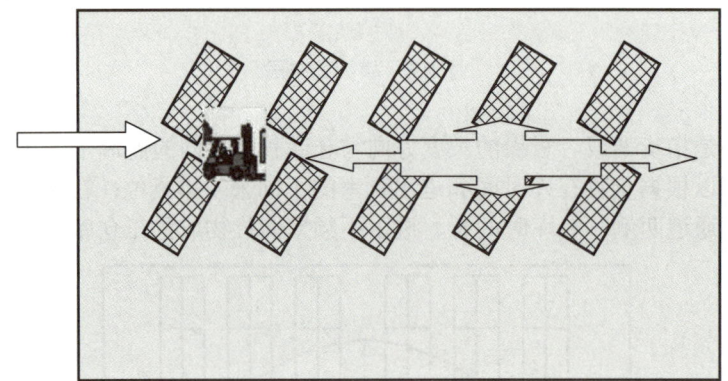

图 2.9　货垛倾斜式布局

(2) 通道倾斜式布局。

通道倾斜式布局是指仓库的通道斜穿过储货区,把仓库划分为具有不同作业特点(如大量储存和少量储存)的储货区进行综合利用(见图2.10)。在这种布局形式下,仓库内形式复杂,货位和进出库路径较多。

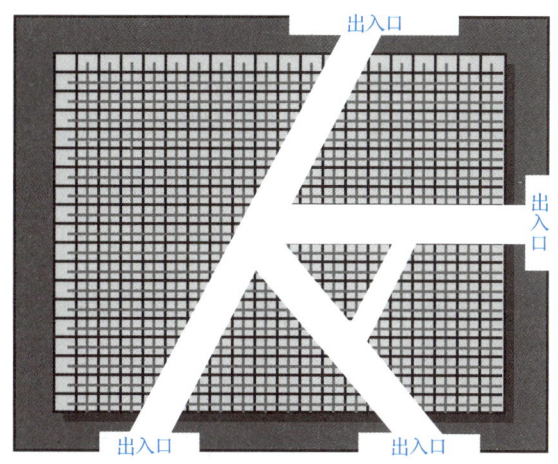

图 2.10 通道倾斜式布局

安排货物储存位置时要根据仓储管理的保管原则,注意货物的储存定额、出入库频率、储存要求、消防措施、分类目录等。实际中,货物储存原则形成了一些容易记忆的说法,如大不围小、缓不围急、重近轻远、同类聚堆等。

2.3.3 货位管理

1. 货位管理的概念

货位(有时称为储位)即货物存放的位置。货位管理是在确保将来要使用或者要出货的货物被保管好的前提下,定期对其进行检查、控制与管理。

在仓储配送中心,货物由入库到最后出库,其中最重要的环节就是货物在库时的管理。也就是说,当货物进入仓储中心后,应该如何放置、放置何处,这些问题不仅影响入库效率和库房储位利用率,还影响拣货效率。

2. 货位编号与货物编号

(1)货位编号的概念。

货位编号是在分区分类的基础上,将仓库的库房、货场、货棚及货架等存放货物的场所划分为若干货位,然后按照储存地点和位置的排列,采用统一标记编上顺序号码,并做出明显标志,以方便仓库作业的管理方法。

货位编号的方法有许多种,但无论采用何种方法,货位的摆放都需要与主作业通道垂直,以便于存取。

(2)货位编号的方法。

仓库中货位编号常用的方法有以下三种。

第一,地址法。地址法是利用储货区中现成的参考单位,如栋(建筑物)、区段、排、行、层、格等,按相关顺序编号。常用的有"四号定位法"。"四号定位法"就是采用四个数字号码对库房(货场)、货架(货区)、层次(排次)、货位(垛位)进行统一编号。例如,1-2-3-4 编号代表 1 号库房、2 号货架、第 3 层、4 号货位(见图 2.11)。

图 2.11 "四号定位法"货位编号条码

第二,区段法。区段法就是把储货区分成几个区段,再对每个区段进行编码。这种方法是以区段为单位,每个号码代表的储区较大。区域大小根据物流量的大小而定。

第三,品类法。品类法是把一些相关商品进行集合以后,区分成几个品类群,再对每个品类群进行编码。这种方法适用于便于按品类群保管的场所和品牌差距大的商品,如食品群、服饰群、五金群。

(3) 货物编号。

将进入仓库的货物按照一定的规则进行编号,可以提高货物管理的效率,增加货物管理的准确性。货物编号的原则见表 2-1。

表 2-1　货物编号的原则

原则	说明
唯一性	编号结构必须保证每一个编号对象仅有唯一的编号,即编号应与指定的类目一一对应
可扩性	在编号结构体系里应留有足够的备用码,以适应新类目的增加和旧类目的删减需要,使扩充新编号和压缩旧编号成为可能,从而可以对分类和编号集进行必要的修订和补充
简明性	编号应尽可能简明,即长度最短。这样既便于手工处理,减少差错率,也可以减少计算机的处理时间和存储空间
稳定性	编号必须稳定、不宜频繁变动,否则将造成人力、物力、财力的浪费。因此,编号时应考虑其最小变化的可能性,一旦确定后就不要变更,这样才能够保持编号体系的稳定性
层次性	编号要层次清楚,能清晰地反映商品分类关系和分类目录内部固有的逻辑关系
易处理性	商品编号要具有能够检测差错的自身核对性,以适应计算机处理的需要

货物编号的方法见表 2-2。

表 2-2　货物编号的方法

方法	说明
数字法	数字法是指以阿拉伯数字为编号工具,按照商品的特征、流水方式等进行编号的一种方法。这种方法须有编号索引,否则无法直接了解编号意义。例如,100000012,代表第 12 个吉利品牌风扇,前段代表货物名称(也可以反映出货物类别),后段代表第几件货物(可从第 1 件编起,若数量过多可按年限编号),再如 503000267 则代表第 267 辆永久牌自行车
字母法	字母法是指以英文字母为编号工具,按照各种方式进行编号的一种方法。例如,A 代表五金;B 代表交电;C 代表化工等
实际意义法	即按照货物的名称、重量、尺寸、分区、货位等实际情况来编号。例如 FO141810B3-30,其中 FO 表示食品类(Food),141810 表示包装尺寸是 14cm×18cm×10cm,B3 表示 B 区的第 3 排货架,30 表示有效期是 30 天
暗示法	即用数字和字母组合来编号。通过字母、数字,能对商品产生联想,字母、数字暗示了商品内容。例如 BY26RM16,其中 BY 表示自行车(Bicycle),26 表示车轮半径为 26cm,R 表示红色(Red),M 代表男式(Man),16 表示供应商代号

3. 货位分配

（1）货位分配原则。

以周转率为基础的法则。即按照货物在仓库的周转率（或进出频率）来安排储位。货物周转率越高、越笨重，就应离库房出入口越近。

产品相关性原则。产品相关性大的商品被同时订购的概率较大，所以应尽可能放在相邻的位置，以缩短提取路程，减少工作人员工作量，同时也能简化清点工作。产品相关性的大小可利用历史订单数据进行分析。

产品同一性原则。产品同一性原则是指把同一产品存放于同一保管位置。若同一产品存放于多个位置，则会造成存取不便，且对商品的掌握和盘点都较困难。

产品相容性原则。相容性低的产品不可放置在一起，以免损害品质。例如，烟、香皂和茶不可放在一起。

先进先出原则。为了确保货物质量，避免货物存储时间超过保质期，应采取先进先出原则来分配货位，这对于生命周期短的货物储存尤为重要。

（2）货位分配策略。

定位储放。定位储放是指每一储存货物都有固定储位，各种货物不能互用储位，因此须规划每一项货物的储位容量不得小于其可能的最大在库量。选用定位储放的原因在于：第一，储货区安排需考虑货物尺寸及重量（不适合随机储放）。第二，储存条件对货物储存非常重要。例如，有些货物必须控制温度。第三，易燃物的储存必须限制在一定高度内，以满足保险标准及消防法规。第四，依照货物特性，难管理或其他政策指出的某些货物必须分开储存。例如，饼干和肥皂、化学原料和药品要分开储存。第五，保护重要货物。第六，储货区易被记忆，货物易被提取。定位储放的优点如下：第一，每种货物都有固定的储存位置，拣货人员容易熟悉各种货物的储位；第二，货物的储位可按周转率大小或出货频率来安排，以缩短出入库搬运距离；第三，可针对各种货物的特性做储位的安排调整，将不同货物特性间的相互影响减至最小。定位储放的缺点是储位必须按各项货物的最大在库量设计，因此储区空间平时的利用效率较低。总体来说，定位储放容易管理，所需的总搬运时间较少，但却需较多的储存空间。所以除上述原因，此策略较适用于以下两种情况：第一，库房空间大；第二，多种、少量货物的储存。

随机储放。随机储放是指每一个货物被指派储存的位置都是通过随机过程产生的，而且可经常改变。也就是说，任何货物可以被存放在任何可利用的位置。然而，在实际执行中，储存人员往往按习惯来储存货物，且通常按货物入库的时间顺序将其储存于靠近出入口的储位。随机储放的优点：由于储位可共享，因此只需按所有货物的最大在库量设计即可，储区空间的使用效率较高。随机储放的缺点如下：第一，货物的出入库管理及盘点工作的难度较大；第二，周转率高的货物可能被储放在离出入口较远的位置，增加了出入库的搬运距离；第三，具有相互影响特性的货物可能相邻储存，造成货物损害或发生危险。采用随机储放能使仓库空间得到最有效的利用，从而减少储位的数量。仿真研究表明，随机储放与定位储放相比较，随机储放可节省35%的移动储存时间及增加30%的储存空间，但不利于货物的拣取作业。因此，随机储放较适用于以下两种情况：一是库房空间有限，需尽量利用储存空间；二是储存种类少或体积较大的货物。若能运用计算机协助进行随机储放的记忆管理，将仓库中每项货物的储存位置交由计算机记录，则进出货时便可查询货物储位；同时，还可依照计算机所显示的各剩余储位来配合进货，必要时也能调整货物储位，从而进行移仓的动作规划。

分类储放。分类储放是指所有的储存货物按照一定的特性加以分类。每一类货物都有固定存放的位置，而同属一类的不同货物又按一定的法则进行储位分配。分类储放的原则为通常按货物相关性、流动性、产品尺寸、重量和产品特性来分类。分类储放的优点如下：第一，便于畅销品的存取，具有定位储放的各项优点；第二，各分类的储存区域可根据货物特性再做设计，有助于货物的储存管理。分类储放的缺点如下：储位必须按各项货物最大在库量设计，因此储货区的空间平均使用效率较低；分类储放较定位储放具有弹性，但也有与定位储放同样的缺点。分类储放较适用于以下情况：一是货物相关性大且经常被同时订购的情况；二是周转率差别较大的情况；三是货物尺寸相差较大的情况。

分类随机储放。分类随机储放是指每一类货物有固定存放位置，但在各类的储货区内，每个储位的指派是随机的。分类随机储放优缺点如下。优点：既可吸收分类储放的部分优点，又可节省储位数量，提高储货区空间利用率。缺点：货物出入库管理及盘点工作的难度较大。分类随机储放兼具分类储放及随机储放的特色，其所需的储存空间介于两者之间。

共享储放。根据各货物的进出仓库时间，使不同的货物共享相同储位的方式称为共享储放。优点：所需的储存空间及搬运时间符合经济性。缺点：在管理上较复杂。

2.4　现代配送中心选址设计

2.4.1　配送中心选址概念及意义

所谓配送中心选址，是指在一个具有若干供应点及若干需求点的经济区域内，选一个或多个地址设置为配送中心的规划过程。较佳的配送中心选址方案是使商品通过配送中心的汇集、中转、分发，直至输送到需求点的全过程的效益最好。

配送中心选址在整个物流系统中占有重要的地位，是属于物流管理战略层的研究问题。就单个企业而言，它决定了整个物流系统及其他层次的结构；就供应链系统而言，核心企业的选址决策会影响所有供应商物流系统的选址决策。物流配送中心位置的选择，显著影响企业实际营运的效率与成本，以及日后仓储规模的扩充与发展。虽然它是个宏观战略问题，但又广泛存在于物流系统的各个层面。物流配送中心拥有众多建筑物、构筑物及固定的机械设备，建成后搬迁难度较大，如果选址不当，将付出长远代价。因此，需要对物流配送中心的选址规划予以高度重视，这对物流配送中心的选址研究具有现实意义。

2.4.2　配送中心选址的影响因素

现代物流配送中心实际上就是集集货中心、分货中心、加工中心功能于一体的综合体。

建立现代化的物流配送中心是企业强化客户服务体制、削减流通成本、战胜竞争对手的一个重要手段。所以，要实现物流配送中心自身的效率化，就要按照客户的要求建立进货体制，保障物流作业的合理化，降低物流成本，这些都需要在配送中心选址时考虑到。

1. 配送中心选址的宏观影响因素

宏观的经济环境、企业所处行业的政策环境以及地方政府的优惠措施等，都是企业在配送中心选址时需要分析的宏观影响因素。国家整体的经济环境对企业决策具有一定的引领作用，若国家整体的经济环境令人担忧，那么企业在这样的大经济环境下继续扩张业务、扩大现有的配送体系不是一种明智之举。行业优惠政策和地方政府的优惠措施是企业经营面临的重要外部环境之一。企业的经营决策应该与整个行业的政策相一致，这样企业在上级审批等多个环节中才不会耽误时间，也不会遇到过多导致决策丧失时效性的障碍。

2. 配送中心选址的微观影响因素

（1）自然环境因素。配送中心选址过程中，主要考虑的自然环境因素有温度、风力、降水量、无霜期、冻土深度、年平均蒸发量等。

（2）配送经营环境因素。配送中心所在地区的优惠物流产业政策对物流企业的经济效益将产生重要影响，数量充足和高素质的劳动力条件也是配送中心选址考虑的因素之一。配送经营环境因素主要包括以下三个。第一，配送商品特性。经营不同类型商品的配送中心最好能分别布局在不同地域。如生产型配送中心的选址应与产业结构、产品结构、工业布局等紧密结合。第二，物流配送相关费用。物流配送相关费用是配送中心选址的重要考虑因素之一。大多数配送中心选址都接近物流服务需求地。例如，接近大型工业、商业区，以便缩短运距、降低物流费用。第三，物流配送服务水平。物流配送服务水平也是配送中心选址所需考虑的因素。现代物流配送过程中能否实现准时送达是衡量配送中心服务水平的重要指标。因此，在配送中心选址时，应保证客户在任何时候向配送中心提出的物流需求，都能被快速、高质量的满足。

（3）基础设施状况。配送中心必须具备方便的交通运输条件，最好靠近交通枢纽进行布局。例如，紧邻港口、交通主干道枢纽，紧邻铁路编组站或机场，且最好有两种以上运输方式相连接。

（4）其他因素。主要是环境保护要求。配送中心的选址需要考虑保护自然环境与人文环境等因素，尽可能降低对城市生活的干扰。大型转运枢纽应适当设置在远离市中心地区的区域，以改善大城市的交通环境，维持和增强城市的生态建设。

2.4.3 配送中心选址流程

配送中心的选址直接影响配送中心各项活动的成本，同时也关系到配送中心的正常运作和发展。因此，配送中心的选址必须在经过充分调查、分析的基础上，综合考虑自身经营的特点、商品特性及交通状况等因素，在详细分析现状及预测的基础上进行。配送中心的选址可参照图 2.12 所示的流程进行。

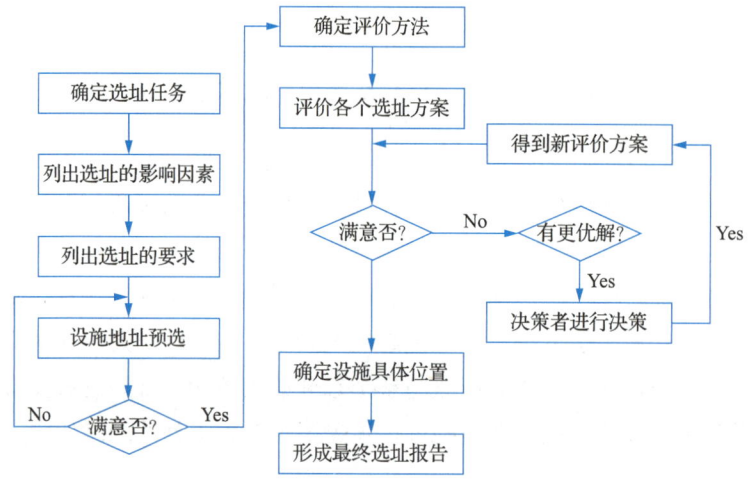

图 2.12　配送中心选址流程

1. 外部条件论证

（1）交通运输条件。配送中心地址应靠近交通运输枢纽，以保证配送服务的及时性、准确性。

（2）用地条件。配送中心建设须占用大量的土地资源，土地的来源、地价、利用程度等要充分考虑并落实。

（3）顾客分布情况。准确掌握配送中心现有服务对象的分布情况以及未来一段时间内的发展变化情况。因为顾客分布情况的改变、配送商品数量的改变，以及顾客对配送服务要求的改变，都会对配送中心的经营和管理产生影响。

（4）政策法规条件。掌握政府对配送中心建设的政策、法规要求。例如，哪些地区不允许建设配送中心、哪些地区政府有优惠政策等。

（5）附属设施条件。配送中心周围的附属设施也是考虑的因素之一。例如，外部信息网络设施，水电及通信等辅助设施，北方地区的供暖、保温设施等。

（6）其他。要考虑不同类别的配送中心对选址的需求是不同的。例如，有些配送中心所保管的商品需要有保温设施、冷冻设施、危险品保护设施等，这些配送中心对选址都有特殊要求。

2. 内部条件论证

内部条件是指受企业自身发展影响的相关制约因素，配送中心选址时要本着"以最小的成本消耗，创造自身以及客户最大经济效益"的原则。选址中要考虑的问题主要是拟建配送中心的自身配送量、配送费用及配送质量等。除此之外，还应该考虑有无竞争对手，配送中心所处的行业等。例如，制造商型配送中心选址以接近上游生产厂或进口港为宜，原材料配送中心则考虑尽可能接近原材料供应基地。

2.5 现代配送中心规划

2.5.1 配送中心规划概述

所谓配送中心规划是指从空间和时间上对配送中心的新建、改建和扩建进行全面系统的规划。配送中心建设代表一个企业在赢得时间与地点效益方面所作出的努力，在一定程度上反映了企业实力。更为重要的是，规划的合理性还将对配送中心的设计、施工和运用，配送中心作业的质量和安全，以及所处地区或企业的物流合理化产生直接和深远的影响。

1. 配送中心规划目的

配送中心规划影响到配送中心的运营效率，是物流配送的一个关键环节。因此，进行配送中心规划具有重大的意义。配送中心规划的目的主要有以下几点。

（1）有效地利用空间、设备、人员和能源。
（2）最大限度地减少物料搬运。
（3）简化作业流程。
（4）缩短配送周期。
（5）力求投资最低。
（6）为职工提供方便、舒适、安全和卫生的工作环境。

2. 配送中心规划前期资料搜集

根据拟建物流配送中心的类型，首先进行规划所需的基本资料的搜集和调查研究工作。调查研究方法包括现场访问记录和厂商实际使用的表单搜集。规划资料的搜集过程分为两个阶段，即现行作业资料的搜集、分析和未来规划所需资料的搜集。其具体要求如下。

（1）现行资料的搜集。配送中心规划资料的搜集是一项复杂的工作，涉及的内容比较广泛，主要包括以下资料。

第一，基本运行资料，包括业务类型、营业范围、营业额、人员数、车辆数、供应厂商和用户数量等。第二，商品资料，包括商品类型、分类、品项数、供应来源、保管形式等。第三，订单资料，包括商品种类、名称、数量、单位、订货日期、交货日期、生产厂家等。第四，货物特性，包括物态，气味，温、湿度要求，腐蚀、变质特性，装填性质。此外，还包括物品重量、体积、尺寸、包装规格、储存特性和有效期限等。包装规格分为单品、内包装、外包装等包装规格。第五，销售资料，按地区、商品、道路、客户及时间分别统计。第六，作业流程，包括一般物流作业流程，即进货、储存、拣选、补货、流通加工、发货、配送、退货、盘点、仓储配合作业（移仓调拨、容器回收、废弃物回收处理）等作业流程。

（2）未来规划所需资料的搜集。未来规划所需资料的搜集对配送中心的发展起着至关重要的作用，搜集的资料用途主要有以下四个方面。第一，用于制订运营策略和中长期发展计划。根据外部环境变化、政府政策、企业未来发展等来决定。第二，用于进行商品未来需求预测。分析商品现在的销售增长率，估计未来增长趋势。第三，用于分析商品品种变化趋势。分析商品在品种方面可能的变化趋势。第四，用于预测将来可能变化的厂址和面积。

2.5.2 配送中心规划原则

1. 配送中心规划的基本原则

一般而言,配送中心规划有以下 5 个基本原则。

(1)根据系统的概念,运用系统分析的方法实现整体优化。

(2)以流动的观点作为配送中心规划的出发点,并贯穿于配送中心规划的始终,因为企业的有效运行依赖于人流、物流、信息流的合理化。

(3)有从宏观(总体方案)到微观(每个仓库、进货区、存货区、发货区),又从微观到宏观的过程。

(4)减少或消除不必要的作业流程,这是提高企业配送效率和减少成本最有效的方法之一。

(5)重视人的因素。作业地点的设计,实际是人—机—环境的综合设计。企业要考虑为员工创造一个良好、舒适的工作环境。

2. 配送中心规划的基本要求

根据企业的经营目标和生产纲领,在已确定的空间场所内,按照从原材料的接收,零件和产品的制造,到成品的包装、发运的全过程,将人员、设备、物料所需要的空间进行最适当的分配和最有效的组合,以便获得最大的生产经济效益。

2.5.3 配送中心规划要素及资料分析

1. 配送中心规划的要素——EIQRSTC

(1)E——Entry,是指配送的对象或客户。配送中心的服务对象或客户不同,配送中心的订单形态和出货形态就会有很大不同。

(2)I——Item,是指配送货品的种类。配送中心所处理的货品品种数不同,则其复杂性与困难性也有所不同,其货品的储位安排也完全不同。另外配送中心所处理的货品种类不同,其特性也完全不同。

(3)Q——Quantity,是指配送货品的数量或库存量。这里的 Q 包含两个方面的含义。一是配送中心的出货数量;二是配送中心的库存量。货品出货数量的多少和变化趋势会直接影响到配送中心的作业能力和设备的配置。配送中心的库存量和库存周期将影响到配送中心对空间的需求。

(4)R——Route,是指物流的通路。物流通路与配送中心的规划也有很大的关系。规划配送中心之前,首先必须了解物流通路的类型,然后根据配送中心在物流通路中的位置和上下游客户的特点进行规划,才不会失败。

(5)S——Service,是指物流服务水平。物流服务水平包括订货、交货时间,货品缺货率,增值服务能力等,应该是在合理的物流成本下的服务品质。

(6)T——Time,是指物流的交货时间。在物流服务品质中,物流的交货时间非常重要,因为交货时间直接影响供应链的效率和客户的满意度。及时的交货不仅能确保生产和销售的顺利进行,还能提高客户对服务的信任度和忠诚度。

（7）C——Cost，是指配送货品的价值或配送中心建造的预算。

在配送中心规划时，除了考虑以上的基本要素，还应该注意研究配送货品的价值和建造预算。首先，配送货品的价值与物流成本有很密切的关系；其次，配送中心的建造预算也会直接影响配送中心的规模和自动化水平。没有足够的建设投资，所有理想的规划都是无法实现的。

2. 配送中心资料分析

可以采用定性和定量的方法搜集、整理和分析上述 7 个要素的资料。定性方法有作业时序分析、人力需求分析、作业流程分析、作业功能需求分析和业务流程分析；定量方法包括物品特性分析、储运单位分析和 EIQ 分析。下面主要介绍定量方法。

（1）物品特性分析。物品特性是货物分类的参考因素。例如，按储存及保管特性可将储货区分为干货区、冷冻区及冷藏区；按货物重量可将储货区分为重物区、轻物区；按货物价值可将储货区分为贵重物品区和一般物品区等。因此，在配送中心规划时，首先需要对货物进行物品特性分析，以划分不同的储货区。

（2）储运单位分析。即考察配送中心各个主要作业（进货、拣货、出货）环节的基本储运单位。一般配送中心的储运单位包括 P——托盘、C——箱子和 B——单品，而不同的储运单位，其配备的储存和搬运设备也不同。因此，掌握物流过程中的储运单位转换相当重要，需要将这些储运单位（P、C、B）进行分析，即所谓的 PCB 分析。

（3）EIQ 分析。就是利用 E、I、Q 这 3 个物流关键要素研究配送中心的需求特性，为配送中心提供规划依据。

2.5.4 配送中心内部规划

（1）配送中心内部系统规划。系统布置设计具有很强的实践性，同样也可应用于配送中心的内部系统规划中。配送中心的内部系统规划就是根据物流作业量和物流路线，确定各功能区域的面积和相对位置，从而得到配送中心内部的平面布置图。

（2）流程分析。在搜集并分析了配送中心内部系统规划的各项要素和资料后，就应该进行配送中心内部规划流程分析（见图 2.13）。配送中心的主要作业包括入库、仓储、拣货、配货、出货、配送等，一些配送中心还包括流通加工、贴标签、包装及退货等作业。在规划时，首先应将具有相同流程的货物作为一类（如 A、B、C、D……），分析每类货物的作业流程，制定出配送中心内部作业流程表。

（3）作业流程规划。通过对各项作业流程的合理化分析，找出作业中不合理和不必要的作业，力求避免配送中心出现不必要的计算和处理环节。此外，尽量简化储运单位，采用托盘或储运箱作为容器，把体积、外形差别大的商品归类，每一类使用相同标准的储运单位。

（4）作业区域的功能规划。在作业流程规划后，可根据配送中心的运营特性进行物流作业区及周边行政活动区的规划。物流作业区包括入库，拣货，仓储，出货等基本的配送中心作业区；周边行政活动区包括办公室、计算机中心等区域。

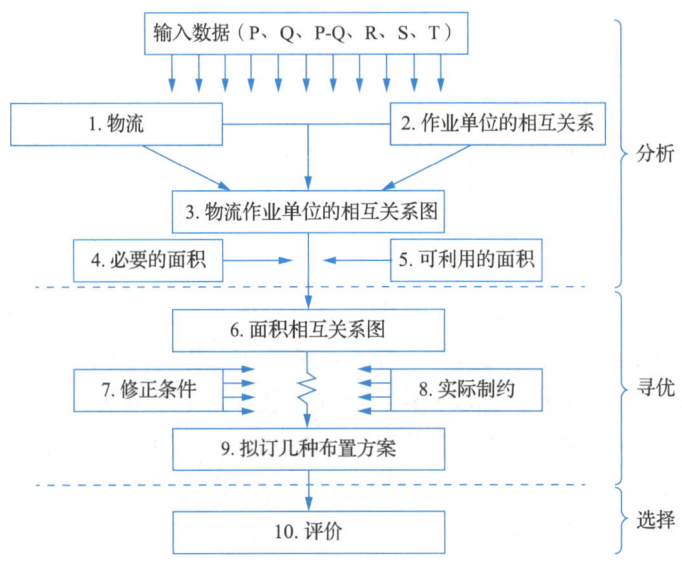

图 2.13 配送中心内部规划流程分析

2.5.5 配送中心规划示例

由于配送中心的功能视具体情况而各有不同，配送中心的规划布局也会存在较大差异。一般而言，配送中心的规划应与其功能、属性以及运营中长期目标保持一致。图 2.14 显示了某企业配送中心平面规划布局图。

配送中心的作业流程

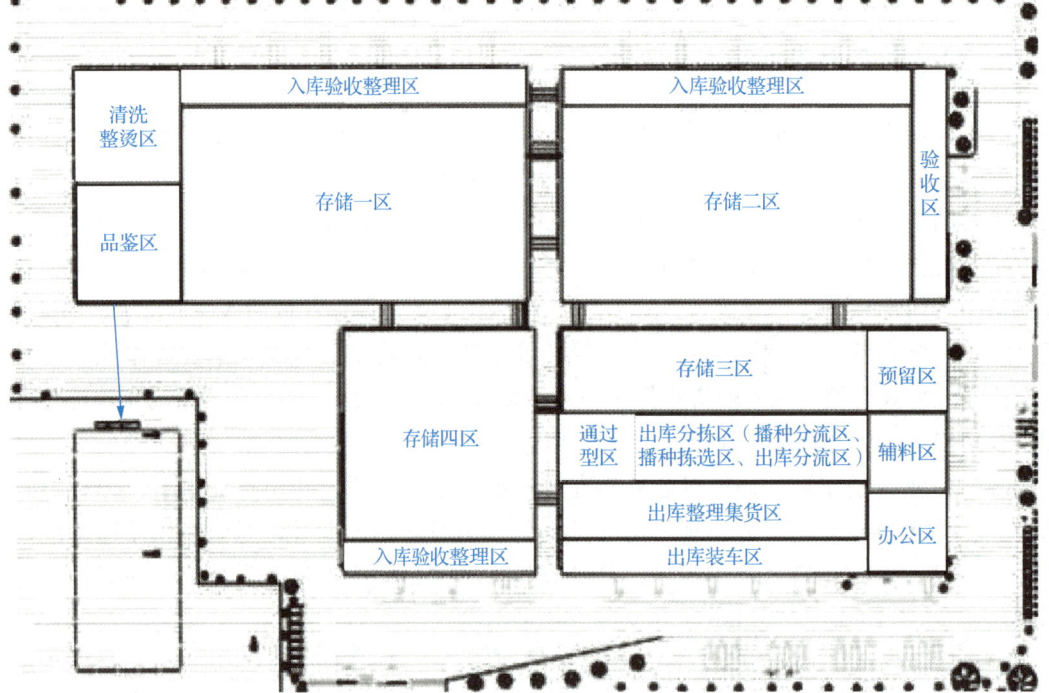

图 2.14 某企业配送中心平面规划布局图

一般来说，配送中心的基本区域包括以下八个部分。

（1）办公区。用于配送中心日常办公，主要是处理各种订单、进货、出货、理货等，它是现代配送中心有效运作的关键。

（2）收货区。在这个作业区内，工作人员需完成接收货物的任务和货物入库之前的准备工作，如卸货、检验等工作。因货物在收货区停留的时间不太长，并处于流动状态，因此收货区的面积相对来说都不算太大，主要设施有验货用的电脑和卸货工具等。

（3）存储区。为保证正常配送的需要，配送中心应保持一定的储备，并做好这些储备的保管工作。

（4）理货区。理货区是配送中心人员进行拣货和配货作业的场所。其面积大小因配送中心的类型不同而异。一般来说，拣货和配货工作量大的配送中心，通常理货区面积较大。例如，向多家客户配送多种商品且按小批量、多批次的方式进行配送的配送中心的理货区面积比较大。

（5）配装区。由于各种原因，有些已分拣出来并配备好的货物不能立即发送，而是需要集中在某一场所等待统一发送，这种放置和处理待发货物的场所就是配装区。在配装区内，工作人员要根据每个门店的位置、货物数量对货物进行分放、配车，并确定装运形式是单独装运还是混载同运。因为货物在配装区内停留的时间不长，货物所占的面积不大，所以，配装区的面积比存储区的面积小得多。通常配装区除了配装计算工具和小型装卸机械、运输工具外，没有什么特殊的大型专用设备。

（6）发货区。将配好的商品按到达地点或到达路线进行送货。运输车辆可选择借用社会运输车辆，也可选择自配的专业运输车队。

（7）加工区。配送过程中，为解决生产中大批量、品种少和消费中的小批量、多样化要求的矛盾，按照用户对商品的不同要求，对货物进行分割、分装、配装、配载等加工活动。

（8）其他特殊区域。有些配送中心由于配送商品及流程的特殊性，也会开辟若干区域处理特殊业务。例如，烟草配送中心一般会设置品鉴区以检验配送商品，确保商品配送质量。

本 章 小 结

现代仓储和配送规划能增加仓库的存储容量，为工作人员提供好的工作环境，同时也有利于提高仓储管理工作的水平，保证仓储活动中各种作业协调、高效的进行。仓库选址应遵循适应性原则、协调性原则、经济性原则、战略性原则和可行性原则。仓库选址影响因素中的成本因素主要有运输成本、原材料供应成本、人力资源成本、建筑成本和土地成本；非成本因素主要有经营环境、当地政府政策法规、自然环境因素、时间影响因素。仓库总体布局规划要考虑仓库的平面规划和立体规划。仓库对储存货物进行科学管理的一个重要方法是实行分区分类保管，并对货位进行编号；货位分配遵循以周转率为基础、产品相关性、产品同一性、产品相容性和先进先出五大原则，可采用定位储放、随机储放、分类储放、分类随机储放和共享储放等货位分配策略。

配送中心选址在整个物流系统中占有重要的地位，并受到宏观和微观因素的影响，其选址需经历从外部条件论证到内部条件论证的过程。现代配送中心规划影响配送中心的运营效率，是物流配送的一个关键环节，对配送作业具有重要意义。

习 题

一、选择题

1. 仓库选址的主要成本因素不包括（ ）。
   A. 运输成本　　　　　　　　　　B. 原材料供应成本
   C. 经营环境　　　　　　　　　　D. 人力资源成本
2. 仓库动线规划的动线类型不包括（ ）。
   A. I 形　　　　B. U 形　　　　C. L 形　　　　D. X 形
3. 库房地坪与路面之间的高差要适当，最多不超过（ ）的纵向坡度，以便于提高机械作业的效率。
   A. 3%　　　　B. 4%　　　　C. 5%　　　　D. 6%
4. 货位编号的方法不包括（ ）。
   A. 自然编码法　　B. 地址法　　　C. 区段法　　　D. 品类法
5. 下列不属于配送中心资料分析定量方法的是（ ）。
   A. 储运单位分析　　　　　　　　B. 物品特性分析
   C. EIQ 分析　　　　　　　　　　D. 作业时序分析

二、简答题

1. 仓库选址应考虑的主要成本因素有哪些？
2. 仓库平面规划的原则有哪些？
3. 简述货位编号的方法。
4. 配送中心选址的影响因素有哪些？
5. 配送中心规划要素包括哪些？
6. 配送中心基本区域包括哪些部分？

三、思考题

1. 现代仓库在布局规划时，需要考虑哪些主要因素来确保仓储作业的高效性和安全性？
2. 在进行货位分配时，应依据哪些主要原则来确保仓库运作的高效性和货物的安全性？并说明每个原则的内容。
3. 在进行配送中心选址时，需要综合考虑哪些外部和内部条件以确保选址的合理性和经济效益？

四、案例分析题

根据以下案例所提供的资料，试分析：

（1）配送中心选址应考虑的因素；

（2）如何解决 Target 新分销中心选址遇到的非技术问题？

地址的选择

设施选址是一个复杂的过程，通常会受到环境、方法以及政治因素的影响。1993 年，美国连锁零售巨头 Target 公司在为芝加哥地区市场规划一个 9.3 万平方米的分销中心时，就曾面临这样的挑战。在选址过程中，Target 公司运用专业分析软件对来自 55 个团体提供的成本和税收优惠数据进行了评估，综合考虑了市场成熟度、运输费用、劳动力成本及其可获得性等多重因素。经过初步筛选，最终将候选地点缩小到三个，并选定威斯康星州 Oconomowoc 工业园区作为建设地址。然而，在项目推进过程中却遭遇意外阻碍。当地非营利环保组织"银湖环境协会"在威斯康星州法院提交了多项诉讼请求，要求对该项目进行进一步审议。该组织主要关注以下问题：暴雨径流及其对地表水的影响、员工通勤带来的空气污染问题，以及项目是否符合现行环境保护法规。面对反对声音，Target 公司高层认为这可能是政治因素博弈的结果。据银湖环境协会的律师 Stan Riffle 表示："我们深入研究了大量相关案件，发现整个诉讼过程可能需要多年时间。我们理解 Target 希望尽快推进项目的心情，但最终他们可能会意识到，迁至更适合运营的地方才是明智选择。"从威斯康星州政府角度看，该州经济发展局局长 Tony Honzey 指出："社区民众在建设方案公布前已了解该项目信息。为了获得在 Oconomowoc 选址的许可，必须满足 58 项独立条件，这绝非一蹴而就的事情。我们努力避免官僚主义拖延，因此如果能在 90 天内完成审批流程，就已经相当理想了。"基于此事件，Target 公司认识到在今后的项目中必须预留充足时间应对复杂的许可证申请程序以及可能的政治阻力。尽管过去社区曾对类似大型项目持欢迎态度，但随着环境、社会及基础设施问题日益突出，选址决策正面临更多法律和政治挑战。在此背景下，Target 选择直面环境审查程序的战略看似会让整个流程更加漫长，但从长远来看，这有助于制定出各方都能接受的解决方案，从而避免未来可能出现的争议和纠纷。

（资料来源：作者根据相关资料整理。）

第 3 章　现代仓储与配送设施设备

【本章学习目标】

1. 掌握货架、装卸搬运设备、输送设备等常见的仓储与配送设备。
2. 熟悉现代物流中的自动化立体仓库的产生与发展,掌握自动化立体仓库的基本组成与主要特点。

【知识导图】

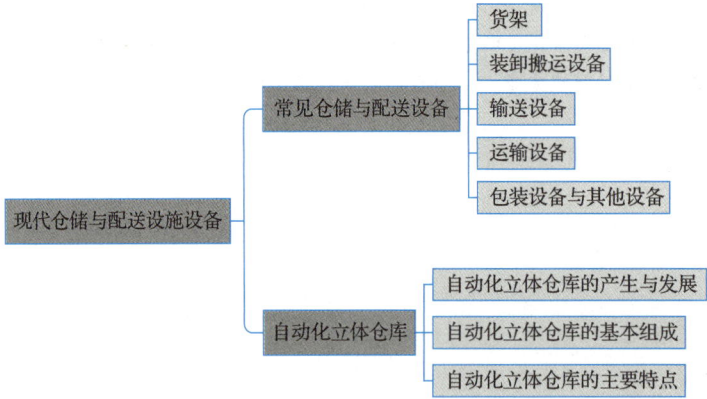

导入案例

华为技术有限公司

1. 公司介绍

华为技术有限公司（以下简称华为）成立于 1987 年，总部位于中国深圳，是全球领先的世界级电信解决方案供应商。经过三十多年的发展，华为始终基于客户需求持续创新，在固定网络、移动网络和 IP 数据通信等领域都确立了端到端的领导地位。凭借在这些领域的综合优势，华为在全球范围内建立了全 IP 融合时代的领导地位。目前，华为的产品和解决方案已服务于全球 170 多个国家及 30 多亿人口。

2. 项目介绍

华为制造业务从深圳坂田搬迁至东莞 SSH 工业园，并成功建成了一个从原材料接收、质检、储存到分拣和发货的自动化立体仓库，实现了生产物流的高度自动化（见图 3.1）。自动化立体仓库的建设涵盖从设计到制作、运输、装卸、安装、调试、验收和交付的全过程，包括自动传输系统、物料分拣系统、货架系统、堆垛机系统、输送机系统、业务管理系统、控制系统、条码系统及箱式输送系统等。此外，项目还提供了全面的技术支持，包括技术资料、验证文档和售后服务等内容。

图 3.1 华为自动化立体仓库

自动化立体仓库采用国际、国内领先技术及设备，是集光、机、电、信息于一体的高复杂度自动化物流系统工程，契合华为的整体战略思想，充分展示了华为与时俱进的企业形象及先进的现代化物流管理能力。

3. 自动化立体仓库的特点

（1）从入库到出库的全程自动化。

① 入库周转箱从月台到拆包装区的自动化搬运。

② 入库托盘与入库周转箱的自动上架。

③ 补货料箱的自动化搬运与分流。

④ 拣选货物的自动供给。

⑤ 分拣机的自动化分拣。

（2）业务优化。

① GTP（Goods to People，货到人）作业模式。

② PTL（Picking to Light，电子标签拣货）灯光指示拣选。

③ 提前拣选。
④ 高价值商品的紧急应对。
⑤ 夹层拆包、贴标业务处理。
（3）有限空间的充分利用。
① 自动仓库实现密集存储。
② 水平旋转货架创造更多的拣选点。
（4）空托盘/料箱收集与供应。
（5）逆向物流的自动化处理。

4. 仓库融入的新技术与创新管理理念

（1）GTP 站台。

GTP 站台采用货到人的接力式拣选模式，最大限度地节省了人工搬运距离，显著提高了作业效率。本站台设计充分符合人体工程学原理，将 PTL 拣选模式与自动输送模式完美整合为一体，并预留了后续业务的扩展性。

（2）夹层方案设计。

对料箱业务进行提前预处理，同时充分利用物流中心建筑空间，显著提高了空间利用率，充分保障了入库暂存区的面积需求。在同一层面的自动化库内设置了料箱业务的二次回库及出库作业，增加了货位数量，提升了库存能力。

（3）侧边拣选。

侧边拣选区域采用自动化入库、补货与 PTL 拣选三位一体的立体拣选模式，采用接力拣选模式为生产线直接供料。

（4）大件在线拣选。

对于拉手条等大件商品实现在线直接拣选，显著提高了作业效率，节省了离线作业所需的暂存场地。在设计时充分考虑了作业高峰期的应对策略，设计了备用暂存拣选站台。

（5）特殊情况下的防灾预备方案。

整个华为物流中心的设计采用了一级和二级库分级管理机制，确保供料系统具备双重防护能力，以应对临时灾难性状况导致的供料中断。通过各功能区的并行库存管理和多站点式拣选策略，可以有效降低因单个站点或功能区故障而导致的拣料中断风险。在项目设计初期就充分考虑了防灾预备方案，确保物流中心能够在紧急情况下持续保障生产需求。

3.1 常见仓储与配送设备

仓储与配送设备是指仓储和配送业务所需的所有技术装置与机具，即仓库和配送中心进行生产作业或辅助生产作业以及保证仓库和配送中心作业安全所必需的各种机械设备的总称。仓储与配送设备种类繁多，不同类型仓储所用设备有所不同，其根据用途可分为存货、取货设备，分拣、配货设备，验收、养护设备，流通加工设备，防盗设备，控制管理设备等。

3.1.1 货架

货架是指用立柱、隔板或横梁等组成的储存货物的立体设施。货架的主要作用是提高仓库空间的利用率，增加储存能力，确保货物的完整性和质量，提高货物存取作业的效率，并便于实施仓库的机械化和自动化管理。

1. 托盘式货架

托盘式货架是目前使用最广泛的托盘类货物存储系统，通用性也较强。其结构是货架通过单列或者双列连接成若干排，排与排中间留有通道供堆垛机、叉车以及其他装卸搬运设备运行，每个货架在垂直方向上分为若干层，从而形成大量的货格，用以存放托盘货物（见图3.2）。常见的几种托盘式货架如下。

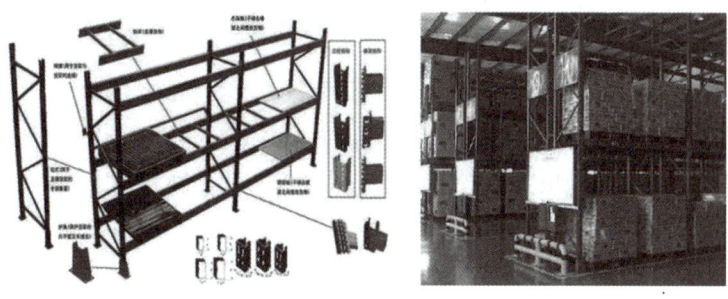

图 3.2 托盘式货架

（1）单深式托盘货架。

单深式托盘货架是由金属立柱与横梁组成的简单结构，承载能力和每层的空间适于存放整托盘货物。单深式托盘货架是每层纵深方向只能容纳一个托盘的货架。

（2）倍深式托盘货架。

倍深式托盘货架与一般托盘货架的结构基本相同，只是把两排托盘货架结合起来以增加储位而已，虽然储存密度增加了一倍，但是存取性和出入库方便性略差，直接存取率只有50%，即第一排货架的商品可以直接存取，因而无法严格实现货物的先进先出，并且需要与具有特殊伸缩装置的倍深式叉车配合使用。这种货架适用于每次存取批量较大货物的场合。

（3）窄道式托盘货架。

窄道式托盘货架的结构与单深式托盘货架相同，通道仅比托盘稍宽。叉车沿通道前后运行以存取货物而无须转弯，货叉在叉车前后运行的同时左右转动。窄道式托盘货架通常比单深式托盘货架高，其充分利用了仓库面积和高度，具有中等存储密度。但是窄道式托盘货架须用特殊的叉车或起重机进行存取作业，还需要与其他搬运机械配套使用，同时设计与安装需要更高的要求。

（4）贯通式货架。

贯通式货架是一种不以通道分割的、连续的整栋式货架。在支撑导轨上，托盘按深度方向存放，一个紧接着一个，叉车可以驶入、存取单元托盘货物，即叉车作业通道与货物保管场所合一，因此货物存放密度很高，仓库空间利用率也大大提高。贯通式货架按其存取托盘货物的作业方式不同，可分为驶入式货架和驶入驶出式货架。驶入式货架在货物存取时，叉车从货架的同一方向直接进出货架，叉车与架子的正面成垂直方向驶入，在货架中间进行货物存取作业。装货时，从内向外逐个卸放托盘货物直至装满；取货时，再按从外向内顺序取货。驶入式货架投资成本相对较低，可以提高仓库的库容率以及空间利用率。而仓库获得高空间利用率的代价是在货物管理上很难实现"先进先出"。因此，驶入式货架适用于保管品种少、批量大且不受保管时间限制的货物。贯通式（驶入式）货架如图3.3所示。

图 3.3　贯通式（驶入式）货架

为了实现"先进先出"管理，可以在驶入式货架的基础上舍弃一部分存储空间换取存取的方便性，将其转变成驶入驶出式货架。与驶入式货架不同，驶入驶出式货架前后不封闭，前后均设置通道，前后均可进行货物存取作业。为了实现"先进先出"的管理，在存取货物时，一侧为进货通道，另一侧为取货通道。

2. 重力式货架

重力式货架可以分为自滑动式货架和后推式货架，存放的货物分为两类：一类是整批纸箱包装物品，另一类是托盘物品，如图 3.4 所示。存放整批纸箱包装物品的重力式货架比较简单，由多层并列的重力式滑道组成，物品上架及取出都使用人力。存放托盘物品的重力式货架相对复杂，每个货架内设重力辊道两条，辊道由左右两组辊轮、导轨和缓冲装置组成。

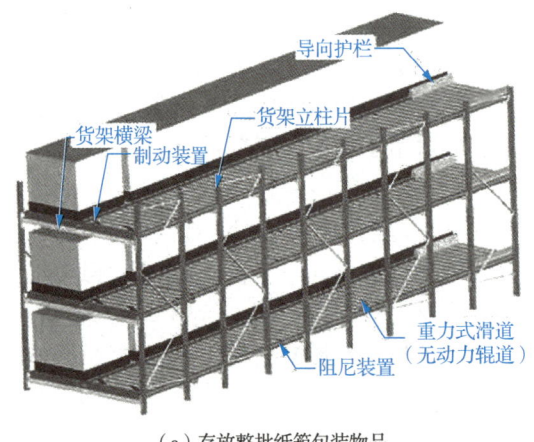 

（a）存放整批纸箱包装物品　　　　　　　（b）存放托盘物品

图 3.4　重力式货架

3. 悬臂式货架

悬臂式货架在立柱上装有外悬的杆臂，是一种边开式的货架，如图 3.5 所示。悬臂式货架适合存放长条状或长卷状、大件和不规则的货物，如钢材、木材、塑料等。放置圆形物品时，应在其臂端装设阻挡块以防止货物滑落。货架前伸的悬臂具有结构轻巧、载重能力好的特点，但货架高度受限，一般 6m 以下。悬臂式货架特别适合空间小、高度低的库房。此类货架不太便于机械化作业，存取货物作业强度大，同时空间利用率较低，尤其适用于杆料生产工厂或长形家具制造商。

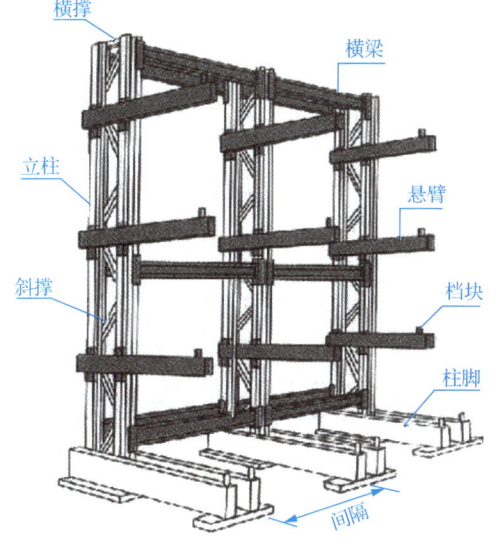

图 3.5　悬臂式货架

4. 移动式货架

移动式货架的底部装有轮子，可以在轨道上沿直线水平方向移动。与固定式货架相比，移动式货架节省了固定式货架在每两排货架之间都要有的通道空间，可以在较多排货架中只保留一条通道。移动式货架通过货架移动，让出所需要的通道位置，由叉车进行货物的装卸作业。移动式货架一般是电动的，每列货架的底部有电动机驱动装置，一般通过控制装置与操作开关盘进行操作并移动货架，也可以采用手动方式移动轻型移动式货架。移动式货架一般附加有变频控制功能，用来控制驱动、停止时的速度，以防止放置在货架上的物品因惯性造成颤动、倾斜或崩倒等现象，同时也配备定位用的光电传感器以及齿轮电动机，以提升定位精度。

移动式货架

移动式货架的储存量比一般固定式货架大很多，节省空间，适合少样、多量、低频度的货物保管。但是货架中的机电装置多、维护困难，且建造成本高、施工速度慢。

5. 旋转式货架

旋转式货架结合自动仓储系统与货架功能，可以实现在拣选货物时，取货者不动，货架自动旋转至拣货点。旋转式货架设有电力驱动装置，货架沿着环形轨道运行。存取货物时，把货物所在的货格编号输入控制系统，该货格则以最近的距离自动旋转到拣货点停止。货架的货格可以根据所存放货物的种类、形态、大小、规格等不同条件来选择。

6. 层架

层架由立柱、横梁、层板构成，其层间用于存放货物。层架的应用非常广泛，有多种类型。如果按层架存放货物的重量来分类，层架可以分为重型层架、中型层架和轻型层架；如果按其结构特点来分类，层架有层格式层架、抽屉式层架等类型，其中轻型、中型层架如图 3.6 所示。

（a）轻型层架　　　　　　　　　（b）中型层架

图 3.6　轻型、中型层架

7. 阁楼式货架

阁楼式货架是利用钢板、木板等材料做楼板，将储存空间做上下两层或多层规划，以提高存储高度，增加空间利用率的一种货架，阁楼式货架如图 3.7 所示。其底层一般存放快速流动的或者较重的物品，或者整箱、整托盘物品，上层一般存放轻量的物品和零担物品。

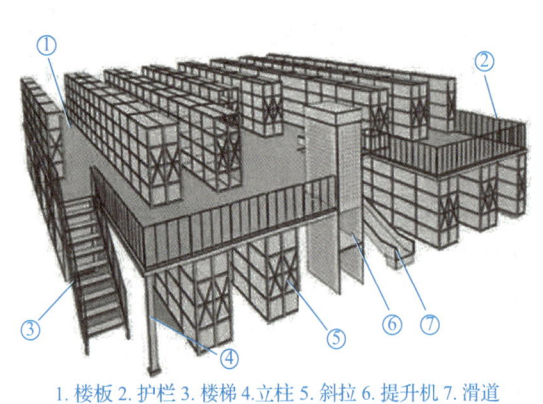

1. 楼板 2. 护栏 3. 楼梯 4. 立柱 5. 斜拉 6. 提升机 7. 滑道

图 3.7　阁楼式货架

电子标签货架

随着电子信息技术和货架技术的发展，将电子标签安装于货架储位上，并与仓储管理信息系统进行对接。当货物需要出库时，相应的电子标签即被点亮，出库人员按照其显示的货位及数量进行拣货备货，大大地提高了拣选的速度和准确率。

3.1.2　装卸搬运设备

随着物流业的发展，根据物流配送中心的实际需要，设计和生产的装卸搬运设备品种和规格越来越多。物流配送中心的装卸搬运设备主要分为装卸设备和搬运设备。装卸设备是指具有装卸功能的机械设备，如手拉葫芦、起重机等；搬运设备是指具有搬运功能的机械设备，如搬运车、带式输送机等。下面介绍库房中常用的装卸搬运设备。

1. 堆垛起重机

堆垛起重机是立体仓库中重要的起重运输设备，其主要作用是在立体仓库的通道内运行，在三维空间上（行走、升降、两侧向伸缩）按照一定的顺序组合进行往复运动，以完成对集装单元或拣选货物的出入库作业。

（1）桥式堆垛起重机。

桥式堆垛起重机（见图3.8）根据其构造可以分为支撑桥式堆垛起重机和悬挂桥式堆垛起重机。支撑桥式堆垛起重机的大车轮沿着轨道顶面运行，悬挂桥式堆垛起重机的车轮沿着工字钢下翼缘运行。桥式堆垛起重机有大车桥架、回转小车、立柱、货叉等主要零部件。大车桥架在仓库上方运行，回转小车在桥架上运行。立柱分为伸缩立柱和固定立柱两种类型，其功能是为货叉升降和驾驶室移动提供导向，并支撑载荷。货叉同样有伸缩式和固定式之分，是用来堆取成件物品的叉形装置。桥式堆垛起重机的货架和仓库顶棚之间需要留有一定的空间，以保证其正常运行与安装维护。桥式堆垛起重机的立柱可以回转，以方便货物堆取和保证工作的灵活性。

（a）支撑桥式堆垛起重机

（b）悬挂桥式堆垛起重机

图3.8　桥式堆垛起重机

（2）巷道式堆垛起重机。

巷道式堆垛起重机按结构有单立柱式和双立柱式之分。单立柱式适用于起重量在 2t 以下，起升高度在 20m 以下的场合；双立柱式适用于起升高度较高的场合，最大起重量可达 10t 以上。巷道式堆垛起重机按存取方式有拣选存取式和单元存取式之分，按操作方式有带驾驶室和不带驾驶室之分，按运行方式有直线运行式和转轨式之分。转轨式堆垛起重机在多巷道仓库内通过转轨结构，可以进入任何巷道作业，从而使多巷道运输作业只用一台起重机成为可能，节省了堆垛起重机数量。各种类型的巷道式堆垛起重机可以任意搭配，以满足不同的应用要求。

巷道式堆垛起重机

2. 叉车

（1）叉车的基本概念和结构。

叉车（Fork Lift Truck）是指具有各种叉具，能够对物品进行升降和移动以及装卸作业的搬运车辆。叉车又称铲车，具有自行的轮胎底盘并由能升降、前后倾斜的货叉，门架等部件组成，主要用于举高和搬运货物。叉车主要以货叉作为拣取货物的装置，一般依靠液压起升装置升降货物，靠轮胎实现货物的水平搬运。

叉车是仓库装卸搬运机械中应用最广泛的一种设备，主要用来装卸、搬运和堆码单元货物，具有选用性强、机动灵活、效率高的优点。叉车不仅可以将货物叉起进行水平移动，还可以将货物提升进行垂直堆码，是物流系统中能同时实现水平和垂直移动的装卸搬运设备之一。

叉车还可以更换叉车属具实现一机多用。叉车属具是指为扩大叉车对特定物品的作业而附加或替代原有货叉的装置。其目的是扩大叉车对特定物料的装卸范围，并提高装卸效率，保证生产安全。叉车属具主要包括货叉、旋转叉、推拉板、串杆、夹板、旋转夹板、套筒、挂钩、侧面移动器等。

（2）叉车的分类。

叉车按人员操作姿势可分为步行式叉车和坐立式叉车。步行式叉车的操作速度通常在 5km/h 以下，单向搬运距离在 100m 以内。坐立式叉车的操作速度通常在 6km/h 以下，单向搬运距离可大于 100m。

叉车按采用的动力方式可分为手动叉车、内燃机叉车和蓄电池叉车。

叉车按结构特点可分为平衡重式叉车、侧面式叉车、插腿式叉车、前移式叉车、伸缩臂式叉车、拣选叉车和高架叉车等。

（3）叉车的特点。

机械化程度高；机动灵活性好；可以"一机多用"；能提高仓库容积的利用率；有利于开展托盘成组运输和集装箱运输；成本低，投资少，能取得较好的经济效果。

（4）常用叉车及其特点。

平衡重式叉车。平衡重式叉车是使用最为广泛的叉车类型，如图 3.9（a）所示，其货叉在前轮重心以外。为了克服装卸搬运时货物产生的倾覆力矩，避免叉车翻倒，通常在叉车的尾部装有平衡重或者以底盘来配重。这种叉车运行速度比较快，而且有较好的爬坡能力，提升高度一般为 2～4m，因此非常适用于露天货场作业。在取货或者卸货时，前门架可以向左右或者向前移，便于货叉插入取货；后门架可以后倾，使物料重心后移，以保证货物在搬运中保持稳定。平衡重式叉车根据有无驾驶室分为立式平衡重式叉车和坐式平衡重式叉车两种。

侧面式叉车。这种叉车在驾驶室的侧面有一个放置货物的平台,门架与货叉在车体的中央,可以横向伸出取货,然后缩回车体内将货物放在平台上,叉车便可以开始移动,如图3.9(b)所示。这种叉车为司机提供了良好的视野,对货物搬运通道宽度要求不高。它适用于长货物在较小空间内的装卸,堆、拆垛作业,以及货物的短距离搬运。

插腿式叉车。插腿式叉车的车体前有两条外伸的车轮支腿,作业时这两条支腿会跨在货物两侧,而货叉位于支腿之间,这样无论是在取货时,还是在运行时,叉车都不会失去稳定性,如图3.9(c)所示。这种叉车尺寸较小,转弯半径也小,在库内作业比较方便。但是货架或者货箱的底部必须留有一定的空间,在作业时使叉车的两个支腿插入。同时支腿的高度也会影响仓库的空间利用率,因此必须使其尽量低,这就要求前轮的直径比较小,地面较平整。插腿式叉车适用于工厂车间和仓库内效率要求不高但需要有一定堆垛和装卸高度的场合。其起升方式有手摇机械式、手动液压式和电动液压式三种,插腿式叉车主要用于在较小空间内对货物进行装卸、堆垛和短距离搬运。

前移式叉车。前移式叉车是其门架或者货叉可以前后移动的叉车,如图3.9(d)所示。该类叉车一般采用蓄电池为动力,不会污染周围的空气,同时蓄电池可起到一定的平衡作用,因此叉车上不需配备专门的平衡重。它常用于室内作业,所以一般采用实心轮胎,车轮直径也比较小。由于整个叉车的车体尺寸较小,转弯半径也不大,在巷道内作业时,所需的巷道宽度比平衡重式叉车小得多,从而可以极大地提高仓库空间利用率。取货或者卸货时,货叉随着门架前移到前轮以外;在运行时,门架缩回到车体内,使叉车整体保持平衡。前移式叉车根据有无驾驶室分为立式前移式叉车和坐式前移式叉车两种。

(a)平衡重式叉车　　　(b)侧面式叉车　　　(c)插腿式叉车　　　(d)前移式叉车

图3.9　不同类型的叉车

除了上面一些常用的叉车外,还有一些特殊叉车,如转向式叉车、倍深式叉车等。随着叉车技术的发展,各种新型叉车也在不断推出。

3. 自动导引车

自动导引车(Automated Guided Vehicle,AGV)是指具有自动导引装置,能够沿设定的路径行驶,在车体上具有编程和停车选择装置、安全保护装置以及各种物品移载功能的搬运车辆。AGV示例如图3.10所示。多台不同类型的、用计算机控制的AGV组成自动导引车系统(AGV System,AGVS),该系统一般由自动导引装置、计算机信息管理系统、主控制系统、调试监控系统以及安全系统等组成,各台AGV在计算机的交通管制下有条不紊地运行,并通过物流系统软件集成于物流系统、生产系统中。

AGVS 广泛应用于柔性制造系统（Flexible Manufacturing System，FMS）、柔性搬运系统和自动化立体仓库中。

AGV 的导引方式可分为固定路径导引［包括电磁导引、光导导引和磁带（磁气）导引］和自由路径导引（包括激光导引、惯性导引等）。

图 3.10　AGV 示例

3.1.3　输送设备

输送机（Conveyor）是指按照规定路线连续地或间歇地运送散状物品或集装单元的搬运机械。输送设备主要是指连续输送机。连续输送机是自动化物流配送中心中必不可少的重要搬运设备，是沿着一定的输送路线以连续方式运输货物的机械。

1. 输送机

输送机是现代物料搬运系统的重要组成部分。输送机系统是由两个输送机及其附件组成的一个比较复杂的工艺输送系统，具有搬运、装卸、分拣物料等功能，广泛应用于工厂企业的流水生产线、物料输送线及流通中心、配送中心物料的快速拣选。

根据不同的货物性质，输送机可分为间歇性输送机（主要用于集装单元的装卸搬运）和连续性输送机（主要用于散状物品的装卸搬运）两类。

按动力性质划分，输送机可分为：①有牵引构件的输送机，如带式输送机、链式输送机、板式输送机、悬挂式输送机等；②无牵引构件的输送机，如辊道式输送机、螺旋输送机、振动输送机；③气力输送装置，如悬浮式气力输送装置、推送式气力输送装置等。常见的输送机如图 3.11 所示。

（a）辊道式输送机

（b）带式输送机

图 3.11　常见输送机

（c）链式输送机

（d）悬挂式输送机

图 3.11　常见输送机（续）

2. 分拣输送系统

分拣输送系统是将随机的、不同类别、不同去向的货物，按其要求（产品类别或产品目的地）进行分类的一种物料搬运系统。随着社会生产力的提高，商品品种日益丰富，在生产和流通领域中的物品分拣作业，已成为耗时、耗力、占地大、差错率高、管理复杂的生产环节。为此，分拣输送系统已经成为物料搬运系统的一个重要分支，广泛应用于邮电、航空、食品、医药等行业以及各流通中心和配送中心等。

分拣输送系统

在分拣输送系统中，分拣机是最主要的设备，机械化分拣作业如图 3.12 所示，自动分拣系统如图 3.13 所示。分拣机的种类很多，按工作方式可分为横向推出式分拣机、升降推出式分拣机、倾斜式分拣机、悬吊式分拣机。

图 3.12　机械化分拣作业

图 3.13　自动分拣系统

3. 托盘

（1）托盘的含义。

托盘（Pallet），又名栈板、夹板，是指在运输、搬运和存储过程中，将物品规整为货物单元时，作为承载面并包括承载面上辅助结构件的装置。作为与集装箱类似的一种集装设备，托盘现已广泛应用于生产、运输、仓储和流通等领域，被认为是20世纪物流产业中两大关键性创新之一。托盘作为物流运作过程中重要的装卸、储存和运输设备，与叉车配套使用在现代物流中发挥着巨大的作用。托盘给现代物流业带来的效益主要体现在：可以实现物品包装的单元化、规范化和标准化，保护物品，方便物流和商流。

（2）托盘的种类。

按托盘材质、用途、台面、叉车的叉入方式和结构等，托盘可划分为多种类型，尤其在一些要求快速作业的场合。由于托盘作业效率高、安全稳定，各国更纷纷研制了多种多样的专用托盘，如平板玻璃集装托盘、轮胎专用托盘、长尺寸物托盘和油桶专用托盘等。

托盘按材料可分为木制托盘、塑料托盘、纸制托盘、钢铁托盘、复合材料托盘。按应用可分为平托盘、柱式托盘、箱式托盘、轮式托盘、特种专用托盘等。仓库中最常见的托盘是平托盘。平托盘由双层板或单层板另加底脚支撑构成，无上层装置，用途广泛，品种多样。按货叉插入口类型不同，托盘又分为两口型托盘、四口型托盘。按台面类型不同，托盘可分为单面型托盘、双面型托盘。下面主要介绍按照应用划分的几种托盘。

平托盘（见图3.14）。平托盘又可根据台面、叉车叉入方式和材料细分。根据台面分类，则有单面型平托盘、单面使用型平托盘、双面使用型平托盘和翼型平托盘四种。根据叉车叉入方式分类，有单向叉入型平托盘、双向叉入型平托盘、四向叉入型平托盘三种。根据材料分类，有木制平托盘、钢制平托盘、塑料制平托盘、复合材料平托盘以及纸制平托盘五种。

图3.14　平托盘

柱式托盘（见图3.15）。柱式托盘分为固定式和可卸式两种，其基本结构是托盘的四个角有钢制立柱，柱子上端可用横梁连接，形成框架型结构。柱式托盘的主要作用是：①利用立柱支撑重物，往高叠放；②可防止托盘上放置的货物在运输和装卸过程中发生塌垛现象。

现代仓储与配送设施设备　第3章

图 3.15　柱式托盘

箱式托盘。箱式托盘是四面有栏板的托盘，有的箱体上有顶板，有的没有顶板。箱板有固定式、折叠式、可卸下式三种，四周栏板有板式、栅式和网式三种。四周栏板为栅式的箱式托盘也称笼式托盘或仓库笼。箱式托盘防护能力强，可防止塌垛和货损，可装载异型或不能稳定堆码的货物，应用范围广。

轮式托盘。轮式托盘与柱式托盘和箱式托盘相比，多了下部的小型轮子。因而，轮式托盘显示出能短距离移动、自行搬运或滚上滚下式的装卸等优势，用途广泛，适用性强。

特种专用托盘。这是根据特殊物品专门设计的托盘。例如，平板玻璃集装托盘、轮胎专用托盘、长尺寸物托盘和油桶专用托盘等。

滑板托盘。这种托盘是在一个或多个边上设有翼板的托盘，是用于搬运、存储或运输单元载荷形式的货物或产品的托盘。

植绒内托。这是一种采用特殊材料的吸塑托盘，将普通的塑料硬片表面粘上一层绒质材料，从而使托盘表面有种绒质的手感，用来提高包装品档次。

（3）托盘的尺寸。

托盘的种类繁多，具有广泛的应用性和举足轻重的连带性，在装卸搬运、保管、运输和包装等各个物流环节中具有很重要的衔接功能，直接影响物流运作效率的高低。虽然只是一个小小的器具，但其规格尺寸是包装尺寸、车厢尺寸、集装单元尺寸的核心。只有以托盘规格尺寸为标准，才能决定包装、货车车厢、火车车厢、集装箱箱体等配套规格尺寸和系列化规格尺寸的标准，这样最能体现装卸搬运、保管、运输和包装作业的合理性和效率性。没有托盘规格尺寸的统一，没有以托盘为基础的相关设施、设备、装置、工具等的系列化标准，就只能做到局部物流的合理化，难以达到整体物流的合理化。

统一托盘的规格尺寸标准以最大限度地节约物流成本，是世界各国物流业追求的目标之一。由于托盘规格尺寸的标准影响着不同地区和国家集团的经济利益，在托盘问题上的利益平衡在短时期内几乎难以达到，一些已在某些地区和国家推行的托盘规格尺寸已不可能相互妥协与退让。因此，国际标准化组织统一全球联运托盘的规格尺寸存在很大的困难，最终只能对已在相关地区和国家推行的 1200mm×1000mm、1200mm×800mm、1219mm×1016mm（48 in×40 in）[①]、1140mm×1140mm、1100mm×1100mm 和 1067mm×1067mm 等六种托盘的规格尺寸在《洲际物料输送用平托盘-主要尺寸及公差》（ISO 6780:2003）中采取兼容并包的态度，将这六种托盘的规格尺寸并列成为全球通用的国际标准。我国联运平托盘国家标准

---

① 注：1 in=2.54 cm。

《联运通用平托盘 主要尺寸及公差》(GB/T 2934—2007)于 2008 年 3 月 1 日正式实施。新标准中确定了 1200mm×1000mm 和 1100mm×1100mm 两种托盘规格尺寸,且特别注明 1200mm×1000mm 为优先推荐规格尺寸。

3.1.4 运输设备

根据运输方式不同,运输设备可分为载货汽车、铁道货车、货船、空运设备和管道设备等。一般配送中心的运输设备主要是载货汽车。载货汽车俗称卡车(见图 3.16)。我国按汽车载重量将卡车分为轻型载货汽车、中型载货汽车和重型载货汽车。载重量 1 吨以下的轻型载货汽车主要用于在城市区域配送食品、日用工业品等小批量货物,有的轻型载货汽车被制成客货两用车来使用。

载货汽车的货厢分为通用和专用两种。通用货厢有多种形式。运送大件箱装货物可用平板或低栏板货厢,运送轻浮货物则用高栏板或长货厢,运送牲畜家禽等宜用高栏板、双层或多层货厢。敞开式货厢的栏板可以一面或三面开放,以便于货物装卸。长货厢的栏板多隔为两段或三段,可分别开启,以防止货厢侧胀。封闭式货厢可减少货损货差,一般用薄钢型材或铝合金型材和铝板制造。有些载货汽车装有随车装卸设备,其专用货厢的形式更为繁多。装有专用货厢的汽车称为专用运输汽车,如冷藏汽车(见图 3.17)、液罐汽车、自卸汽车、散装水泥汽车等。

东风平头厢式运输车

平头载货汽车

图 3.16 载货汽车

申集公司冷藏汽车

东风冷藏汽车

图 3.17 冷藏汽车

3.1.5 包装设备与其他设备

1. 包装设备

包装设备是指完成全部或部分包装过程的机器设备。包装设备是使产品包装实现机械化、自动化的根本保证。包装设备包括打包机、捆扎机、纸箱成型机、开箱机、贴标机、封箱机、缠绕机、裹包机、堆码机、装箱机、真空包装机等。

2. 计量设备

计量设备是商品在入库验收、在库检查和出库交接中使用的度量衡称量设备及检验商品的各种仪器仪表。主要包括地磅、地重衡、轨道衡，以及直尺、卷尺、游标卡尺、湿度计等，如图 3.18 和图 3.19 所示。

图 3.18　地磅

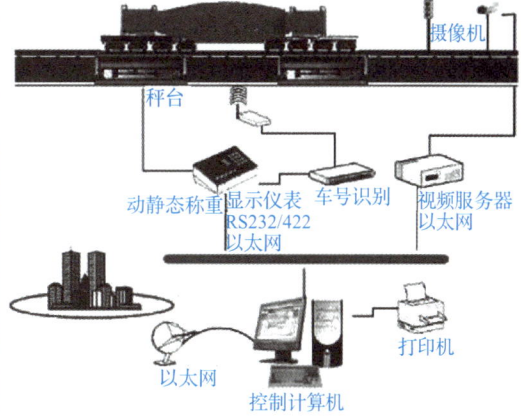

图 3.19　轨道衡

3. 养护检验设备

养护检验设备是指用于商品入库验收和在库内保管期间的测试、化验以及防止货物变质、失效的机具、仪器。例如，温度仪、测潮仪、吸潮器、烘干箱、风幕（设在库门处，以隔绝内外温差）、空气调节器、商品质量化验仪器等。这类设备在规模较大的仓库中使用较多。

4. 通风保暖照明设备

通风保暖照明设备是根据商品保管和仓储作业的需要而设置的。仓库通风、保暖和照明设备是确保仓库内部环境适宜存储货物和能够进行日常作业的重要设施，主要包括轴流风机、移动式通风机、通风扇、采暖系统、空气加热器、智能照明系统、冷库照明灯具等。

5. 消防安全设备

消防安全设备是仓库必不可少的设备。它包括报警器、消防车、手动抽水器、水枪、消防水源、砂土箱、消防云梯等。

6. 劳动防护用品

劳动防护用品是保障仓库工作人员安全与健康的重要装备，可以有效地防止或减少员工在工作过程中可能遭受的伤害。劳动防护用品主要包括安全帽、防尘眼镜、防护手套、防护服、安全警示标识、安全带、防护围栏等。

7. 其他用品和用具

不能划入以上六类的设备归类为其他用品和用具。

3.2 自动化立体仓库

3.2.1 自动化立体仓库的产生与发展

1. 自动化立体仓库

自动化立体仓库

根据《物流术语》GB/T 18354—2021，自动化立体仓库（Automatic Storage and Retrieval System，AS/RS）是指采用高层货架，可借助机械化或自动化等手段立体储存物品的仓库。自动化立体仓库又称自动化高架仓库和自动存储系统。它是一种基于高层货架，采用电子计算机进行控制管理，采用自动化存取输送设备自动进行存取作业的仓储系统。自动化立体仓库是实现高效率物流和大容量储藏的关键系统，在现代化生产和商品流通中具有举足轻重的作用。

2. 自动化立体仓库的发展状况

自动化立体仓库是第二次世界大战之后生产力和技术发展的结果。20 世纪 50 年代初，美国出现了采用桥式堆垛起重机的立体仓库；20 世纪 50 年代末 60 年代初，出现了司机操作的巷道式堆垛起重机立体仓库；1963 年，美国率先在高架仓库中采用计算机控制技术，建立了第一座计算机控制的立体仓库。此后，自动化立体仓库在美国和欧洲得到迅速发展，并形成了专门的学科。20 世纪 60 年代中期，日本开始兴建立体仓库，并且发展速度越来越快，成为当今世界上拥有自动化立体仓库最多的国家。

我国在 1963 年研制成功第一台桥式堆垛起重机，在 1973 年开始研制第一座由计算机控制的自动化立体仓库（高 15m），该库 1980 年投入运行。我国自动化立体仓库数量已经超过 1 万座。在卷烟、制药、化工、电子、家电、航运、钢铁、食品等行业以及军事后勤领域应用广泛，从其规模和自动化程度来看，经济效益好、利润率较高的卷烟、制药、电子、家电行业的立体仓库建设走在前列，国内大型卷烟厂 80% 以上已经建成立体仓库。立体仓库技术已成为企业物流和生产管理领域不可缺少的仓储技术，越来越受到企业的重视。

3.2.2 自动化立体仓库的基本组成

自动化立体仓库是一种高度自动化的仓储系统，它通过使用自动化设备和技术来实现高效、智能化的仓库管理。自动化立体仓库一般由高层货架、巷道式堆垛起重机、出入库输送机系统、自动控制系统、库存信息系统及周边设备组成，可对集装单元货物实现大量储存、自动存取和计算机管理。自动化立体仓库运用一流的集成化物流理念，采用先进的控制、总线、通信和信息技术，再通过协调以上设备进行出入库作业。

1. 高层货架

高层货架是自动化立体仓库的核心组成部分，用于存放货物。货架通常采用钢结构，可以是焊接式或组合式，以适应不同尺寸和重量的货物。

2. 巷道式堆垛起重机

巷道式堆垛起重机是用于自动存取货物的设备，其主要用途是在巷道内来回穿梭运行，将位于巷道口的货物存入货架上的货格中，或取出货格内的货物运送到巷道口。巷道式堆垛起重机由机架、运行装置、起升装置、货叉伸缩装置、电气控制设备及安全保护装置等部分组成。

模拟自动化立体仓库进出货过程

3. 出入库输送机系统

出入库输送机系统是立体库的主要外围设备，负责将货物运送到堆垛起重机上或从堆垛起重机上将货物移走。输送机种类非常多，常见的有辊式输送机、链式输送机、带式输送机、伸缩式输送机、穿梭车、折叠盘等。

4. 自动控制系统

自动控制系统是驱动自动化立体仓库系统各设备的信息系统，是自动化立体仓库的智能控制中心，用于控制和管理仓库中的各种设备和系统。控制系统一般采用计算机控制技术，实现对仓库设备和物流运作过程的智能化控制和监控，一般采用现场总线方式控制模式。

5. 库存信息系统及周边设备

库存信息系统也称中央计算机管理系统，是自动化立体仓库系统的核心。典型的库存信息系统均采用大型的数据库系统（如 Oracle、Sybase 等）来构筑典型的客户机/服务器体系，该体系可以与其他系统（如 ERP 系统等）联网或集成。周边设备包括搬运机、AGV、叉车、托盘等，其作用是配合巷道式堆垛起重机完成货物输送、搬运、分拣等作业，还可临时取代其他主要搬运系统，使自动存取系统维持工作，完成货物出入库作业。

3.2.3　自动化立体仓库的主要特点

1. 提高空间利用率

早期立体仓库构想的基本出发点就是提高空间利用率，充分节约有限且宝贵的土地。立体仓库能充分利用仓库的垂直空间，使其单位面积储存量远大于普通的单层仓库，一般能达到单层仓库的4～7倍。截至2023年，世界上最高的立体仓库可达47米，货位容量超过数万个甚至达到十多万个。

2. 便于形成先进的物流系统

传统仓库只是货物储存的场所，保存货物是其唯一的功能，是一种"静态储存"。自动化立体仓库采用先进的自动化物料搬运设备，是一种"动态储存"。以制造业为例，自动化立体仓库不仅能使货物在仓库内按需要自动存取，而且可以与仓库以外的生产环节进行有机的连接，并通过计算机管理系统和自动化物料搬运设备使仓库成为企业生产物流中的一个重要环节。对于物流业来说，先进的自动化物料搬运设备，不仅能使货物在仓库内按需要自动存取，而且还可以与客户需求、配送计划进行有机的连接，并通过计算机管理系统和自动化物料搬运设备使配送作业更加精准，仓储与配送管理更加精细，有利于提高物流企业的管理水平。

3. 提高生产效率

自动化立体仓库因采用自动化设备和计算机管理系统，大幅度提高了生产效率，主要体现在以下四个方面。

① 采用自动巷道式堆垛起重机取代人工存放货物和人工取货，既快捷又省力。由于工人不必进入仓库内工作、工作环境大为改善。

② 采用计算机管理系统对货物进行管理，大大提高了管理能力。仓库管理科学化、准确性和可靠性有质的提高，出入库管理、盘库、报表等工作变得简单快捷，工人的劳动强度大大降低。

③ 自动化立体仓库系统辅以库前辅助传输设备，使出入库变得简单方便。

④ 自动化立体仓库系统所需要的操作人员和系统维护人员很少，既节省了人力物力，节约了资金，又改善了工作环境，一举多得。

4. 提高货物仓储质量

自动化立体仓库采用计算机进行仓储管理，可以方便地做到"先进先出"，防止货物自然老化、变质、生锈，也能避免货物的丢失。在库存管理中采用计算机管理系统，可以迅速、准确地进行盘库，由此大大提高了货物的仓储质量。

本 章 小 结

通过合理规划仓储与配送的设施设备，可以降低仓库管理与配送成本，提高仓库物流效率。仓储与配送设施设备，是指在仓储与配送业务中所需的所有技术装置和机具，主要分为装卸搬运设备、货架、输送设备、运输设备、包装设备与其他设备。

常见的仓储与配送设备中，货架主要有托盘式、重力式、悬臂式等7种类型，同时，装卸搬运设备中的堆垛起重机、叉车和自动引导车，输送设备中的输送机、分拣输送系统、托盘，运输设备和包装设备与其他设备都是仓储与配送业务中的常用设备。

自动化立体仓库是一种基于高层货架，采用电子计算机进行控制管理，采用自动化存取运输设备自动进行存取作业的仓储系统。自动化立体仓库是实现高效率物流和大容量储藏的关键系统，在现代化生产和商品流通中具有举足轻重的作用。

习　　题

一、选择题

1. 以下不是自动化立体仓库基本组成的是（　　）。
   A．高层货架　　　　　　　　　　　B．巷道式堆垛起重机
   C．出入库输送机系统　　　　　　　D．包装机械
2. （　　）是仓库装卸搬运机械中应用最广泛的一种设备。
   A．堆垛起重机　　B．叉车　　　　C．手推台车　　　D．自动引导车
3. 以下哪种货架不适合存放长条状或长卷状、大件和不规则货物？（　　）
   A．悬臂式货架　　B．重力式货架　　C．移动式货架　　D．托盘式货架
4. 仓储与配送的设施设备规划中，以下哪项不是仓储与配送设备的选择关键？（　　）
   A．货物种类和特性　　　　　　　　B．设备的自动化水平
   C．设备的购买成本　　　　　　　　D．设备的维护和运营成本
5. 自动化立体仓库的主要特点之一是提高空间利用率，以下哪项不是其优势？（　　）
   A．充分利用仓库的垂直空间
   B．单位面积储存量远大于普通单层仓库
   C．需要大量操作人员进行管理
   D．可以与企业生产物流中的一个重要环节相连接

二、简答题

1. 常见的货架的种类有哪些？选择两种说明其特性。
2. 叉车的种类有哪些？
3. 常见的托盘种类有哪些？
4. 自动化立体仓库的主要特点有哪些？

三、思考题

1. 自动化立体仓库的设计与技术特点。
2. 自动化立体仓库如何提升物流效率？

四、案例分析

数字化工业仓储——准时达案例

　　云里物里所申报的"准时达依托 ESL 电子标签打造数字化仓储"案例，在近 200 个申报案例中脱颖而出，成功入选 2023 年《财富》最具影响力物联创新榜，成为低功耗电子货架标签（ESL）产品在实际场景应用中的标杆案例。

　　此次获选的"准时达依托 ESL 电子标签打造数字化仓储"案例项目融合了 ESL、智慧云平台等硬件设备与软件平台，快速构建起准时达的数字化工业仓储显示体系。借助该方案，实现了仓储作业中货品的精准、高效入库、出库、移库、盘点、寻位及定位等操作，有力解决了以往依赖经验寻货、货品信息显示错误率高

等常见难题，切实保障了数据的安全性与保密性。

在该解决方案里，智慧云平台可利用API接口与企业ERP系统、MES系统等实现对接或本地化部署。系统后台通过一键操作，便能对全部前端设备进行管控，还能对整个仓储环境展开动态监测与智慧管理，确保仓库货物管理各环节数据输入输出的速度与准确性。

云里物里作为物联网领域的A股上市企业以及国家级专精特新"小巨人"企业，业务范围遍及全球百余个国家和地区，与二十余家全球500强企业构建了商业合作关系，在办公、工业仓储、医疗、零售、楼宇和智慧城市等诸多领域助力传统行业数字化转型。

（资料来源：https://www.sohu.com/a/737962004_100121146，有改编。）

根据以上案例请分析：
（1）准时达如何通过ESL提高仓储作业的效率？
（2）准时达的数字化仓储解决方案对于传统仓储管理有哪些改进？

第 4 章 仓储操作业务管理

【本章学习目标】
1. 掌握仓储操作业务管理的内容和流程。
2. 了解仓储操作业务管理的具体方法。
3. 掌握仓储收货、在库管理、出库管理的基本作业环节。

【知识导图】

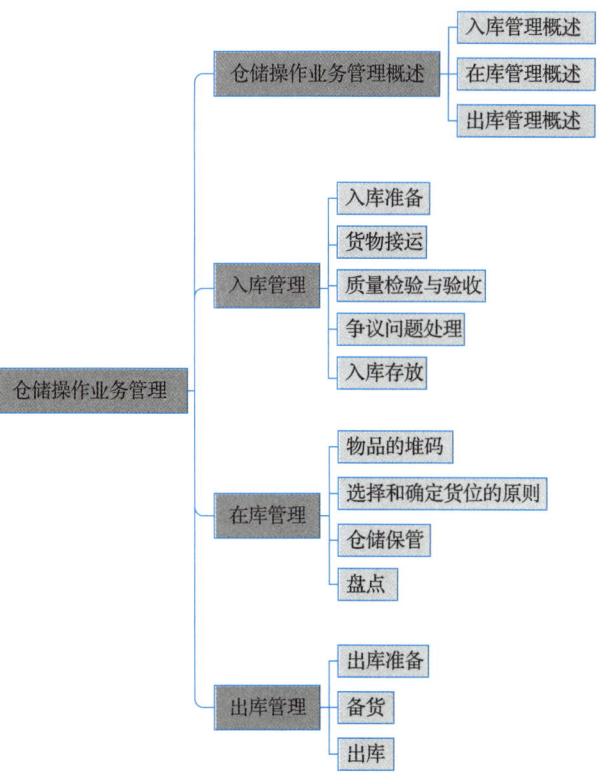

导入案例

南宁美团优选仓蓝牙 AOA 仓储管理信息化解决方案

美团优选采用"预购+自提"模式,为社区家庭用户精选高性价比商品。这一模式不仅保障了商品的新鲜度、降低了损耗,还省去了"最后一公里"的配送成本,使商品更具价格优势。目前,美团优选业务已覆盖华东、华中、华南、西南、西北、华北地区等二十余个重点省份。南宁美团优选仓作为美团在南宁地区的储运服务中心,承担着美团旗下社区电商业务的重要角色。

作为储运服务中心,南宁美团优选仓日常需对大量货物进行收货、搬运、称重、打包及分类等操作,以确保拣货流程的顺利完成。该仓库面积大,货物 SKU 多且停留时间较短。因此,如何对近千名临时人员进行有效管理,如何高效调配大量物资工具以及如何实现月台位使用效率的数字化管控,成为南宁美团优选仓能否稳定持续运行的关键。

为解决上述问题,南宁美团优选仓启动了蓝牙 AOA 仓储管理信息化解决方案。该方案的核心是美团与蓝色创源合作开发的蓝牙 AOA 高精度定位方案(见图 4.1)。这项方案能够追踪每个环节中的物品和人员,通过大数据智能平台分析数据,实现对仓内人员、车辆和物资的全流程可视化管理。该方案的定位系统硬件包括定位微基站和微标签。基站不仅提供高精度定位服务,还作为蓝牙物联网网关,无缝接入各类蓝牙传感器数据。微标签可连接不同设备,并具备亚米级精准定位能力。这一方案填补了仓储物流领域的位置数据空白,有望降低物流成本、提升效率、增强行业竞争力。

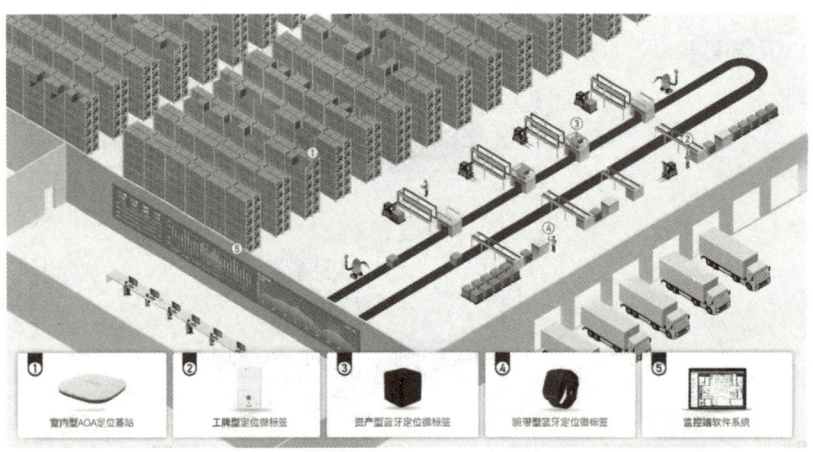

图 4.1　AOA 高精度定位方案

南宁美团优选仓蓝牙 AOA 仓储管理信息化解决方案的重点功能如下。

1. 人员精细管理,降低企业成本

通过在仓库内布设室内外定位基站,给员工配备个人数字助理(Personal Digital Assistant,PDA),可实现人员实时位置查看、历史轨迹回放及热图分析等功能。在定位区域内,系统能够记录员工的有效工作时长和工作范围,为员工绩效考勤提供数据参考。同时,利用电子围栏功能,对非法进入区域的人员发出警告,并进行人员轨迹回放。此外,还可对指定区域进行热图分析,通过区域颜色的深浅判断该区域人员停留时长和人数总量(见图 4.2)。

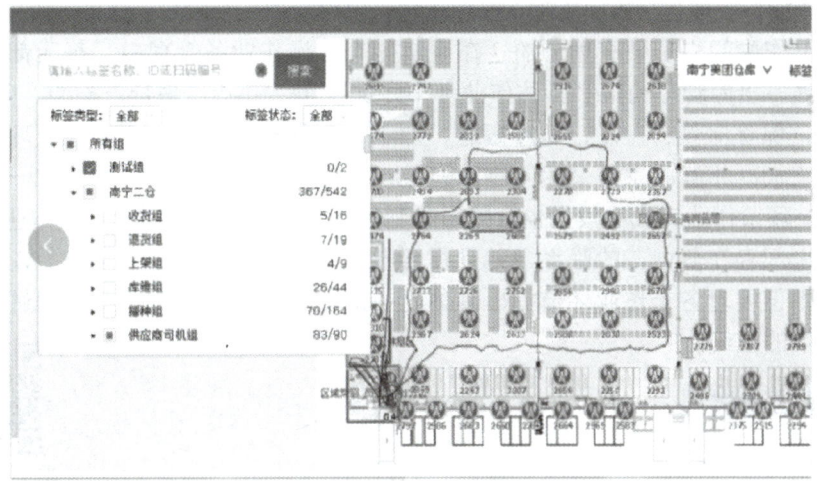

图 4.2　PDA 功能界面

2．高效调度，物资叉车快速查找

通过对上架的物资进行贴片标签绑定，能够记录该物资的实时位置以及在该区域的停留时长，并回传数据以确定设备运作是否正常。另外，通过叉车定位，可统计叉车进入区域的次数和停留时间，分析叉车的使用率以及装卸货区停车位的使用率，进而进行控制管理。

3．智能算法，实现运作最优模式

通过定位平台数据回传，系统可生成基于预测的最优调度任务，优化运输路径，最大化实现车辆装卸货区停车位的使用率，达成仓储物流运作的最优模式。

启用南宁美团优选仓蓝牙 AOA 仓储管理信息化解决方案后，南宁美团优选仓内实现了人员、车辆、物资的实时定位功能，将物流仓储的"三要素"——人、机、料进行信息绑定，数字化实时呈现人—机—料的运行状态。经客户验收，整体仓库内定位精度在 50cm 以内，标签无漂移现象，电子围栏、数据统计等功能均已正常投入使用，真正实现了仓库内人机效率的数字化分析，使仓库管理更加精细化、标准化。

南宁美团优选仓蓝牙 AOA 仓储管理信息化解决方案为现代仓储物流提供了一套安全高效的管理办法，实现了对企业整体供应链中人、机、料的无缝追踪，极大限度地提升了仓储管理效率，推动了智能化仓储管理进程，节省了企业仓储成本。

（资料来源：https://mp.weixin.qq.com/s/kq_RRdyQ543C4V1vOC4ePA，有改编。）

4.1　仓储操作业务管理概述

仓储操作业务管理

党的二十大报告强调的新发展理念，即创新、协调、绿色、开放、共享的发展理念，对仓储管理提出了新的要求。我们需要将新发展理念融入仓储管理的各个环节，推动仓储管理的转型升级。通过引入新技术、新设备和新理念，我们可以不断提高仓储管理的效率和准确性，为企业的可持续发展提供有力保障。

仓储操作业务管理包括入库管理、在库管理、出库管理三个阶段。这三个阶段是按照一批货物在仓储工作中的先后顺序划分的。在现实的仓储操作业务管理中，每天都涉及入库管理、在库管理、出库管理的很多具体作业环节，如接车、卸货、理货、检验、入库、储存、分拆、堆码、保管保养、盘点、装卸搬运、加工、包装和发运等。各个作业环节之间并不是孤立的，它们既相互联系，又相互制约。某一环节作业的开始要依赖于上一个环节作业的完成，上一环节作业完成的效果也直接影响到后一环节的作业。由于仓储作业过程中，各个作业环节之间存在着内在的联系，并且需要耗费大量的人力、物力及财力，因此仓储操作业务管理不但要对各个作业环节提出具体的标准化要求，还要对作业流程进行细致的分析与合理有效的组织。

4.1.1 入库管理概述

1. 入库作业流程

产品入库在库出库流程

入库作业，也称收货作业或进货作业，其主要内容包括入库前的准备、货物接运交接、货物验收、入库表单制作等流程。

为了规范入库作业管理工作，保证入库过程中各项作业能够规范地开展，我们需要制定详细的入库作业流程。图 4.3 所示为入库作业的一般流程图。

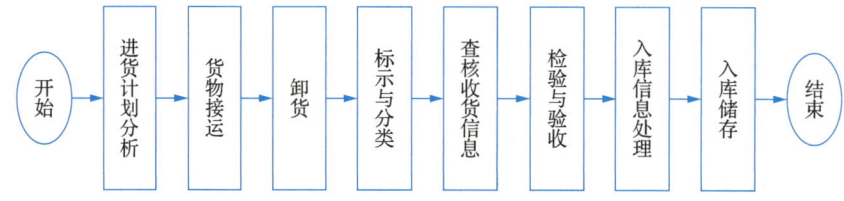

图 4.3　入库作业的一般流程图

（1）进货的计划分析。

进货的计划分析必须依据订单所反映的信息，掌握货物到达的时间、品类、数量及具体的到货方式，尽可能准确预测出到货时间，以尽早做出卸货、储位、人力、物力等方面的计划和安排。

（2）货物接运与卸货。

到达仓库的货物有一部分是由供应商直接运到仓库交货，另一部分货物则要经过铁路、公路、航运和空运等运输工具转运。凡经过交通运输部门转运的货物，均需经过仓库接运后，才能进行入库验收。

（3）标示与分类。

为保证仓库的物流作业准确而迅速地进行，在收货作业中必须对货物进行清楚有效的标识及分类。可以按货物的性质、存储地点、仓库分区情况对货物进行分类编号。

（4）查核收货信息。

到货货物通常具备下列单据或相关信息：采购订单、采购进货通知单，供应商开具的出仓单、发票及发货明细表等。有些货物还随货附有货物质量书、材质证明书、合格证、装箱单等。对由承运仓库转运的货物，接运时还需出示审核运单，用以核对货物与单据反映的信息是否相符。若有差错，应填写记录，由送货人员或承运人签字证明，以便明确责任。

(5) 检验与验收。

货物检验与验收，即对到库货物进行标识、分类后，根据有关单据和进货信息等凭证清点到货数量，确保入库货物数量准确。同时，通过目测或借助检验仪器对货物质量和包装情况进行检查，并填写验收单据和其他验收凭证等验收记录。对查出的问题应及时进行处理，以保证入库货物在数量及质量方面的准确性，避免给仓库造成损失。

(6) 入库信息处理与入库储存。

货物验收完毕后，即可通过搬运码放过程进入指定储位存储，进入存储作业。在此过程中，必须做好进货过程中相关信息的处理。首先须将所有进货入库单据进行归纳整理，详细记录验收情况，登记入库货物的存储位置；然后依据验收记录和到货信息，对库存货物保管账目进行处理，库存账面数量与库存实物数量同时增加。

2. 入库作业的管理原则

为仓库能安全有效地卸货和按期而准确地组织货物入库，在组织收货作业时必须注意以下几项原则。

(1) 人力及设备的合理利用。

在组织和安排入库作业时，要考虑现有的人力和设备资源，资源调度安排要与入库作业日的活动安排相配合。对于供应商能够直接送货入库的，应要求对方自行卸货，以减少仓库作业人员，并保证卸货作业能正常进行。

(2) 仓储全过程的有效衔接。

充分考虑入库作业和存储作业、发货作业的有效衔接。仓库存储、发货一般采用托盘、箱、小包及单件四种包装方式，因此入库时也应采用这四种包装方式。在入库作业时，必须通过拆箱、重新包装等方式将入库包装单位转换成适合存储的包装单位。同时，尽量使用可重复使用的容器，这样做不仅能节省更换容器的时间，同时还能更好地适配装卸搬运设备，提高作业效率。

(3) 同一作业场地的集中操作。

力求将卸货、分类、标记、验货等作业环节集中在一个场地内完成，这样既可以减少空间的占用，也可以节省货物装卸搬运次数，降低作业成本，提高作业效率。

(4) 直线式的货物流动。

把码头月台到储区的货物流动尽量设计为直线，使货物移动距离最小。

(5) 作业顺序的合理安排。

通过制定作业相关性分析图，合理布置作业顺序，避免倒装、倒流等现象发生。

(6) 详细完整的入库信息。

详细记录货物入库信息，以便后续存取及信息查询。

4.1.2 在库管理概述

在库管理是仓储操作业务管理的核心环节，也是货物出库作业的基础。通过货物在库的科学管理，不仅能保持货物原有的使用价值，甚至还能增加货物的使用价值，并保证后续作业顺利进行。

货物经过验收入库后，便进入在库管理阶段。货物的在库管理主要是根据仓库的实际条件、货物的属性与特点，采用合理经济的储存方法对在库货物进行保存和养护，实施库存现场管理及盘点，确保存储的货物数量与质量，实现货物时间上的优化配置，提高货物的使用价值。

在库管理中，仓库保管员的主要职责包括以下六个方面。

（1）熟悉货物品种、规格、型号、产地及性能，对货物进行标记、分类存储、科学管理与养护。

（2）借助库存管理系统，随时掌握库存动态，控制货物库存数量与质量，保证及时供货和优质的服务水平，降低物流成本。

（3）通过盘点查明货物在库的实际数量，核对库存账面资料与实际库存数量是否一致。

（4）借助科学方法和手段，检查在库货物质量有无变化。运用库存管理系统，自动预警货物的有效期和剩余保质期天数，检查货物有无长期积压等现象，确保货物质量，减少浪费。

（5）检查不同种类货物的保管条件是否与各种货物的保管要求相符合，堆码是否合理、稳固，库内温度、湿度、空气成分等是否符合存货要求，各类计量器具是否准确等。

（6）检查各种安全措施和消防设备、器材是否符合安全要求，防水和防火等安全措施是否妥当，建筑物和设备是否处于安全状态，货物存储、摆放是否安全、可靠，及时消除不安全因素。

4.1.3 出库管理概述

1. 出库作业的概念

出库作业，也称发货作业，是仓库（或仓储配送中心）根据业务部门或存货单位开出的出库凭证（提货单、调拨单），按其所列货物名称、规格、型号、数量等项目，组织货物出库登账、配货、复核、包装、分发出库等一系列作业的总称。

仓库须建立严格的货物出库和发运程序，严格遵循"先进先出，推陈出新"的原则，尽量一次完成，防止差错。

2. 货物出库要求

货物出库要求做到"三不、三核、五检查"。"三不"，一是没接单据不翻账，二是没经审单不备货，三是没经复核不出库；"三核"，即在发货时，一核凭证，二核账卡，三核实物；"五检查"，即对单据和实物要一查品名、二查规格、三查包装、四查件数、五查重量。

出库管理要做到准确（出库的物品型号、数量、时间和客户要准确）、及时（实施准时制生产、按规定时间出货）、安全（确保出货作业及物品安全）、高效和低耗（追求出货作业效率高、成本低、服务质量好）。货物出库要求严格执行各项规章制度，提高服务质量，为用户创造便利条件，杜绝差错事故的发生。

3. 出库业务流程

（1）货物出库业务流程。

出库操作流程如图4.4所示。

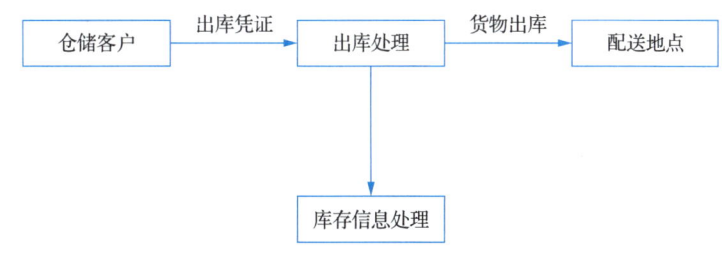

图 4.4　出库操作流程

（2）货物出库的程序。

为保证出库工作顺利进行，防止出库工作出现失误、差错，在进行出库作业时必须严格执行规定的出库程序，使出库有序、高效进行。不同的企业针对不同的客户的货物，其出库程序略有不同，主要包括出库前准备、审核出库凭证、出库信息处理、拣货、配货、出货检查、包装、刷唛、点交和账务处理等程序（见表4-1）。

表 4-1　货物出库的程序

程序	简介
出库前准备	通常情况下，仓库调度员在货物出库的前一天，接到送来的提货单后，应按去向、船名、关单等分理和复核提货单，及时正确地编制好有关班组的出库任务单，安排配车吨位、机械设备等，并分别送给机械班和保管员或收、发、理货员，以便做好出库准备工作
审核出库凭证	审核出库凭证的合法性、真实性，是否有财务专用章和负责人签章；手续是否齐全，内容是否完整；核对出库商品的品名、型号、规格、单价、数量；核对收货单位、到站、开户行和账号是否齐全和准确
出库信息处理	出库凭证经审核确定无误后，对出库凭证信息进行处理
拣货	拣货是依据客户的订货要求或仓储配送中心的送货计划，根据仓库存储、拣货系统，运用人工、机械、半自动或全自动等方式进行拣货
配货	配货也称分货，是对分拣出来的货物，根据用户或配送路线进行分类，集中放置在备货暂存区。为了作业方便，对零星货物进行配货时，可使用大型容器进行集中收集或者将它们堆装在托盘上，以免出货时遗漏。配货方式主要有人工配货和自动分类机配货两种
出货检查	为了保证出库货物不出差错，在配好货后企业应立即进行出货检查。将货物逐个清点并逐一核对出货单，进而查验出货物的数量、品质及状态情况
包装	出库货物包装主要分为个装、内装和外装三种类型。根据货物外形特点、重量和尺寸、摆放方式，选用适宜的包装材料和合适的外包装尺寸，同时考虑物流尺寸模数，确保包装既方便装卸搬运，又能充分利用运输工具的载重与空间
刷唛	唛头是指在货物的外包装上注明收货人和货物内容的信息标志。其能使发货人、承运人、监管人和收货人很快地辨明货物的归属、去向和包装内部货物的情况，避免混乱出错，并把这些信息制作在外包装上的工作叫作刷唛。货物包装完后要刷唛，即在货物外包装上写清收货单位、收货人、到站、本批货物的总包装件数、发货单位等。字迹要清晰，书写要准确

续表

程序	简介
点交	点交是指一项一项清点移交。所有出库物品无论是要货单位自提，还是交付运输部门发送，发货人员必须向收货人或运输人员逐项清点移交，划清责任
账务处理	在点交后，保管员应在出库单上填写实发数、发货日期等内容并签名。然后将出库单同有关证件及时交货主，以便货主办理结算手续。保管员根据留存的一联出库凭证登记实物储存的细账，做好随发随记、日清月结，账面金额应与实际库存相符

在整个出库工作过程中，出货检查和点交是两个最为关键的环节。复核是防止差错的重要和必不可少的措施，而点交则是划清仓库和提货方两者责任的必要手段。

4.2 货物入库管理

货物入库流程

入库是指货物进入仓库时进行的卸货、验收、上架、堆码以及单据和账卡处理传递等一系列的流程（见图4.5）。

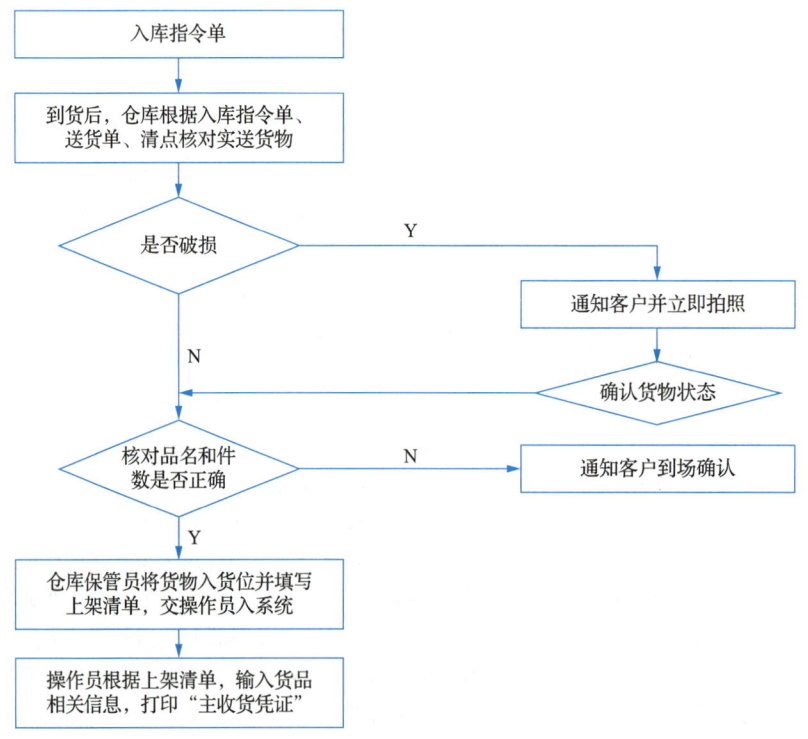

图4.5 入库流程图

入库作业需严格遵循以下几项核心原则。

（1）务必依据订单执行入库操作，对于无订单情况，坚决拒绝入库，以此避免仓储空间的无效占用及管理费用的不必要增加。

（2）必须严格区分并隔离不合格品，确保其得到及时处理。管理不合格品不仅徒劳无功，还可能带来额外负担。

（3）入库数量需与实际到货清单保持一致，无论是多于还是少于清单数量，均需准确、迅速地进行反馈。对于任何弄虚作假的行为，我们将采取严厉措施予以打击。

（4）入库应实现一站式连续作业，通过优化流程，可以提升入库作业效率，缩短入库周期，从而有效降低入库成本。

入库流程具体涵盖以下环节：入库准备、货物接运、质量检验与验收、争议问题处理，以及最终的入库存放。

4.2.1 入库准备

1. 仓库环境准备

（1）清洁仓库：在货物入库前，需要对仓库进行彻底的清洁，确保储存区域整洁、干燥、无灰尘、杂物等，为货物提供一个良好的储存环境。

（2）检查设备：检查仓库内所需的设备，如叉车、扫描枪、货架、标签打印机等，确保其处于良好状态，能够正常使用。

（3）规划空间：根据货物的种类、数量、规格等因素，合理规划仓库空间，确保有足够的空间来存放即将入库的货物。

2. 货物信息准备

（1）核对订单：在货物到达前，核对订单信息，包括货物的数量、规格、质量等，确保与供应商或客户的要求一致。

（2）准备单据：准备入库所需的单据，如入库单、送货单、质检报告等，并确保这些单据的准确性和完整性。

3. 货物检验与接收

（1）外观检查：对到货的货物进行外观检查，确认外包装完好无损，没有明显的破损或泄漏迹象。

（2）数量核对：对照送货单逐一核对货物的数量，确保与订单要求一致。

（3）质量检验：对货物进行质量检验，包括规格、质量、性能等方面的检查，确保货物符合相关标准和要求。

4. 货物分类与标识

（1）分类存放：根据货物的性质、用途、流转频率等因素，将货物进行分类存放，确保同类货物存放在一起，以便于管理和查找。

（2）标识清晰：在货物上贴上标签或条码，标识货物的名称、型号、批次等信息，确保信息的准确性和可追溯性。

5. 安全管理措施

（1）遵守规程：在货物入库过程中，严格遵守仓库的安全操作规程，如避免货物堆放过高、防止走动时碰撞货物等，以确保人员和货物的安全。

（2）防火防盗：加强对仓库的防火、防盗管理，定期检查消防设施是否完好可用，加强对易燃易爆物品的管控，防止意外发生。

（3）应急预案：制定完善的应急预案，预案中应涵盖各种可能遇到的情况，如火灾、盗窃、自然灾害等，并明确相应的处理流程与责任人。

6. 信息系统准备

（1）数据录入：建立货物信息系统，将货物的相关信息录入系统，包括货物的名称、数量、规格、存放位置等，便于后续的管理和查询。

（2）实时更新：在货物入库过程中，实时更新库存信息，确保库存数据的准确性和完整性。

4.2.2 货物接运

货物接运分为到货和提货两种方式，到货不需要仓库组织库外运输，但提货需要仓库组织库外运输，并注意返回途中的物品安全。仓储管理人员要了解公路、铁路、航空、海运等接运方式，认真检查、分清责任、取得必要的证件，避免将一些在入库前就已经变异的货物带回仓库，造成验收中的责任混淆和不必要的损失。

1. 货物接运前的处理

接运差异处理，包括对错发、混装、漏装、丢失、损坏、污损等差错的处理。差错可能是由供应商造成的，也可能是由运输企业或己方在装卸运输过程中造成的。除了不可抗拒的自然因素，所有差错都要向责任人进行索赔。差错事故记录包括以下几方面。

（1）货运记录。运输企业开具的供收货方索赔的文件，包括物品名称、件数与货运单记载不符，物品失窃、损坏、污损、受潮、生锈、霉变等差错的记录。必须在收货人卸车前或提货前，通过认真检查后发现问题，经运输企业复查确认后，由运输企业填写记录，交收货人。

（2）普通记录。运输企业开具的证明文件，不具备索赔效力。遇有下列情况发生时，填写普通记录：铁路专用线自装自卸货物；棚车的铅封印纹不清、不符或没有按规定施封；施封的车门、车窗关闭不严或车门、车窗有损坏；篷布遮盖不严而造成漏雨或其他问题；责任判定为供货方的其他差错。有以上情况发生时，责任一般在发货单位。收货人可以持普通记录向供货方交涉索赔。

（3）文件存档。全部工作完成后，接运记录、运单、普通记录、货运记录、耗损报告单、交接单、索赔单、提货通知单等所有文件资料存档备查。

2. 入库接运的方式

（1）铁路专用线。仓库接到火车站的到货通知后，应确定卸车货位，力求缩短场内搬运距离，准备好卸车所需的人力和工具。车皮到达后，要引导到位。

（2）公路配货站、车站、码头提货。提货人凭货主和本人的身份证到指定货栈提货；提货人凭领货凭证的原件和复印件加单位证明信，到车站提货；在码头，提货人要先在提货单上签字并加盖单位公章或附单位提货证明，到港口货运处取回货运单，再到指定的库房提货。

另外，接运还有直接到供货方处提货、供货方直接送货到仓库、生产线下收货入库等几种形式。

4.2.3 质量检验与验收

在物品正式入库前,按照一定的程序和手续,对到库货物进行数量和外观质量的检查,以验证其是否符合订货合同的规定。通过验收可以避免给企业带来不必要的经济损失,监督供应商和承运人的服务质量。验收记录可作为退货、换货和索赔的依据。仓库管理员在确认货物实属本库保管后,应对货物及凭证进行认真检查,核对所收货物名称、规格、数量、质量等。当证件完全符合后,按公司货物检验制度规定提请品质部及有关技术部门进行质检,未质检的暂不验收,存放在待检区。

1. 验收的原则

(1)必须核对凭证。供应商要提供物品合格证书、技术标准说明、装箱单、磅码单、发货明细表等凭证,核对这些凭证上相应的信息是否与采购订单一致,相符后才能进行下一步验收。

(2)在物料需求计划(Material Requirement Planning,MRP)和制造资源计划(Manufacturing Resource Plan,MRPⅡ)的框架下,有时可能没有采购订单,而只有生产计划。在这种情况下,可以按照生产计划推导出物料清单(Bill of Material,BOM)表,并将其直接作为采购订单使用。

(3)采购员完成采购任务且货物到达工厂时,应及时通知品质部检验员到仓库办理入库手续,具体流程要求如下:检验员须认真填写检验通知单,该通知单应为一式三联,并确保每份都得到相应的签署。

(4)准备供货单位发票(符合国家税务规定)、发货明细表、质保书、使用说明书、公司领导批准的采购计划书等。

(5)正确反映货物的数量、品种、规格、质量和配套情况,要求准确无误。

(6)节约验收费用,降低作业成本。

2. 验收的内容

验收包括数量验收和质量验收,其基本要求为准确、及时、严格、经济。数量验收是核对到库物品的编码、名称、规格、型号、数量(件数、长度、重量)等,与到货通知单、运单、发货明细表、技术标准、装箱单等资料是否相符。质量验收是对物品的外观质量和内在质量进行检查测定,以验证其是否符合物品的质量标准或合同的要求。

(1)数量验收。数量验收的方法有逐件清点、检斤丈量、堆码后清点和抽检。当天的到货当天完成入库,隔日入库须避免重复入库。

对于多品种、小批量的到货,如服装的分系列、分色、分码入库,就需要逐件清点,在有时间的情况下甚至要打开成捆成件的包装,逐件清点。成套交货的机电设备应清点主机、部件、零件、附件、工具备品等。仪器仪表外观质量缺陷100%检查,进口货物原则上100%检查。

注意:出入库要采用同样的计量方法,防止出现误差。检斤丈量的主要内容和要求如下:

① 检斤货物一律按实际重量验收,凡供货方按检斤交货的,也应该按检斤验收入库,不一定要实际计重。例如,定量包装的白糖,就可以直接换算成吨入库,并按一定比例抽检。

② 按理论换算检斤交货的，就按规定换算标准验收，并在入库单上标明换算的依据、实际袋数、件数、尺寸。例如，白糖 50000 袋×50 千克/袋，实际入库 2500 吨，如果以后入库 100 千克/袋的白糖，就能区别开来。盘点、出库时遇到不同规格的包装，一定要特别注意标示清楚，防止货损、货差事故的出现。

③ 检斤货物应全部点清件数，同时记录毛重、皮重和净重。

④ 对于小件的散货大量入库，可以用检斤清点的方法验收，如每箱五金件上有上万个小件，计数是不现实的，只能通过比例秤和电子秤来检斤，将来把货放入自己的容器里，检斤换算成数量入库。

⑤ 其他货物按有关的规定验收，如玻璃按标箱为单位验收、木材按立方米为单位验收等。

⑥ 计量物品的秤差规定，黑色金属允许公差范围为±0.2%，有色金属为+0.1%，生铁锭块（包括途耗）为±0.5%，稀有贵重金属不允许有误差。进口物品按物品检验局的规定，黑色金属允许公差范围为±0.3%，有色金属为±0.2%，每 50 千克水泥重量允许的公差范围为±1 千克。同一批玻璃允许的公差范围为 15%（按片计算），可自行列销。

堆码后清点。对于品种少、数量大、单件体积小、包装形状规范的到货，适合堆码后清点。在托盘、货架、容器上，按固定的规律码放，每行、每层数量一致，垛高一致，每垛数量一致，零头放在最外面的一垛上面，处于明显的位置。由送货人员或库房工人堆码时，仓库管理员一定要在现场监督，防止堆码时垛型发生改变，数量出现变化。

抽检。对于大包装要进行抽检，即按一定比例（1%～10%）拆包验货，检查包装和物品是否一致。对于大批量、同规格、同包装、质量较高、值得信赖的物品可以采用抽查的方式，否则只能全查。

（2）质量验收。质量验收的内容有核对物品的品名、规格、型号和材质等；检查物品的外观质量状况；核对合格证或技术证件；检查设备是否成套，配套的零件是否齐全；进行一般性的内部结构检查，如对机电设备做必要的电阻测试；在外观检查中发现问题，需要做进一步理化性质检验时，应报技术部门、质检部门决定处理；需要开箱和拆件时，应保证不损坏物品本身，检验后尽量恢复原包装。

3. 检验方法

（1）目检。在重组的情况下，观察物品的表面是否变形、破损、脱落、变色、结块等，并检查标签、标志的情况。

（2）听觉、触觉、嗅觉、味觉检验。通过抚摸、摇动、敲击等来鉴定。

（3）仪器检测。用于测定含水量、密度、黏度、成分、光谱等。

（4）运行检测。在操作中检验。

注意：包装材料的含水量是衡量保管质量的重要方面。

4.2.4 争议问题处理

（1）到货与订货合同不一致时，应及时通知有关部门，做出退货、寄存、变更采购订单的处理。要在管理系统上或到货通知上查看是否有采购订单，来货信息是否和采购订单上的需求信息一致，品名、规格、数量、供货方、包装等是否出现差异，注意供货方送货到仓库的情况，并详细登记处理结果。

（2）入库前若发生货物短缺，应先按照实际数量入库，并编制一份差异报告，记录与来货清单的不符之处。随后与供货方沟通，向运输部门索赔。进口货物按有关规定及时验收，以免延误索赔期。

（3）应附的合格证或技术标准等文件不对时，理论上应将货物作为待验货物处理，通知有关部门向供货方索取文件；实际运作中经常是先单独验收寄存，等待质量部门的通知。

（4）对于验收中发现的不合格品，应该保存证据，做出不合格品报告。下列情况应严格把关，不准验收：无公司领导批准采购的、与合同订货单几乎不符的、违反公司规定或采购员工作标准的、没按规定进货渠道采购的、质量不合格的，等等。

（5）对于待处理的物品，不得办理入库手续，应该单独存放，妥善保管，防止与正品混杂出库，并防止其丢失、变异。

（6）发生差异时，应及时通知采购负责人；送错或存货数量不足时，要及时补充订货，不要耽误生产销售的经营活动，并办理寄存、入库等手续；超过采购数量时，超出部分原则上要拒收，避免增加仓储管理费用，如果采购员同意接收，要求他补办采购订单，严禁保管员私自收"人情货""关系货"。

（7）保管员要根据经验目检并通知质检人员到现场抽检。当由于抽检造成实际数量与记录不符时，应要求质检人员开具出库单。（对于裸件，即使保管员对物品认知能力强，也要用记号笔把品名、规格等写在裸件上，如汽车配件；或把自己制作的物品标志卡挂在裸件上，如服装系列。这样可以防止轮岗换人时，不能正确识别物品，出库时发生错误。）

（8）包装异常（如污损、破损、变形）时，要会同送货人员一起开包验收。发现数量减少或质量变异时，要及时登记索赔，拒绝入库，并将其单独存放，与正品隔离，等待处理。能当场更换包装的，在条件允许的情况下，应立即处理，避免其在运输途中丢失。

4.2.5 入库存放

入库存放是将验收后的物品放在规定的预留货位上。入库存放的主要流程如下。

（1）手工填写入库单。要求字迹清晰，信息全面、不漏项。

（2）录入管理系统。要求必须在采购订单或生产订单中进行录入。没有订单的，属于非法入库，应注明货位。

（3）填写物品管理卡片，注明入库时间和经手人。出入库时应随时修改卡片信息，保证卡片和实际库存一一对应。

（4）登账。填写手工账或电子表格账。

（5）建档。仓库应给所有库存物品建立档案，以便物品管理和与客户联系，也为将来发生争议保留证据。同时，档案的建立也有助于积累保管经验，研究仓储管理规律。理想的状态是实现"一品一档"，档案包含以下内容。

① 物品的各种技术资料、合格证、装箱单、送货单、质量标准文件、发货清单。
② 物品运输单据、普通记录、货运记录、残损记录、装载图等。
③ 入库通知单、验收记录、技术检验报告。
④ 保管期间的检查、保养作业、通风除湿、倒仓、事故等直接操作记录。
⑤ 保管期间的温度、湿度、特殊天气等记录。
⑥ 出库凭证、交接签单、检查报告。

⑦ 其他有关该物品的特殊文件和报告记录。

（6）调拨入库。根据调拨单核对物品信息，确认无误后录入系统，注明调拨来源及货位，并完成相关单据填写和库存更新。

4.3 在库管理

货物在库流程

4.3.1 物品的堆码

根据《物流术语》（GB/T 18354—2021），堆码（Stacking）的定义为将物品整齐、规则地摆放成货垛的作业。

物品堆码的基本原则：分类存放；保持适当的搬运活性，摆放整齐；尽可能码高，货垛稳定；面向通道，不围不堵；重下轻上原则；根据出库频率选定位置；便于识别、点数。

物品堆码的基本方法有散堆法和堆垛法。散堆法适用于露天存放的没有包装的大宗物品，如煤炭、矿石、黄沙等，也适用于库内的少量存放的谷物、碎料等散装物品。散堆法是直接用堆扬机或者铲车在确定的货位后端直接将物品堆高，在达到预定的货垛高度时，逐步后退堆货，后端先形成立体梯形，最后成垛，整个垛形呈立体梯形。堆垛法主要适用于有包装（如箱、桶、袋、箩筐、捆、扎等）的物品，包括裸装的计件物品，堆垛方法储存能充分利用仓容，做到物品在仓库内排列整齐，方便仓储作业和保管。

物品的堆码要求合理、牢固、定量、整齐、节约和方便，堆码的垛型有平台垛、起脊垛、立体梯形垛、行列垛、井形垛、梅花形垛等，主要垛形如图4.6所示。

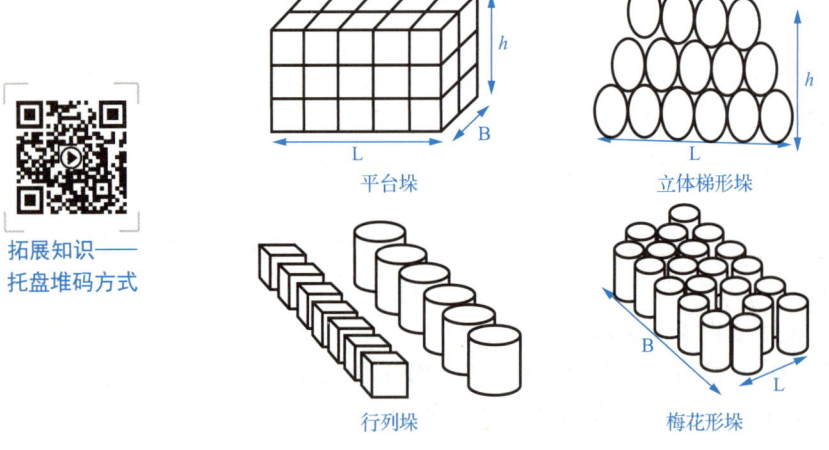

图 4.6 主要垛型

拓展知识——
托盘堆码方式

1. 平台垛

平台垛是先在底层以同一个方向平铺摆放一层物品，然后垂直继续向上堆积，每层物品的件数、方向相同，垛顶呈平面，垛形呈长方体。平台垛适用于包装规格单一的大批量物品，包装规则、能够垂直叠放的方形箱装物品、大袋物品，规则的软袋成组物品、托盘成组物品。

2. 起脊垛

起脊垛是先按平台垛的方法将物品码垛到一定的高度，以卡缝的方式逐层收小空间，将顶部收尖成屋脊形。起脊垛是堆场堆货的主要垛型，货垛表面的防雨遮盖从中间起向下倾斜，便于雨水排泄，可防止水打湿物品。

3. 立体梯形垛

立体梯形垛是在最底层以同一方向摆放物品的基础上，向上逐层同方向减数压缝堆码，垛顶呈平面，整个货垛呈下大上小的立体梯形形状。立体梯形垛用于包装松软的物品和顶部不规则且无法垂直叠放的物品，如横放的桶装、卷形、混包物品。

4. 行列垛

行列垛是将每票物品按件排成行或列，每行或列一层或数层高，垛形呈长条形。行列垛适用于存放批量较小的物品，如零担物品。因每垛货量较少，垛与垛之间都需留空，垛基小而不能堆高，使得占用库场面积较多，库场利用率较低。

5. 井形垛

井形垛是用于长形的钢材、钢管及木方的堆码。它是在以一个方向铺放一层物品后，再以垂直的方向铺放第二层物品，物品横竖隔层交错逐层堆放，垛顶呈平面。井形垛垛型稳固，但层边物品容易滚落，需要对其进行捆绑或者收紧。

6. 梅花形垛

对于需要立直存放的大桶装物品，将第一排（列）物品排成单排（列），第二排（列）的每件货物靠在第一排（列）的两件货物之间卡位，第三排（列）同第一排（列）一样，而后每排（列）依次卡缝排放，形成梅花形垛。梅花形垛物品摆放紧凑，充分利用了货件之间的空隙，可节约仓库面积。

4.3.2 选择和确定货位的原则

1. 根据货物的尺寸、数量、特性、保管要求选择货位

选择和确定货位是在库管理中非常关键的一步。货物的尺寸、数量、物理和化学特性，以及特定的保管要求（如温度、湿度控制）都会影响到货位的选择。这个原则确保货物被放置在最适合其特性和需求的货位上。

2. 根据"先进先出""缓不围急"的原则选择货位

"先进先出""缓不围急"是确保货物按照正确的顺序被取出和分发的重要原则。"先进先出"原则意味着最早进入仓库的货物应该最先被取出，以避免过期或变质。"缓不围急"原则则确保紧急需要的货物不会被较慢移动的货物所包围，从而能够被快速取出。

3. 根据出入库频率高低和储存期的长短来选择货位

根据出入库频率高低和储存期的长短来选择货位这个原则考虑了货物的流动性和存储需求。频繁出入库的货物应该被放置在更容易访问的货位上，而长期存储的货物则可以放置在

更不显眼或更难访问的货位上。

4. 根据"小票集中""大不围小""重近轻远"的原则选择货位

"小票集中""大不围小""重近轻远"这些原则有助于优化仓库的空间利用率和货物搬运效率。"小票集中"意味着小批量的货物应该被集中存储，以便于管理和取出。"大不围小"原则确保大型货物不会阻碍小型货物的存取。"重近轻远"原则则意味着重的货物应该被放置在离装卸区更近的位置，以减轻工人的负担和提高搬运效率。

5. 根据操作的便利性原则来选择货位

根据操作的便利性原则来选择货位强调了货位选择对仓库操作效率的影响。货位应该被设计成易于访问、易于搬运和易于管理的形式，以最大程度地减少操作时间和成本。

6. 根据作业量分布均匀的原则来选择货位

根据作业量分布均匀的原则来选择货位旨在确保仓库内的作业量分布均匀，避免某些区域过度拥挤或闲置。通过合理分配货位，可以确保仓库的整体效率以及生产力得到最大化。

4.3.3 仓储保管

仓储保管的核心是预防为主、防治结合。及时发现和消除事故的隐患，特别要预防爆炸、火灾、水浸、污染等恶性事故和大规模损害事故的发生。

仓储保管的目标是仓库空间的最大化利用，人力及设备的有效使用，所有物品都能随时准备存取，物品的有效移动和良好保护，良好的管理及沟通。

1. 仓储保管的原则

仓储保管的原则包括以下 7 个方面。①面向通道进行保管；②尽可能向高处码放，提高保管效率；③根据出库频率确定位置；④同一品种在同一地方保管；⑤根据物品质量安排保管位置；⑥依据物品形态安排保管方法；⑦先进先出。

2. 仓储保管工作的要点

仓储保管工作的要点主要包括以下 5 点。①严格验收物品，控制源头；②适当安排储存场所；③科学堆码遮盖，利用石块、砧木、垫板、苇席、油毡等完成工作，并在仓库四周挖排水沟，满足"五距"要求；④控制温湿度；⑤定期盘点和检查。

3. 物品的储存特性和养护技术

（1）物品的质量变化。物品质量变化的类型：物理变化、化学变化、生化变化等。物理变化是指挥发、溶化、熔化、渗漏、串味、沉淀、污染、破碎和变形等，结果是数量损失、质量降低或报废。化学变化是指氧化、分解、水解、化合、聚合、裂解、老化、曝光、锈蚀等。化学变化的过程就是质变的过程。生化变化是指有生命活动的有机体物品，在生长发育过程中，为了维持它的生命，本身所进行的一系列生理变化，如呼吸、发芽、胚胎发育、后熟、霉腐等。

（2）影响物品质量变化的因素：物品的物理性质，主要包括物品的吸湿性、导电性、耐热性、透气性等；物品的机械性质，是指物品的形态、结构在外力作用下的反应；物品的化学性质,是指物品在光、热、氧、酸、碱、温度、湿度等作用下,发生的与物品本质相关的性质、化学成分和结构的变化。人为因素,是指保管人员未按物品自身特性的要求或未认真按有关规定和制度作业,甚至违反操作规定和程序,使物品受到损害和损失的情况,包括保管场所选择不合理、包装不合理、装卸搬运不合理、堆码遮盖不合理、垛型不当、超高超重、混码、违章作业、有效期管理不当等情况。

(3)普通物品存储的要求:严格验收入库物品,适当安排储存场所。

4. 温湿度管理

(1)库房外的温湿度变化。一天中,通常日出前气温最低,相对湿度最大;凌晨 2:00 气温最低;午后 14:00 气温最高,相对湿度最小。一年中,通常 7 月和 8 月最热,相对湿度最小;1 月和 2 月最冷,相对湿度最大。

(2)库房内的温湿度变化。库外温度影响库内温度有一个时间过程,并有一定程度减弱,夜间库内温度比库外高,白天库内温度比库外低。一般仓库的温度控制主要是避免阳光直接照射物品,因为阳光直接照射的地表温度要比气温高得多,午间甚至高近一倍。混凝土遮阳效果最佳。适当的日光可以去除物品表面或体内多余的水分,也可以抑制微生物的生长,但长时间在日光下暴晒,会使物品或包装出现开裂、变形、变色、褪色、失去弹性等现象。库内不同位置温湿度也不同,要特别注意库内四角,这里空气不流通,温湿度偏高;库内阳面气温高,相对湿度偏低,阴面则相反。库内上下部位的湿度也有明显差别,尤其是夏季气温高的时候,上部因气温较高而相对湿度偏低,下部因靠近地面气温较低,相对湿度偏高。据试验,库内上部平均相对湿度可达到 65%~80%,接近地面和垛底的平均相对湿度可达到 85%~100%,靠近门窗的物品容易受潮;水泥地面和沥青地面,在温湿度条件变化或通风不当时,上面常会结露,产生水膜,加大库内底层的湿度。垛顶部、四周与内部,通风情况不同,温湿度也不同。

(3)仓库温湿度的测量。定时观测并记录相对湿度和绝对湿度、温度等是仓库员工的一项基本工作。

(4)库房温湿度的控制和调节方法。通风、密封、吸潮三者结合起来,可以起到防霉、防锈、防潮、防虫的作用。

5. 在库养护

(1)金属的防锈。金属的锈蚀物是金属氧化物,因此,破坏金属产生化学和电化学腐蚀的条件是根本的防锈方法。严格按照金属材料及其制品的保管要求来储存,杜绝导致金属锈蚀的一切因素是最经济有效的方法。灰尘、杂物能加速金属锈蚀,影响精密仪器和机电设备的精密度和灵敏度,对应的解决办法有使用防锈油(在矿物油中加入油溶性缓释剂和其他添加剂)等;针对气相锈蚀可使用气相缓蚀剂,在密封包装和容器内对金属零配件进行防锈。

(2)物品霉腐及其防治。霉腐是物品在某些微生物的作用下,引起的生霉、腐烂和腐败发臭等质量变化的现象,包括微生物在物品上生长繁殖破坏物品和微生物的排泄物污染物品两种情况。霉腐是物品在物流过程中的一种常见的质量变化。物品霉腐的过程:受潮,发热,发霉,腐烂,产生霉味。物品霉腐的治理:加强库存物品的管理,加强入库验收、仓库温湿度的管理,选择合理的储存场所,合理堆码,设置防潮措施,物品进行密封,做好日常的清洁卫生。可以采用化学药剂防霉腐,气相防霉腐,低温冷藏防霉腐,干燥、紫外线、微波、红外线防霉腐等方法。

（3）仓库害虫及其防治。仓库害虫又叫储藏物害虫，从广义上讲，包括所有一切危害储藏物的害虫。仓库害虫的防治方法有机械防治、物理防治、密封防治、气调防治和化学防治等。

（4）食品储存与保鲜。食品在储存过程中往往会因为其本身的特性和外界环境的影响，而发生各种变化，其中有属于酶引起的生理变化和生物学变化，有属于由微生物污染造成的变化，还有属于由外界环境温湿度影响而出现的化学和物理变化等。所有这些都会使食品质量和数量方面受到损失。常用的储存方法有冷冻保藏法、罐藏法、辐照保藏法、干藏法、化学保藏法、气调保藏法、减压保藏法和电磁处理保藏法。

4.3.4 盘点

盘点就是定期或不定期地对库场内的物品进行全部或部分清点，以确实掌握该期间内的库存状况，加强管理。通过盘点，可以掌握物品的"进、销、存"情况，避免物品囤积或缺货情况的发生。此外，盘点所获取的数据对于计算成本及损失是不可或缺的。

（1）盘点的主要内容。检查物品的账面数量与实物数量是否相符，检查物品的收发情况及按先进先出的原则发放物品，检查物品的堆放及维护情况，检查各种物品有无超储积压、损坏变质，检查对不合格品及呆滞、废品的处理情况，检查仓库内的安全设施及安全情况。

（2）盘点的原则。一般是每月对物品盘点一次，并由盘点小组负责各库场的盘点工作。为了确保物品的盘点效率，盘点应坚持 3 个原则：售价盘点原则、即时盘点原则、自动盘点原则。

（3）盘点的作用。核实资产，确保账、卡、物相符；盘点还可以起到量化的作用，为库存、生产、销售、投资等决策提供准确依据。

（4）盘点的目标。确切掌握库存量；掌握损耗情况并使其得到改善；加强管理，防微杜渐，遏阻不轨行为；掌握一定阶段的物品亏盈状况；了解目前物品的存放位置；发掘并清除滞销品、临近过期物品，整理环境，清除死角。

（5）盘点方法。以账或物来分，可分为账面存货盘点和实际存货盘点。账面存货盘点是指根据数据资料，计算出库存的方法；实际存货盘点是针对未销售的库存进行实地的清点统计，清点时只记录零售价即可。以盘点区域来划分，可分为全面盘点和分区盘点；以盘点时间来划分，可分为营业中盘点、营业前后盘点和停业盘点；以盘点周期来划分，可分为定期盘点和不定期盘点。仓库盘点常用方法是账面存货盘点和现货盘点（动态盘点、期末盘点、循环盘点和定期盘点）。

（6）盘点作业步骤。做好盘点工作，一般首先是要做好盘点基础工作，其次是要做好盘点前准备工作，再次是要做好盘点中作业，最后是要做好盘点后处理。

盘点基础工作：确定盘点方法、账务处理、盘点组织、绘制盘点配置图等。

盘点前准备：人员准备、环境准备、盘点工具准备、盘点前指导、盘点工作分派和单据整理。

盘点中作业：盘点中作业通常分为初点、复点和抽点三类。初点作业需要先在供货仓库、冷冻库和冷藏库进行，之后才在销售场所进行。在盘点过程中，首先要盘点那些出入库频率较低的物品。对于货架或冷冻冷藏柜的盘点，应按照从左到右、从上到下的顺序进行。每个货架或冷冻冷藏柜都被视为独立的盘点单元，需要使用独立的盘点表和根据盘点配置图进行统计。在盘点作业中，复盘可以在初次盘点一段时间后进行，复盘人员需要手持初次盘点记录逐项检查，并将发现的差异填写在差异栏中（注意：使用红色圆珠笔填写表格）。

盘点后处理：资料整理，计算盘点结果，根据盘点结果实施奖惩措施，根据盘点结果找出问题点并提出改善对策，做好盘点的财务会计和财务处理工作。

盘点实施的注意事项：材料盘点按 ABC 分类法进行；外发加工材料由采购部人员前往供应商处或委托供应商清点实际数量；盘点时填好盘点发票，盘点发票不得更改，更改需用红笔在更改处签名；初盘完成，将初盘结果记录于盘表上，转交给复盘人员，复盘是由初盘人员带复盘人员到盘点地点进行盘点，复盘不受初盘影响；若复盘与初盘有差异，复盘人员应该与初盘人员一同寻找原因，确认后记录在盘点表上；抽盘时可根据盘点表随机抽盘或者随地抽盘，ABC 分类物品比例为 5∶3∶2。

（7）盘点量化指标。盘点数量误差率是库存管理的评估指标，用于确定是否需要加强盘点或改变管理方式，从而降低公司损失。这一量化指标的意义在于，若公司少进行盘点，将无法准确了解损失率，进而无法了解实际毛利和损益情况。若经营者对损益情况不清楚，经营就失去了意义。

统计盘点品项误差率的目的在于通过分析盘点误差数量和误差品项之间的数据关系，找出盘点误差主要原因。若误差品项过多，将增加后续的更新修正工作难度，影响出货速度，因此需要加强管控来应对这种情况。

平均盘差物品金额是用于判断是否已经实施 ABC 分类管理，并评估其有效性的一个指标。其公式为：平均盘差物品金额=盘点误差金额÷盘点误差量。若此指标较高，则表示高价值物品的误差发生率较大。这可能源于公司未实施物品重点管理，进而对公司运营造成不利影响。改善措施是切实施行 ABC 分类管理，因为未实施 ABC 分类管理的企业更容易导致高价值物品流失。

（8）盘点盈亏处理。第一，盈亏原因分析。检查物品盘点的相关规章制度是否已建立健全，制度中是否有漏洞，是否存在物品丢失、损坏的可能；登账人员的素质；进出库作业人员的素质；物品盘点方法是否妥当；物品的特性如何；盘点差异是否可事先预防、如何预防，如何降低账货差异等。第二，库存盈亏处理。建立健全进、存、出物品检验、记录、核对制度，并落实到岗位、人员；分别培训登账人员和出入库物品的作业人员，提高仓库管理人员的素质；推行赏罚分明的奖励制度；对易发生货损、货差的物品，可委派专人进行循环盘点，发现问题及时解决；对于盘点中发现的呆滞物品，应及时通知采购部门停购，并对库存中的呆滞物品进行处理；对于废、次品及不良品，应迅速处理。

4.4　出　库　管　理

4.4.1　出库准备

1. 出库方式概览

货物出库流程

出库方式丰富多样，涵盖了提货、送货、托运、过户、移仓及取样等多种方式。这些多样化的出库方式旨在满足各类物品在不同场景下的出库需求，确保物品能够高效、精确地实现从仓库到各地的转移，满足不同客户和业务的需求。

2. 出库作业流程的重要性及其步骤

出库作业流程是保障出库工作顺利进行的基石。为确保出库过程准确无误，我们必须严格遵循既定的出库作业流程。该流程涵盖了出库前的充分准备、出库凭证的严格审核、出库信息的有效处理、精确的拣货与分货、妥善的包装以及彻底的清理等多个环节。这些步骤环环相扣，共同构成了出库作业的完整链条，确保了出库的高效、有序进行。

3. 出库前的精心准备工作

在出库正式启动之前，我们需要进行周密的出库准备工作。这主要包括对出库物品的全面准备以及对出库凭证的严格审核。通过深入细致的准备工作，我们能够确保出库物品的数量、规格及质量等关键要素均符合出库要求，同时有效避免发生出库凭证错误或遗漏的现象，为后续的出库作业提供坚实的支撑和保障。

4.4.2 备货

1. 拣货

拣货作业就是依据客户的订货要求或仓储配送中心的送货计划，尽可能迅速地将物品从其储存的位置或其他区域拣取出来的作业过程。

拣货信息传递方式，包括订单传递、拣货单传递、显示器传递、无线通信传递、自动拣货系统传递等方式。

拣货方式，包括人工拣货、机械拣货、半自动拣货和自动拣货等方式。

2. 分货

分货作业又称配货作业，是指在拣货作业完成后，根据订单需求或配送路线等的不同组合方式进行的物品分类工作。根据作业方式，分货作业可分为人工分货和自动分类机分货两种。根据分货数量和特点，分货作业有摘果法和播种法两种不同的作业方法。

摘果法的特点：储位相对固定，而分货人员或工具相对运动，即工作人员拉着集货箱在排列整齐的仓库货架间巡回走动，按照拣选单上标明的品种、数量、规格，拣选出客户需要的物品放入集货箱内，再按一定方式进行分类。这种方式的优点是按单拣选，配货准确度高，简单易行，机动灵活，适应性强。

播种法的特点：客户的分拣格口固定，而分货人员或工具相对运动。这种配货方式的原理是将若干客户的共同需求，即多张单子的特征集成为一批统一集中的需求，然后分别满足。这种配货方式计划性较强，作业管理水平要求较高。这种方式的优点是先集中再分类，可以缩短拣取物品的时间，提高单位时间的拣货效率。统一品种物品配货批量大，利于采用机械化、自动化分货作业系统。配货之后，可同时开始对各客户的配送工作，这也有利于综合考虑车辆的合理调配、合理使用和规划派送路线，从而实现配送的规模经济效益。其缺点是必须当订单累积到一定数量时才能做一次性的处理。因此，自动化分货作业系统易出现停滞时间。信息处理量相对摘果法来说更复杂，需要用计算机制单进行管理。

3. 出货检查

为了保证出库物品不出差错，配好货后企业应该立即进行出货检查。出货检查就是将物品一个个点数并逐一与出货单进行核对，进而查验出物品的数量、品质及状态情况。出货检查的方法：物品条形码检查法、声音输入检查法、质量计算检查法等。

4. 包装

包装的要求：由仓库分装、改装或拼装的物品，装箱人员要填制装箱单，标明箱内所装物品的名称、型号、规格、数量以及装箱日期等，并由装箱人员签字盖章后放入箱内，供收货单位核对。根据物品外形特点，选用适合的包装材料。出库物品包装要求牢固、干燥。外包装上有水渍、油迹、污损等的物品均不允许出库。在包装时要充分利用包装容积，以节约包装材料，并尽量使用物品的原包装。

4.4.3 出库

出库流程是指仓库管理人员根据出库指令或订单信息，从库存中准确、高效地拣选货物，再对其进行必要的包装、复核与称重，然后安排货物出库装载及发货的一系列操作步骤（见图4.7）。

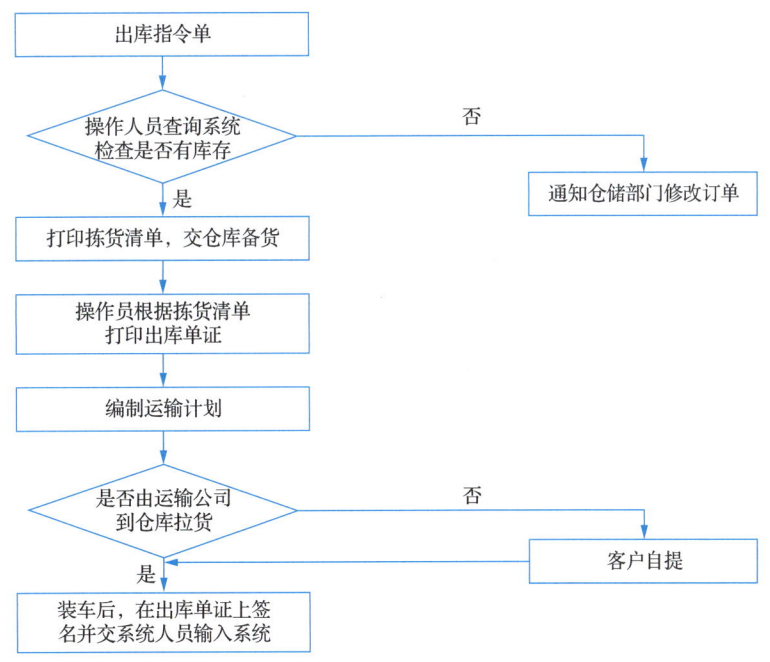

图 4.7　出库流程图

1. 点交

出库物品无论是要货单位自提，还是交付运输部门发送，发货人员必须向收货人员或运输人员按车逐件交代清楚，划清责任。如果是本单位内部领料，则将物品和单据当面点交给提货人，办理好交接手续。若需要将物品调出本单位，应与提货人或运输部门办理交接手续，当面将货物点交清楚。

2. 登账

点交后,仓库管理员应在出库单证上填写实发数、发货日期等内容并签名,然后将出库单证连同有关证件及时交给货主,以便货主办理结算。出库单证应当日清理,定期装订成册,妥善保存,以备查用。

3. 货物出库单证的流转及账务处理

出库单证包括提货单、送货单、移库单和过户单等。其中,提货单为主要的出库单证,它是从仓库提取货物的正式凭证。不同单位会采用自提和送货这两种不同的出库方式,不同的出库方式及其单证流转与账务处理的程序也有所不同。

4. 货物出库时发生问题的处理

(1)出库单证上的问题。进行发货前验单时,凡发现提货单有问题,应及时与仓库保卫部门联系,妥善处理。任何白条都不能作为出库单证,特殊情况(如救灾等)发货必须符合仓库有关规定。提货时,如果客户发现货物的规格有误,仓库管理员不得自行调换规格并发货,必须重新开票方可发货。对于进库未验收的物品或者尚未到库的期货,其出库单证通常应暂缓办理,并通知供应商,待货到并验收后再发货。

(2)漏记账和错记账。当遇到提货数量大于实际货物库存量时,无论是何种原因造成的,都需要和仓库部门、提货单位及时取得联系后再做处理,如果属于入库时错账,则可采用报出/报入方法进行调整。报出/报入方法即先按库存账面数开具提货单销账,然后按实际库存数量入库登记,并在入库单上写明情况。如果属于仓储保管人员串发、多发、错发等而引起的问题,应由仓库方面负责解决库存数与提单数之间的差额。如果属于财务部门漏记账而多出的库存数,应由单位开具新的提货单,重新组织提货和发货。如果属于仓储过程中的损耗,需考虑该损耗数量是否在合理的范围之内,并与货主单位协商解决。合理范围内的损耗应由货主单位承担,而超过合理范围的损耗则应由仓储部门负责解决。

(3)串发货和错发货。所谓串发货和错发货,是指发货人员在对物品品种、规格不熟悉的情况下或者由于工作中的疏漏把错误规格、数量的物品发出库的情况。如果提货单开具某种物品的甲规格出库,而在发货时却将该物品的乙规格发出,造成甲规格账面数小于实存数、乙规格账面数大于实存数的情况。在这种情况下,如果物品尚未出库,应立即组织人力重新发货,如果物品已经提出仓库,仓储保管人要根据实际库存情况,如实向本库主管部门和运输单位讲明串发货、错发货物品的品名、规格、数量、提货单位等情况,并会同货主单位和运输单位协商解决。一般在无直接经济损失的情况下,由货主单位重新按实际发货数冲票解决。如果造成直接的经济损失,应按赔偿单据冲销原记录,并相应调整保管账。

(4)包装损坏。若发现包装内的物品有破损、变质等质量问题或数量短缺问题,不得以次充好、以溢余补短缺,只有符合质量标准和数量要求的货物才能出库,否则造成的损失由仓储部门承担。

(5)货未发完。仓库发货,原则上是按提货单上的数量在当天一次发完,如果确实有困难不能在当日提取完毕的,应办理分批提取手续。

本 章 小 结

仓储操作业务管理一般包括收货管理、在库管理和出库管理三个阶段。收货管理作为仓储作业的起点,通常从收货准备开始,接着进入接运、验收和正式入库等阶段,需要对货物的数量、质量、包装情况等进行全面检查和确认,确保与订单或发货单据相符。如遇到数据不符、货损等争议情况,还需按照规定流程进行核实与处理,并做好相关记录,防止后续纠纷的发生。这一系列操作充分体现了规范作业流程与单据管理在仓储管理中的基础性作用。在库管理主要涵盖物品堆码、仓储保管与盘点等工作,在库作业强调科学性与精细化,确保库存安全和账实一致。出库管理则包括出库准备、备货、出库等环节的操作要点,确保物品高效准确地流转出库。整体来看,收货、在库和出库三个阶段紧密衔接、相辅相成,共同构成了仓储操作业务管理的基本框架。系统掌握各环节管理内容和操作规范,有助于提升仓储运作的标准化水平,为企业物流效率的提升与客户服务质量的优化提供坚实支撑。

习 题

一、选择题

1. 仓储操作业务管理主要包括以下哪些阶段?( )
   A．收货管理　　　　B．存储管理　　　　C．发货管理　　　　D．以上都是
2. 在收货作业流程中,哪一项是货物验收后必须进行的操作?( )
   A．货物接运　　　　　　　　　　　B．入库信息处理
   C．标示与分类　　　　　　　　　　D．进货计划分析
3. 出库作业要求做到"三不、三核、五检查",其中"三不"不包括以下哪一项?( )
   A．没接单据不翻账　　　　　　　　B．没经审单不备货
   C．没经上级批准不出库　　　　　　D．没经复核不出库

二、简答题

1. 阐述收货作业的一般流程,并说明每个流程的主要作用。
2. 在库管理中,仓库保管员的主要职责有哪些?

三、思考题

1. 结合南宁美团优选仓的蓝牙 AOA 仓储管理信息化解决方案,思考智能化仓储管理在现代仓储物流业中的应用前景及其对企业竞争力的影响。
2. 分析在收货作业流程中,各环节之间是如何相互联系和制约的,并提出优化建议。

四、案例题

1．案例背景：

某公司仓库在本月盘点中发现库房货物金额比账面金额少了 2.5 万元。经调查发现，公司仓库的钥匙由仓库管理员和老板共同持有，老板有时会自行开单出货，未完全经过仓库管理员的发货手续。现在公司要求仓库管理员赔偿这部分损失，并扣下了其本月的工资。

2．问题：

（1）分析此案例中仓储管理存在的问题，并提出改进建议。

（2）你认为公司要求仓库管理员赔偿损失并扣发工资是否合理？请说明理由。

第 5 章 仓储商务管理

【本章学习目标】
1. 了解仓储商务管理的概念、意义和主要内容，培养仓储商务管理的理念。
2. 掌握仓储合同的相关内容，了解仓储合同中的责任与权利。
3. 掌握仓单的主要业务。

【知识导图】

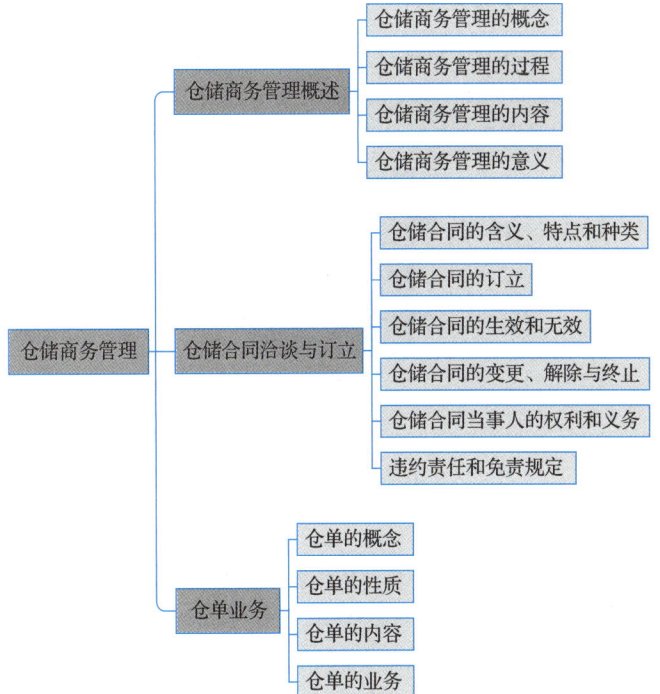

现代仓储与配送管理

尚尚签：中通电子签约中台解决方案

1. 电子签约中台建设背景

作为快递物流行业的龙头企业，中通快递（以下简称中通）业务遍布全国，在实际运营中涉及多种合同单据场景。随着业务规模的不断扩大，各签署场景的合同单据量逐年增长，传统纸质模式已无法匹配公司发展需求，并面临效率、管理和安全合规三大挑战。

纸质合同的流转效率较低，异地签署需反复沟通，导致周期较长；人工管理模式下，纸质合同难以高效管理和归档，易出现遗失等问题；同时，"阴阳合同"和"萝卜章"等不法行为难以杜绝，纸质合同在举证环节也存在较大困难。

为解决纸质合同效率低、成本高及存在法律合规风险等问题，中通自2018年起开始试点推行电子签约。经过一段时间的实践，公司发现，当时市场上的电子签约服务具有一定局限性，难以全面满足集团的业务需求。为此，中通与杭州尚尚签网络科技有限公司（以下简称尚尚签）达成战略合作，并启动集团级电子签约中台建设项目。

此举旨在统一管理电子签约业务、管理集团多层架构，并满足不同业务线数据隔离的需求。

2. 电子签约中台解决方案

中通与尚尚签合作打造电子签约中台系统。该系统由中通管理员统一管理功能权限，涵盖计费、模板、合同、角色权限和印章等功能模块。各业务部门可自主管控权限，并使用包括身份认证、合同签署、审批流程、数据统计等在内的全部电子签章功能。系统支持在线实名认证、证书申请和合同签署，满足合作伙伴及员工对在线申请、认证、发放和移动签章等需求，电子签约服务中台主要功能如图5.1所示。中通基于尚尚签提供的基础服务进行二次开发，搭建企业电子签约中台。该中台作为统一技术平台向各业务系统提供快速调用接口，以满足信息化建设需求。

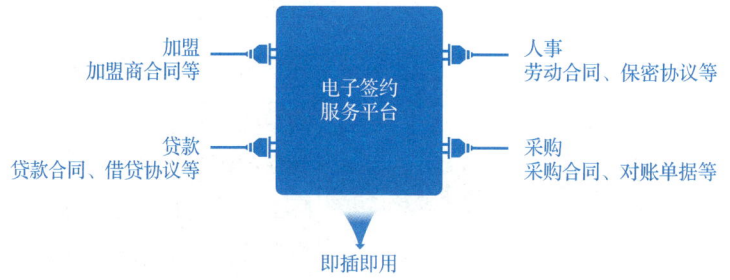

图5.1 电子签约服务中台主要功能

（1）应用的信息化技术。

该中台综合运用多项信息化技术搭建而成。平台基于SaaS模式，为签约各方提供便捷安全的云服务；在合同签署基础服务方面，采用了CA数字证书、签名加密、可信时间戳等技术，确保合同真实有效且数据不可篡改；司法服务方面，提供实时公证和区块链存证功能，为企业电子签约提供法律效力保障。在运维及安全管理方面，则通过全站HTTPS数据传输、一文一密加密存储、负载均衡和异地容灾架构等措施，保障平台稳定运行与数据安全。

（2）实施方案。

中通电子签约中台涵盖了合同的全生命周期管理，将实名认证、创建合同、签署合同和管理合同四大模块的主要流程接口进行统一封装，并开放给各业务系统对接使用。同时，该系统对尚尚签电子签约接口的业务参数和技术参数进行了分离，使业务系统能够根据自身需求，仅调用相关业务流程所需的参数和字段。

中通无须关注电子签约底层逻辑，这部分由尚尚签负责并保障其合规性。电子签约中台系统的封装结构如图 5.2 所示。

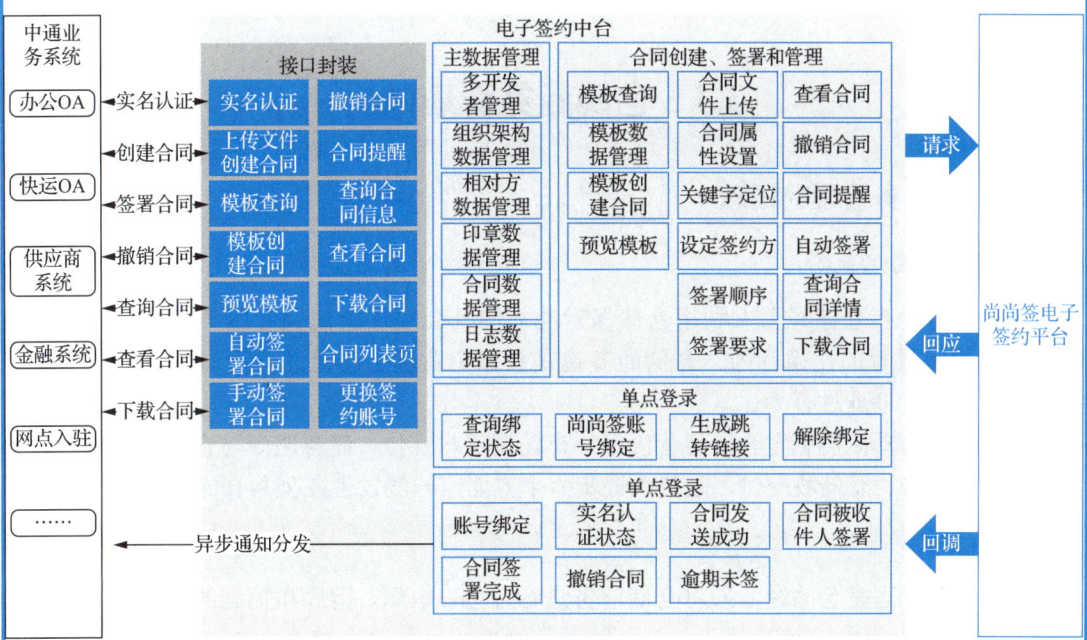

图 5.2　电子签约中台系统的封装结构

（3）电子签约中台的推广与使用。

通过将不同系统和场景接入电子签约中台，目前中通已在多个业务领域实现电子合同的应用：①在人事场景，系统对接 eHR 平台，支持企业方自动完成模板发起、盖章流程；②在承诺函场景，实现与财务中心系统的对接，用于网点签署相关承诺函；③在快运网点加盟场景，通过对接快运自研 OA 系统，完成与网点的加盟协议签署；④在金融-网点贷领域，系统对接中通自研合同管理系统，支持向外部公司发放贷款并在线签署协议；⑤在金融-员工贷/个人贷领域（后续将推广至外部个人），通过中通宝盒 App 完成对员工的贷款协议签署。

3. 项目效益

中通通过电子签约中台的上线，在风控与合规性、签约效率、管理效能等方面取得了显著成效。统一管控各权限并实现数据隔离，有效提升了企业风控能力；同时，通过转向电子签约模式，大幅缩减了签署周期和工作量，节省了纸质合同成本，并将合同管理人员数量减半，显著提升了管理效率。此外，建设的电子签约中台进一步增强了系统延展性和适应性，满足了不断增长的业务需求，实现了数字化建设的商业价值。

4. 未来规划

对于中通而言，企业数字化转型不仅是单纯采购产品或软件，而是通过数字化建设实现管理目标。

在选择供应商时，更看重其对不同用户角色的服务能力，倾向于购买服务或能力而非单一产品。数字化建设是一个长期过程，需要建立创新迭代机制和符合长期规划的产品体系。

电子签约中台的建设虽然是企业数字化转型的一个小环节，却在打通企业签署流程在线化"最后一公里"以及构建契约网络数字化基础设施方面发挥了关键作用。合同作为现代交易的基础，在企业内外部推行电子签约，不仅是将纸质合同转化为电子形式的简单转变，更是对企业业务创新与管理经营模式的一次重大提升。

（资料来源：http://www.cflp.org.cn/xsyj/202311/15/620221.shtml，有改编。）

5.1 仓储商务管理概述

5.1.1 仓储商务管理的概念

1. 仓储商务的概念

仓储商务是指仓储经营人利用仓储保管能力向社会提供仓储保管服务，并以获得经济收益为目的所进行的交换行为。仓储商务也是仓储企业基于仓储经营而对外进行的经济交换活动，是一种商业性行为。

仓储商务活动涵盖制定仓储经营决策、市场调研与宣传、商务磋商与仓储合同签订、货物的接收与保管、仓储物交付、收货人提货六个方面，一般发生在公共仓储和营业仓储中。

2. 仓储商务管理的概念

仓储商务管理是仓储经营人对仓储商务进行计划、组织、指挥和控制的活动，属于独立经营的仓储企业的内部管理项之一。仓储商务管理的目的是仓储企业在充分利用仓储资源的条件下，最大限度地获得经济收入和提高经济效益。相对于其他企业项目管理，仓储商务管理具有外向性，是围绕着仓储企业与外部经济活动的管理。仓储商务管理又有整体性的特征，其商务工作不仅是商务部门的工作，还涉及仓储企业整体的经营和效益，也是其他部门能否获得充足工作量的保证。

5.1.2 仓储商务管理的过程

1. 市场调查与商机选择

商务部门需要不断进行市场调查和发现商业机会，市场调查主要是针对市场的供求关系、消费者对产品需求的变化以及市场发展趋势，进行准确调查和科学预测。

仓储企业根据市场对仓储服务的需求，结合仓储企业所具备的能力和实力，遵循充分运用企业资源、满足市场需要并获取最大利润的原则，采取有针对性的有效措施，对潜在客户和竞争对手的客户进行有效的宣传和推广，并根据客户的资信选择合适的客户作为合作对象。

2. 订立仓储合同

存货人与仓储保管人通过订立仓储合同明确双方的仓储权利和义务，由于物资仓储往往需要较长的时间，为保证仓储保管人严格按照存货人的要求进行处理，避免时间久远遗忘而出现争议，以及妥善处理涉及仓单持有人的第三方关系，仓储合同需要条款细致、内容充分。

3. 交接仓储物

存货人依照合同的约定向仓储保管人交付仓储物。仓储保管人应按照合同约定在接收仓储物之前准备好仓储场地，在接收仓储物之前必须验收仓储物，确认仓储物的状态、质量和数量。合同约定由仓储保管人负责仓储物装卸、堆放的，仓储保管人应对仓储物进行妥善安排并卸载、堆放。仓储物接收完毕，保管人应向存货人签发仓单。约定由存货人卸货存放的，存货人应按照仓库的安排，将仓储物运至指定的地点卸货并按仓库的要求进行堆码摆放。

4. 保管仓储物

仓储物入仓后，保管人应按照合理有效的方法对仓储物进行妥善保管。在存放期内，若仓储物损害或发生变化，应及时通知存货人，并采取必要的处理措施，减少损失。保管人应同意存货人或仓单持有人检查仓储物或提取样品。

5. 仓单持有人提取仓储物

仓储期届满后，仓单持有人可以凭仓单向仓储保管人提取仓储物，交付仓储费用和仓储保管人的垫费、超期存货费和超期加收费等费用。提货人在提货时要对仓储物进行检验，确认仓储物的状态和数量。提货人提货完毕，在仓单上签章后，将仓单交回仓储保管人。如果合同未约定存储期限，存货人或者仓单持有人可以随时要求提取仓储物，但应有合理的通知期。提货人对仓储中产生的残损货物、地脚货、货物残余物等应一并提取。

5.1.3 仓储商务管理的内容

仓储商务管理涉及对企业仓储商务工作的人、财、物的组织和管理，对企业资源的合理利用，建立健全相关制度、激励机制以及仓储商务队伍的培训等方面，具体内容有以下六点。

1. 市场调查和研究

仓储企业要广泛收集和分析市场信息，对市场环境因素以及仓储服务的消费者行为进行分析，细分市场以捕捉和选择有利的市场机会；科学制定满足客户需求的仓储服务、合理的价格竞争策略；加强市场监督和管理，科学规划和设计营销策略。

2. 仓储资源管理

仓储企业需要合理、充分利用仓储资源，做到物尽其用，来为企业创造和实现更多的商业机会。仓储企业在资源配置与管理方面应建立和健全规范的管理制度，明确权力、职责，规范仓储资源管理，提高管理效率。

3. 商务成本管理

在商务成本管理上，一方面，企业应该准确进行成本核算和细致的成本分析，提高成本管理效果，降低仓储商务管理成本，提高产品或服务的竞争力；另一方面，企业应该通过科学合理的组织管理和对先进技术的充分利用来降低交易成本。

4. 商务合同管理

仓储企业应该加强对商务合同的管理，做到诚实守信、依约办事，创造良好的商业信誉。

5. 商务风险管理

仓储企业需要建立风险防范机制以及规范的商务责任制度，妥善处理商务纠纷和冲突，防范和减少商务风险。

6. 商务人员管理

商务人员的业务素质和服务态度在很大程度上影响着仓储企业的整体形象。因此，仓储商务管理还包含对商务人员的培训管理。仓储企业应该重视商务人员的培训和能力提高，通过合理的激励机制调动商务人员的积极性和聪明才智，同时加强对其的监督管理。

5.1.4 仓储商务管理的意义

优秀的仓储商务管理有利于仓储企业降低仓储成本、控制商务风险、塑造良好的企业形象。通过对资源的充分利用，来提供适应市场需求的专业化仓储服务，提高仓储企业的行业竞争力，提高仓储企业经济效益，最终实现仓储企业的可持续发展。

1. 满足社会需要

仓储商务管理是为了向社会提供尽可能多的仓储产品，满足社会对仓储产品的需要。仓储商务管理的任务是要积极有效地开发市场，跟随市场的需要改变产品结构，提高服务水平，降低产品价格，提供适应市场需求的仓储服务。

2. 充分利用企业资源

有效的仓储商务管理使得企业的人力、物力、财力等资源得到充分利用，为仓储企业争取更多的商业机会，并为按时、保质的仓储服务提供保障。

3. 降低仓储成本

仓储商务管理通过对仓储服务各环节上的成本分析与控制，降低整个仓储服务成本，以提高仓储企业竞争力。

4. 降低企业风险

一般来讲，企业的经营风险绝大部分来自商务风险，高水平的商务管理能够尽可能地避免商务风险与商务事故的发生。

5. 塑造企业形象

商务的每一项工作都会对企业形象产生直接的影响，关系着客户对企业的信赖程度。因此，仓储商务管理要以人为本、用人唯贤、权责分明，结合企业守合同、讲信用的仓储商务管理理念，逐步树立起仓储企业诚信、专业、优质的企业形象。

5.2 仓储合同洽谈与订立

5.2.1 仓储合同的含义、特点和种类

1. 仓储合同的含义

仓储合同是仓储保管人储存存货人交付的仓储物，存货人支付仓储费的合同。提供储存保管服务的一方称为仓储保管人（也称保管人），接受储存保管服务并支付报酬的一方称为存货人。

2. 仓储合同的特点

（1）仓储保管人必须是专门从事仓储保管业务的仓库经营人。在仓储合同中，作为主体一方的仓储保管人一般都是专门从事仓储保管业务的法人，他们主要是国家设立的储存公司或者办理仓储业务的各类国营仓库、贸易货栈；还包括经工商行政管理机构核准，依法从事仓储保管业务的个体工商户、合伙企业等经济组织。无论是法人，合伙企业还是个体工商户，作为仓储合同中的仓储保管人，必须拥有必要的储存设备和经登记、核准的专营或者兼营仓储保管业务的资格。

（2）仓储合同的标的物必须是动产。在仓储合同中，存货人应当将仓储物交付给仓储保管人，由仓储保管人按照合同的约定进行储存和保管。因此，依合同的性质而言，存货人交付的仓储对象必须是动产，而不动产不能成为仓储合同的标的物。

（3）仓储合同是双务、有偿、不要式合同。《中华人民共和国民法典》（以下简称《民法典》）第九百零四条规定："仓储合同是保管人储存存货人交付的仓储物，存货人支付仓储费的合同。"由此可见，仓储经营作为一种商业活动，仓储保管人替存货人储存仓储物，提供储存、保管服务，其目的是收取仓储费，而存货人为获得仓储保管人提供的储存、保管服务，必须交付相应的仓储费。换言之，仓储保管人发生储存、保管行为，须以存货人支付仓储费为对价。仓储合同一经成立，合同的当事人双方互负给付义务，即仓储保管人须提供仓储服务，存货人须给付报酬。双方的义务具有相应性和对价性。存货人和仓储保管人的权利义务相互对应，互享权利、互负义务，双方当事人从对方取得权利时都必须给付一定的代价。因此，仓储合同是双务有偿合同。

从我国的实际来看，仓储合同被视作一种不具备特定形式要求的合同，法律并不要求仓储合同必须具备特定的形式。虽然法律规定仓储合同的仓储保管人在接收仓储物时，应当给付存货单（即仓单），但仓单只是提取仓储物或存入仓储物的凭证，并非合同。在仓储合同为口头合同时，仓单被视为仓储合同的证明。尽管在此情况下可以视仓单为合同，但仓单并非合同成立的必要形式。

3. 仓储合同的种类

作为一种商业活动行为，仓储营业形式多样，仓储关系纷繁复杂。因此，仓储合同可以根据不同的标准进行分类。不同类型的仓储合同具备各自不同的特点和法律效力。

（1）一般保管仓储合同、混藏仓储合同和消费仓储合同。这是依据仓储合同的履行方式和对仓储物的处理方式而做的划分。一般保管仓储合同是指仓库经营人提供完善的仓储条件，接受并对存货人的仓储物进行保管，在保管期届满时，将保管的仓储物按原状交还给存货人而订立的仓储保管合同。混藏仓储合同是指存货人将一定品质、数量的种类物交付给保管人，保管人将不同存货人的同样仓储物混合保存，保管期届满时，保管人只需把相同种类、品质、数量的仓储物返还给存货人，并不需要原物归还而订立的仓储合同。这种仓储方式常见于粮食、油品、矿石或保鲜期较短的商品的储藏。混藏仓储合同的标的物为确定种类物。消费仓储合同是指存货人在存放仓储物时，同时将仓储物的所有权转移给保管人，保管期满时，保管人只需将相同种类、品质、数量的替代物归还给存货人而订立的仓储合同。存放期间的仓储物所有权由保管人掌握，保管人可以对仓储物行使所有权。

（2）工业仓储合同、农业仓储合同、商业仓储合同与其他仓储合同。这是依据仓储合同服务的经济行业领域而做的划分。所谓工业仓储合同，是指保管人为从事工业生产的法人或其他组织在组织工业生产的过程中保管原材料、机器、工具、燃料等而订立的合同。所谓农业仓储合同，是指保管人为农业领域内的公民、法人及其他组织提供农产品保管服务的合同。所谓商业仓储合同，是指保管人与从事商业活动的存货人之间所订立的为存货人保管商业流通物的合同。例如，某冷库为渔业经销商存储冷冻带鱼 100 吨，期限 3 个月，保管费若干。

5.2.2　仓储合同的订立

1. 仓储合同订立的程序

根据《民法典》中第九百零五条的规定，仓储合同自保管人和存货人意思表示一致时成立。

（1）要约。要约亦称订约提议，是指当事人一方向特定的他人提出的合同的条件，是希望他人订立合同的意思表示。在仓储合同中，一般来说，要约至少应当包括以下内容：标的物、数量、质量和仓储费用，即使没有具体的标的物数量、质量和仓储费用表述，也可以通过具体的方式来确定这些内容。根据仓储合同的特点和现实环境，仓储合同的要约最好采用书面形式，特别是大批货物的储存与保管，更是要提出可行的计划。在实践中，如果是长期、固定的货物储存与保管，一般而言，存货人与仓储保管人应当签订长期仓储合同；在分期分批储存与保管时，适宜再填写标准格式的仓单，办理具体的仓储手续。

（2）承诺。承诺是受要约人同意要约的意思表示。承诺必须是在要约的有效期限内做出，并与要约的内容完全一致。仓储合同的订立要经过要约和承诺的过程。一方向另一方提出要约，另一方予以承诺，仓储合同即成立。作为一项有效的要约，必须具有明确的订立合同的愿望和完整的交易条件，这些条件可以是在要约中明示的，也可以为受要约人通过合理判断确定的条件，要约人在要约送达受要约人后承担遵守要约的责任。承诺是对要约无条件地接受，任何对要约实质性的变动都不是承诺，是受要约人的反要约。承诺必须是明确的、有确切表示的承诺。承诺到达要约人即生效，承诺人即受承诺的约束。

一方向另一方发出不明确的交易愿望的行为为要约引诱，要约引诱不具有约束力，如广告、推销宣传等。但是如果广告等具有明确交易条件和交易愿望，且明示有约束力的，则成为要约。

当一方（主要是存货人），向另一方发出愿意订立仓储合同的要约，但没有明确合同的主要事项，这种要约构成了双方订立预约合同的要件。保管人的承诺表明双方成立了预约合同。预约合同并不是仓储合同本身，仅仅是双方达成了将要订立仓储合同的协议。生效的预约仓储合同也是有效的合同，双方承担将要订立仓储主合同的义务，否则需承担违约责任。

2. 仓储合同的形式

根据我国《民法典》第三编中的规定，合同可以采用书面形式、口头形式或其他形式。其中，采用电报、电传、传真和电子数据、电子邮件这些形式也可以作为书面形式。订立仓储合同的要约、承诺也可以是书面的、口头的或其他的形式。由于仓储物通常情况下数量较多、存期较长，有时还可能进行加工配送等作业，甚至涉及仓单转让给第三方的情况，因此仓储合同使用完整的书面合同较为合适。书面合同有利于合同保管、履行和争议的处理。

仓储合同的其他形式包括通过行为订立合同、签发格式合同等表示双方达成一致意见的形式。例如，在未订立合同之前，存货人将货物交给仓储保管人，仓储保管人接收货物，就构成合同成立，这种便属于前一种形式。而在周转极为频繁的公共仓储中，仓储保管人可以采用预先已设定好条件的格式合同形式订立合同，这种则属于后一种形式。此外，在格式合同中，存货人只有签署或者不签署合同的权利，而没有商定格式合同条款的权利。

3. 仓储合同格式

仓储合同是不要式合同，当事人可以协议采用任何合同格式。仓储合同的几种主要格式如下。

（1）合同书。合同书是仓储合同的最常用格式。合同书由合同名称、合同编号、合同条款和当事人签署 4 部分构成，合同书具有形式完整、内容全面、程序完备的特性，便于合同订立、履行、留存及合同争议的处理。

（2）确认书。确认书是合同的主要组成部分。确认书仅由发出确认书的一方签署，与完整合同书不同，但其功能相同。在采取口头（电话）、传真、电子电文等形式商定合同时，为明确合同条款和表达合同订立，常常采用一方向另一方签发确认书的方式确定合同。确认书有两种形式，一种仅列明合同的主要事项，合同的其他条款在其他文件中表述，如传真：本公司同意接受贵公司 9 月 20 日提出的仓储 200 吨钢管的要求，请按时送货；另一种是将完整合同事项列在确认书上，相当于合同书的形式。

（3）计划表。计划表是长期仓储合同的补充合同或执行合同。在订立长期仓储合同关系中，对具体仓储的安排较多采用计划表的形式，由存货人定期制订仓储计划交仓储保管人执行。

（4）格式合同。格式合同是由一方事先拟定，并在工商管理部门备案的单方确定合同。对于仓储周转量极大、每单位仓储物量较小，即次数多、批量少的公共仓储，如车站仓储等，仓储保管人可以采用格式合同。在订立合同时，只由仓储保管人填写仓储物、存期、费用等变动事项后直接签发并交由存货人签认，不进行条款协商。

4. 仓储合同的主要条款

仓储合同的主要条款，是存货人与仓储保管人双方协商一致而订立的，

仓储合同的内容

规定双方所享有的主要权利和承担的主要义务的条款，是检验合同合法性、有效性的重要依据。其具体内容如下。

（1）存货人、保管人的名称、地址。仓储合同当事人是履行仓储合同的主体，需要承担合同责任，需要拥有完整的企业注册名称和登记地址或主办单位地址。主体为个人的须明示个人的姓名和户籍地或常住地（临时户籍地）。

（2）仓储物的品种、数量、质量和包装。这些是指仓储合同当事人双方约定的仓储物的品种、数量、质量和包装等。仓储物的品种、数量、质量及其包装的法律意义十分明确，因此准确地在仓储合同中表述这些内容也是非常重要的。仓储物的数量应使用标准计量单位，并且计量单位应准确到最小的计量单位。例如，仓储物以"包""扎""捆""把"等为计量单位的，必须明确每包、每扎、每捆、每把的重量和数量，以防止出现不同的理解，产生歧义。仓储物的质量应使用国家或有关部门规定的质量标准，也可以使用经批准的企业或行业标准。在没有上述质量标准时，可以由存货人与仓储保管人在仓储合同中自行约定质量标准。至于仓储物的包装，一般由存货人负责，有国家或专业标准的，按照国家或专业标准执行；没有国家或专业标准的，应根据货物的性能和便于保管、运输的原则由仓储保管人与存货人双方约定。

（3）仓储物验收的内容、标准、方法和时间。仓储物验收是入库前的重要工作，它可以有效防止和解决仓储保管人和存货人在取货时，就仓储物质量问题产生的纠纷。仓储物验收由保管方负责，验收的内容、标准包括以下 3 个方面。第一，仓储物的品名、规格、数量、外包装状况，以及无须开箱拆捆、直观可见可辨的质量情况；第二，包装内的仓储物品名、规格、数量，以外包装或仓储物上的标记为准；外包装或仓储物上无标记的，以供货方提供的验收资料为准；第三，散装仓储物按国家有关规定或合同规定验收。仓储物验收的方法可采取全验或按比例抽验两种，具体采用哪种验收方法应在合同中明确规定。

仓储物验收的期限，是指仓储物和验收资料全部送达仓储保管人之日起，至验收报告送出之日止。日期均以运输或邮电部门的戳记或送达的签收日期为准。超过验收期限所造成的实际损失由仓储保管人负责。如果仓储保管人未能按照合同约定或法律法规规定的内容和方法，在期限内验收仓储物或验收不准确，就应当负责因此所造成的损失。如果存货人未能提供验收资料或提供验收资料不齐全、不及时，也应对此所造成的损失负责。

（4）仓储条件和保管要求。仓储物在仓储期间，由于仓储物的自然性质不同，对仓库的外界条件和温度、湿度等要求各不相同。例如，肉类食品要求在冷冻条件下储存；纸张、木材、水泥要求在干燥条件下储存。因此合同双方当事人应根据仓储物性质、要求的不同，在合同中对保管条件做出明确的规定：对于易燃、易爆、易渗漏、有毒等危险物品，以及易腐、超限等特殊物品，应当配备专门的仓库、设备和专业人员负责管理。必要时，还应向保管方提供该类物品在储存、保管、运输等方面的技术资料，以便保管方根据物品的性能，按国家或合同规定的要求操作、储存这类物品。

（5）仓储物的损耗标准。仓储物损耗是指仓储物在存储过程中，由于自然原因（如干燥、风化、散失、挥发、黏结等）和仓储物本身的性质等原因，造成的仓储物自然减损。仓储物损耗标准可以采用国家标准或者行业标准，也可以由双方合理约定，有约定的标准则适用约定的标准。

（6）仓储物出入库手续、时间、地点、运输方式。作为仓储合同业务的第一道环节，入库是指仓储物进入仓库时所进行的清点、检验和接收工作，它是履行仓储合同的基础。入库时，仓储保管人要根据合同规定的数量、质量、品种、规格等对入库仓储物进行清点、验收和接收。验收无误后，向存货人开出仓单，并报仓库入账、登记。

仓储物入库的方式多种多样，可以由存货人送货到库，也可以由供货单位或运输部门送货到库，还可以由仓储保管人负责到供货单位、车站、码头、港口等处接货入库。一般来说，在合同中没有特别约定的情况下由存货人自己送货入库。总之，无论采用哪种方式，都应按照仓储物验收规定当面交接清楚，分清责任。

出库时间由双方当事人在合同中约定，对储存期间没有约定或约定不明确的，存货人可随时提取仓储物，仓储保管人也可随时要求存货人提取仓储物，但应给对方必要的准备时间。仓储物出库一定要当面交接清楚，并做好记录。如果是由仓储保管人代办运输的，仓储保管人则应负责向运输部门办理托运、发运手续。

（7）仓储费。仓储费是指仓储合同当事人双方确定的仓储费的费率、计算方法、支付方法和时间的条款。仓储费有预付、定期支付和结算等支付方式。

（8）违约责任。违约责任是指仓储合同当事人约定的对违反仓储合同应承担的责任。包括合同约定的存货人未交付仓储物、未在约定时间交付仓储物的违约责任；保管人不能接收仓储物，或者不能在约定的时间接收仓储物的违约责任；存货人未在约定时间提取仓储物而造成的超期费用；仓储物在仓储期间造成保管人或者其他第三方损害的赔偿；违约金的标准；补救措施等违约处理方法。违约金是违约责任的主要承担方式，但必须在合同中明确，包括违约金数额标准或者计算方法、支付条件等。

（9）合同的储存期限。这是指仓储合同当事人双方约定的仓储物的储存时间，有 3 种表示方法。用期限表示，如储存 3 个月，自仓储物入库起算；以日期的方式表示，如 9 月 10 日至 12 月 10 日；不约定具体的存放期限、但约定到期方式的确定方法，如提前一个月通知等。储存期限是保管人计收仓储费的基础，是承担责任的期限，也是库容使用计划安排的依据。不能遵守储存期限条款，保管人有权要求存货人承担违约责任。

（10）争议处理。这是指仓储合同当事人约定的合同争议处理方式。包括有关合同争议的诉讼或者仲裁的约定。

5.2.3 仓储合同的生效和无效

1. 仓储合同的生效

仓储合同为诺成合同，在合同成立时就生效。仓储合同生效的条件为合同成立，具体表现为：双方签署合同书；合同确认书送达对方；受要约方的承诺送达对方；公共仓储保管人签发格式合同或仓单；存货人将仓储物交付仓储保管人，仓储保管人接收。无论仓储物是否交付存储，仓储合同自成立时生效。在仓储合同生效后，发生的存货人未交付仓储物、仓储保管人不能接收仓储物都是仓储合同的未履行，由责任人承担违约责任。

2. 仓储合同的无效

无效合同是指已订立的合同，但由于合同违反了法律规定，从而被认定为无效。无效合同可以是部分无效，也可以是整体无效，部分无效的合同不影响其有效部分的效力。合同无效由人民法院或者仲裁机构、工商行政机关认定。

无效仓储合同的形式有：主体不合格；内容不合法；以合法形式掩盖非法目的的仓储合同；一方以欺诈、胁迫手段订立的仓储合同；损害国家利益的仓储合同；不符合法定程序的仓储合同等。对于因重大误解订立的仓储合同，在订立合同中显失公平的合同当事人一方有权请求人民法院或者仲裁机构给予合同变更或者撤销。

3. 无效合同的法律效力

无论无效合同在什么时候被认定，都是自始无效，也就是说因无效合同所产生的民事关系无效。依法采取返还财产、折价赔偿等条款因无效合同所产生的利益消亡，通过没收所得对违法造成合同无效一方给予处罚。

5.2.4 仓储合同的变更、解除与终止

合同生效后，当事人应当按照约定全面履行自己的义务。这是《民法典》第五百零九条所确定的合同履行原则。仓储经营具有极大的变动性和复杂性，因而会由于主客观情况的变化而变化。为避免当事人双方的利益受到更大的损害，变更或者解除已生效的不利合同会是更有利的选择。

1. 仓储合同的变更

仓储合同的变更是指对已生效的仓储合同的内容进行修改或补充，不改变原合同的关系和本质事项。

仓储合同当事人一方因利益需要，向另一方提出变更合同的要求，并要求另一方在限期内答复，若另一方在限期内答复同意变更，或者在限期内未作答复，则合同变更成立，双方须按变更后的条件履行。如果另一方在限期内明确拒绝变更，则合同变更不能成立。合同变更后按变更后的合同履行，对变更前已履行的部分没有追溯力，但由于不完全履行发生的利益损害，可以作为请求赔偿的原因，或者变更合同的条件。

2. 仓储合同的解除

仓储合同的解除是使未履行的合同或合同还未履行部分不再履行，发生的权利义务关系消亡，合同履行终止。

（1）仓储合同解除的方式。一是存货人与保管人协议解除合同。协议解除合同和协议订立合同一样，是双方意见一致的结果，具有至高的效力。解除合同协议可以在合同生效后、履行完毕前通过双方协商达成解除合同的协议；也可以在订立合同时订立解除合同的情形，即当约定的解除合同的条件出现时，一方通知另一方解除合同。二是出现法律规定的合同解除条件而解除合同。这是当事人一方依照《民法典》中有权采取解除合同的法定程序规定的行为。《民法典》第五百六十三条规定有下列情形之一的，当事人可以解除合同：因不可抗力致使不能实现合同目的；在履行期限届满前，当事人一方明确表示或以自己的行为表明不履行主要债务；当事人一方延迟履行合同义务，经催告后在合理期限内仍未履行；当事人一方延迟履行债务或有其他违约行为致使不能实现合同目的。

（2）仓储合同解除后的后果。仓储合同解除后，因合同所产生的存货人和保管人的权利义务关系消灭，未履行的合同部分终止履行。合同解除并不影响合同的清算条款的效力，双

方仍需要按照清算条款的约定承担责任和赔偿损失，需承担违约责任的一方仍要依据合同约定承担违约责任、采取补救措施和赔偿损失。例如，违约的存货人需要对仓库空置给予补偿，造成合同解除的保管人要承担运输费、转仓费和仓储费差额等损失。

3. 仓储合同的终止

仓储合同的终止是指存货人与仓储保管人之间因仓储合同而产生的权利义务关系，由于某种原因而归于消灭，不再对双方具有法律约束力。仓储合同的当事人之间可以根据一定的法律事实和法律程序设立合同的权利义务关系，也可以根据一定的法律事实和法律程序消灭合同的权利义务关系，即终止仓储合同。除了因合同解除而终止，仓储合同还可能因履行当事人双方协议而终止，也可能因仓储合同主体发生合二为一的变化或存货人提取仓储物而终止。

5.2.5 仓储合同当事人的权利和义务

1. 存货人的权利

依据我国《民法典》的规定，仓储合同中存货人享有以下权利。

（1）提货权。存货人拥有凭仓单提取仓储物的权利。若仓储合同中约定仓储时间的，存货人有权提前提取仓储物。即便仓储合同中没有约定仓储时间的，存货人仍有随时提取仓储物的权利。

（2）转让权。仓储物在储存期间，存货人有权将提取仓储物的权利转让给他人，但在转让时，必须办理仓单的背书手续。

（3）检查权。在仓储期间，仓储保管人负责保管存货人交付的仓储物，对仓储物享有占有权，但仓储物的所有权仍然属于存货人，存货人为了防止货物在储存期间变质或发生其他损坏，有权随时检查仓储物或提取样品，但在行使检查仓储物或提取样品的权利时，不得妨碍仓储保管人的正常工作。

（4）索偿权。因仓储保管人的原因造成仓储物损坏、灭失的，存货人有权向其索取赔偿。

2. 存货人的主要义务

（1）按照合同约定交付仓储物入库。存货人应按照合同约定的品名、数量、时间将货物交付保管人入库，并在验收期间向保管人提供验收资料。

（2）向保管人支付报酬，即仓储费。仓储费是保管人因提供保管服务而应当获取的报酬。存货人应按合同约定的数量、支付方式、地点、时间等支付仓储费。

（3）偿付必要费用。存货人应当支付保管人因堆藏、保管货物所支出的必要费用，包括运费、修缮费、保险费、转仓费等。

（4）凭仓单提取仓储物并提交验收资料。存货人或者仓单持有人在合同期限届满时凭仓单及时提取储存的货物，并向保管人提供仓储物的验收资料。

3. 仓储保管人的权利

仓储合同中，仓储保管人享有以下权利。

（1）拒收权。我国《民法典》第九百零六条规定："储存易燃、易爆、有毒、有腐蚀性、有放射性等危险物品或者变质物品，存货人应当说明该物品的性质，提供相关资料。"在存货人违反该项规定时，仓储保管人有权拒收仓储物，也有权采取相应措施避免发生损失，并有权要求存货人承担因此而产生的费用。

（2）要求提货权。仓储保管人拥有要求存货人提取仓储物的权利。在合同约定的仓储期限届满时，仓储保管人有权要求存货人按期提取货物，若存货人延迟提取仓储物，仓储保管人还有权收取延迟提取时间的费用。即便合同没有约定仓储时间，在给予了存货人必要的准备时间后，仓储保管人也有权随时要求存货人提取仓储物。

（3）提存权。所谓提存是指由于债权人的原因而无法向其交付合同标的物时，债务人将该标的物交给提存机关而消灭债务的一种制度。我国《民法典》第九百一十六条规定："储存期限届满，存货人或仓单持有人不提取仓储物的，仓储保管人可以催告其在合同期限内提取，逾期不提取的，保管人可以提存仓储物。"

4. 仓储保管人的主要义务

（1）应存货人要求填发仓单的义务。

（2）接收和验收存货人的货物入库的义务。保管人应按合同的约定接收存货人交付储存的货物，并按合同约定的内容、标准、时间和方法对货物的品名、品种、数量、质量、规格等进行认真核对，若发现仓储物与合同约定不相符合的，仓储保管人有及时通知存货人的义务，如果保管人怠于通知，视为仓储物符合合同约定。

（3）妥善保管仓储物的义务。

（4）危险通知义务。储存的货物出现危险时，保管人应及时通知存货人。主要包括：第一，保管人发现入库的货物发生变质、损坏或危及其他货物安全时，应当催告存货人或仓单持有人做出必要的处置。如果情况紧急需要代为处置，应当于事后将该情况及时通知存货人或仓单持有人。第二，遇有第三人对其保管的货物主张权利而起诉或扣押时，保管人应及时通知存货人或仓单持有人。

（5）返还保管物的义务。在合同约定的保管期届满或因其他事由终止合同时，保管人应将储存的原物返还给存货人或存货人指定的第三人。合同中约定有储存期限的，在仓储合同期限届满前，保管人不得要求存货人提前取回保管物；存货人要求提前取回时，保管人不得拒绝，但保管人有权不减收仓储费。

5.2.6 违约责任和免责规定

仓储的违约责任是指仓储合同的当事人，因自己的过错不履行合同或履行合同不符合约定条件时所承担的法律责任。违约责任制度的规定，其目的在于借助国家强制力保障合同效力的实现，即依法制裁违约行为，保护受害当事人的合法权益；预防和避免违约行为的发生，保障正常经济秩序，维护交易的安全。

仓储合同中的违约责任行为

当事人一方发生违约时，依据法律的规定或合同的约定，应当承担民事责任，根据我国《民法典》的相关规定，仓储合同违约责任的承担方式有支付违约金、损害赔偿、继续履行采取补救措施、定金等。

1. 支付违约金

违约金是指仓储合同当事人一方发生违约时，依据法律的规定或合同的约定按照价款或者酬金总额的一定比例，向对方支付一定数额的货币。

从性质而言，违约金是"损失赔偿额的预定"，具有赔偿性；同时，违约金又是对违约行为的惩罚，具有惩罚性。赔偿性违约金主要是弥补仓储合同一方违约后另一方所遭受的损失，即违约金的支付是对一方实际经济损失的赔偿。惩罚性违约金是指仓储合同的一方当事人违约后，不论其是否给对方造成经济损失，都必须支付的违约金。

违约金可分为两类：法定违约金和约定违约金。法定违约金是由国家法律或法规直接规定的违约金。约定违约金是指仓储合同当事人在签订合同时协商确定的违约金，由于约定违约金完全是由当事人协商确定，所以当事人在确定违约金的数额或比例时，既不能过高也不能过低，过高会加重违约方的经济负担，过低则起不到督促当事人履行合同的作用。

2. 损害赔偿

损害赔偿是指当事人一方由于违反仓储合同的约定，不履行合同义务或者履行合同义务不符合约定，使合同对方发生损失的，应承担对方损失的赔偿责任。损害赔偿的条件为违约和使对方产生损失。这种损失包括违约所直接造成的损失和违约方在订立合同时所能预见的执行合同后对方可以获得的利益。

违约的赔偿责任既是法定的责任也是约定的责任，是因为合同的权利和义务的约定未得到履行，出现了损失，才导致赔偿的法律责任。

合同中约定违约金时，一方的违约造成另一方超过所支付的违约金的损失时，另一方仍有权要求违约方赔偿超额的损失。

损害赔偿可以采用支付赔偿金的方式，也可以采取其他方式，如实物补偿等。

3. 继续履行

继续履行是指在仓储合同中，当一方当事人不履行合同时，对方有权要求违约方按照合同规定的标的履行义务或向法院请求强制违约方按照合同规定的标的履行义务，而不得以支付违约金和赔偿金的办法代替履行。规定继续履行的目的，不仅在于保护受损害一方的合法利益，使其订立合同的目的得以实现。同时，也可以避免违约方为了私利，用支付违约金、赔偿金来达到逃避履行合同义务的目的。

4. 采取补救措施

发生违约后，被违约方有权要求违约方采取合理的补救措施，弥补违约的损失，并减少损失的进一步发生。例如，对损坏的仓储物进行修理、将仓储物转移到良好的仓库存放和修复仓储设备等行为，或者支付保养费、维修费和运杂费等。

5. 定金

定金是《民法典》第五百六十八条规定的一种担保方式。在订立合同时，当事人可以约定采用定金来担保合同的履行。在履约前，由一方向另一方先行支付定金，在合同履行完毕后，退还定金或者抵作价款。当合同未履行时，支付定金一方违约的，定金不退还；收取定金一方违约的，双倍退还定金。

定金不得超过合同总金额的 20%。当合同同时有约定定金和违约金的，当事人只能选择其中一种履行。

6. 仓储合同的免责

免责又称为免除民事责任，指不履行合同或法律规定的义务，致使他人财产受到损失，但由于有不可归责于违约方的事由，违约方可以不承担民事责任。

仓储合同违约责任的免除有以下 4 种情况。

（1）不可抗力。不可抗力是指当事人不能预见、不能避免并且不能克服的客观情况的发生，包括自然灾害和某些社会现象。例如，火山爆发、地震、台风、冰雹和洪涝等自然灾害，战争、罢工和国家行为等社会现象。不可抗力的免责必须是对实际发生的，直接由不可抗力造成的损失，以及不可抗力致使当事人不能履行合同或者不能完全履行合同的损害赔偿责任和违约责任进行免责。不可抗力免责的范围仅限于不可抗力的直接影响。当事人若未采取有效措施防范、救急所造成的损失扩大部分不能免责。对于因延迟履行合同而涉及的不可抗力情形不能免责。在发生不可抗力事件后所订立的合同不得引用不可抗力进行免责。

（2）仓储物本身的自然特性。因仓储物的性质、超过有效储存期造成仓储物变质、损坏的损失，保管人不承担赔偿责任。

（3）存货人的过失。由于存货人的原因造成仓储物的损害，如包装不符合约定、未提供准确的验收资料、隐瞒和夹带、存货人的错误指示和说明等，保管人不承担赔偿责任。

（4）合同约定的免责。基于当事人的利益，双方在合同中约定免责事项，对免责事项所造成的损失，不承担互相赔偿责任。例如，约定货物入库时不验收重量，则保管人不承担重量短少的赔偿责任；约定不检验货物内容质量的，保管人不承担非作业保管不当造成的内容变质损坏责任。

5.3 仓 单 业 务

仓单与仓单交易

5.3.1 仓单的概念

存货人与仓储保管人签订仓储合同后，仓储保管人在收到存货人交付的仓储物时，应向存货人开具仓单。所谓仓单是指仓储保管人在收到仓储物时，向存货人签发的表示已经收到一定数量的仓储物，并以此来代表相应的财产所有权利的法律文书。我国《民法典》第九百零八条规定："存货人交付仓储物时，保管人应当出具仓单、入库单等凭证。"

5.3.2 仓单的性质

1. 仓单是代表相应的财产所有权利的法律文书

保管人收到存货人交付的仓储物，验收之后即出仓单；如果存货人并没有依据仓储合同的约定交付仓储物，保管人是不会给付仓单的。存货人持有仓单所证明的应当是虽然仓储物已经交付给了保管人，但这种交付并不涉及财产权利的转移，其目的仅为委托保管人妥善储存与保管仓储物，仓储物的所有权依然掌握在自己的手中，自己可以以所有权人的身份自由处置仓储物。因此，在仓储期届满时，存货人或者仓单持有人也就可以以此为凭证提取仓储物。正是因为在仓单上记载了存货人对仓储物的所有者权利，存货人才可以要求提取特定的与自己存入时完全一致的原物。

2. 仓单是提货凭证

仓储保管人保证向仓单持有人交付仓储物。在提取仓储物时，提货人必须向仓储保管人出示仓单，并在提货后将仓单交还仓储保管人注销。没有仓单不能直接提取仓储物。

3. 仓单是有价证券

仓单在经过存货人的背书和保管人的签署后可以转让，任何持有仓单的人都可以依据仓单上所记载的权利而要求仓储保管人给付仓储物。因此，仓单实际上又是一种以给付仓储物为标的的有价证券。仓单上所记载的事项，实际上就是当事人权利义务关系的反映。保管人只以仓单为准，决定当事人的权利义务，而不管持单人是否为存货人。仓储物的所有权转移随仓单的转移而发生。

4. 仓单是仓储合同的证明

仓单本身并不是仓储合同，当双方没有订立仓储合同时，仓单作为仓储合同的书面证明，证明合同关系的存在，存货人和保管人按照仓单的记载承担合同责任。

5.3.3 仓单的内容

仓单包括下列事项：存货人的名称或者姓名和住所；仓储物的品种、数量、质量、包装、件数和标记；仓储物的损耗标准；储存场所；储存期限；仓储费；仓储物的保险事项记载；填发人、填发地和填发日期。

1. 存货人的名称或者姓名和住所

这是仓单的首项载明事项。名称或者姓名是确定合同权利义务承受主体的重要依据。仓单作为一种法律凭证，它所载明的名称或者姓名，应当是存货人的标准名称或者姓名，即存货人应当以其在工商行政管理机关登记注册的名称，或者以由国家机关颁发的有效身份证件上所确定的名称作为其在仓单上记载的名称或姓名。因此，这也客观地要求存货人在与保管人订立仓储合同时，一定要使用自己的标准名称或姓名，杜绝使用简称或别名，以免造成仓储合同所载名称或姓名与仓单所载名称或姓名不一致，引起不必要的纠纷。在民法上，住所也有着重要的法律意义，它是确定诉讼管辖、债务履行及法律文书送达等方面的重要住所。如果存货人是法人或者其他经济组织，仓单应当以其在工商行政管理机关登记注册的住所为记载之住所；如果存货人是公民个人，则仓单应当以其户籍所在地或者经常居住地为记载之住所。准确载明存货人的住所，对于保管人履行合同义务也非常重要，保管人依此住所而履行有关义务。

2. 仓储物的品种、数量、质量、包装、件数和标记

仓储合同的目的在于对仓储物的储存与保管，仓储物的品种、数量、质量、包装、件数和标记构成了对仓储物的绝对特定化，是保证原物返还的基础。因此，仓储物的上述信息记载必须绝对准确。仓储保管人在接收存货人交付的仓储物时，应当仔细验收，详细地将上述事项记载在仓单上，以防止发生争议。仓储物的名称应当使用标准名称；仓储物的质量、

包装等也要准确标明；仓储物的数量应当使用法定标准计量单位，件数要核准，标记要清晰明了。总之，上述记载事项应当能够表明仓单持有人收取的仓储物与存货人交付的仓储物具有同一性。

3. 仓储物的损耗标准

仓储物的损耗标准是指货物在储存运输过程中，由于其本身的自然性质和自然因素（如干燥、风化、散失、挥发和黏结等），或由于度量衡的误差等原因，不可避免地发生的一定数量的货物之减少、破损或计量误差。仓单应当明确表明仓储物的损耗标准，依主管部门的规定或者双方的合理约定，确定必要的仓储物自然减量标准和合理磅差，以免在日后仓储物交还之时发生不必要的纠纷。

4. 储存场所

储存场所是仓储保管人用于存放仓储物，以进行仓储保管行为的地方。仓单上应当明确载明储存场所，以便存货人或者仓单持有人能够及时、准确地在储存期限届满时提取仓储物。同时，一般来说，储存场所即为仓储合同的履行地，在发生纠纷时，它在确定诉讼管辖地方面起着重要的作用。

5. 储存期限

储存期限由保管人与存货人在签订合同时就做出约定。一方面，储存期限是保管人履行保管义务的起止时间；另一方面，储存期限又是存货人或者仓单持有人是否按时提取仓储物的一个界限。根据我国《民法典》第九百一十五条的规定，如果存货人或者仓单持有人逾期提取仓储物，保管人得加收仓储费。因此，仓单上应明确记载储存期限。

6. 仓储费

仓储费是仓储保管人为存货人提供保管服务而应获得的报酬。仓储作为一种商业性活动，保管人为存货人存储保管仓储物，其目的就是收取仓储费。同样，存货人要想获得仓储保管人提供的仓储服务，就必须支付相应的仓储费。因此，仓储费的数额、支付方式、支付地点和支付时间等，应当在仓单上给予明确记载。

7. 仓储物的保险事项记载

仓储业务是商业行为，存货人进行的往往是盈利性经营，各种风险均应仔细考虑。如果存货人在交付仓储物时，已经就仓储物进行投保，那么，存货人应当将保险金额、保险期间，以及保险人的名称告知保管人，由保管人将有关情况记载于仓单之上。

8. 填发人、填发地和填发日期

仓储保管人在签发仓单时，应将自己的名称或姓名记载在仓单上，这是确定仓储保管人承担义务的重要依据。一般而言，仓单的填发地是存货人交付仓储物的地点；仓单的填发日期，实际上就是储存期限的开始时间，这对于确定仓储保管人履行储存保管义务的期限至关重要。因此，应将填发人、填发地和填发日期记载在仓单上。

一份有效的仓单可以包含以上所有内容或者其仓储保管人认为必要的内容，但也可以默认一些内容。只要仓单的内容能够充分表达出仓储物的所有权、仓储保管人的责任承担程度、仓单持有人提取仓储物的权利等仓单功能，仓储保管人签发的仓单就应该有效。缺乏存货人相关信息、仓储物相关信息、储存场所、仓储保管人的签字盖章等条件事项的仓单显然是无效的仓单。

5.3.4 仓单的业务

仓单常见业务是发生在仓储保管人与存货人之间的业务，是仓储业的日常管理工作，是仓储保管人对存货人是否予以提货、向谁提货的核准。

仓单业务

1. 仓单的签发

当存货人将仓储物交给仓储保管人，并要求仓储保管人签发仓单时，仓储保管人需对仓储物进行检查和计数，确认仓储物的状态，在全部仓储物收妥后，将所接收的仓储物的实际情况如实记录在仓单上，特别是对仓储物的不良状况更是要进行准确批注。如果存货人不同意批注且仓储物的瑕疵不影响仓储物的价值或质量等级时，保管人可以接受存货人的担保而不批注，否则就必须批注，或者拒绝签发仓单。

2. 仓单的份数

仓单一式两份，一份是正式仓单，交给存货人；另一份为存底单，由仓储保管人保管。仓单可以有副本，可以根据业务需要复制相应的份数，但需要注明"副本"字样。

3. 仓单的分割

在仓储业务中，仓储保管人可能会面临仓单的分割需求。这种情况下，存货人或仓单持有人要求将原始仓单分为多份，以便于转让给不同的人。仓单的分割不仅涉及文件的分离，也意味着仓储保管人需要对存放的货物进行实际分割。这个业务要求仓储物可分割，并需要达成关于残损仓储物及分割后仓储物归属的协议，这一协议对分割后的仓单持有人具有约束力。分割后的多份仓单所记录的仓储物总量应与实际存储的仓储物总量相符。在签发多份仓单后，仓储保管人需要收回原始的仓单。

4. 仓单的转让

仓单持有人需要转让仓储物时，可以通过背书转让的方式。背书过程填写完整后，要由保管人签署，受让方可凭仓单提取仓储物。

（1）仓单背书转让方法。作为记名单证，仓单的转让采取背书转让的方式进行。背书转让的出让人为背书人，受让人为被背书人。

仓单可以进行多次背书转让，第一次背书的存货人为第一背书人。在第二次转让时，第一被背书人就成为第二背书人。因而背书过程是衔接的完整过程，任何参与该仓单转让的人都在仓单的背书过程中被记载。

（2）仓储保管人签署。存货人将仓单转让，意味着仓储保管人需要对其他人履行仓储义务，仓储保管人与存货人订立仓储合同的意境和氛围都因仓单的转让发生了改变。保管人对仓单受让人履行仓单义务需要了解义务对象的变化，对仓单受让人行使仓单权利也需要对其有足够的信任，因而保管人需要对仓单的转让给予认可。所以仓单的转让需要仓储保管人签署，仓单受让人可凭仓单提取仓储物。

5. 凭单提货

在仓储期满或者经仓储保管人同意的提货时间，仓单持有人向仓储保管人提交仓单并出示身份证明，经仓储保管人核对无误后，仓储保管人给予办理提货手续。具体程序如下。

（1）核对仓单。仓储保管人核对提货人所提交的仓单和存底仓单，确定仓单的真实性；核对仓单的背书完整性；核对仓单上的存货人或者被背书人与其所出示的身份证明的一致性。

（2）提货人缴纳费用。如果仓单记载由提货人缴纳仓储费用的，提货人须按约定支付仓储费；根据仓储合同约定并记载在仓单上的仓储物在仓储期间发生的仓储保管人垫付的费用、对仓储经营者或其他人所造成的损害赔偿等费用均应核算准确并要求提货人支付。

（3）仓储保管人签发提货单证并安排提货。仓储保管人收取费用、收回仓单后，签发提货单证，安排仓储物准备出库。

（4）提货人验收仓储物。提货人根据仓单的记载与仓储保管人共同查验仓储物，签收提货单证，收取仓储物。如果验收时发现仓储物状态不良，应现场编制记录，并要求仓储保管人签字盖章，必要时申请商品检验，以备事后索赔。

6. 无单提货

仓单因故损毁或灭失，将会出现无单提货的现象。原则上提货人不能提交仓单，仓储保管人不能交付货物，无论对方是合同订立人还是其他人。因为仓储保管人签发出仓单就意味着承认只能对仓单承担交货的责任，不能向仓单持有人交付仓储物就需要给予赔偿。无单提货方法为以下两种。

（1）通过人民法院的公示催告使仓单失效。根据民事诉讼法，原仓单持有人或者仓储合同人可以申请人民法院对仓单进行公示催告。当60天公示期满无人争议，人民法院可以判决仓单无效，申请人可以向仓储保管人要求提取仓储物。在公示期内有人争议，则由法院审理判决，确定有权提货人，并凭法院判决书提货。

（2）提供担保提货。提货人向仓储保管人提供仓储标的物的担保后提货，由仓储保管人掌握担保财产，将来另有人出示仓单而不能交货需要赔偿时，保管人使用担保财产进行赔偿。该担保在可能存在的仓单失效后，方可解除。

本 章 小 结

仓储商务管理是为了仓储企业充分利用仓储资源，最大限度地获得经济收入和提高经济效益。仓储商务管理是仓储经营人对仓储商务进行计划、组织、指挥和控制的活动。仓储商务管理的过程包括市场调查与商机选择、订立仓储合同、交接仓储物、保管仓储物，以及仓单持有人提取仓储物。

仓储合同指仓储保管人储存存货人交付的仓储物，存货人支付仓储费的合同。按照仓储合同的履行方式和对仓储物的处理方式，可分为一般保管仓储合同、混藏仓储合同和消费仓储合同。根据仓储合同服务的经济行业领域,仓储合同可分为工业仓储合同、农业仓储合同、商业仓储合同与其他仓储合同。

仓单是仓储保管人在接收仓储物后,向存货人签发的,表明一定数量的仓储物已交付仓储保管的一种有价证券。

习　题

一、选择题

1. 仓储商务管理最基本的任务是（　　）。
   A．流通调控　　　B．数量管理　　　C．质量管理　　　D．物资存储
2. （　　）是指仓库在仓储物正式入库之前,按照一定的程序和手续,对到库仓储物进行数量和外观质量的检查,以验证它们是否符合标记或有关规定的一项工作。
   A．核查　　　　　B．接管　　　　　C．校对　　　　　D．验收
3. 关于仓单的性质,下列说法不正确的是（　　）。
   A．仓单是提货凭证　　　　　　　　B．仓单是仓储合同
   C．仓单是所有权的法律文书　　　　D．仓单是有价证券
4. 在违约方给对方造成损失后,为了弥补对方遭受的损失,依照法律规定由违约方承担的违约责任方式称为（　　）。
   A．补救措施　　　B 继续履行　　　　C．支付违约金　　D．损害赔偿
5. 关于仓储物验收,下列说法不正确的是（　　）。
   A．仓储物验收由保管方负责
   B．验收仓储物的品名、规格、数量、外包装状况
   C．仓储物验收采取全验方法
   D．散装仓储物按国家有关规定或合同规定验收

二、简答题

1. 什么是仓储商务管理?
2. 仓储合同有哪些特征?
3. 仓储合同的当事人双方分别有哪些权利和义务?
4. 哪些仓储合同可以变更、解除或中止?应如何变更、解除或中止?
5. 常见的仓储合同违约行为有哪些?
6. 仓单如何签发?怎么凭单提货?仓单灭失时如何提货?

三、思考题

1. 在全球化背景下,我国仓储企业应如何调整其仓储策略以适应不同市场的供应链需求?

2. 在电子商务环境下，仓储企业应如何适应订单的快速增长和多样化？

四、案例分析题

根据以下案例所提供的资料，分析问题。

案例1. 传统仓储企业的转型

某地有一中转仓库是以仓储业务为主的中小型流通仓库。进入 20 世纪 90 年代后，该仓库领导已意识到，若一直停留在传统储运业务上，早晚会被社会淘汰。为此，仓库领导积极探索新的业务领域，试图将业务向现代化物流转化。虽然早在 1997 年仓库就成立了配送中心，此中心依靠原仓库已有的几辆运输车辆，以送货服务为主要内容，但收入并不理想，仓库面貌变化也不大。进入 21 世纪后，该仓库进行了充分的调查研究，反复论证，分析了仓库所处的社会环境和经济环境，在此基础上，重新组建了物流配送中心，并将原来仓库内部的汽车运输业务进行了剥离。利用仓库库存的大客户不占用仓库资产的有利条件，建立起运输信息系统，充分利用社会对配送业务的需求，实现了运输车辆不空载。随着配送业务逐渐扩大，取得了良好的经济效益。例如，该仓库原有大客户"牡丹电视"占该库库房近 1 万平方米的面积，每月周转近 2 次，全国性配送业务量很大。但原来"牡丹电视"的配送业务由另一家公司代理，该库只负责储存。在该库成立了新的配送中心以后，通过公关，迎合客户对配送要求高，且能降低成本的要求，取得了"牡丹电视"的配送业务权。他们提供了优质配送服务，使货物安全及时地到达目的地，受到客户的好评。同时他们又积极发展其他商品的配送，尤其是对一些技术含量与成本都很高的大件货物的配送。这种货物一般仓库都不愿意接收，而该配送中心克服困难，积极开展大件货物的配送，逐渐使配送业务收入成为该库收入的一大支柱。

案例2. 数字化仓储管理系统

西南仓储公司是一家地处四川省成都市的国有商业储运公司，随着市场经济的深入发展，原有的业务资源逐渐减少，在企业的生存和发展过程中，也经历了由专业储运公司到非专业储运公司再到专业储运公司的发展历程。

在业务资源和客户资源不足的情况下，这个以仓储为主营业务的企业，其仓储服务是有什么就储存什么。以前是以五金、家电为主，后来也储存过钢材、水泥和建筑涂料等生产资料。这种经营方式解决了企业仓库的出租问题。那么，这家企业是如何发展区域物流的？

（1）专业化。

当仓储资源又重新得到充分利用的时候，这家企业并没有得到更多利益，于是经过市场调查和分析研究后，这家企业最后确定了立足自己的老本行，发展以家用电器为主的仓储业务。一方面，在家用电器仓储上，加大投入和加强管理，加强与国内外知名家用电器厂商的联系，向这些客户和潜在客户介绍企业确定的面向家用电器企业的专业化发展方向，吸引家电企业进入。另一方面，与原有的非家用电器企业用户协商，建议其转库，同时将自己的非家用电器用户主动地介绍给其他同行。

（2）延伸服务。

在家用电器的运输和使用过程中，损坏的家用电器经常出现。以往每家生产商都是自己进行维修，办公场所和人力方面的成本很高。经过与用户协商，在得到大多数生产商认可的情况下，这家企业在库内开展了家用电器的维修业务，这样既解决了生产商的售后服务问题，又节省了维修产品往返运输的成本和时间，并分流了企业内部的富余人员，一举两得。

（3）多样化。

除了为用户提供存储服务，这家企业还为一个最大的客户提供办公服务，向这个客户的市场销售部门提供办公场所，为客户提供了"前店后厂"的工作环境，大大地提高了客户的满意度。

问题：

1. 结合案例1，试分析，传统仓储企业向现代物流企业转型需要具备哪些条件？现代物流企业应具备哪些标志？

2. 通过对这两个案例进行分析，试说明现代仓储企业发展的方向是什么？通过分析西南仓储公司向现代物流企业的转变过程，你认为其转变成功的关键是什么？

3. 结合案例1与案例2，说明仓库在企业物流系统中有什么作用？并谈谈仓储管理的意义。

（资料来源：中国物流与采购网。）

第6章 特殊物品保管和仓储安全管理

【本章学习目标】

1. 了解仓储货物发生霉腐、虫蛀、锈蚀、老化现象的机理,掌握仓储中常见特殊物品的保管措施和要求。
2. 熟悉仓储安全管理的内容。
3. 掌握安全管理方法在仓储中的运用。

【知识导图】

特殊物品保管和仓储安全管理 第6章

 导入案例

危化品安全管理案例：湖南长沙某水处理公司存储违规

2022年7月20日，岳麓区公安分局接到线索称，天顶街道一民居内存有大量危险化学品。岳麓区应急管理局执法人员立即赶赴现场核查，发现该民居内存有危险化学品氢氧化钠141包、漂白粉88包。

经调查核实，该批危险化学品为某水处理公司所有，但公司负责人无法提供危险化学品专业仓库资质证明。执法人员当场制作了"现场检查记录"，下达责令限期整改通知书，并依法对违法存储的危化品实施查封扣押，立案调查。

经查，该公司将危险化学品储存在不具备安全生产条件的民居内，违反了《危险化学品安全管理条例》第二十四条的规定。2022年8月10日，根据《危险化学品安全管理条例》第八十条第（四）项的规定，岳麓区应急管理局依法对该公司作出罚款5万元的行政处罚。该公司已全额缴纳罚款。

危化品安全是安全生产的重要内容。若安全风险管控不到位，极易引发群死群伤事故。为确保人身安全和社会稳定，必须严格遵守危险化学品安全管理法规，加强危化品存储仓库的安全管理工作。

（资料来源：https://mp.weixin.qq.com/s/o715Te3FgS8SJzZw7PwmVQ，有改编。）

6.1 特殊物品保管工作

特殊物品仓储管理主要针对在储存期间由于其自身性能特点及外界因素影响易发生质量变化的物品，通过系统性技术措施实施针对性保养与维护，以保持其使用价值和经济价值的管理活动。

特殊物品在储存期间的质量变化可以归纳为物理变化和化学变化两类。物理变化仅改变物质的外表形态，不改变物质本质，没有新物质生成，且某些变化（如挥发、溶化等）可能反复发生，通常表现为仓储物品的数量损失或质量降低。常见的物理变化有挥发、溶化、渗漏、串味、沉淀、玷污、破碎与变形等。化学变化不仅改变物质的外表形态，也改变其本质，并会生成新物质。当物品发生化学变化时，严重的会导致其使用价值完全丧失。常见的化学变化包括氧化、分解、化合、老化和聚合等。

通过研究特殊物品在仓储过程中的质量变化规律及影响因素，可以确保仓储物的安全性，有效预防或减少仓储物劣化或损失的现象。

6.1.1 仓储物的防霉工作

1. 仓储物的霉腐

（1）仓储物的霉腐现象。

仓储物的霉腐现象是仓储物在霉腐微生物作用下，营养物质发生代谢物转化，导致生霉、腐烂及产生异味等质量变化的现象。

（2）仓储物霉腐的影响因素。

对仓储物影响较大的霉腐微生物主要有：细菌、酵母菌、霉菌。其中，细菌主要破坏含

水量较大的动植物类食品,酵母菌物质易引起含有淀粉、糖类的物质发酵变质,两者对日用工业品也有影响。霉菌对货物的破坏作用是多方面的,包括直接降解有机物、腐蚀表面、吸引害虫以及污染环境。霉腐微生物对仓储物的危害主要是通过生长繁殖破坏仓储物和通过排泄物污染仓储物。

霉腐微生物的生长繁殖需要一定的外界环境条件,当这些条件得到满足时仓储物就容易发生霉腐。在仓储管理中,要控制、避免霉腐微生物的生长,则需要考虑下列因素。

第一,仓库中的湿度。当外界环境湿度与霉腐微生物自身的生长要求相适应时,霉腐微生物就繁殖旺盛;反之,则处于休眠或死亡状态。多数霉腐微生物生长繁殖的最适宜相对湿度为80%~90%,在相对湿度低于75%的条件下,大多数霉菌不能正常发育。因此,通常把75%这个相对湿度称为仓储物霉腐的临界湿度。

第二,仓库的温度。仓库温度的控制既要注意库房内外的温度——库温和气温,也要注意储存物资的温度——垛温。霉腐微生物的生长繁殖有一定的温度要求,高温和低温都会对其生长产生很大影响。大部分霉腐微生物是中温性微生物,最适宜的生长温度为20~30℃,在10℃以下不易生长,在45℃以上停止生长。

第三,光线。日光对于多数霉菌微生物都有影响,日光中的紫外线能强烈破坏霉菌微生物的细胞结构和酶系统。大多数霉腐微生物在日光直射4小时后就会大量死亡。

第四,空气成分。有些霉菌微生物特别是霉菌,需要在有氧条件下才能正常生长,二氧化碳浓度的增加不利于霉菌微生物生长;有些微生物是厌氧型的,不能在有氧气或氧气充足的条件下生存。通风可以防止部分仓储物霉腐,主要是防止厌氧微生物引起的霉腐。

2. 常见的易霉腐仓储物

霉腐微生物的生长需要一定的条件,由于仓储物本身的特点,有些仓储物比较容易构成这些条件,因此容易发生霉腐,这些仓储物在仓储管理中需要进行特殊的管理与照顾。一般来说,含糖、蛋白质、脂肪等有机物质的仓储物在仓储养护不当时最易发生霉腐。常见易发生霉腐的货物如下。

(1) 食品类。

食品类货物的原料、在制品、半制品和成品容易因沾染微生物而发生霉腐,如肉、鱼、蛋类会腐败发臭;水果、蔬菜会腐烂;糖果、糕点、饮料、酱醋和香烟等也都容易发生霉腐。这些食品的包装材料和商标纸也经常会发霉,这不仅会影响产品的外观,也会影响其内在质量。

(2) 纤维类制品。

棉、毛、麻、丝等天然纤维的纺织原料及其制品在一定的温湿度的环境下,很容易生霉。各种纸、纸板及其制品由于含有大量的纤维素,当温度和湿度适宜时容易被微生物利用而发生霉腐。

(3) 橡胶、塑料和皮革制品。

橡胶、塑料和皮革制品在加工过程中会添加一些微生物可利用的营养成分,一旦温湿度适宜,微生物就会在上面繁殖,对仓储物造成严重的破坏。在春、夏季节,特别是梅雨季节,这些原料或制品在运输、仓储过程中都容易发生霉腐。

此外，一些光学仪器、电子产品、电器产品、化妆品、录像带、感光胶片、药品等，在微生物适宜的温湿度条件下也容易发生霉腐。

3. 仓储物霉腐的防治措施

（1）加强仓储物管理。

严格入库验收。易霉腐仓储物在入库之前，在运输、搬运、装卸、堆垛等过程中，可能因雨淋、水湿或操作不慎受到损坏。对入库易霉腐仓储物的实物验收，除了对其进行证件验收、核对数量、确认规格，还应该按比例检查其包装是否潮湿，外观有无变形、生霉、潮解、含水量过高等异状，有条件的还应对其进行必要的质量检验。入库后，必须对易霉腐仓储物专库存放，保持通风良好、堆码整齐、离墙离地，并进行室内防尘苫盖。

加强仓库温度管理。温度对微生物的生长具有十分重要的作用，如果把温度控制在某些微生物适宜生长的最高温度之上或最低温度之下，就可以达到抑制微生物生长的效果。常用的提高温度范围的方法是利用日光暴晒，经过夏季阳光直晒，仓储物温度可达50℃以上，大多数霉菌均可被杀灭，同时阳光中还含有大量紫外线能直接杀灭霉菌；还可以使用烘烤法来提高温度范围，在最高温度不超过45℃的情况下，即可将霉菌杀灭。

加强仓库湿度管理。仓储物在储存中能否发生霉变，基本上取决于空气湿度的大小。控制空气的湿度可以影响微生物体内的水分含量，使其不断失去体内水分，从而达到抑制其生长的目的。对一些易发生霉腐的仓储物，根据其不同性能，正确运用密封、吸潮、通风、摊晒、日晒或烘烤相结合的方法，使其水分蒸发，从而控制好库内的湿度。特别是在梅雨季节，要将仓库的相对湿度控制在不适宜霉菌生长的范围内。

选择合理的储存方法。易霉腐仓储物应尽量安排在空气流通、光线较强、比较干燥的库房，并避免与含水量大的仓储物储存在一起；避免仓储物堆垛靠墙靠柱，做到合理堆码，下垫隔潮垫。在储存时，对易霉腐仓储物需要进行密封，并做好日常的清洁卫生工作。

（2）使用化学药剂防霉。

有些仓储物可采用化学药剂防霉，在生产过程中把防霉剂加入仓储物中，或把防霉剂喷洒在仓储物和其包装上，或喷散在仓库内，从而达到防霉的目的。有实际应用价值的防霉剂需要具有低毒，高效，长效，使用方便，价格低廉，适应仓储物加工条件、应用环境，与仓储物其他成分有良好的相溶性，不降低仓储物性能，在储存、运输中稳定性好等特点。例如，苯甲酸及其钠盐对人体无害，是国家标准规定的食品防腐剂。托布津对水果、蔬菜有明显的防腐保鲜作用。

（3）仓储物防霉的其他方法。

气调储藏防霉。气调储藏是在密封条件下，通过控制环境中空气的各种成分含量并结合适度的低温，来抑制微生物的生命活动和生物性仓储物的呼吸强度，让仓储物处于半休眠状态，以达到保鲜防霉的目的。气调储藏防霉适用于粮食、农副土特产品、中药材、果蔬及竹木制品、皮革制品、棉麻织品等。对粮食、果蔬、种子等有呼吸性的物品实施气调储藏时，需要定时检测，密封包装内或货垛内氧浓度应保持在3%左右，二氧化碳浓度应在5%以内。氧浓度过高就不能抑制霉菌的生长，过高的二氧化碳浓度可能引起果蔬的病害。

紫外线防霉。紫外线防霉是指利用紫外线杀灭霉菌。可以对一些不怕日晒的粮食、农副产品、中药材等进行暴晒，紫外线能杀灭其表面的霉菌，日晒又可以将其所含的过多水分蒸发以抑制霉菌生长。另外，也可以在库房内安装紫外线灯进行定期环境消毒来防霉。

微波防霉。微波防霉是利用微波引起仓储物中分子的震动和旋转，由分子间的摩擦产生热量，使霉腐微生物体内温度上升、蛋白质凝固、水分汽化排出，菌体成分被破坏，最终促使菌体迅速死亡。微波可以通过专用微波发生器来产生。该方法适用于粮食、食品、皮革制品、竹木制品、棉麻织品等的储存防霉。

低温防霉。低温防霉是利用低温来降低霉腐微生物体内酶的活性，从而抑制其繁殖生长。该方法一般效果良好，但应注意不同仓储物对低温的要求不同，如鲜蛋建议在 2～5℃ 的条件下保管；温带果蔬的温度要求在 0～10℃；鱼、肉等在-28℃～-16℃可以较长期储存。

4. 仓储物霉腐后的救治

已经发生霉腐但可以救治的仓储物，应立即采取措施，以免霉腐继续发展，造成更加严重的损失。根据仓储物的性质可选用晾晒、加热烘烤、药剂熏蒸等办法进行霉腐后的救治。

（1）晾晒。

对于不怕太阳光暴晒的发霉仓储物，可直接放在太阳光下暴晒，使货物中的水分蒸发，使霉菌在高温、干燥的环境下死亡。对不宜暴晒的仓储物，可以将其拆垛摊晾，并通风，使水分慢慢蒸发，这样也可以使霉菌死亡。将经过晾晒的仓储物上的霉菌残留物刷除干净，待其温度降至室温后包装归垛。

（2）加热烘烤。

加热烘烤这种方法是通过烘烤等加热手段使发生霉腐的仓储物干燥，令霉菌因缺水而死亡。烘烤一般在烘箱或烘房内进行，并应以温火进行，不同种类仓储物的烘烤推荐温度不同，具体可参考《仓储害虫防治技术规范》（GB/T 31775—2015），并应经常将烘烤仓储物进行翻动。

（3）药剂熏蒸。

药剂熏蒸是在密封条件下，利用熏蒸药剂对已霉腐仓储物进行熏蒸，破坏其中霉菌的新陈代谢，从而杀灭霉菌的方法。常用的熏蒸剂有溴甲烷、环氧乙烷等。霉菌孢子刚萌发时的菌丝抗药力弱，是熏蒸的最佳时机。

6.1.2 仓储物的防虫工作

1. 仓储物的虫蛀现象

很多仓储物是由动物性或植物性材料制成。因此，在储存期间常常会遭到仓库害虫的蛀蚀。仓库害虫在危害仓储物的过程中，不仅会破坏仓储物的组织结构，使仓储物发生破碎和洞孔，而且其排泄的各种代谢废物也会污染仓储物，影响仓储物的质量和外观，降低仓储物的使用价值。

害虫进入仓库感染仓储物主要通过以下途径：仓储物在入库时已有害虫或虫卵潜伏其中；仓储物的包装物料内隐藏有害虫或虫卵；通过运输工具带进害虫；库内外环境不清洁，潜藏或滋生害虫；邻近仓间、货垛的仓储物生虫；仓库周围动、植物传播害虫等。仓库中的害虫具有适应性强、食性广杂、繁殖力强、活动隐蔽、有趋向性等特性。

2. 仓库的防虫措施

仓库的害虫不仅蛀食动植物性仓储物和其包装，而且还能危害塑料、化纤等化工合成仓储物。仓储物中发生虫害如不及时采取措施进行灭杀，常会造成严重的损失。

防虫措施

容易虫蛀的仓储物主要是一些由蛋白质、脂肪、纤维素、淀粉及糖类、木质素等营养成分含量较高的动植物性材料加工制成的货物，包括纺织品，特别是毛丝织品；毛皮、皮制品，包括皮革及其制品、毛皮及其制品；竹藤制品、木制品及纸制品；粮食、烟草、干果干菜、中药材等。

在虫蛀的仓储物中，以粮食、油料、饲料最为严重，比较严重的还有畜牧产品、水产品、中药材、烟叶、皮革制品、棉麻织品等。

防治仓库害虫的措施，可以从杜绝仓库害虫来源、物理防治和采用化学药剂防治三方面着手。其中，化学药剂防治是利用有毒的化学药剂直接或间接毒杀害虫的方法。

(1) 杜绝仓库害虫来源。

要杜绝仓库害虫的来源，必须加强入库验收，对易虫蛀仓储物的原材料与包装物进行杀虫、防虫处理；根据仓储物的具体情况，分别入库后隔离存放；在仓储物储存期间，定期对易染虫害的仓储物进行检查并做好预测预报工作；做好日常的清洁卫生，铲除库区周围的杂草，清除附近沟渠污水；彻底清理仓具和密封库房内外缝隙、孔洞等；同时辅以药剂进行空库消毒，在距离库房四周一米范围内用药剂喷洒防虫线，以有效杜绝害虫的来源。

(2) 物理防治。

物理防治就是通过自然或人为地调节仓库的物理因素（光、电、热、冷冻、原子能、超声波、远红外线、微波及高顺振荡等）来破坏害虫的生理机能与机体结构，使其不能生存或抑制其繁殖。常用的方法有以下五种。

第一，灯光诱集。灯光诱集就是利用害虫对光的趋向性在库房内安装诱虫灯，晚上开灯时，使趋光而来的害虫被迫随气流吸入预先安置的毒瓶（瓶内有少许氰化钠或氰化钾）中，使害虫中毒而死。

第二，高温杀虫。高温杀虫需根据仓储物特性控制温度（如粮食为 50～60℃，纺织品为 80～100℃），使害虫的活动受到抑制，繁殖率下降，进入热麻痹状态，直至死亡。

第三，低温杀虫。低温杀虫就是降低环境温度，使害虫机体的生理活动变得缓慢，进入冷麻痹状态，直至死亡，以达到杀虫的效果。

第四，电离辐射杀虫。电离辐射杀虫就是用几种电离辐射源放射出来的 X 射线、Y 射线或快中子射线等，杀死害虫或使其不育。

第五，微波杀虫。微波杀虫就是在高频电磁场的微波作用下，使害虫体内的水分、脂肪等物质发生激烈的振荡，产生大量的热能，内部快速升温直至死亡。此法处理时间短，杀虫效力高。

此外，还可使用远红外线、高温干燥等方法进行防虫。

(3) 化学药剂防治。

化学药剂防治是利用杀虫剂，通过胃毒、触杀或熏蒸等作用来杀灭害虫，是当前防治仓库害虫的主要措施，具有彻底、快速、效率高的优点，兼有防与治的作用。但也有对人有害、污染环境、易损仓储物等缺点。因此，在粮食及其他食品中应限制使用化学药剂防治虫害。

在使用化学药剂防治虫害时，必须贯彻下列原则：对害虫有足够的杀灭能力，对人体安全可靠，药品性质不致影响仓储物质量；对库房、仓具、包装材料较安全，使用方便，经济合理；选用对害虫有较高毒性的药剂，并选择害虫处在抵抗力最弱（根据其生命周期、活动规律、环境因素等进行判定）的时期施药；应采取综合防治与轮换用药等方法，以防害虫形成抗药性。常见的化学药剂防治方法有以下三种。

第一，驱避法。驱避法是将易挥发并具有特殊刺激性气味的、毒性的固体药物放入仓储物包装内或密封货垛中，使挥发出来的气体在货物周围经常保持一定的浓度，从而达到驱避害虫的目的。常用的固体药物有萘、樟脑精等，一般可用于毛、丝、棉、麻、皮革、竹木、纸张等仓储物，不可用于食品和塑料等仓储物。

第二，喷液法。喷液法是使用化学杀虫剂进行空仓和实仓喷洒，通过触杀、胃毒作用杀灭害虫。常用于仓库及环境消毒的化学杀虫剂有敌敌畏、敌百虫等。除了食品，大多数仓储物都可以通过喷液法进行实仓杀虫或空仓杀虫。

第三，熏蒸法。熏蒸法是利用液体和固体挥发生成的剧毒气体，通过害虫的气门及气管进入其体内，而引起害虫中毒死亡，起到熏蒸作用。常用的药剂有硫酰氟、磷化铝等［需符合《危险化学品安全管理条例》（2013 修订）］，这种方法一般多用于毛皮制品和竹木制品的害虫防治。使用熏蒸的方法杀虫有成本低、效率高等优点。

以上防治方法都是根据仓库害虫的生活习性，人为地加以创造对害虫不利的生长、发育和繁殖的外部环境，达到防治害虫的目的。在虫蛀防治中，需要各部门、各个环节的协调配合，因地制宜地全面开展综合防治，才能收到良好的效果。

6.1.3 金属货物的防锈工作

1. 金属货物锈蚀

金属货物锈蚀是指金属制品在潮湿空气及酸、碱、盐等环境下被腐蚀，进而影响其质量和使用价值的现象。化学性质活泼的金属在空气或在某些环境中容易受到锈蚀，即金属原子失去电子后变成离子，生成各种"锈"。但也有部分活泼金属（如铝、铬等）在氧气或某些氧化剂的作用下，利用最初的腐蚀物形成保护膜，将金属表面和锈蚀环境隔离，降低锈蚀速度，从而在一般环境中稳定存在。

2. 常见的金属锈蚀现象

金属锈蚀按锈蚀环境分类，可分为化学介质锈蚀、大气介质锈蚀、海水介质锈蚀和土壤锈蚀等；按锈蚀过程的特点分类，可分为化学锈蚀、电化学锈蚀和物理锈蚀三大类；根据金属货物在锈蚀过程中受损的部位不同分类，可分为全面金属锈蚀和局部金属锈蚀两大类。

（1）全面金属锈蚀。

全面金属锈蚀又被称为均匀金属锈蚀，在这种锈蚀情况下，金属货物的受损部位均匀分布在整个金属表面。从受锈蚀的金属重量来看，全面金属锈蚀对金属货物造成的破坏最大。应对这类锈蚀，可以通过测算金属货物的锈蚀速度，估算出锈蚀公差，在设计金属制品、设备或结构时将此因素考虑在内，从技术上尽量减轻此类锈蚀的影响。

（2）局部金属锈蚀。

局部金属锈蚀是指并非整个金属货物的表面都受到锈蚀，锈蚀现象只是集中出现在金属的特殊部位。例如，在金属货物的垫片底面、搭接缝以及螺母、铆钉下的缝隙内和其他隐蔽区域发生的明显的局部锈蚀；在某些金属货物的活性结点上发生的锈蚀破坏，并通过小孔向金属内部深处发展，甚至会穿透金属货物；金属货物中的合金部分中的某一部分优先被锈蚀，而富集于金属表面上的其他部分发生选择性锈蚀等。

3. 金属货物的防锈蚀措施

（1）金属货物的防锈技术。

金属货物的防锈技术主要用于应对引发金属锈蚀的外界因素，主要有以下五种技术。

第一，控制和改善储存条件。储存金属货物的露天货场要尽可能远离工矿区，特别是化工厂，应选择地势高、不积水、干燥的场地。较精密的五金工具、零件等金属货物必须在库房内储存，并禁止与化工货物或含水量较高的货物同库储存。

第二，涂油防锈。涂油防锈是一种广泛应用的防锈方法，即在金属货物表面喷涂或浸泡一层具有缓蚀作用的防锈油脂薄膜，阻止水分和氧气等腐蚀介质接触金属材料表面，对金属货物起到保护作用。涂油防锈技术多应用于刀具、轴承及汽车、自行车零件等的防锈。

第三，涂漆防锈。对瓦木工具、农具、炊具等不便进行涂油防锈的器具，可用酯胶清漆或酚醛清漆加等量稀释剂，浸沾或涂刷金属表面，干燥后即可防锈。但因漆膜较薄，氧气及水汽可以透过薄膜锈蚀金属货物，因此只能短期防锈。如果储存条件比较干燥，环境又比较清洁，则防锈时间可以适当延长。

第四，气相防锈。在密封严格的金属货物包装内，放入一些具有挥发性的防锈药剂，这些药剂在常温下迅速挥发，所释放出的气体就能够吸附在金属货物表面并充满包装内每个角落和缝隙，使空间饱和，便可以防止或延缓金属货物的锈蚀。该方法对形状结构复杂的金属制品、仪器、仪表等有良好的防锈作用，且不会污染包装，防锈效果好、时间长。

第五，可剥性塑料防锈。可剥性塑料防锈是以塑料为基体材料或成膜物质，加入矿物油、增塑剂、稳定剂、缓蚀剂、防霉剂等加热或溶解制成可剥性塑料，然后通过浸、涂、刷、喷等方法将其散布在金属表面上，待溶剂冷却或挥发后，即形成一层塑料薄膜，从而使金属货物免受腐蚀和划伤。在启封时可将此塑料薄膜剥掉，十分方便。

（2）金属货物的除锈技术。

第一，物理方法除锈。物理方法除锈是利用机械摩擦除去锈层的方法，又分为人工除锈法和机械除锈法。人工除锈法是靠人工使用钢丝刷、铜丝刷、砂纸、砂布等打磨锈蚀物表面，除掉锈层的方法。机械除锈法则是利用专用的机械设备除锈的方法，有摩擦轮除锈法、滚筒除锈法和喷砂除锈法等。

第二，化学方法除锈。化学方法除锈是利用酸溶液与金属表面锈蚀产物发生化学反应，使不溶性的锈蚀产物变成可溶性物质，从而脱离金属表面溶入溶液中，达到除锈的目的。

6.1.4 高分子货物的防老化工作

1. 高分子货物的老化现象

高分子货物老化是指高分子材料（如橡胶、塑料、合成纤维等）在加工、储存和使用过程中，在光、热、氧气等的作用下，出现发黏、龟裂、变脆、强力下降、失去原有优良性能，以致最后丧失使用价值的现象。老化是一种不可逆的化学变化，是高分子材料的一个严重缺陷。高分子材料的稳定性取决于其链节结构，表现为有的高分子货物在外界条件作用下容易老化，有的则不容易老化。

高分子货物老化的主要原因是材料内部分子结构的特征，其次是外部环境因素（如温度、日光、空气中的氧气和臭氧、机械应力、高能辐射、电、工业气体、海水、盐雾等）的影响。

2. 高分子货物老化的防治

根据影响高分子货物老化的内因、外因不同，主要的防老化措施有以下三种。

（1）材料改性。

有些货物是难以避免外界环境因素影响的，如塑料地膜、塑料大棚上的薄膜、汽车轮胎、室外电缆包皮等都不能避免日晒雨淋以及氧气等的侵蚀。这类货物的防老化工作就需要从高分子结构、加工等方面来提高货物本身的耐老化性能，延长高分子货物的使用寿命。

（2）物理防护。

高分子货物吸收紫外线后，会使其中的高分子处于高能状态，再通过光化学反应，引起高分子货物的老化。可以通过物理防护抑制或减少光、氧气等外界因素进入高分子内部，即避免不必要的露天暴晒，使老化反应停留在高分子表面。物理防护的措施有涂漆、涂胶、涂塑料、镀金属、涂蜡等。

（3）添加防老化剂。

在高分子货物中添加防老化剂，是当前国内外防止高分子货物老化的主要途径。防老化剂是一种能够抑制光、热、氧气、臭氧、重金属离子等使高分子货物产生老化反应的物质。防老化剂的种类主要有抗氧剂、紫外线吸收剂、防热氧老化稳定剂等。其中，稳定剂通过使活性自由基反应终止来破坏自由基链或者通过抑制引发反应从而阻止老化反应的发生。

此外，加强管理、严格控制仓储条件，也是防止高分子货物老化的有效方法。

6.1.5 危险品的仓储

1. 危险品的概念及特性

（1）危险品的概念。

了解认识危险品

危险品是指在流通中，由于本身具有易燃、易爆、腐蚀、有毒及放射性等特性，或因摩擦、振动、撞击、暴晒或温湿度等外界因素的影响，能够发生燃烧、爆炸或人畜中毒、表皮灼伤，以致危及生命，造成财产损失等事故的货物。在运输、装卸和储存过程中，危险品需要特别防护。

（2）危险品的特性。

危险品的特征就是危害性，具体包括列入国家标准《危险货物品名表》（GB 12268—2012）和国务院多个部门联合公布的剧毒化学品目录和其他危险化学品，还包括未经彻底清洗的盛装过危险品的空容器和包装物。可根据对各种危险品的分类来分析它们的特性。

爆炸品。爆炸品化学性质活泼，在外界作用下（如受热、撞击摩擦、振动或其他因素激发等），能以很快的速度发生猛烈的氧化还原反应，瞬间产生大量的气体和热量，使周围气压急剧上升，发生爆炸。很多爆炸品都具有较强的吸湿性，多数会随着水分含量的增加而逐步丧失爆炸能力。但当水分充分蒸发后，爆炸品仍可恢复原来的爆炸性。吸湿和干燥的反复进行，会使爆炸品硬化结块，若使用铁类工具粉碎则易发生爆炸。

压缩气体和液化气体。压缩气体和液化气体是指贮存于耐压容器中的压缩、液化或加压溶解的气体，在一定的受热、撞击或剧烈振动的条件下，容器内的气体可能因压力升高而膨胀，从而引起介质泄漏，甚至使容器破裂爆炸。压缩气体和液化气体具有剧毒性、易燃性、助燃性、爆破性等特点。

易燃液体。凡在常温下以液体状态存在，遇火容易引起燃烧，其燃点在45℃以下的物质被称为易燃液体。如豆油、花生油、乙醚、汽油、乙醇等。其特性有：易燃性、挥发性、高度的流动扩散性、爆炸性、可与氧化性强酸及氧化剂作用。

易燃固体。此类物质以固体形态存在，本身燃点较低，遇明火或受热、受撞击、摩擦、接触氧化剂或强酸后，发生剧烈的氧化反应，产生热量，达到该物质的燃点时，便迅速发生猛烈燃烧。

自燃物品。自燃物品具有自燃性，在一定温湿度等外界环境下，不需明火接触就能够自身燃烧。燃点越低的物品越容易燃烧，危险性也就越大。

遇湿易燃品。此类物品遇湿后能发生剧烈的化学反应，产生可燃性气体，并放出热量，当达到其燃点时立即燃烧以致爆炸，具有一定的危险性。

氧化剂和有机过氧化剂。本类物品具有强烈的氧化性，在不同条件下，遇酸、碱，受热，受潮或接触有机物、还原剂即能分解释放氧气，发生氧化还原反应，引起燃烧。其具有氧化性、遇热分解性、吸水性、化学敏感性、遇酸分解性等特性。

有毒品。本类物品被误服、吸入或通过皮肤黏膜接触进入肌体后，积累到一定的量，能与体液或组织发生生物化学反应或生物物理学变化，扰乱或破坏肌体的正常生理功能，引起暂时性或持久性的病理状态，甚至危及生命。其具有有毒性、挥发性、燃烧性、溶解性等特性。

腐蚀品。本类物品能灼伤人体组织，并对金属等货物造成损坏。其散发的粉尘、烟雾、蒸气等会强烈刺激眼睛和呼吸道，人吸入后会中毒。该类物品包括无机酸性腐蚀物品、有机酸性腐蚀物品、碱性腐蚀物品等。其特性有：腐蚀性、有毒性、易燃性、氧化性、遇水分解性等。

放射性物品。本类物品能自发不断地放出人体感觉器官不能察觉到的射线，这些射线具有穿透能力，会杀伤细胞，破坏人体组织。其中有些物品还具有易燃性、有毒性、腐蚀性等特性。

通过对各种危险品特性的了解，我们可以有针对性地采取措施，在储存过程中保证危险品的安全。

2. 危险品管理制度与法规

国家对危险品实行严格的管理，采取相应管理部门审批、发证、监督、检查的系列管理制度。管理包括经济贸易管理部门的经营审批，公安部门的通行证发放，质检部门的包装检验证发放，环境保护部门的监督管理，铁路、民航、交通部门的运输管理，卫生行政部门的卫生监督，工商管理部门的经营管理等。对于政府部门依法实施的监督检查，危险品单位不得拒绝、阻挠。

危险品管理采取依法管理的原则，严格根据国家法规和国家标准实施管理。涉及危险品仓储和运输的管理法规有：《危险化学品安全管理条例》（2013修订）、《危险货物品名表》（GB 12268—2012）和《危险货物分类和品名编号》（GB 6944—2012），各种运输方式的"危险货物运输规则"，以及环境保护法、消防法的相关规范和其他安全生产的法律和行政法规，涉及国际运输的危险品还需要执行《国际海运危险货物规则》。

（1）危险品的编号与分级。

国家标准《危险货物分类和品名编号》（GB 6944—2012）规定，危险品的品名编号由五位阿拉伯数字组成，分别表示危险品的所属类别、项号和顺序号。如危险品的品名编号为43025，该危险品属于第四类、第三项的遇湿易燃物品，顺序号为025。此外，国际贸易和运输的危险品还需要符合《国际海运危险货物规则》的联合国编号规定。

根据危险品的危险程度，各类危险品可以划分为一级和二级危险品。危险性大的为一级危险品，危险性小的为二级危险品。危险品的分级由其品名编号中的后3位数字（即顺序号）表示，顺序号小于或等于500的为一级危险品，顺序号大于500的为二级危险品。

（2）危险品包装和标志。

危险品的包装是危险品安全的保障，包括保护危险品不受损害和外界影响，保持危险品的使用价值；防止危险品对外界造成损害，避免发生重大危害事故；形状规则的包装方便作业和便于堆放储存；固定标准的包装可以限定危险品的单元数量。危险品的包装应完全根据相关法规和标准进行，如《危险货物运输包装通用技术条件》（GB 12463—2021）等。

危险品的包装必须经过规定的性能试验、具有检验标志、具有足够的强度，没有损害和变形、封口严密等。包装应使用与危险品不相忌的材料，应按包装容器所注明的使用类别盛装危险品。

危险品的外包装上需要有明确、完整的标志，包括危险品的包装标志、储运图示标志、收发货标志，具体有包装容器的等级、编号，危险品的品名、收发货人、重量尺度、运输地点、操作指示，危险品的危险性质、等级的图示等。

3. 危险品仓库分类与建设

（1）危险品仓库的类别。

按危险品仓库的隶属和使用性能，危险品仓库可分为甲、乙两类。甲类危险品仓库是仓储业、交通运输业、物资部门的危险品仓库，这类仓库往往储量大、品种复杂，而且危险性较大。乙类危险品仓库是指那些企业自用的危险品仓库。

危险品管理工作

按照规模大小，危险品仓库可分为三级：库场面积等于或大于9000m² 的为大型危险品仓库；面积在550m²～9000m² 的为中型危险品仓库；面积在550m² 及以下的为小型危险品仓库。

（2）危险品仓库建设的基本要求。

第一，危险品仓库选址。危险品仓库需要根据危险品的危害特性，依据政府的市政总体规划，选择合适的地点建设。危险品仓库一般设置在郊区等较为空旷的地区，远离居民区、供水源、主要交通干线、农业保护区、河流、湖泊等，在当地常年主导风向的下风处。建设危险品仓库需获得政府经济贸易管理部门审批。

第二，危险品仓库建筑和设施。危险品仓库需要根据危险品的危险特性和发生危害的性质，采用妥善的建筑形式，并取得相应的许可。其建筑和场所需根据储存的危险品的种类、特性，设置相应的监测、通风、防晒、调温、防火、防爆、泄压、防潮、防雷、防腐或者隔离操作等安全设施设备。仓库建筑和设施要符合安全、消防国家标准的要求，并设置明显的标志。

第三，设备管理。危险品的仓库实行专用仓库的使用制度，设施和设备不能用作其他用途。各种设施和设备要按照国家相应的标准和有关规定进行维护、保养和定期检测，保证其符合安全运行要求。对于储存剧毒化学品的装置和设施要每年进行一次安全评价；储存其他危险品的储存装置应每两年进行一次安全评价。评价不符合要求的设施和设备应停止使用，立即更换或维修。

第四，库场使用。危险品原则上应储藏在专用仓库、专用场地或者专用储藏室内，临时储存需符合《危险化学品仓库储存通则》(GB15603—2022)。对危险品专用仓库的要求包括：危险品专用仓库必须专门用于储存危险品，不能与普通货物混存；不同种类的危险品需要根据其特性在专用仓库内进行分类存放，每个仓库应明确存放的危险品种类。与危险品仓储需经管理部门批准一样，危险品专用仓库改变用途，或改存其他危险品，也需要相应管理部门的审批。危险品的危害程度还与存放的危险品的数量有关，仓库需要根据危险品的特性和仓库的条件，确定危险品的存储量。

第五，危险品从业人员的要求。从事危险品生产、经营、储存、运输、使用或者处置废弃危险品活动的人员，必须接受有关法律、法规、规章和安全知识、专业技术、职业卫生防护和应急救援知识的培训，并经考核合格，方可上岗作业。

(3) 危险品仓储的安全管理。

第一，严格和完善的管理制度。为保证危险品仓储的安全，仓库需要依据危险品管理的法律法规，根据仓库的具体实际和危险品的特性，制定各类严格的危险品仓储管理安全责任制度、安全操作规程，并在实践中不断完善这些制度和规程。保管单位还要根据法律法规和管理部门的要求，履行登记、备案、报告的法律和行政义务。

第二，出入库管理。危险品进入仓库，仓库管理人员要严格把关，认真核查品名标志，检查包装，清点数量，细致地做好核查登记。对于品名、性质不明或者包装、标志不符合要求，包装不良的危险品，仓库员有权拒收，或者依据残损处理程序对其进行处理，未经处理的包装破损危险品不得进入仓库。剧毒化学品实行双人收发制度。送、提货车辆和人员不得进入存货区，由仓库人员在收发货区接收和交付危险货物。危险品出库时，仓库员需认真核对危险品的品名、标志和数量，协同提货人、承运司机查验货物，确保按单发货，并做好出库登记，详细记录危险品的流向、流量。

第三，货位选择和堆垛。危险品的储存方式、方法与储存数量必须符合国家标准。仓库管理人员要根据国家标准，危险品的危险特性、包装，所制定的管理制度，选择合适的存放位置，根据危险品对保管的要求，妥善安排仓库或堆场货位；根据危险品的性质和包装确定合适的堆放垛型和货垛大小；库场内的危险品之间、危险品和其他设备之间需保持必要的距离；消防器材、配电箱周围1.5m范围内禁止堆货或放置其他物品；仓库内消防通道不小于4m，货场内的消防主通道不小于6m。另外，危险品堆叠时要整齐，堆垛稳固，标志朝外，不得倒置。货堆头应悬挂标有危险品编号、品名、性质、类别、级别、消防方法的标志牌。

第四，安全作业。在进行危险品装卸作业前应详细了解所装卸危险品的性质、危险程度、安全和医疗急救措施，并严格按照有关操作规程和工艺方案作业。根据危险品性质选用合适的装卸机具。装卸易爆货物时，装卸机具应安置火星熄灭装置，禁止使用非防爆型电气设备。装卸作业前应对装卸机具进行检查，装卸搬运爆炸品、有机过氧化物、一级毒害品、放射性物品时，装卸搬运机具应按额定负荷降低25%使用。夜间装卸危险品时，应有良好的照明，装卸作业现场需准备必要的安全应急设备和用具。若危险品包装破损或包装不符合要求，应暂停作业。危险化学品只能委托有危险化学品运输资质的运输企业承运。

第五，妥善保管。危险品要专库专存，库房建筑要具备隔绝热源的能力，注意通风良好，使库房保持干燥。地坪应光滑，这样不易于在有摩擦时产生火花。夏季气温过高时，可在早晚通风降温。库与库之间的距离应不少于20m，库房与生活区的距离应不少于50m。储存气体的库房周围不可堆放任何可燃材料。储存易燃易爆气体的库房应设置避雷装置。仓库实行专人管理。剧毒化学品实行双人保管制度。仓库存放剧毒化学品时需向当地公安部门登记备案。

仓库管理人员应遵守库场制度，坚守岗位，根据制度规定定时、定线、定项目、定量地进行安全检查和测查，并相应地采取通风、降温、排水、排气、增湿等保管措施。危险品提离时，应及时清扫库场，将货底、地脚货、垃圾集中于指定的地点且进行妥善处理，并进行必要的清洗、消毒。

第六，妥善处置。对于废弃的危险品、货底、地脚货、垃圾、仓储停业时的存货、容器等，仓库要采取妥善的处置措施，如随货同行、移交、封存、销毁、中和、掩埋等无害处理措施，不得留有事故隐患。且将处置方案在相应的管理部门备案，并接受管理部门的监督。剧毒危险品发生被盗、丢失、误用，应立即向当地公安部门报告。

（4）危险品应急处理。

危险品应急处理是指发生危险品事故时的处理安排。必须根据仓储危险品的特性、仓库的条件，以及法律规定和国家管理机关的要求，制定仓储危险品应急处理措施。

应急处理措施包括发生危害时的措施安排和人员的应急职责，具体包括危险判定、危险事故信号、汇报程序、现场紧急处理、人员撤离、封锁现场、人员分工等内容。

应急处理措施是仓库工作人员必备的专业知识，每位员工都必须熟悉，且熟练掌握自己的分工职责和操作技能。仓库应该定期组织员工开展应急措施演习。

6.2 仓库治安保卫管理

6.2.1 仓库治安保卫概述

仓库的治安保卫管理是仓库为了防范、制止恶性侵权行为的发生，意外事故对仓库及仓储财产造成的破坏和侵害，并维护稳定安全的仓库环境，保证仓储生产经营的顺利开展所进行的管理工作。

仓库治安保卫工作的具体内容就是执行国家治安保卫规章制度，防盗、防抢、防骗、防破坏、防火、防止财产侵害，维持仓库内秩序，协调与外部的治安保卫关系，保证员工生命安全与物资安全等。

仓库治安保卫管理的原则是：坚持预防为主、严格管理、确保重点、保障安全和主管负责制。为做好仓库安全管理工作，仓库应设立库区治安保卫组织机构，健全治安保卫管理制度，加强治安保卫工作。

6.2.2 仓库治安保卫组织机构

仓库应有健全的治安保卫组织机构，一般由仓库的整个管理机构组成，如图6.1所示。高层领导负责整个仓库的治安保卫管理工作；各部门、机构的领导是本部门的治安责任人，负责本部门的治安保卫管理工作；治安保卫职能机构协助领导，指导各部门的治安保卫管理，领导治安保卫执行机构开展治安管理工作；治安保卫执行机构采用专职保卫机构和兼职安全员相结合的组织方式。专职保卫机构根据仓库规模大小、人员多少、任务繁重程度、仓库所在地社会环境确定其机构设置、人员配备。专职保卫机构下设保卫部，保卫部下设保卫队和门卫队。

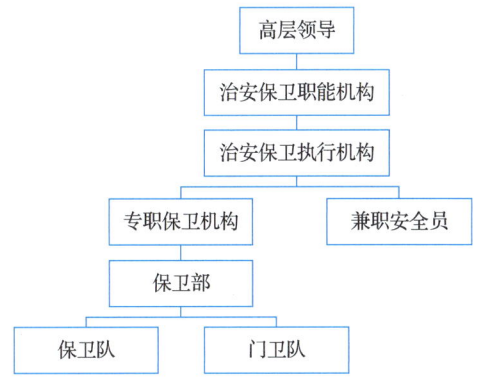

图 6.1　仓库治安保卫组织机构

专职保卫机构在仓库高层领导的领导下，制定仓库治安保卫管理制度，制订工作计划；督促各部门领导的治安保卫工作，组织全员的治安保卫学习和宣传，做好仓库内的治安保卫工作；与当地公安部门保持密切联系，协助公安部门在仓库内的治安管理活动，管理治安保卫的器具，管理专职保卫员工。

治安保卫的兼职制度是实行治安保卫群众管理制度的体现，兼职安全员主要承担所在部门、组织的治安保卫工作，协助部门领导开展治安保卫管理工作，督促各部门执行仓库治安保卫管理制度，组织治安保卫人员学习，组织各项检查工作。

6.2.3　仓库治安保卫管理制度

仓库治安保卫管理制度有门卫值班制度、进出仓库管理制度、保卫人员值班巡查制度、安全防火责任制度，安全设施设备保管制度等，如图 6.2 所示。

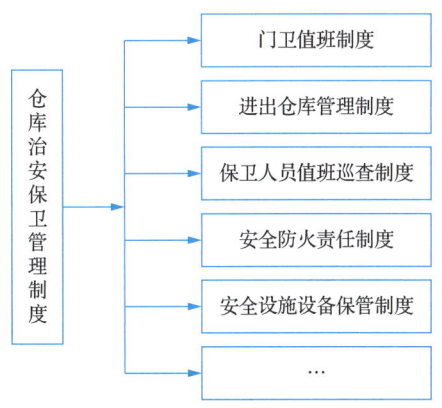

图 6.2　仓库治安保卫管理制度

仓库要依据国家法律、法规，结合仓库治安保卫的实际需求，以保证仓储生产高效率进行、确保仓储安全、防止治安事件的发生为目的，合理制定仓库治安保卫管理制度。仓库的治安保卫管理制度不得违反法律规定，不能侵害公民人身权或者其他合法权益，最大限度地减少或者避免对社会秩序造成妨碍。

为了使得治安保卫管理制度得以有效执行，制度需要有相对的稳定性，以便每一位员工都能清晰了解并依照制度严格行事。随着形势的发展、技术的革新、环境的变化，制度也要适应新的需求进行相应修改。

6.2.4 仓库治安保卫工作及要求

1. 大门守卫和要害部位

严格的人员出入库管理

大门守卫是维持仓库治安的第一道防线。大门守卫除了要负责开关大门，限制无关人员、接待入库办事人员，并及时审核身份与登记，还要检查入库人员是否携带火源、易燃易爆物品，检查入库车辆的防火条件，检查放行条内容是否相符，收留放行条，查问和登记出入库人员随身携带的物品，特殊情况下有权检查当事者的物品，封闭大门。

对于危险品仓、贵重品仓、特殊品仓等要害部位，需要安排专职守卫看守，限制无关人员接近，防止危害、破坏货物和货物失窃等事故发生。

2. 做好治安检查

治安责任人应按要求经常检查治安保卫工作。治安检查实行定期检查与不定期检查相结合的制度。一般情况下，班组每日检查、部门每周检查、仓库每月检查，及时发现治安保卫的漏洞和安全隐患，并通过有效手段消除各种隐患。

3. 加强巡逻检查

巡逻检查一般由两名保安员共同进行。保安员应携带保安器械和强力手电筒不定时、不定线、经常地巡视整个仓库；保安员应查问可疑人员，检查各部门的防卫工作，关闭无人办公的办公室，关好仓库门窗，关闭电源；检查消防器材是否被挪用，检查仓库内有无异常现象、停留在仓库内过夜的车辆是否符合规定等。巡逻检查中如发现不符合仓库治安保卫管理制度要求的情况，应采取相应的措施处理或者告知主管部门处理。

4. 安装防盗设施设备

仓库防盗设施包括围墙、大门、防盗门、门窗、锁等，可在仓库建设时就按用途进行特殊设计。在仓库使用过程中，还要不断加固仓库的墙壁，在仓库的一些死角处做特殊处理，门窗可采用多重锁设计，提高犯罪分子的作案成本，使其望而却步。

图6.3 视频监控设备

仓库防盗设备包括视频监控设备（见图6.3）、自动警报设备等。为加强仓库的安全，可充分利用先进的高科技设备保护仓储财产安全，如可在仓库内部和附近安置监控录像设备或红外线防盗报警系统（见图6.4），同时安排专人进行监控。

特殊物品保管和仓储安全管理 第6章

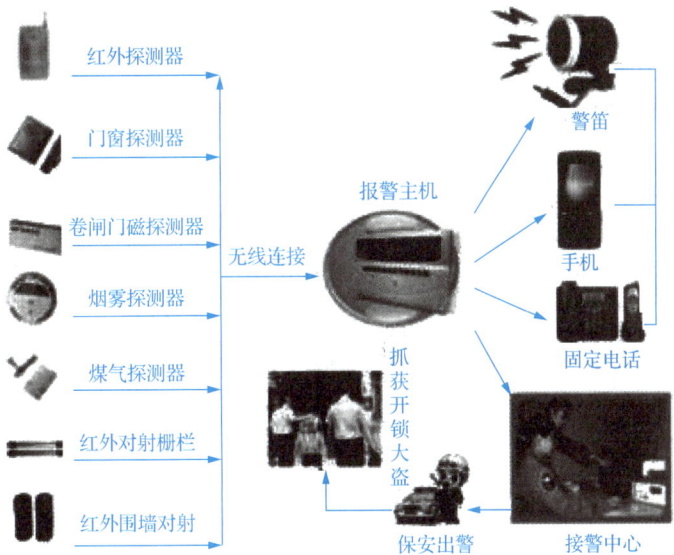

图 6.4 红外线防盗报警系统

5. 制定治安应急制度

治安应急制度是指仓库发生治安事件时，采取紧急措施，防止和减少事件造成损失的制度。治安应急需要制订治安应急方案，明确应急人员的职责，规定发生事件时的信息（信号）发布和传递方法。治安应急方案要在平时经常进行演习。

6.3 仓库消防安全管理

仓库消防安全管理

仓库是货物的聚集地，大多数货物是易燃、可燃物资，因此火灾是仓库最常见的安全隐患，一旦发生火灾，容易造成巨大财产损失及人员伤亡。仓库管理人员必须了解火灾的基本知识以及防火和灭火方法。

6.3.1 火灾基本知识

1. 燃烧三要素

凡由热和光一起放出的氧化反应，称为燃烧。发生燃烧必须具备可燃物、助燃物和着火源 3 个必要条件，如图 6.5 所示。

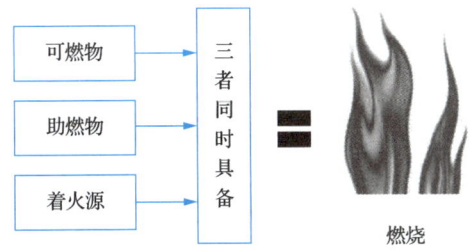

图 6.5 燃烧具备的 3 个必要条件

137

（1）可燃物。

可燃物就是可以燃烧的物质，绝大部分有机物和少部分无机物都是可燃物，可燃物种类如表6-1所示。

表6-1　可燃物种类

种类	举例
无机可燃物	钾、钠、钙、镁、磷、硫、硅、氢等
	一氧化碳、氨、硫化氢、磷化氢、二氧化碳、联氨、氢氰酸等
有机可燃物	天然气、液化石油气、汽油、煤油、柴油、原油、乙醇、豆油、煤、木材、棉、麻、纸以及三大合成材料（合成塑料、合成橡胶、合成纤维）等

（2）助燃物。

助燃物是指帮助可燃物燃烧的物质，主要有空气、氧气、氯、氟、氯酸钾或氧化剂等。如过氧化钠、过氧化钾、高锰酸钾、高锰酸钠等都属于一级无机氧化剂。

（3）着火源。

着火源包括明火或明火星、电火花、化学火和爆炸性火灾、自燃、雷电与静电、聚光、撞击或摩擦、人为纵火等。

2．火灾分类

火灾是指在时间和空间上失去控制的燃烧所造成的灾害。根据《火灾分类》（GB/T 4968—2008），按可燃物的类型和燃烧特性，将火灾分为A、B、C、D、E、F六类，如表6-2所示。

表6-2　火灾种类

分类	项目	示例
A类火灾	固体物质火灾	如木材、干草、煤炭、棉、毛、麻、纸张等火灾
B类火灾	液体或可熔化的固体物质火灾	如煤油、柴油、原油、甲醇、乙醇、沥青、石蜡等火灾
C类火灾	气体火灾	如煤气、天然气、甲烷、乙烷、丙烷、氢气等火灾
D类火灾	金属火灾	如钾、钠、镁、铝镁合金等火灾
E类火灾	带电火灾	物体带电燃烧的火灾，如电子设备火灾
F类火灾	烹饪器具内的烹饪物火灾	如动植物油脂火灾

6.3.2　仓库的灭火和防火方法

1．灭火方法

仓库消防安全知识

正如前所述，物质燃烧必须同时具备3个必要条件，即可燃物、助燃物和着火源。一切灭火措施都是为了破坏燃烧三个必要条件中的任何一个，或终止燃烧的连锁反应而使火熄灭，或者把火势控制在一定范围内，最大限度地减少火灾造成的损失。

常见的灭火方法有以下几种。

(1) 冷却灭火法。

此方法的原理是把燃烧物的温度降到其燃点以下，使之不能燃烧。如使用水枪、酸碱灭火器、二氧化碳灭火器、泡沫灭火器等将灭火剂直接喷到燃烧物上，使燃烧物的温度降到燃点以下，停止燃烧。

(2) 窒息灭火法。

此方法的原理是减少空气中的含氧量。使用二氧化碳、黄沙、泡沫、棉被等覆盖燃烧物，减少火源附近的氧气含量，从而达到灭火的目的。

(3) 隔离灭火法。

此方法的原理是将火源处及其周围的可燃物搬开或拆除，使火不能蔓延。

(4) 抑制灭火法。

灭火剂通过参与燃烧过程，使燃烧过程中产生的游离基消失，同时形成稳定分子或活性的游离基，从而中断燃烧时的化学反应。

2. 防火方法

仓库的火灾应"以防为主、防患于未然"。引发仓库火灾事故的原因主要有：火源管理不善，易燃、易爆物资保管方法不当，装卸搬运中发生事故，仓库建筑及平面布局不合理，防火制度、措施不健全，违规操作，思想麻痹大意等。

仓库的防火很重要，防火原理主要是控制可燃物、隔绝助燃物、消除着火源。在日常管理中要注意以下几点。

(1) 消除着火源。严格把关，严禁火种带入仓库。库区禁止吸烟，严禁使用火炉取暖。仓库内严禁明火作业，库内严禁使用和设置移动照明设备。

(2) 严格管理库区明火。库房外使用明火作业，必须在专人监督下按规章进行，明火作业后应彻底消除明火残迹。仓库周围 50m 范围内严禁燃放烟花爆竹。

(3) 电器设备防火。经常检查库区内供电系统，发现电线老化、绝缘不好，应及时更换。每个库房应在库房外设置独立的开关箱，保管员离库时，拉闸断电。

(4) 作业机械防火。进入库区的机械设备应安装防火罩，电动车安装防火星溅出装置。

(5) 出入库作业过程中防火。装卸搬运作业时，不应采用滚动、滑动的作业方式，避免使用易产生火花的作业器具，避免用金属器具撞击货物。容易产生静电的作业，应采取防静电措施。

(6) 选择安全货位。货物分类存放，按照防火规范留出合理间距。

(7) 日常检查。检查各种安全隐患，如检查易自燃货物的温度，保证库内通风良好。

(8) 及时处理易燃物。及时清除废弃的油污棉纱、垫料，可燃包装。

(9) 隔绝助燃物。使用封闭、惰性气体、真空等方法隔绝助燃物。

6.3.3 仓库灭火系统

仓库要把防火放在首位，一旦发生火险，必须有足够的准备和能力及时加以扑灭，控制其蔓延，减少损失。因此仓库必须配置适量的灭火工具和设备设施，建立起一个高效的灭火系统。

1. 自动报警灭火系统

所谓自动报警灭火系统,是将报警与灭火联动并加以控制的系统。一旦发生火灾,火灾产生的烟雾、高温和光辐射,使感烟、感温、感光等火灾探测器(如离子感烟探测器、光电感烟探测器、激光感烟探测器、定温式探测器、差温探测器、红外光辐射探测器、紫外光辐射探测器等)将接收到的发生火灾的信号转变成电信号输入自动报警器,并立即以声、光信号向人们发出警报,同时指示火灾发生的部位。接着控制装置发出指令性动作,打开自动灭火设备的阀门喷出灭火剂,将火灾扑灭。

自动报警灭火系统分为有管网系统和无管网独立系统两种类型。有管网系统保护面积大,可保护多个区域;无管网独立系统只能保护一个独立的单元或区域。

自动报警灭火系统按自动化程度来分,可分为全自动报警灭火系统、半自动报警灭火系统和手动报警灭火系统。火灾的自动报警装置与自动灭火系统可分别设置,亦可合为一体。

火灾自动报警装置的作用主要是利用感烟、感温、感光等火灾探测器接收火灾信号,再用灯光显示出火灾发生的部位,并以声响报警,召唤人们尽早尽快采取灭火措施。

火灾自动灭火系统包括喷水灭火系统、二氧化碳灭火系统、干粉灭火系统、泡沫灭火系统等。以二氧化碳灭火系统为例,其整个系统是由二氧化碳容器、瓶头阀、管道、喷嘴、操作系统及附属装置等组成。该系统的启动方式有手动方式和自动方式两种。当采用自动方式启动时,探测器探测到发生火灾后,立即发出声响报警,并通过控制盘打开启动用气容器的瓶头阀,放出启动气体。再利用启动气体的压力打开选择阀和二氧化碳贮存钢瓶的瓶头阀,从而喷射出二氧化碳进行灭火。

2. 高层货架仓库自动喷水灭火系统的配置

高层货架仓库一旦发生火灾,疏散货物的机会几乎是零,扑救也非常困难,因此各国都对高层货架仓库的自动喷水灭火系统的配置进行了规定。

自动喷水灭火系统的工作原理是通过火灾自动报警系统的信号来识别火情。当监测到火灾信号时,系统会自动启动水泵,通过管道将水源输送到喷头,实现对火灾点的灭火。喷头具有高压喷射水雾的能力,能够快速将火灾扑灭。除此之外,仓库喷水系统还具有自动和手动两种启动方式,能够根据火灾的实际情况选择启动方式,提高了系统的灵活性和可靠性。

喷头是自动喷水灭火系统的关键部件,在灭火过程中起着探测火警、启动喷水灭火的重要作用。因此,自动喷水灭火系统的效果,在很大程度上取决于喷头的性能和合理布置。

(1)喷头性能。

喷头的性能主要是指喷头的动作温度和喷头热敏元件的热容量吸收速度。喷头的动作温度一般要求比预测环境温度约高30℃,以避免在非火灾情况下环境温度发生较大幅度波动时导致误喷射。

喷头热敏元件的热容量吸收速度影响喷头的反应速度。在高层货架仓库中,喷头多采用金属薄片传递热量于热敏元件,使正常耗时一分钟左右的喷水动作速度加快了5~6倍,即仅需11秒就可完成喷水动作。

（2）喷头的间距和位置。

在高层货架仓库中，屋顶安装的喷头，其间距不超过 2000mm；若仓库中储存了可燃物，则分层安装的喷头的垂直高度不超过 4000mm；若仓库中储存的是难燃物，则分层安装的喷头的高度不超过 6000mm。

6.4 仓库安全生产管理

6.4.1 人员安全

仓库安全生产管理包括人员安全、作业安全的管理。由于仓储工作人员在装卸、搬运、堆码、保管养护货物等操作过程中，直接与装卸搬运设备以及不同特性的货物接触，因此人员的安全防护很重要。

1. 仓库工作潜在的风险

仓库工作人员在实际操作过程中，面临许多潜在的风险，如从货架等高处掉落的物料、尖锐的棱角、危险品毒性等。在仓库发生的人身伤亡事故中，比较常见的有：电气所导致的伤亡，由于叉车等移动设备所导致的人员伤亡，危险品的存储发生意外导致的伤亡，装卸货物操作不当导致的伤亡，尖锐物体导致的划伤等。

做好人身安全防护工作应从以下几个方面入手。

（1）优化工作环境，消除事故隐患。
（2）加强安全意识教育。
（3）进行仓储机械设备的安全操作规程培训。
（4）建立健全工作场所、仓储机械设备的安全检查制度，并有效组织实施。

做好人身安全防护应注意以下几个原则。

（1）在开放式装卸平台作业中，应使用明显的视觉标识设定安全区域，保证叉车行驶路段没有任何视觉障碍和潜在风险，叉车和工作人员可安全进行装卸作业。
（2）仓库地面和通道保持畅通和整洁，避免因为杂物、电线、软管和危险物导致人员摔倒。
（3）安排合理的休息时间，可以避免重大的意外事故和提高工作质量。
（4）新员工要学习如何使用正确的姿势搬运物品，认真接受职业培训。
（5）使用通风设备，保持仓库内空气流通。
（6）对仓库设施设备存在的尖锐棱角采取防护措施，在搬运有尖锐棱角的物料时小心作业。
（7）设施设备发生故障时，请接受过培训的专门人员进行维修。

2. 安全防护设备

仓库的安全防护设备主要有头部防护设备、手和胳膊防护设备、脚部防护设备以及面部防护设备，如图 6.6 所示。根据工作需要，仓库应配置以下这些设备。

图 6.6　仓库的安全防护设备

（1）头部防护设备：安全帽或者头盔。
（2）手和胳膊防护设备：手套、指套和长手套。
（3）脚部防护设备：鞋套或铁头鞋。
（4）面部防护设备：防护眼镜、防护面罩。

3. 使用危险警示标识

在有危险隐患的位置使用图形标识、警示线、警示语句、文字等提示安全要求。

在警示标识中，不同颜色代表不同的含义：红色表示禁止和阻止的意思；蓝色表示指令，要求人们必须遵守；黄色表示提醒人们注意；绿色表示允许、安全的信息。

（1）图形标识。

图形标识又分为禁止标识、警告标识、指令标识和提示标识，如图 6.7 至图 6.10 所示。图形标识一般设置在工作场所入口处或工作场所的显著位置。

图 6.7　禁止标识

图 6.8　警告标识

图 6-9　指令标识

图 6.10　提示标识

（2）警示线。

警示线是界定和分隔危险区域的标识线。按照需要，警示线可喷涂在地面或制成色带。警示线颜色有红色、黄色和绿色 3 种。红色警示线为禁止进入提示线，黄色警示线为有害区域提示线，绿色警示线为安全区域提示线，如图 6.11 所示。

图 6.11　警示线

（3）警示语句。

警示语句是一组表示禁止、警告、指令、提示或描述工作场所危害的词语。警示语句可单独使用，也可与图形标识组合使用，如图 6.12 所示。

图 6.12　警示语句

6.4.2　设备使用安全

1. 设备使用的基本原则

（1）使用适合的设备进行作业。

在作业中尽可能采用专用设备或专用工具，使用通用设备必须满足作业的需要，并对货物进行必要的防护，如货物绑扎、限位等。

（2）确保所用设备处于良好状态。

注意设备的维护保养，确保设备在使用时处于良好状态，不能带"病"作业，不允许超负荷作业。

（3）载货移动设备上不得载人运行。

除了连续运转设备如自动输送线，其他设备需停稳后方可作业，不得在运行中作业。

2. 叉车操作安全

叉车是仓库中使用最广泛的装卸搬运设备,可在室内或室外的各种操作平台上进行工作。仓库要制定叉车安全操作规程,并注意以下几项原则。

(1)叉车驾驶人员要取得相关部门颁发的叉车驾驶特殊工种资格证。

(2)严禁带人行驶,严禁酒后驾驶;行驶途中不准手机通话、饮食和闲谈。

(3)叉车使用前,应严格检查叉车状态,严禁带故障出车,不可强行通过有危险或潜在危险的路段。

(4)起步前,观察四周,确认无妨碍行车安全的障碍后,先鸣笛、后起步。

(5)行驶时,货叉底端距地高度应保持300~400mm,门架须后倾。

(6)必须按照叉车载重量限制进行装载,不得超载,同时要注意所叉货物高度的限制。

(7)在转弯盲角处要放慢速度,禁止高速急转弯,如附近有行人或车辆,应先发出行驶预警信号。

(8)卸货后,应先将货叉降落至正常的行驶位置后再行驶。

6.4.3 仓库作业安全

1. 装卸平台作业安全

(1)在平台装卸货物时应轻搬轻放,切忌猛烈碰撞。

(2)叉车行驶在装卸平台上或者平台登车桥上时要非常谨慎。

(3)在装卸平台边缘应设置危险警示标识。

(4)严禁在平台上有任何的跳跃动作。

2. 汽车装卸作业安全

在进行汽车装卸作业时,要注意保持安全间距。一般汽车与堆物的距离不得小于2m,与滚动货物距离不得小于3m。多辆汽车同时进行装卸时,它们进行直线停放的前后车距不得小于2m,并排停放的两车侧板距离不得小于1.5m。汽车装载货物时应固定妥当,绑扎牢固。

6.4.4 存储区作业安全

仓储物在仓库中堆放不当,可能会产生货物滑落,导致货物损坏和砸伤工作人员等危险。因此,存储区作业也是仓库安全的重要组成部分。在存储区作业时要注意以下几点。

(1)仓储物应当分类、分垛储存,注意保持"五距"(顶距、灯距、墙距、柱距、垛距)。

(2)仓储物堆垛时应保持仓储物笔直和均匀摆放。

(3)将重量较重的仓储物放置于较低的或中间的货架上。

(4)无论仓储物体积大小,一次只从货架上存取一个仓储物。

(5)确保车辆和工作人员通过的通道畅通,没有任何的障碍物。

(6)定期对仓储物存储的设备进行维护和检修。

6.5 库区和仓库技术安全管理

6.5.1 库区的安全管理

库区安全管理的重点环节是对仓储技术区、库房、货物装卸与搬运的安全管理。

1. 仓储技术区的安全管理

仓储技术区是库区重地，应严格进行安全管理。技术区周围应设置高度大于 2m 的围墙，上置高 1.7m 以上的钢丝网，并设置电网或其他屏障。技术区内的道路、桥、梁、隧道等通道应畅通、平整。

技术区出入口应设置日夜值班的门卫，门卫应对进出人员和车辆进行检查和登记，严禁将易燃易爆物品和火源带入。

技术区内严禁进行危及货物安全的活动（如吸烟、鸣枪、烧荒、爆破等），未经上级部门的批准，不准在技术区内进行参观、摄影、录像或测绘。

2. 库房的安全管理

经常检查库房结构情况，及时维修和排除地面裂缝、地基沉降、结构损坏，以及周围山体滑坡、塌方，或防水防潮层和排水沟堵塞等情况。

库房钥匙应集中存放在技术区门卫值班室，实行业务处、门卫值班和保管员三方控制的制度。保管员领取钥匙要办理手续，下班后即交回并注销手续。对于存放易燃易爆、贵重货物的库房要严格执行两人分别掌管钥匙和两人同时进库的规定。

有条件的库房，应安装安全监控装置，并认真使用和管理此装置。

3. 货物装卸与搬运的安全管理

仓库机械应实行专人专机制度，明确岗位责任，以防止仓库机械丢失和损坏。操作人员应做到：会操作、会保养、会检查、会排除一般故障。

根据货物尺寸、重量、形状来选用合理的装卸、搬运设备，严禁超高、超宽、超重、超速以及其他不规范操作，不能在库房内检修机械设备。在狭小通道、出入库房或接近货物时装卸、搬运设备应减速鸣号。

6.5.2 仓库技术的安全管理

仓库技术的安全管理采取的有关措施如下。

1. 防雷

仓库是货物储运和检修的场所，一旦受到雷击，就会造成重大损失。因此，必须采取相应的防雷措施，以保护仓库的安全。常见的防雷装置有避雷针、避雷线、避雷网、避雷带及避雷器等。

一般应在仓库易受雷击部位安装避雷装置，使被保护的仓库和突出库房屋面的物体，均处于接闪器的保护范围之内；仓库内的金属制品和突出库房屋面的金属物应接到防雷电感应的接地装置上；低压架空线宜用长度不小于 50m 的金属铠装电缆直接埋地引入，入户端电缆的金属外皮应与防雷接地装置相连，电缆与架空线连接处还应装置阀型避雷器。

仓库及通过仓库的输油管线的避雷设施要安装完整。一般避雷网、避雷带及其引下线的截面积应不小于 $25mm^2$，埋入地下的接地体的截面积不得小于 $100mm^2$，接地深度不应小于 0.5m。接地线要有良好的导电作用，必要时，如在山地石层处，可经常加些食盐水以增强导电效果。

2. 防静电

爆炸物和油品应采取防静电措施。静电安全需要专人管理，这些人员需要具备相关的技术知识，并配备必要的检测仪器。一旦发现问题，需要及时采取措施。

所有防静电设施都应保持干净，防止其发生化学腐蚀、油垢沾污和机械碰撞损坏等情况。每年应对防静电设施进行 1~2 次的全面检查，检查应当在干燥的气候条件下进行。

3. 电气

按火灾和爆炸危险场所分级确定对电气设备和线路的管理。库房及其他场所应在工作结束后切断电源。

电气设备除了经常性检查，每年至少应当进行两次绝缘检查，发现问题要及时处理。要防止配电线路短路、过载等情况的发生，禁止使用不合格的保险装置，禁止私接电器，凡有爆炸品的仓库不准使用碘钨灯和日光灯。吸湿机在开机时，机身应离堆垛 1m 以上，排风口处不得堆垛，并应有专人看守，做到人走机停。

4. 防汛

洪水和雨水虽然是一种自然现象，但时常会对货物的安全仓储带来不利影响，所以应认真做好仓库防汛工作。在仓储企业的防汛工作中应抓好以下几点。

（1）建立企业内的防汛组织。特别是在汛期来临之前，组成临时性的防汛组织，并应由领导层直接领导。

（2）积极防范。日常应经常性地进行防汛教育，汛期则应加强值班，职工轮流守库，领导坐镇一线，统一指挥，组织抢救。

（3）掌握信息。要及时了解汛情的变化，以减少防汛措施的盲目性。

（4）改善储存条件。对陈旧的仓库应该注意改造排水设施，提高货位；新建仓库应考虑历年汛情的影响，使仓库设施能抵御雨汛的影响。

（5）做到有备无患。汛期前应该注意储备防汛物资，如水泵、草（麻）袋、土石等，避免临时遭遇汛期时措手不及。

本 章 小 结

在仓储过程中，仓储物受温度、湿度、光照、空气成分、微生物等外界环境因素影响，可能出现质量变化和安全隐患。为确保仓储物在仓储期间的质量与安全，需要根据仓储物的属性采取有针对性的保管措施。

有些仓储物在储存中常出现霉腐、虫蛀、锈蚀和老化等问题。为防止其质量发生劣变，可采用密封、通风、干燥处理、化学药剂、气调或微波等多种手段进行处理。例如，仓储物霉腐防治需重视日常管理，合理使用防霉药剂，配合其他抑菌技术；防虫可从杜绝仓库害虫来源、物理防治和化学药剂防治等方面入手。金属货物可采用涂油或气相防锈等防锈技术进行防锈，高分子材料则可通过材料改性、物理防护、添加防老剂等方式减缓老化。危险品具有易燃、易爆、易腐蚀、有毒或有放射性等特性，稍有不当便可能引发事故。其仓储管理必须严格执行相关规范，做到专库专存、分类存放、妥善保管、规范作业，并建立健全的应急处理机制。

仓库安全管理贯穿于仓储全过程，是保障人员、货物和设施安全的关键环节。治安保卫方面，应设置专门机构并建立制度以维护库区秩序；仓库消防安全管理需普及火灾知识，配备消防设施并落实防火措施；安全生产管理则覆盖人员安全、设备使用安全、仓库作业安全等多个层面；此外，库区和仓库技术安全管理也需到位，确保仓储活动高效、有序、可控。

习　　题

一、选择题

1. 仓储货物发生霉腐的主要原因是（　　）。
   A．物理变化　　　　　　　　　　　　B．化学变化
   C．微生物作用　　　　　　　　　　　D．仓库温度过高
2. 根据《危险化学品安全管理条例》（2013 修订），危险化学品必须储存在（　　）。
   A．普通仓库　　　　　　　　　　　　B．专用仓库
   C．民房　　　　　　　　　　　　　　D．任何干燥的地方
3. 金属货物锈蚀的主要类型包括（　　）。
   A．化学锈蚀和电化学锈蚀　　　　　　B．机械磨损和化学锈蚀
   C．电化学锈蚀和物理锈蚀　　　　　　D．化学锈蚀和热反应腐蚀
4. 高分子货物老化的主要原因是（　　）。
   A．内部分子结构　　　　　　　　　　B．外部环境因素
   C．材料的内部分子结构和外部环境因素　D．机械应力
5. 建设危险品仓库的基本要求不包括（　　）。
   A．选址要求　　　　　　　　　　　　B．建筑和设施要求
   C．设备管理要求　　　　　　　　　　D．仓库内部装修要求

二、简答题

1. 在仓储过程中，可采取哪些防治措施来减轻或避免货物的霉腐现象？
2. 什么是危险品？按其特性不同，危险品可以分为哪几类？
3. 仓库火灾发生的原因通常有哪些？
4. 仓库安全管理内容包括什么？

三、思考题

1. 危险品仓储的法律规定与管理要求是什么？
2. 如何保障危险品仓储的安全性？

四、案例分析

案例一：一起某烟草仓库因温湿度控制系统故障导致的烟草产品变质事故。该事故的发生暴露出仓库温湿度监控设备的维护不及时，管理人员对设备故障的响应不够迅速，未能及时采取有效措施，最终导致大批烟草产品因变质而报废。

案例二：一起因叉车操作失误引发的货物坠落事故。在该事故中，操作人员未按操作规程进行规范操作，导致货物从高处坠落，造成人员受伤和财产损失。事故调查发现，企业的安全培训未能有效提高员工的操作技能和安全意识，同时叉车的安全防护装置也未按规定进行定期检查和维护，企业存在明显的管理漏洞。

（资料来源：https://www.gml.cn/Article/wlccglzyzdaqgltxjsyj_1.html。）

根据以上案例请分析：

1. 仓库在设备维护和安全管理方面存在的共同问题是什么？
2. 如果你是仓库的负责人，会如何制定一个全面的安全管理体系，以预防类似事故的发生？

第 7 章 配送作业管理

【本章学习目标】
1. 掌握配送的基本作业环节和流程，掌握分拣、补货与流通加工作业流程，掌握装配作业流程与送货管理。
2. 熟悉合理配送的特征及常见的配送合理化策略，熟悉订单配送处理步骤。
3. 了解退货的原因与做法。

【知识导图】

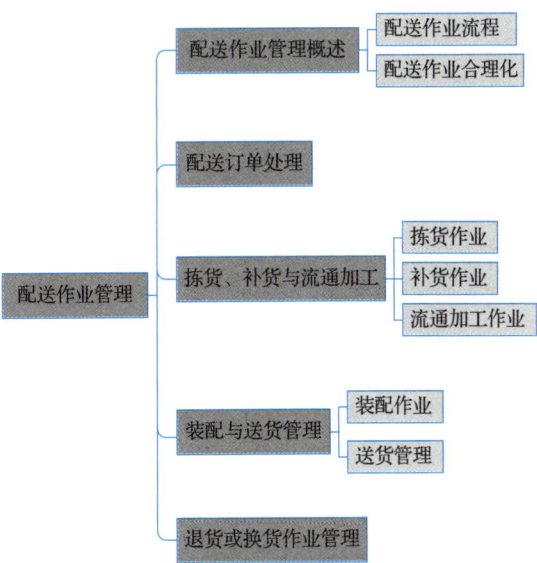

胖东来物流配送的成功之道

胖东来物流配送的成功之道在于其独特的配送策略、高效的供应链管理和卓越的客户服务。通过不断创新和优化，胖东来已经建立了一套完善的物流配送体系，为客户提供了便捷、高效、优质的物流服务。这使得胖东来在激烈的市场竞争中脱颖而出，成为一家知名的零售企业。

从供应链的角度分析
胖东来成功的秘诀

1. 胖东来的配送策略

（1）自建物流体系。

胖东来深知物流配送对于零售企业的重要性，因此自成立以来，就一直在努力构建自己的物流配送体系。通过自建物流中心和配送网络，胖东来实现了对商品的快速配送，确保客户能够在最短的时间内收到所订购的商品。

（2）采用先进的物流技术。

胖东来不断引进先进的物流技术，如自动化仓库管理系统、条形码扫描技术和智能运输系统等，以提高物流配送的效率和准确性。这些先进技术的应用，使得胖东来的物流配送更加智能化、自动化和高效。

（3）灵活的配送策略。

胖东来根据市场需求和客户行为，制定了灵活的配送策略。例如，针对不同的客户群体，胖东来提供多种配送方式，如次日达、定时送货等，以满足不同客户的需求。此外，胖东来还根据季节和节假日等特殊情况，调整配送策略，确保客户在这些时段也能享受到便捷的物流服务。

2. 胖东来的供应链管理

（1）供应商管理。

胖东来非常重视与供应商的合作关系，通过与供应商建立长期稳定的合作关系，来确保供应商能够提供优质的产品。胖东来对供应商实施评估、考核和激励机制，这些机制有助于提高供应商的合作意愿和积极性。

（2）库存管理。

胖东来采用先进的库存管理系统，对库存进行实时监控，确保库存水平始终处于合理范围内。此外，胖东来还通过与供应商建立库存共享机制，降低库存成本，提高库存周转率。

（3）信息共享。

胖东来与供应商、物流公司等合作伙伴建立了信息共享机制，实现了信息的实时传递和协同工作。这有助于提高整个供应链的运作效率，降低运营成本。

3. 胖东来的客户服务

（1）优质的客户体验。

胖东来始终把提供优质的客户体验作为物流配送工作的核心。为了实现这一目标，胖东来不断优化配送流程，提高配送速度，确保客户能够在最短的时间内收到所订购的商品。

（2）个性化的服务。

胖东来了解到客户的需求是多样的，因此胖东来为客户提供个性化的服务和定制化的配送方案。此外，胖东来还提供多种支付方式，方便客户选择最合适的支付方式。

（3）完善的售后服务。

胖东来深知售后服务对于客户满意度的重要性，因此设立了完善的售后服务体系，为客户提供及时、专业的售后支持。这有助于提高客户的满意度，增强客户对胖东来的忠诚度。

[案例来源：胖东来：物流配送成功之道-腾讯云开发者社区-腾讯云 (tencent.com)。]

7.1 配送作业管理概述

科捷智能 日日顺
大件物流智能无人
配送中心项目

《"十四五"现代物流发展规划》提到，现代物流一头连着生产，一头连着消费，高度集成并融合运输、仓储、分拨、配送、信息等服务功能，是延伸产业链、提升价值链、打造供应链的重要支撑，在构建现代流通体系、促进形成强大国内市场、推动高质量发展、建设现代化经济体系中发挥着先导性、基础性、战略性作用。其中，配送作业管理是对物流系统中仓库货物的存储、打包、分拣、装载、运输和交付等环节进行规划、组织、指挥、控制和监督的系统性活动。其目的是提高配送效率、降低成本、保证服务质量。

7.1.1 配送作业流程

配送作业流程图，如图7.1所示。

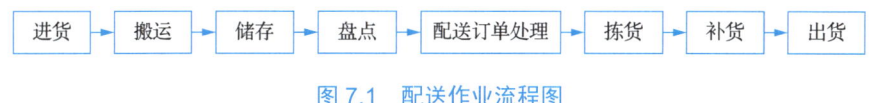

图 7.1 配送作业流程图

（1）进货。

进货作业是配送作业流程的开始，包括接收实体货物，从货车上卸下货物，并核对该货物的数量及状态（进行数量检查、品质检查、开箱验收等），然后记录必要信息或录入计算机。

（2）搬运。

搬运是将不同形态的散装、包装或整体的原料、半成品或成品，在平面或垂直方向加以提起、放下或移动，可能是要运送，也可能是要重新摆置物料，而使货品能适时、适量移至适当的位置或场所存放。配送中心的每个作业环节中都包含着搬运作业。

（3）储存。

储存作业的主要任务是把将来要使用或者要出货的物料进行保存，且经常要做库存的核查控制。储存时要注意充分利用仓库的空间，还要注意库存的管理。

（4）盘点。

因货品不断地进出库，在长期的累积下，库存数量容易与实际数量不符，或者有些货品因存放过久、存放不恰当而导致其品质或功能受到影响，难以满足客户的需求。为了有效地控制库存数量，需要对各储存场所进行盘点作业。

（5）配送订单处理。

从接到客户订货开始至准备着手拣货之间的作业阶段，称为配送订单处理，包括有关客户、订单的资料确认，存货查询，单据处理以及准备出货等环节。

（6）拣货。

每张客户的订单中都包含一项及以上的商品，将这些不同种类数量的商品取出并集中在一起，就是拣货作业。拣货作业的目的是正确且迅速地集齐客户所订购的商品。

（7）补货。

补货作业包括从保管区域将货物移到拣货区域，并作相应的信息处理。

（8）出货。

将拣取分类完成的货物做好出货检查，装入合适的容器，做好标识，再根据车辆趟次或厂商等的指示将货物运至出货准备区，最后装车配送。

7.1.2 配送作业合理化

配送作业合理化是指通过优化配送流程来提高配送效率，降低成本的一种方法。配送作业合理化可以包含制订合理配送计划、制定配送合理化标准、改善不合理配送形式等。

1. 配送计划

因为配送往往涉及多个货物品种、多个用户、多辆车、各种车的载重量不同等多种因素，所以需要认真制订配送计划，实现科学组织、合理调配资源，达到既满足用户要求又总费用最省、车辆被充分利用、效益最好的目的。配送计划的制订方法有很多种，如节约里程法、0-1规划法、邮递员模型法等。这里只介绍0-1规划法和节约里程法。

（1）0-1规划法。

由一个网点向多个用户配送时，当各用户的需求量（b）之和不大于运输车的载重量（Q），即 $\Sigma b \leq Q$ 时，可以采用0-1规划法。该问题的实质是，一辆车既要每个网点都走到，又要使总路程最短或时间最省。

假设用 x 表示引路段处在闭合回路的第 r 段。x_{ij} 是一个 0~1 变量，表示运输车是否从用户 i 到用户 j。

则该问题可以构成一个数学模型，即最小化总路程（或总时间）的目标函数为：

$$\text{Minimize} \sum_{i=1}^{n} \sum_{j=1}^{n} d_{ij} x_{ij} \qquad (7\text{-}1)$$

其中，d_{ij} 表示从用户 i 到用户 j 的距离（或时间）。该目标函数的约束条件为每个用户只能被访问一次：

$$\sum_{j=1}^{n} x_{ij} = 1 \quad \forall i \,; \quad \sum_{i=1}^{n} x_{ij} = 1 \quad \forall j$$

（2）节约里程法。

节约里程法的示意图如图7.2所示。如果从配送中心 A_0 到用户 B_1、B_2 的运输距离分别是 C_{01} 和 C_{02}，B_1 和 B_2 之间运输距离是 C_{12}，且对每个用户都需派一辆车来回送货［图7.2（a）］，则总运输距离 C_1 为：

$$C_1 = 2C_{01} + 2C_{02}$$

节约里程法路径规划原理与EXCEL计算展示

如果只派一辆车一次给两个用户顺序送货[图7.2（b）]，则总运输距离 C_2 为：
$$C_2 = C_{01} + C_{12} + C_{02}$$
二者之间的节约量 ΔC_{12} 为：
$$\Delta C_{12} = C_1 - C_2 = (2C_{01} + 2C_{02}) - (C_{01} + C_{12} + C_{02}) = C_{01} + C_{02} - C_{12}$$

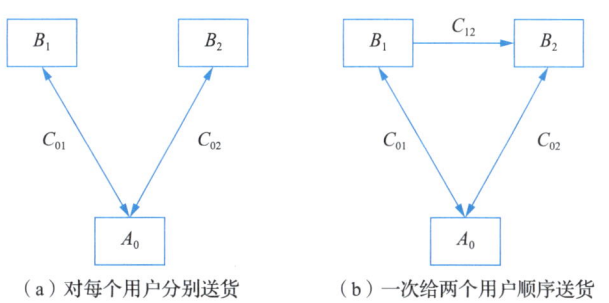

（a）对每个用户分别送货　　（b）一次给两个用户顺序送货

图 7.2　节约里程法示意图

推广到给多个用户配送的情况，则可以得到更大的节约量。

使用节约里程法的步骤如下。

① 建立各点里程需求量表。

② 求节约量表。

③ 求初始解（每点派一辆车）。

④ 求改进解。

如果我们优先选出节约量最大的点连在一起，且满足回路中各点需求量的总和不大于一辆车的载重量，那么就构造出了一条配送回路。选好一条配送回路以后，再在剩下的网点中同样构造新的配送回路，直到所有点都被选进配送回路中。这就是节约里程法的原理。

2. 配送合理化标准

判断配送是否合理化，是配送决策系统的重要内容，目前国内外尚无确定的技术经济指标体系和判断方法，本书主要介绍以下几点常用的配送合理化标准。

（1）库存是判断配送合理与否的重要标志。具体指标有以下两方面。

① 库存总量。在一个配送系统中，库存总量指标是指库存数量从分散于各个用户转移到配送中心后，配送中心库存数量加上各用户在实行配送后库存量之和应低于实行配送前各用户库存量之和。此外，从各个用户角度来看，实行配送前后的各用户的库存量对比，也是用于判断配送是否合理化的标准之一。库存总量是一个动态的量，上述对比应当在一定经营量前提下进行。在用户生产规模扩大导致库存总量上升时，必须扣除这一因素，才能对库存总量是否下降作出正确判断。

② 库存周转速度。由于配送企业的调剂作用，企业能够以低库存保持较高的供应能力，因此调剂后的库存周转速度一般总是快于各企业原来的库存周转速度。此外，从各个用户角度来看，比较各用户实行配送前后的库存周转速度，也是判断配送是否合理化的一种方法。

为取得共同比较基准，以上库存指标，都以库存储备资金为基础进行计算，而不以实际物资数量为基础进行计算。

（2）实行配送应有利于资金占用比例的降低及资金运用的科学化。具体判断标志如下。

① 资金总量。资源筹措所占用的流动资金总量，随储备总量的下降及供应方式的改变必然有较大幅度的降低。

② 资金周转速度。从资金运用方面来讲，由于配送加快了整个流程的节奏，资金得以充分发挥作用。同样数量资金，过去需要较长时期才能满足一定的供应要求，实行配送之后，相同数量的资金在较短时期内就能达到同样的供应目标。所以资金周转速度是否加快，成为衡量配送是否合理化的标志。

③ 资金投向的改变。资金是分散投入还是集中投入，是资金调控能力的重要反映。实行配送后，资金必然应当从分散投入改为集中投入，以增强资金的调控作用。

④ 成本和效益。总效益、宏观效益、微观效益、资源筹措成本都是判断配送是否合理的重要标志。对于不同的配送方式，可以有不同的判断侧重点。例如，配送企业、用户企业都是独立的以各自利润为中心的企业，它们不但要看配送的总效益，而且还要看对社会的宏观效益及微观效益，不顾及任何一方，都是不合理的。又如，如果配送是由用户企业自己组织的，则配送主要强调的是保证能力和服务，效益主要从总效益、宏观效益和用户企业的微观效益来判断，不必过多顾及配送部门的微观效益。由于总效益及宏观效益难以计量，所以在实际中，常以是否按照国家政策进行经营，是否完成国家税收及用户企业的微观效益进行判断。

对于配送企业而言，在资金投入确定的情况下，企业利润反映配送合理化的程度。对于用户企业而言，在保证供应水平或提高供应水平（产出一定）的前提下，供应成本的降低反映了配送的合理化程度。成本及效益对配送合理化程度的衡量，还可以具体到储存、运输等配送环节，使判断的依据更充分。

（3）实行配送，各用户最担忧的是供应保障程度可能会降低，这既是个心态问题，也是一个承担风险的实际问题。配送的关键在于必须提高而不是降低对用户的供应保障能力，这才算实现了配送的合理化。供应保障能力可以从以下几个方面判断。

① 缺货次数。实行配送后，对各用户来讲，该到货而未到货会影响用户的生产及经营，这种事故次数必须下降，配送才算合理。

② 配送企业集中库存量。对每个用户来讲，只有当库存数量所形成的供应保障能力高于配送前单个企业供应保障能力时，从供应保障角度来看，配送才算合理。

③ 即时配送的能力及速度是应对用户出现特殊情况时的一种特殊供应保障方式，这个能力必须高于未实行配送前用户紧急进货能力，配送才算合理。

特别需要强调一点，配送企业的供应保障能力，是一个科学的合理的概念，而不是无限的概念。具体来讲，如果供应保障能力过高，超过了实际的需要，也属于配送不合理，所以追求供应保障能力的提高也是有限度的。

（4）末端运输是目前运能、运力使用不合理、浪费较大的领域，因而人们寄希望于配送来解决这个问题，这也成为配送合理化的重要标志。运力使用的合理化是依靠送货运力的规划和整个配送系统的合理流程及与社会运输系统的合理衔接实现的。送货运力的规划是任何配送中心都需要花力气解决的问题，而其他问题有赖于配送及物流系统的合理化，判断起来比较复杂，可以简化判断如下。

① 社会车辆总数减少而承运量增加为合理。

② 社会车辆空驶减少为合理。

③ 一家一户自提自运减少、社会化运输增加为合理。

（5）配送的重要观念是以配送为用户代劳。因此，实行配送后，各用户库存量、仓库面积、仓库管理人员减少为合理；用于订货、接货、提供供应的人减少为合理。真正解决了用户的后顾之忧，配送的合理化程度才能达到较高水平。

（6）配送必须有利于物流合理化。这可以从以下几个方面判断。

① 是否降低了物流费用。

② 是否减少了物流损失。

③ 是否加快了物流速度。

④ 是否发挥了各种物流方式的最优效果。

⑤ 是否有效衔接了干线运输和末端运输。

⑥ 是否不增加实际的物流中转次数。

⑦ 是否采用了先进的技术手段。

物流合理化的问题是配送要解决的关键问题，也是衡量配送本身合理化程度的重要标志。

另外，关于如何实现配送合理化，国内外有一些可供借鉴的办法，具体如下。

（1）一定综合程度的专业化配送。通过采用专业设备、设施及操作程序，可以取得较好的配送效果并降低过分综合化配送的复杂程度及难度，从而追求配送合理化。

（2）加工配送。通过加工和配送相结合，充分利用本来应有的这次中转，而不增加新的中转次数，从而实现配送合理化。同时，加工依托配送，使加工目的更明确、和用户联系更紧密，也避免了加工的盲目性。这两者的有机结合，不仅能够在不增加太多投入的情况下追求两个优势、两种效益，而且是实现配送合理化的重要策略。

（3）共同配送。通过共同配送，可以以最近的路程、最低的配送成本完成配送，从而追求配送合理化。

（4）送取结合。配送企业与用户建立稳定、密切的协作关系。配送企业不仅成为用户的供应代理人，而且成为用户的储存据点，甚至成为产品的代销人。在配送时，将用户所需的货物送到，再将该用户生产的产品用同一辆车运回，这种服务也成为配送中心的配送产品之一，或者作为代存代储服务，减轻了生产企业库存负担。这种送取结合的方式，不仅充分利用了运力，还使配送企业功能有更大的发挥，从而实现配送的合理化。

（5）准时配送系统。准时配送是实现配送合理化的关键要素。只有实现准时配送，用户才能精准掌控资源，安心实施低库存或零库存策略，并能高效安排接货所需的人力、物力，以追求最高工作效率。另外，供应保障能力，也取决于准时供应。从国外的经验看，准时供应配送系统是现在许多配送企业追求配送合理化的重要手段。

（6）即时配送。即时配送是最终解决用户与企业之间的断供之忧，大幅度提高供应保障能力的重要手段。即时配送是配送企业快速反应能力的具体化，是配送企业能力的体现。即时配送成本较高，但它是整个配送合理化的重要保障手段。此外，即时配送也是用户实行零库存策略的重要保障手段。

3. 不合理配送的表现形式

首先，配送决策的优劣很难有一个绝对的标准。例如，企业效益是配送的重要衡量标准，但是，在决策时需综合考虑各个因素，有时甚至需接受短期亏损。所以，配送的决策是全面、综合的决策。在决策时要避免由于不合理配送所造成的损失，但有时在追求整体的合理性时，可能会出现局部不合理的情况。所以，这里只单独论述不合理配送的表现形式，同时提醒避免走向绝对化的误区。

（1）资源筹措的不合理。

配送通过筹措资源的规模效益来降低资源筹措成本，使配送资源筹措成本低于用户自己筹措资源的成本，从而取得优势。如果不是集中多个用户的需要进行批量筹措资源，而仅仅是为某一两个用户代购代筹，对用户来讲，就不仅不能降低资源筹措成本，相反还要多支付一笔配送企业的代筹代办费，因此是不合理的。资源筹措不合理还有其他表现形式，如配送量计划不合理、资源筹措过多或过少、在资源筹措时不考虑与资源供应者之间建立长期稳定的供需关系等。

（2）库存决策不合理。

配送应使集中后的库存总量低于各用户分散的库存总量，从而大大节约社会财富，同时降低用户实际平均库存负担。因此，配送企业必须依靠科学管理来实现一个低库存总量，否则就会出现只是库存转移，而未达到库存总量降低的不合理现象。配送企业库存决策的不合理还表现在储存量不足，不能保证随机需求，失去了应有的市场等形式。

（3）价格不合理。

总的来讲，配送的价格应低于不实行配送时用户的进货价格加上提货、运输、进货的成本总和，这样才会使用户有利可图。有时用户也可以接受由于配送提供较高的服务水平而支付较高的费用，但这不是普遍的情况。如果配送价格普遍高于用户自己的进货价格，就会损伤用户利益，就是一种不合理的表现。配送价格若过低，则配送企业处于无利或亏损状态，从而损伤销售者利益，也是不合理的。

（4）配送中转与直达的决策不合理。

一般而言，配送中中转环节的增加意味着成本的上升，但是这个环节的增加，可降低用户平均库存水平，不仅抵消了增加环节的支出，而且还能取得剩余效益。如果用户进货量大，可以直接通过社会物流系统进行运输和配送，费用比通过中转环节送货低，在这种情况下，采用中转方式配送，就属于不合理范畴。

（5）送货中不合理运输。

对于多个小用户来讲，通过集中配装和选择多家用户进行配送，可大大节省运力和运费。如果不能利用这一优势，仍然是一户一送，车辆达不到满载（即时配送过多、过频时会出现这种情况），就属于不合理运输。此外，其他不合理运输的若干表现形式（如返程或起程空驶、交错运输、重复运输等），在配送中都可能出现，便会使配送也变得不合理。

（6）经营观念的不合理。

在实行配送时，有许多不合理的经营观念，这些观念使配送无法发挥优势，反而损坏了配送企业的形象，这是在开展配送时尤其需要注意克服的不合理现象。例如，企业在追求配送效率的同时，忽视了客户的个性化需求和配送体验，比如灵活的配送时间、多样化的配送方式等，客户满意度下降，导致客户流失。

7.2 配送订单处理

配送订单处理是从接到用户配送订单开始,直到拣选货物为止的工作。其中包括有关用户和配送订单的资料确认、存货查询和单据处理等内容。配送订单处理有人工处理和计算机处理两种形式。目前主要采用计算机处理这种形式。图 7.3 所示为配送订单处理的流程。

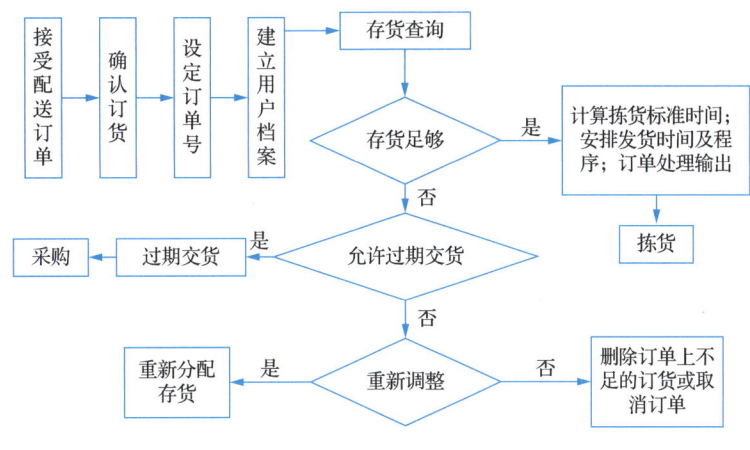

图 7.3 配送订单处理的流程

7.3 拣货、补货与流通加工

7.3.1 拣货作业

在拣货之前,配送中心要把各用户配送订单中的不同货物的资料及货物集中在一起,再进行拣货作业。拣货作业的目的在于正确而迅速地把用户所需货物集中起来。

1. 拣货流程

(1)拣货信息处理。拣货信息处理是指根据用户配送订单的相关资料,及时准确地为拣货人员提供拣货作业所需要的信息,以保证拣货人员在既定拣货方式下正确而迅速地进行拣货作业。拣货信息是拣货作业的指令。

(2)订单传票。订单传票是指直接利用客户的配送订单或以物流配送中心送货单作为拣货指示凭据的一种单据。

(3)拣货单。把原始的用户配送订单输入计算机进行拣货信息处理后,打印出来的单据为拣货单。采用拣货单的优点是可以避免订单传票在拣货过程中受污损而影响拣货,拣货单可显示产品储位编号。

(4)贴标签。首先确认订单信息和拣货单准确无误后,使用系统生成并打印包含收件人信息和商品详情的标签,然后将标签贴在包裹显眼处,确保内容清晰且无误,最后做好标签记录,以保障后续配送流程的顺畅和准确。

（5）显示器传递。这种方式最初是通过在货架上安装信号灯来显示拣货位置，之后发展为在货架上安装液晶显示器，通过计算机控制，显示应该拣取货品的数量，这样出错率很小。

（6）条形码。条形码是利用不同粗细的黑白相间条纹组成的平行线符号，可以用来取代商品货箱上的号码数字。把它贴在商品或货箱表面上，再经过条形码扫描器阅读和计算机解码，将"线条符号"转变成"数字符号"，便于计算机运算。条形码是商品从制造、批发到销售过程中自动化管理的符号。通过条形码扫描器自动读取的方式，不但能准确快速地掌握商品信息，而且能提高库存管理的效率。这也是一种实现商品管理现代化、提高物流效率的有效方法。通过条形码扫描器读取表示货架位置号码的条形码后，能立即得到货物位置的信息。

（7）无线电识别器。无线电识别器也称射频识别器，工作原理为：把无线电识别器安装在移动设备（如堆垛机）上，同时又把接收和发射电波的 ID 卡或电子标签等信息的反应器安装在货品或储位上。当无线电识别器接近货品或储位时，立即读取货品或储位上的反应器的信息，通过识别电路传给计算机。图 7.4 所示为无线电识别器略图。

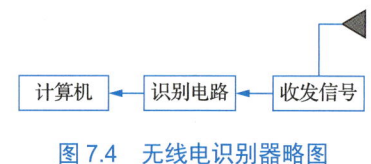

图 7.4　无线电识别器略图

（8）计算机随行指示。在堆垛机或台车上安装辅助拣货的计算机终端，在拣货之前把拣货信息输入计算机。拣货人员根据计算机显示和引导，能迅速而正确地拣取货物。

（9）自动拣货系统。当电子信息输入自动拣货系统后，自动完成拣货工作，无须人工介入。这是目前世界上最先进的拣货系统，是物流拣货设备研究发展的方向。

2. 拣货成本

（1）拣货成本的构成分别是：人工成本、拣选设备折旧成本、信息处理成本和耗材费用等。人工成本为直接或间接拣选的工时成本。拣选设备折旧成本为储存、搬运和计算机等设备折旧费。信息处理成本为订单信息的处理、库存管理、数据查询等相关操作所产生的费用。耗材费用为在拣货过程中所消耗的各项物资和材料的费用。

（2）拣货成本的计算公式。

$$每笔订单投入的拣货成本 = \frac{拣货投入总成本}{订单总笔数}$$

$$每件拣货单位投入的拣货成本 = \frac{拣货投入总成本}{拣货单位累计拣货总件数}$$

$$单位体积投入拣货成本 = \frac{拣货投入总成本}{货品体积数}$$

一旦发现拣货成本太高，应采取措施降低成本。

7.3.2 补货作业

补货作业是从保管区把货物运到另一个拣货区的工作。补货作业的目的是确保货物能保质保量按时送到指定的拣货区，补货单位一般是托盘。

1. 补货方式

（1）整箱补货。

整箱补货方式中的保管区为货架储放区，拣货区为两面开放式的流动货架拣货区。拣货员拣货之后，把货物放入输送机并运到发货区。当拣货区存货量低于设定标准时，立即补货。

（2）托盘补货。

这种补货方式是以托盘为单位进行补货的方式，即把货物通过托盘由地板堆放保管区运到地板堆放拣货区进行补货。拣货后把托盘上的货物放入输送机并运到发货区。当存货量低于设定标准时，立即补货。也可用堆垛机把托盘从保管区运到流动货架拣货区进行补货。

2. 补货时机

根据拣货区存货量的多少来进行补货。补货时机有以下三种。

（1）批次补货。

每天由计算机计算出所需货物的总拣取量，再查看拣货区存货量，若拣货区存货量低于每天所需的总拣取量，则在拣货前一次性补足货物，从而满足全天拣货量。

（2）定时补货。

把每天分为几个时点，当拣货区存货量小于设定标准时，立即补货。

（3）随机补货。

巡视员发现拣货区存货量小于设定标准时，立即补货。

7.3.3 流通加工作业

商品由物流中心送出之前可做流通加工处理，在物流中心的各项作业中以流通加工作业最易提高商品的附加值。流通加工作业包含商品的分类、过磅、拆箱重包装、贴标签及商品的组合包装这些环节。而欲达成完善的流通加工，必须执行包装材料及容器的管理、组合包装规则的制定、流通加工包装工具的选用、流通加工作业流程的设计、作业人员的调派等工作。

1. 流通加工的发展

（1）流通加工是社会化分工的产物。

流通加工本来属于生产领域，我国至今尚未实现其与生产的完全分离。然而，许多经济发达的国家早已把流通加工从生产领域中剥离出来，使其作为社会化分工的产物而备受推崇。这是因为企业为了增强核心竞争力，需要将非核心业务分离出去，以便发挥自己最有优势的生产技能，精简组织结构，减轻运营压力，集中人力、物力、财力和精力，最大限度地创造企业的附加价值。在消费者对产品质量、功能、款式、便利性等标准要求越来越多样化的当今时代，企业不得不专注于核心业务，无暇顾及辅助性生产和加工活动。

（2）流通加工完善商品使用价值，提高用户服务水平。

生产商品本质上是创造商品的价值和使用价值，流通加工是在此基础上完善商品的使用价值，增加商品的价值。集中、大批量的生产模式与分散、小批量的消费者需求之间，存在着一定空间差异，导致规模化大生产与千家万户消费者之间在场所效用和时间效用上出现空白，商品的使用价值需要通过流通加工来完善，以弥补这一空白。流通加工在生产者和消费者之间，起着承上启下的作用。它是把分散的用户需求集中起来，使零星的作业集约化，作为广大终端用户的汇集点发挥作用。生产者几乎无法直接满足用户的要求，也达不到服务标准，只有利用流通加工来弥补这一不足。

（3）流通加工可节约材料，降低物流成本。

节约材料是流通加工十分重要的特点之一。流通加工属于初级加工，它直接面对终端用户，综合多家需求，集中下料，合理套裁，充分利用边角余料，减少废钢、角铁、碎块的浪费，做到最大限度的"物尽其用"，从而节约大量的原材料。流通加工一般都在干线运输和支线运输的节点上进行，这样能使运输合理分散，有效地缓解长距离、大批量、少品种的物流与短距离、小批量、多品种物流的矛盾，实现物流的合理流向和物流网络的最佳配置，从而避免了不合理的重复、交叉、迂回运输，大幅度节约运输、装卸搬运和保管等费用，降低物流总成本。

2. 流通加工与生产加工的区别与联系

流通加工和一般的生产加工在加工方法、加工组织、生产管理方面并无显著区别，但在加工对象、加工程度方面差别较大，主要差别如下。

（1）流通加工的对象是进入流通过程的商品。这与其他生产加工环节的对象不同。流通加工的对象是商品，其他生产加工环节的对象不是最终商品，而是原材料、零配件、半成品。

（2）流通加工是初级加工，而不是复杂加工。一般来讲，如果必须进行复杂加工才能形成人们所需的商品，那么，这种复杂加工应设置专门的生产加工过程，在此生产过程中应完成大部分加工活动，而流通加工则是一种辅助及补充。

（3）从价值观点看，生产加工的目的在于创造商品的价值及使用价值，而流通加工则在于完善其使用价值，增加其价值。

（4）流通加工的组织者是从事流通工作的人，能密切结合流通的需要进行这种加工活动。从加工单位来看，流通加工由商业或物资流通企业完成，而生产加工则由生产企业完成。

（5）生产商品是为了交换和消费，流通加工的一个重要目的是促进消费（或再生产），这一点与商品生产有共同之处。但是流通加工有时候也是以自身流通为目的的，纯粹是为流通创造条件而进行加工，这种为流通所进行的加工与直接为消费进行的加工从目的上来讲是有区别的，这又是流通加工不同于一般生产的特殊之处。

3. 流通加工的地位及作用

流通加工在物流中的地位和作用如下。

（1）流通加工有效地完善了流通体系。流通加工在实现时间效用和场所效用两个重要方面，确实不能与运输和储存相提并论，但这绝不是说流通加工不重要，实际上它也是物流系统中不可或缺的功能要素，起着补充、完善、提高、增强的作用，能够实现运输、储存等其他功能要素无法达成的效果。所以，流通加工的地位可以被描述为提高物流水平，促进物流向现代化发展的必不可少的环节。

（2）流通加工是物流中的重要利润源。流通加工是一种低投入高产出的加工方式，往往以简单加工手段解决重大问题。实践证明，有的流通加工仅通过改变商品包装，便能使商品档次跃升从而增加其价值；有的流通加工能将产品利用率显著提高 20%～50%，这是采取一般方法提高生产率难以实现的。根据我国近些年的实践，仅流通加工向物流企业提供的利润不亚于从运输和储存环节中挖掘的利润，因此流通加工是物流中的重要利润源。

（3）流通加工在国民经济中也是重要的加工形式。在整个国民经济的组织和运行方面，流通加工是其中一种重要的加工形态，对推动国民经济的发展和完善国民经济的产业结构和生产分工有一定的意义。

第一，提高原材料利用率。利用流通加工环节进行集中下料，是将生产工厂直运来的简单规格产品，按使用部门的要求进行下料。集中下料可以优材优用、小材大用、合理套裁，实现很好的技术经济效果。

第二，进行初级加工，方便用户。在货量小或临时需要初级加工的使用单位，且该单位又缺乏进行高效率初级加工的能力的情况下，依靠流通加工可使使用单位省去进行初级加工的投资、设备及人力，从而激活供应链，方便用户。目前发展较快的初级加工有：将水泥加工成生混凝土，将原木或板方材加工成门窗，冷拉钢筋及冲制异型零件，钢板预处理、整形、打孔等加工。

第三，提高加工效率及设备利用率。由于建立了集中加工点，可以采用效率高、技术先进、加工量大的专门机具和设备。

4. 流通加工作业的基本项目

（1）拆箱作业。根据单品拣货的拆箱作业。一般发生在流通加工区、散装拣货区等。

（2）裹包。根据客户需求将物品另行包裹。一般发生在流通加工区、集货区等。

（3）多种物品集包。根据客户需求将数件数种物品集成小包装或附赠品包装。一般发生在流通加工区、集货区等。

（4）外部外箱包装。根据运输配送需求将物品装箱或以其他方式进行外部包装。一般发生在流通加工区、集货区等。

（5）发货物品称重。根据运输配送需求或运费计算方式，需要对发货物品进行称重作业。一般发生在流通加工区、发货暂存区、称重作业区等。

（6）印制条码文字标签。根据顾客需求印制有关条码文字标签。一般发生在流通加工区、分类区等。

（7）贴附标签。将根据顾客需求印制的条码文字标签贴附在发货物品外部。一般发生在流通加工区、分类区等。

5. 流通加工的类型

根据流通加工对增强物流服务功能的不同表现，流通加工分类如下。

（1）为弥补生产领域加工不足的加工。

有许多产品在生产领域的加工中只能达到一定程度，这是由于许多因素限制了生产领域不能完全实现终极加工。例如，钢铁厂只能按标准规定的规格进行大规模生产，以使产品有较强的通用性，提高生产效率和效益；木材如果在产地被制成木制品的话，就会造成运输的极大困难，所以在原生产领域中只能加工到圆木、板方材这个程度，进一步的下料、切裁、处理等加工则由流通加工完成。这种流通加工实际是生产的延续，是生产加工的深化，对弥补生产领域加工不足有重要意义。

（2）为满足需求多样化进行的服务性加工。

从需求角度看，需求存在着多样化和变化两个特点，为满足这些特点，经常是用户自己设置加工环节。例如，生产型用户的再生产往往从原材料初级处理开始。现代生产的要求，是生产型用户尽量减少流程，集中力量从事较复杂的、技术性较强的劳动，而不愿意将大量初级加工包揽下来。这种初级加工带有服务性，由流通加工来完成，生产型用户便可以缩短自己的生产流程，使生产技术密集程度提高。对一般生产者而言，这样做可省去烦琐的预处置工作，从而集中精力从事较高级、能直接满足需求的劳动。

（3）为保护商品所进行的加工。

在物流过程中和用户投入使用前都存在对商品的保护问题。流通加工能防止商品在运输、储存、装卸、搬运、包装等过程中产生损失，顺利实现商品的使用价值。和前两种加工类型不同，这种加工并不改变进入流通领域的"物"的外形及性质，主要采取稳固、改装、冷冻、保鲜、涂油等方式对商品进行保护。

（4）为提高物流效率、方便物流的加工。

有一些商品本身的形态使之难以进行物流操作，如鲜鱼的装卸、储存操作困难；过大设备搬运和气体的运输、装卸困难等。进行流通加工可以使物流各个环节更易于操作，如鲜鱼冷冻、过大设备解体、气体液化等。这种加工往往改变"物"的物理状态，但并不改变其化学特性，并最终仍能使商品恢复其原来的物理状态。

（5）为促进销售的流通加工。

流通加工可以从若干方面起到促进销售的作用。如将过大包装或散装物分装成适合一次性销售的小包装的分装加工；将原以保护商品为主的运输性包装改换成以促进销售为主的装潢性包装，以起到吸引消费者、指导消费的作用；将零配件组装成用具、车辆以便于直接销售；将蔬菜、肉类洗净切块以满足消费者要求等。这种流通加工是不改变"物"的本体，只进行简单改装的加工；也有许多是组装、分块等深加工。

（6）为提高加工效率的流通加工。

许多生产企业的初级加工数量有限，加工效率不高，也难以投入先进科学技术。流通加工以集中加工形式，解决了单个企业加工效率不高的弊病，以一家流通加工企业代替了若干生产企业的初级加工工序，促使生产水平提高。

（7）为提高原材料利用率的流通加工。

流通加工利用其加工方式简单、加工效率高的特点，可以实行合理规划、合理套裁、集中下料的办法。这种办法能有效提高原材料的利用率，减少原材料的损失和浪费。

（8）衔接不同运输方式，使物流合理化的流通加工。

在干线运输及支线运输的节点，设置流通加工环节，可以有效地解决大批量、低成本、长距离干线运输，与多品种、小批量、多批次末端运输和集货运输之间的衔接问题，即在流通加工点与大生产企业间形成大批量、定点运输的渠道，并以流通加工中心为核心，组织对多用户的配送，也可在流通加工点将运输包装转换为销售包装，从而有效衔接有不同目的的运输方式。

（9）以提高经济效益，追求企业利润为目标的流通加工。

流通加工的一系列优点，可以形成一种"利润中心"的经营形态，这种类型的流通加工是经营的一环，在满足生产和消费者要求基础上取得利润，同时在市场和利润引导下使流通加工在各个领域中能有效的发展。

（10）生产-流通一体化的流通加工形式。

依靠生产企业与流通企业的联合，或者生产企业涉足流通环节，或者流通企业涉足生产环节，实现生产与流通加工的合理分工、合理规划、合理组织，从而统筹安排生产与流通加工，这就是生产-流通一体化的流通加工形式。这种形式可以促成产品结构及产业结构的调整，充分发挥企业集团的经济技术优势，是目前流通加工领域的新形式。

7.4 装配与送货管理

装配作业与送货作业是企业物流过程中的关键环节，涵盖了从生产完成后对产品的组装到将产品送到消费者手中的整个流程。

7.4.1 装配作业

1. 分货

分货就是把拣货完毕的货物，按用户或配送路线进行分类的工作。分货方式有以下两种。

（1）人工分货。人工分货方式是指分货作业过程全部由人工完成，即由人工根据订单或传票把各用户的货物放在贴好用户标签的货框中的一种方式。

（2）自动分货。自动分货方式是利用自动分类机来完成分货工作的一种方式。

2. 发货检查

发货检查是指根据用户信息和车次，对拣选货物进行物品号码和数量的核实以及品质的检查。发货检查是进一步确认拣货作业是否有误的处理工作。检查方法有条形码检查法、声音输入检查法和重量计算检查法三种。

（1）条形码检查法。因为条形码是随货物移动的，检查时用条形码扫描器读取条形码内容，计算机自动把信息与发货单中相应信息对比，从而检查货物数量和号码是否有误。

（2）声音输入检查法。这是一种利用新技术的检查方法，当作业员发声读出商品名称、代码和数量之后，计算机接收声音并自动判别，将接收的声音转变成资料信息，再与发货单中相应信息进行对比，检查是否有误。

（3）重量计算检查法。重量计算检查法，把货单上的货物的重量自动相加起来，然后称出货物的总重量。把两种重量数据相比较，可以检查发货是否正确。

3. 包装、捆包

包装可以保护商品，使商品便于搬运、储存，易于辨认以及提高用户购买欲望。包装分为个装、内装和外装三种形式。个装又称"商品包装"，每个商品都要包装；内装是为了防止水、湿气、光、热、冲击等对商品的影响而进行的内层包装；外装是指商品包装的外层，即把商品装入箱、袋、木桶、金属桶和储罐等容器中。在没有容器的条件下，应对商品进行捆绑和打记号等工作。外装容器的规格要求为：尺寸与托盘、搬运设备相适应；具有承重、耐冲击和抗压等能力。

【智慧包装解决方案】打包货物吗？放着我来！

7.4.2 送货管理

从运输角度来看，运输配送是指将被订购的货物，通过车辆从制造厂或生产地送到用户手中的物流活动。从配送中心把被订购的货物送到用户手中的物流活动，统称为配送；而从分工来讲，配送的末端作业称为送货。送货服务质量对配送中心的效益和信誉影响较大。为此，必须注意以下几点。

（1）时效性。

时效性就是确保在指定的时间内交货。例如，日本西友百货的配货中心在给 Family Mart 配送商品时规定，商品到达的时间一般不能比规定的时间晚 15min。如果中途因意外不能准时到达，必须立刻与总部联系，由总部采取紧急措施，确保履行合同。

（2）可靠性。

可靠性是指完好无缺地把货物送到用户手中。

（3）服务态度。

服务态度是指要以最佳的态度对待用户，从而维护配送中心的形象。

（4）便利性。

便利性是指为让用户方便，必须按用户要求送货。对用户的送货计划，应具有一定的弹性，如紧急送货、信息传递、顺道退货、辅助资源回收等。

（5）经济性。

经济性是指对用户收费低廉，让用户感受到实惠。在实际配送过程中，经济性会受到许多因素的影响。其中静态因素包括用户的分布区域、道路交通状况、车辆通行限制、送达时间要求等；动态因素包括车流量变化、道路施工、用户变动、车辆变化等。图 7.5 所示为配送规划决策图。

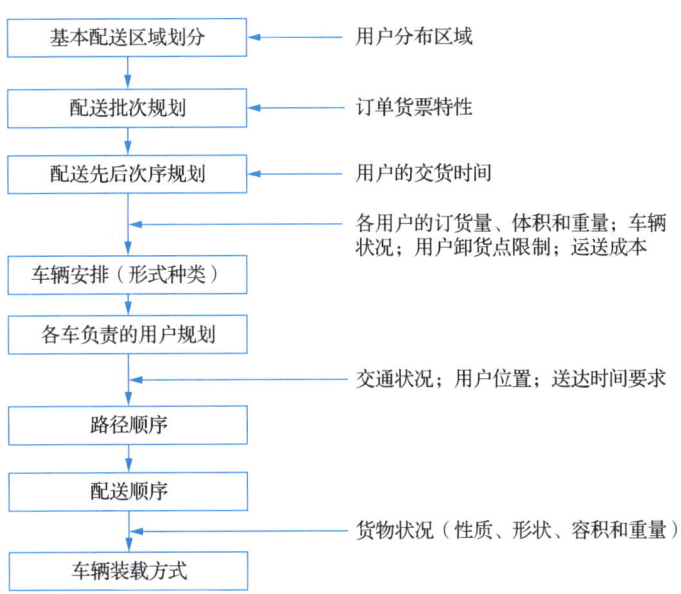

图 7.5 配送规划决策图

7.5 退货或换货作业管理

1. 一般退货或换货的原因

（1）出现依照协议可以退货或换货的情况，可按规定退货或换货。
（2）有质量问题的商品，如商品鲜度不够，可以退货。
（3）由于包装不良，货物在搬运过程中发生剧烈振动，造成货物破损或包装污染，可以退货或换货。
（4）有些商品，如食品、药品等都有有效期限，如果过期，应予退货或换货。
（5）如果商品售出后发现设计或制造问题，应予回收。
（6）配送的货物与订货单不符，应予退货或换货。

2. 退换货的做法

（1）核实退货、换货的理由和原因，符合退货或换货条件的，办理退货或换货手续。
（2）退还回来的有问题的货物，根据具体情况进行处理。需要与生产厂家协调的，则及时与其进行协调处理。

本 章 小 结

本章重点讲了配送作业流程及管理，配送作业管理是现代供应链管理的核心组成部分，它涵盖了从接收到客户配送订单开始，到将商品精准、安全送达客户手中的整个流程。有效的配送作业管理不仅可以提高物流运作的效率，还在提升客户满意度方面发挥着重要作用。

本章通过配送作业管理概述，配送订单处理，拣货、补货与流通加工，装配与送货管理和退货或换货作业管理五个方面展开对配送作业管理与流程的讨论。

配送作业管理的目标是优化各项物流资源的配置，实现高效的订单履行。这包括制定合理的配送策略，以响应不断变化的市场需求和客户偏好。通过有效的管理措施，企业能够在控制成本的同时，确保货物按时到达客户手中，从而提升整体客户体验。

配送订单处理是配送作业的第一个环节。该过程包括接收客户的配送订单、确认库存状况，以及单据处理等。通过实时跟踪订单状态和客户需求，企业能够快速作出反应，降低潜在的延误和错误发生率。这一环节的高效性直接影响到后续的物流作业流程。

拣货、补货与流通加工是保证配送效率的关键环节。拣货作业涉及将仓库中的商品根据订单提取出来，而合理的拣货管理策略可以大幅提高作业效率和准确性。同时，补货作业的目的是确保货物能保质保量按时送到指定的拣货区，避免因缺货造成客户流失。此外，流通加工对商品进行二次加工或包装，确保其能够更好地适应市场需求。

装配与送货管理也是配送作业的重要组成部分。此环节不仅包括产品的最终装配，还包括对运输方式和路线的合理安排，以实现费用的最小化和效率的最大化。通过系统的管理措施，企业能够提高生产效率，保证产品的质量和及时配送。

退货或换货作业管理同样不可忽视。有效的退货或换货作业管理策略包括处理客户的退货申请、进行商品的质量检验、调整库存等，从而减少损失并提升客户的满意度。高效的退货或换货处理也为企业提供了再销售的机会，进而提升了整体运营效益。

配送作业管理通过各个环节的有效协调和资源的合理配置，确保了物流环节的高效运转，从而为企业创造了更大的价值，增强了市场竞争力。

习　　题

一、选择题

1．"每天由计算机计算出所需货品的总拣取量，再查看拣货区存货量后，在拣货前一次补足，从而满足全天拣货量"，这种补货形式是（　　）。

　　A．批次补货　　　　　B．定时补货　　　　　C．随机补货

2．在发货检查中，通过声音识别信息的检查方式是（　　）。

　　A．重量计算检查法　　　　　　　　　　　　B．条形码检查法
　　C．声音输入检查法

二、简答题

1．物流配送的基本项目包含什么？

2．不合理的配送形式有哪些？

3．拣货成本计算公式是什么？

三、思考题

1. 思考并简述配送订单的处理过程。
2. 结合生活，举例说明选择退货的原因。

四、案例题

盒马鲜生一小时送达：如何实现极速配送的新零售模式？

盒马鲜生作为新零售模式的代表，其一小时送达服务是如何实现的？从供应链管理到门店布局，再到物流配送，揭秘盒马鲜生高效运营的秘密。

在当今快速发展的电商时代，消费者对于购物体验的要求越来越高，尤其是配送速度。盒马鲜生作为新零售模式的代表之一，以其"一小时送达"的服务吸引了大量消费者的关注。那么，盒马鲜生是如何实现这一高效的配送服务的呢？

1. 高效的供应链管理体系

盒马鲜生的成功离不开其高效的供应链管理体系。首先，盒马鲜生与上游供应商建立了紧密的合作关系，确保食材的新鲜和品质。其次，盒马鲜生采用了先进的信息化管理系统，实时监控库存情况，及时补货，避免缺货现象。最后，盒马鲜生还利用大数据分析，预测销售趋势，合理安排采购计划，确保商品供应充足且新鲜。

2. 精准的门店布局

盒马鲜生的门店布局也是实现一小时送达的关键因素之一。盒马鲜生通常选址在城市的核心商业区或居民密集区域，这样可以缩短配送距离，提高配送效率。同时，盒马鲜生的门店内部设计也非常注重用户体验，其设有专门的线上订单处理区，配备了先进的拣货设备，从而大大提高了拣货速度。门店还设置了快速通道，专门用于处理线上订单，确保能够迅速打包订单商品并送至顾客手中。

3. 高效的物流配送体系

盒马鲜生的物流配送体系是实现一小时送达的核心环节。盒马鲜生采用了"前置仓+即时配送"的模式，即在门店附近设立小型前置仓库，用于存储热销商品。当接到线上订单时，前置仓内的工作人员会迅速拣货并打包，然后由专业配送员进行配送。此外，盒马鲜生还与第三方物流公司合作，利用无人机、无人车等高科技手段进行配送，进一步提升了配送效率。

4. 技术支持下的智能调度

盒马鲜生通过智能化技术实现了订单的高效调度。系统会根据订单数量、地理位置等因素自动分配配送任务，并实时监控配送员的位置和状态，确保订单能够按时送达。此外，盒马鲜生还开发了专门的应用程序，让顾客可以实时查看订单状态，增加了透明度和信任感。

5. 用户体验至上的服务理念

盒马鲜生始终坚持以用户体验为中心的服务理念。无论是门店布局还是物流配送，盒马鲜生都致力于为用户提供更加便捷、高效的购物体验。此外，盒马鲜生还提供了多种增值服务，如无理由退换货、24小时客服支持等，进一步提升了用户满意度。

盒马鲜生的一小时送达服务不仅满足了消费者对于快速配送的需求，更是新零售模式下的一种创新尝试。通过高效的供应链管理体系、精准的门店布局、高效的物流配送体系、技术支持下的智能调度以及用户体验至上的服务理念，盒马鲜生成功实现了一小时送达服务。未来，盒马鲜生将继续探索更多可能性，为消费者带来更多惊喜。

（资料来源：https://bk.taobao.com/k/hema_192/a727f6d475a6dbd185726140895e0628.html。）

请结合案例内容，分析以下问题：

1. 盒马鲜生与上游供应商的合作关系对其供应链效率有何影响？
2. 前置仓模式在缩短配送时间和优化库存管理方面有哪些具体优势？
3. 第三方物流合作与高科技配送手段（如无人机、无人车）如何进一步提升配送效率？

第 8 章 配送运营管理

【本章学习目标】
1. 熟悉配送服务合同的主要内容和当事人承担的责任。
2. 掌握配送运输路线的概念、特点和作用,并掌握如何优化配送运输路线。
3. 熟悉客户服务管理与配送服务质量体系,了解配送服务质量管理的基本工作。

【知识导图】

导入案例

鱼快创领正式发布智能调度系统

《鱼快创领》MG 动画概念广告宣传片

物流运输中的调度很大程度上仍依赖于人工经验，短板明显，需要每个调度员对整个运输路线很熟悉，以及对车辆的状况、天气等各项因素进行综合考量。人工调度基本都是按固定路线进行，当送货量大、配送点多时，排线任务就会非常繁重，排线周期变长。

鱼快创领以鱼快车联网平台为核心，融合智能算法调度技术，成功打通人、车、货、场各环节并建立全链路可视化的智能调度系统。

1. 基于经验的人工调度 VS 基于大数据的智能调度

在传统的物流企业中，对调度人员的要求相对比较"全能"，即需要调度人员对物流过程中每个环节都很清楚，并且需要有丰富的经验，即便如此也无法同时考量载重、工作量均衡性、路线、配送优先级、时间窗等二三十种业务约束条件。这种基于经验的人工调度方式存在很大不确定性，难以达到全局最优作业效果，经验更是难以复制，业务发展受到人的限制。

运输调度本是非常复杂的多目标动态规划决策过程，庞大的数据量单纯依靠人难以找到最优解，因为人脑很难去通盘考虑整个流程和复杂多变的配送场景。

鱼快创领智能调度平台可以根据设定的场景，智能化、自动化地排布运输路线，以便调度审核，从而整体提升车辆使用率，减轻调度人员的工作量，更高效地完成调度工作。

2. 会"算法"的智能调度有多厉害

智慧调度意味着要将物流要素重新组合、高效匹配。鱼快创领的智能算法是如何实现智能匹配与管理的呢？

首先，将货主发送的订单与承运车辆作为企业专属的订单池与运力池，再基于历史数据和业务波峰波谷等信息，通过大数据分析和机器学习，结合业务的约束条件，就可以精准推荐未来一定时期的更优配送线路和适配车型。这种推荐机制不仅可以整体提升车辆使用率，同时还能降低企业的运费成本。

其次，对于不同运输计划的业务目标来说，可以按照综合总成本最小化、总车次数最小化、总里程数最小化、装载率最大化、里程最优化等业务目标作为输入条件，系统再根据不同的约束条件与业务目标给出最佳的路线规划建议。在多车路线出现交错时，鱼快创领智能调度系统可以根据每辆车的作业任务和状态，判断哪一辆车更具有优先级，从而达到整体调控，减少时间成本，提高运营效率。

相对于利用纸质单据或 Excel 表格等传统方式进行路线规划，鱼快创领智能调度系统还能够利用地图可视化进行运输路线规划，将订单位置，限行限高，多时间窗车辆位置等维度线上化，从而大幅降低运输路线规划的复杂度，提升运营效率。

最后，鱼快创领的智能调度模型是基于整个运输场景的（包括运输计划的制订，运输过程的监控，以及运输完成后场景）运力进行分析来不断优化调度模型。

数据赋能，连接人、车、货、场。在让物流数据"跑"起来的同时，鱼快创领基于商用车车联网技术为行业提供智能网联解决方案，提高物流行业的运营效率，致力于提升交通物流运输行业的服务体验。

（资料来源：https://mp.weixin.qq.com/s/tceeCkPmHNxwVa4MLglRCA，有改编。）

8.1 配送服务合同洽谈与订立

技术流讲解：有名合同 vs 无名合同

8.1.1 配送服务合同概述

1. 配送服务合同的概念

配送服务合同是配送方与配送委托人（也可称委托人）签订的有关确定配送服务权利和义务的协议。或者说，是配送方收取费用，将委托人委托的配送物品，在约定的时间和地点交付给收货人而订立的合同。委托人可以是收货人、发货人、贸易经营者、商品出售者、商品购买者、物流企业、生产企业等配送物的所有人或占有人，也可以是企业、组织或者个人。

2. 配送服务合同的性质

（1）无名合同。无名合同是指《民法典》合同编中明文规定的十九类合同之外的合同。无名合同，在我国法律上主要指的是没有明确约定合同名称的合同。这类合同虽然名称不明确，但仍然具有法律效力，只要合同当事人达成一致，合同就可以生效。因而配送服务合同可参照运输合同、仓储合同、保管合同的有关规范，通过当事人签署完整的合同调整双方的权利和义务关系。

（2）有偿合同。配送服务是一种产品，配送服务经营人需要投入相应的物化成本和劳动才能实现产品的生产。独立的配送经营是为了营利的经营，需要在配送经营中获得利益回报。配送经营的盈利性决定了配送服务合同为有偿合同。委托人需要对配送服务产品支付报酬，配送服务经营人收取报酬是其合同的权利。

（3）诺成合同。诺成合同表示合同成立即可生效。当事人对配送服务关系达成一致意见时配送服务合同就成立，同时生效。配送服务合同成立时，配送服务方就需为履行合同组织力量，安排人力、物力，甚至要投入较多资源（如购置设备、聘请人员）。如果说合同成立时还不能生效，显然对配送服务方极不公平，因而配送服务合同必须是诺成合同。当事人在合同订立后没有依据合同履行义务，就构成违约。当然，当事人可在合同中确定合同开始履行的时间或条件，时间未到或条件未达到时虽然合同未开始履行，但并不构成合同未生效。

（4）长期性。配送服务活动具有相对长期性的特性，配送过程都需要持续一段时期，以便开展有计划、小批量、不间断的配送，实现配送的经济目的。如果只是一次性的送货，就变成了运输关系而非配送关系。因而配送服务合同一般是期限合同，确定一段时期（可以是一年或更长）的配送关系；或者根据一定数量产品的配送需求签订，这种配送服务合同一般需要持续较长的时间。

8.1.2 配送服务合同的种类

（1）独立配送服务合同。

由独立经营配送业务的配送企业或个人或兼营配送业务的组织与配送委托人订立的仅涉及配送服务的独立合同。该合同仅仅用于调整双方在配送服务过程中的权利和义务关系，以配送行为为合同标的。

（2）附属配送服务合同。

附属配送服务合同是指在加工、贸易、运输、仓储或其他物质经营活动的合同中，附带地订立配送服务活动的权利和义务关系，配送服务活动没有独立订立合同。附属配送服务合同主要包括仓储经营人与保管人在仓储合同中附带配送协议、在运输合同中附带配送协议、在销售合同中附带配送协议、在物流合同中附带配送协议、在生产加工合同中附带配送协议等几种形式。

（3）配送服务合同的其他分类。

配送服务合同依据合同履行的期限还可分为定期配送服务合同和定量配送服务合同。定期配送服务合同是指双方约定在某一期间，由配送人完成委托人的某些配送业务而订立的合同。定量配送服务合同则是配送人按照委托人的要求，对一定量的物品进行配送，直到该数量的物品配送完毕的合同。

配送服务合同按照配送委托人身份的不同还可分为批发配送服务合同、零售配送服务合同、工厂配送服务合同等；依据配送物的不同可分为普通商品配送服务合同、食品配送服务合同、水果蔬菜配送服务合同、汽车配送服务合同、电器配送服务合同、原材料配送服务合同、零部件配送服务合同等；按照配送服务地理范围的不同可分为市内配送服务合同、地区配送服务合同、全国配送服务合同、跨国配送服务合同、全球配送服务合同等。

8.1.3 配送服务合同的主要条款

无论是独立的配送服务合同还是附属配送服务合同都需要对配送服务活动当事人的权利和义务进行协商，达成一致，并通过合同条款进行准确的表述。配送服务合同的主要条款包括以下几个方面。

（1）合同当事人。

合同当事人是合同的责任主体，是所有合同都须明确表述的项目。

（2）配送服务合同的标的。

配送服务合同的标的就是将配送物品有计划地在确定时间和确定地点交付收货人。配送服务合同的标的是一种行为，因而配送服务合同是行为合同。

（3）配送方法。

配送方法（即配送要求），是经过合同双方协商后，对配送所要达到的标准的共识，是合同标的完整细致的表述，根据委托方的需要和配送方的能力协商确定。常见的配送方法有定量配送、定时配送、定时定量配送、即时配送、多点配送等。在合同中，需要明确约定配送的时间及其间隔、发货地点或送达地点、数量等配送信息。配送方法还包括配送人对配送物处理的行为约定，如配装、分类、装箱等操作细节。若需变更配送方式，如进行订单调整等，也应在合同中明确相应的变更方法和流程。

（4）标的物。

标的物是指被配送的对象，可以为生产资料或生活资料，但必须是动产，有形的财产。配送物的种类（品名）、包装、单重、尺寸体积、性质等决定了配送的操作方法和难易程度，必须在合同中明确。

（5）当事人权利与义务。

在合同中明确双方当事人需要履行的行为或者不作为的约定。

（6）违约责任。

约定任何一方违反合同约定时需向对方承担的责任。违约责任约定有违约行为需支付的违约金的数量，违约造成对方损失时的赔偿责任及赔偿方法，违约方继续履行合同的条件等。

（7）补救措施。

补救措施本身是违约责任的一种，但由于配送合同的未履行可能造成极其严重的后果，为避免损失的扩大，合同中应约定在发生一些可能产生严重后果的违约情况时所采取的补救措施，如紧急送货、就地采购等，并详细规定这些措施的采用条件和责任承担方等。

（8）配送费和价格调整。

配送费是配送方订立配送合同的目的。配送人的配送费应该弥补其开展配送业务的成本支出和获取可能得到的收益。合同中需要明确配送费的计费标准和计费方法，或者总费用，以及费用支付的方法。

由于配送合同持续时间长，若在合同期间，构成价格的成本要素价格发生变化，如劳动力价格、保险价格、燃料电力价格、路桥费等发生变化，为了使配送方不至于亏损，或者委托方也能分享成本降低的利益，允许对配送价格进行适当调整，在合同中订立价格调整条件和调整幅度的约定。

（9）合同期限和合同延续条款。

对于按时间履行的配送合同，必须在合同中明确合同的起止时间，起止时间用明确的日期方式表达。由于大多数情况下配送关系建立后，都会保持很长的时间，这就会出现合同不断延续的情况。为了使延续合同不会发生较大的变化，并简化延续合同的合同订立程序，往往会在合同中确定延续合同的订立方法和基本条件要求，如提出续约的时间、没有异议时自然续约等约定。

（10）合同解除的条件。

配送合同都需要持续较长时间，为了使在履约中一方不因另一方能力的不足或没有履约诚意而产生损失，或者出现合同没有履行必要和履行可能时又不至于发生违约，在合同中应约定解除合同条款，包括解除合同的条件、解除合同的程序等。

（11）不可抗力和免责。

不可抗力是指由于自然灾害、当事人不可抗拒的外来力量所造成的危害，如风暴、雨雪、地震、雾、山崩、洪水等自然灾害，还包括政府限制、战争、罢工等社会现象。不可抗力是《民法典》规定的免责条件，但《民法典》没有限定不可抗力的具体现象。对于一般认可的不可抗力虽已形成共识，但对于仅影响配送行为的特殊不可抗力的具体情况，如道路塞车等，以及当事人认为有必要在合同中声明的免责事项，都应在合同中予以明确。不可抗力条款还包括发生不可抗力时的通知义务、协调方法等约定。

（12）其他约定事项。

配送物种类繁多，配送方法多样，当事人在订立合同时需充分考虑到可能发生的事件和合同履行的需要，并达成一致意见，这是避免发生合同争议的最彻底的方法。特别是涉及成本、行为的事项，更需事先明确，这些事项包括以下几个方面。

① 配送容器的使用。合同中约定在配送过程中需要使用的容器或送料箱等的尺寸、材料质地，配送容器的提供者，配送容器是免费使用还是有偿使用、如何使用，配送容器在使用中发生损害的维修责任以及赔偿约定，空容器的运输方法，合同期满时的处理方法等。

② 损耗。约定在配送中配送物的允许耗损程度和耗损的赔偿责任；配送物超过规定的耗损率时对收货人的补救措施等。

③ 退货。发生收货人退货时的处理方法。一般约定由配送人先行接受和安置退货商品，然后向委托人汇报并与委托人约定进行处理的要求与费用承担方式。与退货相类似的事项，如配送废弃物、回收旧货、配送溢货处理等，也应在合同中详细约定具体的处理方法与责任分配。

④ 信息传递方法。约定双方使用的信息传递系统、传递方法、报表格式等。如采用生产企业的信息网络、每天传送存货报表等约定。

（13）争议处理。

合同约定发生争议的处理方法，主要是约定仲裁、仲裁机构，或者约定管辖的法院。

（14）合同签署。

合同由双方的法定代表人签署，并加盖企业合同专用章。私人订立合同的由其本人签署。合同签署的时间为合同订立时间，若双方签署的时间不同，后签时间为订立时间。

8.1.4　配送服务合同的订立

配送服务合同是双方对委托配送事宜经协商达成一致意见的结果。经过要约和承诺的过程，承诺生效时合同成立。在现阶段，我国的配送合同订立往往需要配送方首先发出要约，向客户提出配送服务的整体方案，指明配送业务对客户产生的利益和配送实施的方法，以便客户选择接受配送服务并订立合同。

配送服务合同的要约和承诺可采用口头形式、书面形式或其他形式。同样地，配送服务合同也可采用口头形式、书面形式或其他形式，这种配送服务合同为非要式合同。但由于配送时间延续较长，配送服务所涉及的计划管理性强；非及时性配送所产生的后果可大可小，甚至会发生如生产线停工，客户流失等重大损失；配送服务过程受环境因素的影响较大，如交通事故等，为了便于双方履行合同、利用合同解决争议，采用完整的书面配送服务合同最为合适。

8.1.5　配送服务合同的履行

配送服务合同的双方应按照合同约定严格履行合同，任意一方不得擅自变更合同的约定，这是双方的基本合同义务。此外，依据合同的目的可以推断出双方当事人还需要分别承担一些责任，尽管合同没有约定。

（1）配送委托人保证配送物适宜配送。

配送委托人需要保证由其本人或者其他人提交的配送物适宜于配送和配送作业。对配送物进行必要的包装或定型；标注明显的标识并保证其能与其他商品相区别；保证配送物可按配送要求进行分拆、组合；配送物能用约定的或者常规的作业方法进行装卸、搬运等作业；配送物不是法律中禁止运输和仓储的禁品；对于限制运输的物品，需提供准予运输的证明文件等。

(2) 配送方采取合适的方法履行配送的义务。

配送方所使用的配送中心应具有合适的库场，适宜于配送物的仓储、保管、分拣等作业；采用合适的运输工具、搬运工具、作业工具，如杂货使用厢式车运输；采用避免损害货物的装卸方法；大件重货使用吊机、拖车作业；对运输工具进行妥善积载，采用必要的装载衬垫、捆扎、遮盖措施等；采取合理的配送运输线路；使用公认的或者习惯的理货计量方法，保证理货计量准确。

(3) 配送人员提供配送单证。

配送人员在送货时须向收货人提供配送单证、配送货物清单。配送人员提供的配送单证主要包括送货单、签收确认单、商品清单、运输单据、配送记录等，这些单证详细记录了配送的全过程，包括商品信息、运输方式、签收情况等内容，确保配送的准确性和透明度。配送货物清单为一式两联，其中详细列明了配送物的品名、等级、数量等配送物信息，经收货人签署后，收货人和配送方各持一联，以备核查和汇总。配送方需在一定期间内向收货人提供配送汇总表。

(4) 收货人收受配送物。

委托人保证所要求配送的收货人可以正常地接受配送物，不会出现无故拒收；收货人提供合适的收货场所和作业条件；收货人对接受的配送物有义务进行理算查验，并签收配送货物清单和注明收货时间。

(5) 配送人向委托人提供存货信息和配送报表。

配送人需在约定的期间（如每天）向委托人提供存货信息，并随时接受委托人的存货查询，定期向委托人提交配送报表、收货人报表、残损报表等汇总材料。

(6) 配送方接受配送物并承担仓储和保管义务。

配送方须按配送服务合同的约定接受委托人送达的配送物，承担查验、清点、交接、入库登记、编制报表的义务，安排合适的地点存放货物，妥善堆积或上架；对库存进行妥善的保管、照料，防止货物受损。

(7) 配送方返还配送剩余物，委托人处理残料。

配送期满或者配送合同履行完毕，配送方需要将剩余物返还给委托人，或者按委托人的要求交付给其指定的其他人。配送方不得无偿占有配送剩余物，同样，委托人有义务处理配送剩余物或残损废品、回收物品、加工废料等。

8.2　配送运输路线的确定

8.2.1　配送运输的形式

1. 按配送运输的调度形式分类

(1) 定时配送方式。在规定的时间间隔内进行货物配送，每次配送的货物品种和数量均可按计划执行，也可按事先商定的联络方式下达配送通知，按用户要求的品种、数量、时间进行配送。

（2）定量配送方式。这种配送方式是指按规定的数量（批量）在一个指定时间范围内配送货物。这种配送方式每次配送的货物品种、数量固定，备货作业较为简单，可以按托盘、集装箱等装载工具的容量或车辆的装载能力来规定配送的数量，工作较好安排。

（3）定时定量配送方式。按规定的时间、品种、数量进行配送作业。这种配送方式结合了定时配送和定量配送方式的特点，服务质量较高，但配送组织工作难度大大增加，因此通常针对固定用户进行这项服务，适用范围有限。

（4）定时定线配送方式。在规定的线路上按规定时间表进行货物配送。这种配送方式有利于安排车辆及驾驶人员。在配送用户较多的地区，配送工作组织相对容易。

2. 按配送经营形式分类

（1）直送（Direct Store Delivery，DSD）。直送是指生产厂商或供应商根据客户订货要求，直接将商品从仓库（或配送中心）运送到零售商场或需求客户处的整车运输、高频度运送的方式。直送的最大特点是客户的需求量大，每次订货需求往往大于或接近一整车，且商品品种类型单一。所以，直送每次只能配送一个用户。

（2）分送（Distribution）。分送是指生产厂商或供应商根据客户订货要求，直接将商品从仓库（或配送中心）运送到零售商场或需求客户处的小批量、多频度的运送方式。如我国中远国际货运公司为海尔集团开展的家电配送服务基本上就采用这种方式。

（3）集取（Pickup）。集取是指多个发货人在同一时间段发送小批量货物，根据其需求派车，按照巡回路线和合理的时间去多个发货人处取货并运送至配送中心，再按地区进行分拣的运送方式，也可指批发商或零售商去同一地域内的多个供应商处进行小批量、多品类集中采购并运送至自己的店铺或物流配送中心进行下一步分类配送的方式。

（4）集取配送（Pickup and Delivery）。集取配送是指用一辆配送车一边配送货物，一边集取货物。

（5）交叉配送（Cross Docking）。交叉配送是指在物流配送中心，将来自各供应商的货物按客户订货的需求进行分拣装车，并按客户规定的数量与时间要求进行送货。在交叉配送的情况下，配送中心仅是一个具有分拣装运功能的通过型中心。这种配送方式有利于缩短交货周期、减少库存、提高库存周转率，从而节约成本。

（6）多配送中心集中配送方式。这种配送方式是由几个物流据点共同协作制订配送计划，共同组织车辆设备，对某一地区用户进行集中配送。在具体执行配送作业计划时，可以共同使用配送车辆，以提高车辆实载率和配送经济效益与效率，从而降低配送成本。

（7）供应商管理库存（Vendor Managed Inventory，VMI）。VMI 是生产厂家等上游企业对零售商等下游企业的流通库存进行管理和控制。具体地说，生产厂家基于零售商的销售、库存等信息，判断零售商的库存是否需要补充，如果需要补充的话，自动地向本企业的物流配送中心发出发货指令，补充零售商的库存。VMI 物流配送是商品供应商与零售商或客户相互协作进行物流供应链管理而产生的一种新型物流配送模式，如图 8.1 所示。VMI 物流配送模式下的物流配送与传统模式下的物流配送有着较大区别，VMI 物流配送模式的出现是当代信息技术的发展与人们对物流管理进一步认识的必然结果。

一分钟了解 VMI

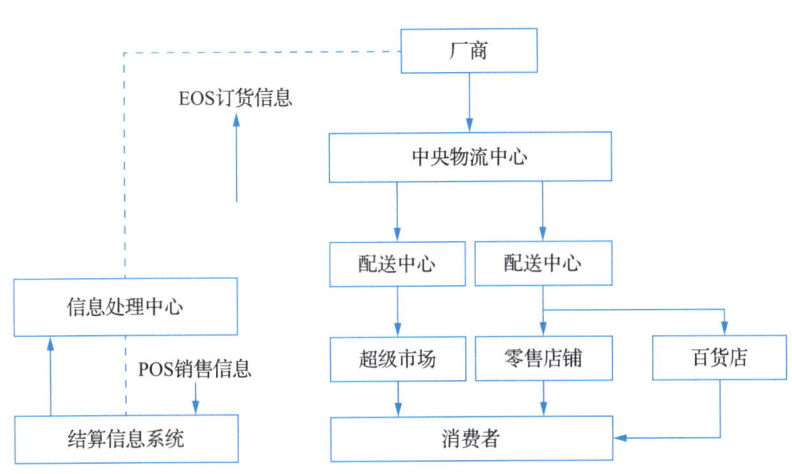

图 8.1 VMI 物流配送

8.2.2 配送运输路线的类型

在组织车辆完成货物运送工作的同时，通常存在多种可供选择的行驶路线，车辆按不同的路线完成同样的运送任务时，由于其利用程度不同，相应的配送效率和成本也不同。因此，选择时间短、费用省、效益好的行驶路线是配送运输组织的一项重要内容。我们应尽量在保证满足客户要求的前提下，集多个客户的配送货物进行搭配装载，以充分利用运能、运力，降低配送成本，提高配送效率。

1. 往复式行驶路线

一般是指由一个供应点对一个客户进行专门送货。从物流优化的角度看，其基本条件是客户的需求量接近或大于可用车辆的核定载重量，需专门派一辆或多辆车一次或多次送货。可以说往复式行驶路线是指配送车辆在两个物流节点间往复行驶的路线类型。根据运载情况，具体可分为三种形式。

（1）单程有载往复式路线（见图 8.2）。由于这种行驶路线的回程不载货，因此其里程利用率较低，一般不到 50%。在这种情况下，只有选择装卸作业点之间的最短路线作为行驶路线才能优化车辆利用率。

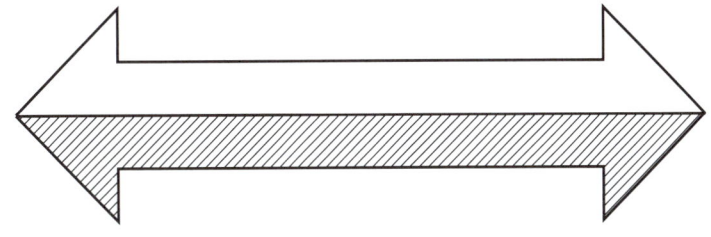

图 8.2 单程有载往复式路线

（2）回程部分有载往复式路线（见图 8.3）。车辆在回程过程中有货物运送，但该回程中的货物不是被运到路线的终点，而是被运到路线中间的某一节点，或是中途载货运到终点，车辆在每个周转中须完成两个运次。由于这种路线的回程部分有载货，其里程利用率有了一定的提高，即大于 50%，小于 100%。

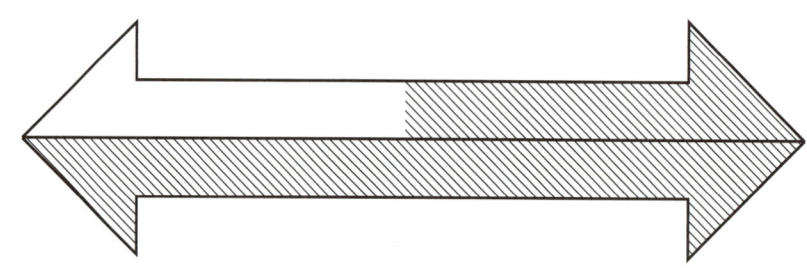

图 8.3　回程部分有载往复式路线

（3）双程有载往复式路线（见图 8.4）。这种路线指车辆在回程运行中全程载有货物运到出发点，其里程利用率为 100%（不考虑驻车的调空行程）。

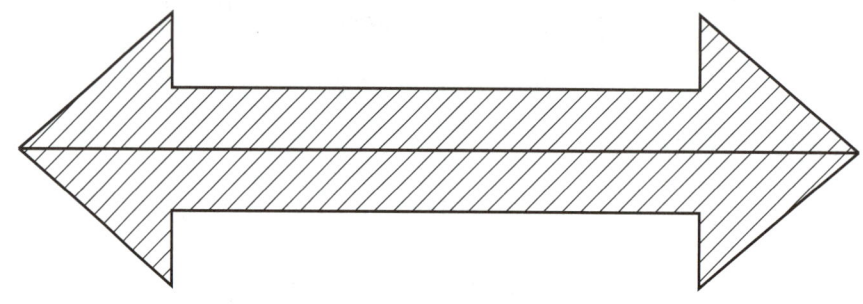

图 8.4　双程有载往复式路线

可见，车辆在双程有载往复式路线上运送货物时效果最好，在回程部分有载往复式路线上效果次之，在单程有载往复式路线上效果最差。

2. 环形式行驶路线

环形式行驶路线是指配送车辆在由若干物流节点组成的封闭回路上，进行的连续单向运行的行驶路线。车辆在环形式行驶线路上行驶一周，至少完成两个运次的货物运送工作。由于不同运送任务其装卸作业点的位置分布不同，环形式行驶路线可分为四种形式，即简单环式行驶路线、交叉环式行驶路线、三角环式行驶路线和复合环式行驶路线等，如图 8.5 所示。

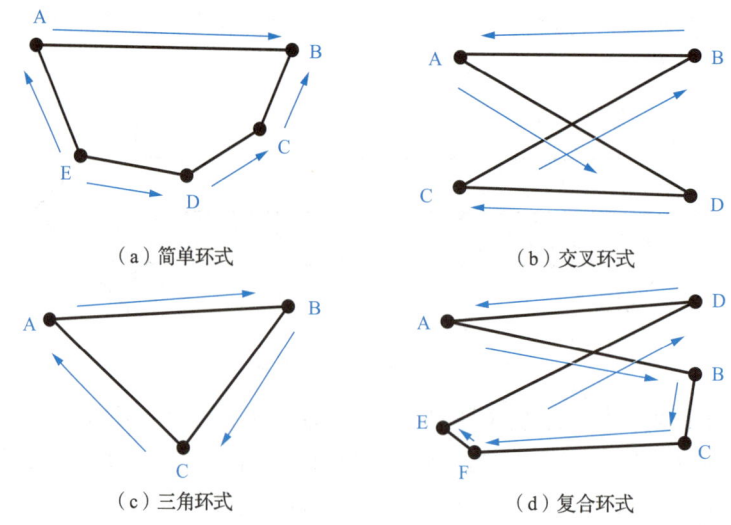

（a）简单环式　　　　　　　（b）交叉环式

（c）三角环式　　　　　　　（d）复合环式

图 8.5　各种环形式行驶路线

当配送车辆无法组织回程运载货物时,为提高车辆的里程利用率,可选择环形式行驶路线运送货物。车辆在环形式行驶路线上运送货物时,应尽量使其空驶行程之和小于其载货的行程之和,最大限度地组织车辆有载运行,以其里程利用率达到最高为最佳准则。

3. 汇集式行驶路线

汇集式行驶路线是指车辆预计沿分布于行驶路线上各物流节点依次完成相应的装卸作业,且每次货物装(卸)量均小于该车核定载货量,直到整个车装满(卸空)后返回出发点的行驶线路。它分为直线形和环形两类,一般环形的里程利用率要高些。汇集式直线形行驶路线实质是往复式行驶路线的变形。汇集式环形行驶线路有以下四种分类。

(1)分送式(见图 8.6)。车辆在运行路线的各物流节点上依次卸货,直到卸完所有待卸货物后返回出发点。

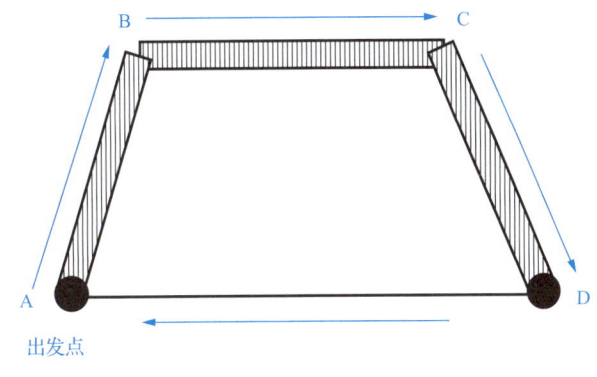

图 8.6 分送式

(2)聚集式(见图 8.7)。车辆在运行路线的各物流节点上依次装货,直到装完所有待装货物后返回出发点。

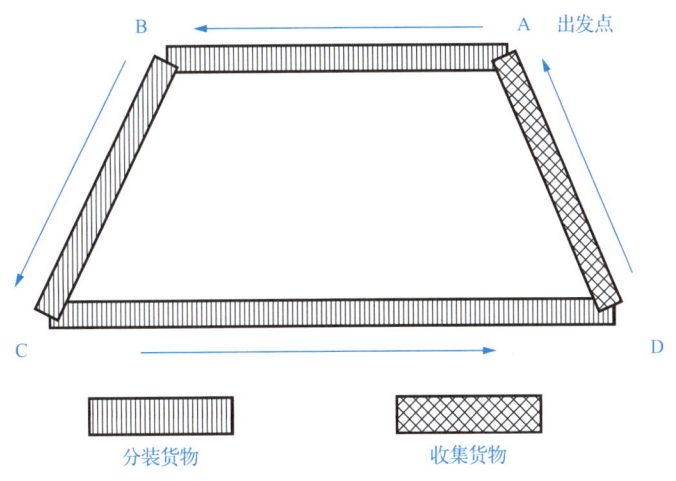

图 8.7 聚集式

(3)分送-聚集式(见图 8.8)。车辆在运行线路的各物流节点上分别或同时装、卸货物,直到完成对所有待运货物的装卸作业后返回出发点。

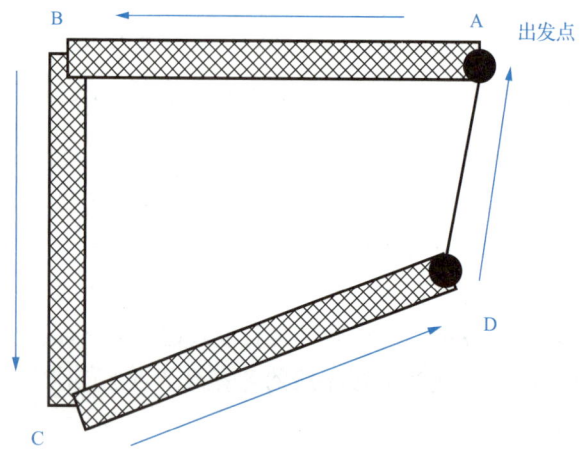

图 8.8　分送-聚集式

车辆在汇集式行驶路线上行驶时,其调度工作较为复杂。有时车辆虽然完成了指定的运送任务,但其完成的运输周转量却不同,因为车辆所完成的运输周转量与车辆在沿线上各物流节点的绕行次序有关。

4. 星形行驶路线

星形行驶路线是指车辆以一个物流节点为中心,向其周围多个方向上的一个或多个物流节点行驶而形成的辐射状行驶路线,如图 8.9 所示,O 是中心物流节点,A,B,C,…是各方向上的物流节点,如果从一个行驶方向(O 至 A)看,可以简化成一个往复式行驶路线;如果从一个局部(O,H,G)看,车辆按 O—F—H—G—F—O 运行,又可简化成一个环形行驶路线;如果各物流节点更广泛地连通,车辆在多个物流节点之间运行,则从整体上又形成了一个复杂的星形行驶路线。

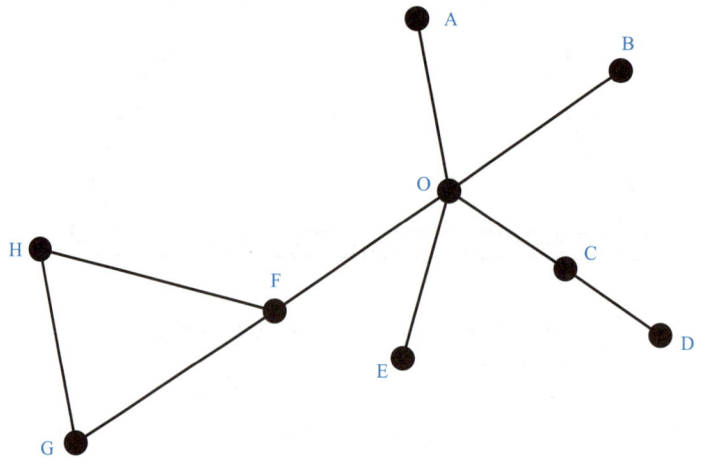

图 8.9　星形行驶路线

8.3 配送车辆营运管理

车辆是在点多、面广、纵横交错、干支相连的运输网络中分散流动的,涉及多个部门、多个环节,工作条件较为复杂。这就需要建立一个具有权威性的组织指挥系统——车辆调度部门,以实现对车辆进行统一领导、统一指挥,并灵活地、及时地处理相关问题。

8.3.1 车辆调度工作的作用和特点

1. 车辆调度工作的作用

(1)保证运输任务按期完成。
(2)能及时了解运输任务的执行情况。
(3)促进运输及相关工作的有序进行。
(4)实现最小的运力投入。

2. 车辆调度工作的特点

(1)计划性。坚持合同运输及临时运输相结合,以完成运输任务为出发点,认真编制、执行及检查车辆的运行作业计划。

(2)预防性。在车辆运行组织中,经常进行一系列预防性检查,发现薄弱环节,及时采取措施,避免中断运输。

(3)机动性。加强信息沟通,机动灵活地处理有关部门的问题,准确及时地发布调度命令,保证生产的连续性。

8.3.2 车辆调度的原则

(1)将相互临近的送货点的货物装在一辆车上配送。

车辆的运行路线应将相互接近的送货点串起来,以使送货点之间的行驶距离最小化,并实现配送总行驶距离的最小化。

拓展知识——配送线路规划的十个原则

(2)将在一起的送货点安排在同一天配送。

当以周为送货周期进行配送时,应将聚集在一起的送货点安排在同一天配送,以避免不是同一天配送的送货点在配送路线上的重叠,这样有助于缩短车辆的运行时间,实现总行驶距离最小化。

(3)配送路线从离物流中心最远的送货点开始。

合理的配送路线应从离配送中心最远的送货点开始,将集聚区的送货点串联起来,然后返回配送中心。集聚区的送货点的数量以确保车辆满载为上限。

在第一辆车满载后,用另一辆车装载第二个最远送货点的货物,按此程序进行,直至所有送货点的货物都分配完毕。

(4)一辆车途经各个送货点的路线尽量不交叉。

配送车辆顺序所经过的送货点不应交叉,但送货点的交货时间限制和回程时的提货需求往往导致配送路线的交叉。

（5）有效的配送路线是使用载重量大的车辆的结果。

在装卸条件允许的情况下，最好使用载重量和容积大的车辆将尽可能多的送货点的货物装载在一起，这样可以使总行驶距离和时间最小化。因此应优先使用载重量大的车辆。

（6）提货应在送货过程中进行，而不要在配送路线结束后再进行。

零售商可以实施"回程提货"，但提货应在送货过程中进行，以减少交叉路程。而在送货后提货经常会发生线路交叉。能否进行回程提货主要取决于车辆行驶路线的形状和提货量对后续送货的影响。

（7）对偏离集聚区的送货点可应用另一个送货方案。

对偏离集聚区的送货点，特别是送货量较小的送货点，使用较小载重量的货车是比较经济的。偏离度越大，送货量越小，这种方案的经济效益越大。另外，租车送货也是可行的方案。

（8）应尽量减少因送货点收货时间过短带来的影响。

送货点的收货时间太短会造成车辆调度的限制，进而导致配送路线的不合理。除了特殊原因，送货点的收货时间通常并不是绝对的，如果送货点的收货时间确实影响了合理的配送路线，调度应与送货点商量，调整其收货时间或放宽其收货时间约束。

车辆调度计划在组织执行过程中常会遇到一些事先难以预料的问题，如客户需求量变动、装卸机械发生故障、车辆运行途中发生技术故障、临时性桥断路阻等，这就需要针对性地对其加以分析和解决，调度部门要随时掌握货源状况、车况、路况、气候变化、驾驶员思想状况、行车安全等，确保车辆调度计划顺利进行。

8.3.3 配送车辆调度优化问题分类

（1）总体上看，配送车辆调度优化问题一般可根据时间特性和空间特性分为车辆路径规划问题和车辆调度问题。当不考虑时间要求，仅根据空间位置安排车辆运输路线时称为车辆路径规划问题（Vehicle Routing Problem，VRP）；仅考虑时间要求安排车辆运输路线时称为车辆调度问题（Vehicle Scheduling Problem，VSP）。

（2）按照运输任务，车辆调度优化问题可分为纯装问题、纯卸问题以及装卸混合问题。所谓的装卸混合问题就是车辆在运输途中既有装货又有卸货所产生的问题。

（3）按照车辆载货状况，车辆调度优化问题可分为满载问题和非满载问题。满载问题是指货运量多于一辆车的容量，完成所有任务需要多辆运输车辆。非满载问题是指车的容量大于货运量，一辆车即可满足货运要求。

（4）按照车辆类型，车辆调度优化问题可分为单车型问题和多车型问题。单车型问题是指配送过程中仅使用一种类型的车辆进行操作。多车型问题则是指配送过程中使用多种不同类型的车辆进行操作。

（5）按照车辆是否返回出发地，车辆调度优化问题可分为车辆开放问题和车辆封闭问题。车辆开放问题是指车辆不返回其出发地。车辆封闭问题是指车辆必须返回其出发地。

（6）按照优化的目标，车辆调度优化问题可分为单目标优化问题和多目标优化问题。单目标优化问题是指某一项指标最优或较优，如总运输路径最短。多目标优化问题是指同时要求多个指标最优或较优，如同时要求总运输路径最短和费用最省。

（7）按照货物的种类要求，车辆调度优化问题可分为同种货物优化调度问题和多种货物优化调度问题。多种货物优化调度问题是指运输货物的种类多于一种，车辆调度时要考虑某些种类的货物不能被同时装配运输的要求，如灭害灵等杀虫剂和食品不能被混装运输等。

（8）按照有无休息时间要求，车辆调度优化问题可分为有休息时间的优化调度问题和无休息时间的优化调度问题。

实际中的车辆调度优化问题可能是以上分类中的一种或几种的综合，如某配送中心向多个客户配送货物需要多辆车，这些车的类型不一样，运输的货物种类包括食品、日用品和蔬菜等多类，车辆调度优化时希望运输费用最省，同时也希望运输时间最短，这样问题变为一个多车型、多货种的送货满载车辆的多目标优化问题。

车辆调度优化问题是一个有约束的组合优化问题，属于 NP 难题（Nondeterministic Polynomial Problem），是一个非确定型的多项式问题。NP 问题的解有多个，随着其输入规模的扩大，问题的求解难度大大增加，求解的时间呈几何级数上升。目前，尚无有效的多项式时间算法来求解 NP 难题。

8.3.4　车辆调度优化方法

车辆调度优化的方法有多种，可根据客户所需货物、配送中心站点交通线路的布局不同而选用不同的方法。简单的运输可采用点对点调度法、循环调度法、穿梭调度法等。如果运输任务较重，交通网络较复杂时，为合理调度车辆的运行，可运用运筹学中线性规划的方法（如表上作业法）、网络流方法（如图上作业法）等。

在求解车辆调度优化问题时，常常将问题分解或转化为一个或几个已经研究过的基本问题，如旅行商问题、最短路径问题、最小费用流问题、中国邮递员问题等。然后用比较成熟的理论和方法进行求解，以得到原车辆调度优化问题的最优解或满意解。

求解车辆调度优化问题常用的方法主要有精确算法、启发算法和智能算法。精确算法主要有分支界定法、割平面方法、线性规划法、动态规划法等；启发算法主要有构造算法、两阶段法、局部搜索法（或邻域搜索法）等；智能算法主要有神经网络算法、遗传算法和模拟退火算法等。

8.4　配送客户服务

8.4.1　客户服务管理

客户服务管理是战略问题。做好客户服务管理，不只是进行一次精彩的促销活动，也不只是投入一笔巨大的广告费用；不只是靠培训一两个优秀的服务员，也不只是靠一两笔较大的订货合同，关键在于建立一种客户服务制度。

1. 客户服务管理的意义

（1）从现有客户中获取更多客户份额。

忠诚的客户愿意更多地购买公司的产品和服务。忠诚客户的消费支出是随意消费支出的 2~4 倍。随着忠诚客户年龄的增长、经济收入的提高或企业本身业务的增长，客户需求量也将进一步增长。

（2）减少销售成本。

吸引新客户需要大量的费用，如广告投入、促销费用以及了解客户的时间成本等。但维持与现有客户长期关系的成本会逐年递减。虽然在建立关系的早期，客户可能会对企业提供的产品或服务有较多问题，需要企业做出一定的投入，但随着双方关系的进展，客户对企业的产品或服务越来越熟悉，企业也十分清楚客户的特殊需求，所需的关系维护费用就变得越来越低了。

（3）赢得口碑宣传。

对企业提供的某些较为复杂的产品或服务，新客户在作购买决策时会感觉有较大的风险，这时他们往往会咨询企业的现有客户。而有较高满意度和忠诚度的老客户的建议往往具有决定性作用，他们的有力推荐往往比各种形式的广告更为有效。

（4）服务人员忠诚度的提高。

这是实行客户维系策略的间接效果。如果一个企业拥有相当数量的稳定的客户群，也会使企业与服务人员形成长期和谐的关系。在为那些忠诚的客户提供服务的过程中，服务人员会体会到自身价值的实现，而客户满意度的提高反过来也会促进服务人员服务质量的提高，使客户满意度进一步提升，形成一个良性循环。

2. 客户服务管理的内容

麦克唐纳和皮格特在1990年曾经指出，客户对于质量的看法不仅仅是从最初的产品或服务中获得的满足感，他们对于提供基本物流需求的公司的看法还包括在最初的电话中是怎样回答他们的提问、送货时间的安排方法、操作方法是否清晰和有帮助，以及发票是否及时和准确。显然，如果要使客户感到愉悦，质量管理必须得到延伸。

（1）客户管理。

客户管理提供对所有客户信息和所有客户事件的综合查询与管理，主要包括以下三点。

① 客户档案管理：包括完整记录客户的基本信息，客户目前所使用产品的情况，以及对本公司产品、服务的评价等。

② 客户服务管理：管理客户的需求、购买记录、服务记录、关系状况等动态信息，并提供充分的客户情况分析。

③ 合同管理：记录合同中的客户、产品、收款计划与实际情况等关键信息。

（2）销售管理。

销售管理可以帮助企业有效地挖掘潜在的销售机会，分析与管理现有机会，提升销售成功率。销售管理包括以下四点。

① 任务管理：对经过认定的销售机会进行委派、跟踪；相关任务的执行历史和销售进程的显示。

② 记录客户的购买意向信息：单位、联系人、意向产品/服务、购买金额、购买紧迫程度、需求特点等。

③ 接触管理：销售人员与客户的接触计划，与客户接触的时间、地点、方式、联系方式，以及与客户接触内容与结果的描述（包含对客户的拜访，电话联系等）。

④ 电子促销与催款：发送感谢信、电子催款单，开展邮件促销。

(3) 竞争对手信息管理。

为决策人员、市场人员提供详细的竞争对手资料和基于这些资料的分析，有利于决策人员、市场人员根据对手的竞争战略及时采取相应的对策。

竞争对手的信息应该包括竞争对手的厂商名、产品名称、产品价格、产品的功能、产品的优缺点、服务特色、营销策略等。

8.4.2 配送服务质量体系

1. 配送服务质量体系概念

配送服务质量体系是配送服务企业为实现自己的服务质量战略而建立的完善的服务质量保障体系，它包括实施服务质量战略所需要的组织结构、程序、过程和资源。

配送服务质量体系的作用是达到和保持服务质量目标，使企业内部的服务提供过程达到质量要求，使顾客相信服务质量符合要求。配送服务质量体系既是配送服务企业实施配送服务质量管理的基本条件，也是配送服务质量管理的技术和手段。

任何配送服务企业的配送服务质量体系都须用一整套质量体系文件来表述该企业配送服务质量体系的结构和内容。图 8.10 所示为配送服务企业的配送服务质量体系文件结构。

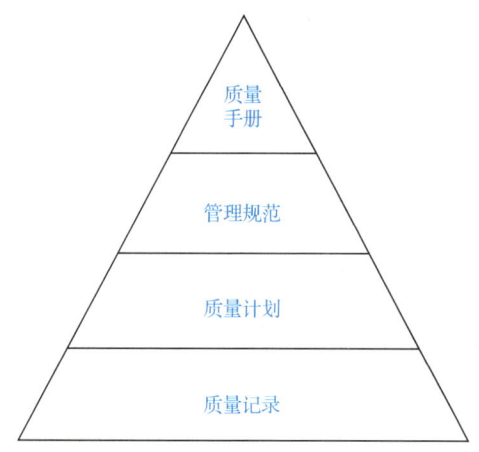

图 8.10　配送服务企业的配送服务质量体系文件结构

配送服务企业建立的配送服务质量体系，既要满足本企业管理的需要，又要满足顾客对本企业的要求，但主要还是前者，因为顾客仅仅评价配送企业服务质量体系中与自己有关的部分，而不是全部。配送服务质量体系的关键要素是管理者职责、资源和质量体系结构，其中，资源和质量体系结构是基础。三个关键要素的焦点是顾客，即从顾客的需求出发，围绕顾客来开展质量管理，并根据顾客对服务的满足程度来评价服务质量。

2. 管理者的职责

管理者的职责是制定配送服务质量方针，确定配送服务质量目标，规定相关人员的职责、权限和定期开展管理评审。

（1）制定配送服务质量方针。配送服务质量方针是配送服务企业总的服务质量宗旨和方向，是企业在配送服务质量方面的总的意图。配送服务质量方针服务于企业的总体战略，是企业战略的重要组成部分，通过制定配送服务质量方针，可以引导企业在激烈的市场竞争中以服务质量取得竞争优势，求得生存和发展，企业高层管理者还应采取措施，确保配送服务质量方针的维持、理解和贯彻实施。

配送服务企业的质量方针，应结合配送服务的特点，表明配送服务的等级，确立配送服务企业的质量形象和信誉，制订配送服务质量的总目标及实现目标的措施。

如中储武汉物资储运有限公司原是一家以仓储为主的传统物流企业，现正向现代物流业转型，积极发展运输（包括集装箱运输）、配送、货运代理等业务。为了实现由传统物流企业向现代物流企业转型的战略目标，该公司通过了ISO9001:2000质量体系的认证。总公司确定配送服务质量方针为"准确便捷、安全可靠、运作规范、优质高效"。

（2）确定配送服务质量目标。配送服务质量目标是企业根据配送服务质量方针确定的，企业在一定时期内在配送服务质量方面所要达到的预期成果。配送服务质量目标是配送服务质量方针的具体化。

配送服务质量目标有时限要求。按照达到目标的时限长短，配送服务质量目标分为短期配送服务质量目标和长期配送服务质量目标。短期配送服务质量目标一般是指不超过 1 年时间需要达到的目标，如 1 个月、1 个季度等；长期配送服务质量目标是指 1 年以上的时间需要达到的目标，如 3 年、5 年等。

配送服务质量目标按达到预期成果的特点分为突破性目标和维持性目标两种。突破性目标是指打破或超过现有配送服务质量水平的目标；维持性目标则是指把配送服务质量水平维持在已达到的某一水平上的目标。

配送服务质量目标一般应具体、明确，甚至量化。配送服务质量目标主要包括以下五个目标。

① 时效性目标：准时装车、及时到货、减少延误时间等。
② 方便性目标：全天候服务、上门取货、一票运输率等。
③ 安全性目标：缺货频率、缺货率、差错率、货损率等。
④ 可靠性目标：事故次数、事故可补救性等。
⑤ 顾客满意目标：顾客满意率、顾客投诉率等。

（3）规定相关人员的职责、权限。高层管理者应对影响配送服务质量的所有部门和人员明确规定质量工作的职责和权限，做到质量问题件件有人管，人人有质量责任，并有相应的处理权限。

（4）定期开展管理评审。高层管理者应对配送服务质量定期进行独立的管理评审，以保证配送服务质量体系持续稳定和有效。管理评审的主要内容包括：服务绩效分析、服务质量体系要素的实施和有效性评审、质量方针和质量目标的适应性评审。管理评审后应提交管理评审报告，以便采取必要的服务质量改进措施。

3. 配送服务质量体系结构

配送服务企业的配送服务质量体系结构包括以下 3 个部分。

（1）组织结构。配送服务质量体系的组织结构是配送企业为行使质量管理职能的一个组织管理框架。它是将企业的配送服务质量目标层层展开，形成多级的目标体系，为实现不同层次的目标，相应建立起多级职能部门，并对职能部门中的各级、各类人员规定职责和权限，明确其相互关系，从而组成完整的配送服务质量体系组织结构。

（2）质量管理。质量管理是通过对企业内部的各种过程的管理来实现的。配送服务企业与其他服务企业一样，其服务体系中的过程主要有3个：市场开发过程、服务设计过程和服务提供过程。

（3）程序。程序是指为进行某项活动所规定的途径。对配送服务质量体系而言，程序是对服务质量形成全过程的所有活动规定恰当而连续的方法，使服务过程能按规定具体运作，并达到目标。配送服务质量体系中的程序应形成具有一定规定、制度性质的程序文件，使人员有章可循、有法可依。这是配送服务质量体系得以有效运行的可靠保证。

8.4.3 配送服务质量管理基本工作

1. 加强全体职工的质量意识和质量管理水平，建立必要的管理组织和管理制度

质量管理工作是在配送的每个过程中体现的，因此，质量管理工作应是整个配送组织的事情。但是，正因为各个过程都有其独特的功能，往往在操作时只注重实现这一独特的功能，如完成装卸、搬运等任务，而忽视了该过程的质量管理。另外，配送过程的连续性，导致很难明确区分质量状况和质量责任。所以，建立一个统筹的质量组织，实行质量管理的规划、协调、组织、监督是十分必要的。另外，在各个过程中建立质量小组并通过质量小组带动全员、全过程的质量管理也是很重要的方式。

增强职工的质量意识和质量管理能力。通过对全员进行培训教育，使全体职工的质量意识和质量管理能力达到一定的水平。质量管理全员培训可以使职工的质量意识和质量管理能力都得到提升，否则，单有意识而无能力，或者说仅有能力而无责任心都是无法做好质量管理的。

2. 建立必要的质量管理组织

质量管理组织分为领导机构与群众组织。既要有领导机构，又要有群众组织。其责任是进行宣传、教育、培训、计划、实施和检查。为体现全员性和全面性，要求每个环节每个人都要严把质量关，并建立质量管理小组。

（1）做好配送服务质量管理的信息工作。

配送过程涉及的范围比生产过程更广，信息传递距离更远，收集难度大，及时性差。为了解决这些问题，应采取科学的管理方法和先进的信息技术，建立有效的质量信息系统，对配送实行动态的管理。为提高配送服务质量，要建立合理的信息管理网络，用以指导配送服务质量管理工作。

（2）做好实施配送服务质量管理的基础工作。

配送服务质量管理的基础工作主要包括以下两个方面。

① 标准化工作。标准化是开展配送服务质量管理的依据之一。在标准化中，要具体制定各项工作的质量要求、工作规范、质量检查方法。各项工作的结果，都要在产品质量标准规定的范围内。因此，要做好配送服务质量管理，首先要制定相应的标准。

② 制度化工作。若要将配送服务质量管理作为配送服务的一项永久性工作，就必须有制度的保证。建立协作机制和质量管理小组都是制度化的一部分。要使制度程序化，以便于了解、执行、检查。制度化的另一个重要方式是建立岗位责任制，在岗位责任制的基础上，或在岗位责任制的内容中，订立或包含配送服务质量责任，使配送服务质量责任能在日常的细微工作中体现出来。

3. 开发差错预防体系

配送服务过程中的差错问题是影响配送服务质量的主要因素。由于配送商品数量大，操作程序多，差错发生的可能性非常大，因此，建立差错预防体系也是质量管理的基础工作。根据国内外已有的这方面实践经验来看，差错预防体系的建立主要有以下几个方面的工作。

（1）配送中心库存货物的调整。对存储区进行规划调整，将库存货物有序地放置，可以帮助人员更准确、方便地对货物进行存取，我国的四号定位等方式便是有效的管理方式；在国外常用不同颜色进行标识，以实现库存货物的有序放置和有效区分；此外，灵活利用不同货架、货仓等放置货物也是很有效的管理方式。

（2）运用新技术。现在已开发的射频识别技术（Radio Frequency Identification，RFID），配合便携式扫描仪可准确无误地确认商品。采用电子计算机控制的分拣系统和采用电子计算机控制的存储系统都是避免差错的有效方式。

（3）建立智能配送系统。建立能对配送服务过程全部活动进行核对、监测的系统，以及时发现问题而防止差错持续或差错发展，进而再寻找差错产生源头，予以解决。

（4）科技赋能促进创新发展。移动互联网、大数据、云计算、物联网等新技术在物流领域广泛应用；网络货运、数字仓库、无接触配送等"互联网+"高效物流新模式新业态不断涌现；自动分拣系统、无人仓、无人码头、无人配送车、物流机器人、智能快件箱等技术装备加快应用；高铁快运动车组、大型货运无人机、无人驾驶车等起步发展；快递电子运单、铁路货运票据电子化得到普及。通过科技赋能减少出现差错的可能。

本 章 小 结

本章介绍了配送服务合同的相关内容，从合同的种类到配送服务合同的签订、主要条款的约定、合同的履行等，为配送服务的规范化经营提供了基础。在此基础上，本章还深入探讨了配送运输的基本概念及其特征，分析了不同类型的配送运输路线。

在配送车辆营运管理部分，本章介绍了车辆调度的作用和特点，以便企业能够根据实际情况灵活选择最适合的调度策略。同时，强调了在解决车辆调度优化问题时的原则和调度优化方法。

最后，本章的重点转向了提升配送客户服务质量的策略，详细解析了如何构建有效的配送服务质量体系，并梳理了相关的质量管理基础工作。这些措施旨在全面提升配送服务水平，从而增强客户满意度，推动企业的可持续发展。通过这一系列的阐述，本章不仅仅提供了相关理论支持，更为实践中的配送服务优化提供了具体指导。

习　题

一、选择题

1. "被配送的对象，可以为生产资料或生活资料，但必须是动产，有形的财产"是指配送服务合同的（　　）。
   A．标的物　　　　　　　　　　　B．当事人的义务与权力
   C．标的
2. "车辆在运行路线的各物流节点上依次装货，直到装完所有待装货物返回出发点"是（　　）行驶路线。
   A．聚集式　　　　B．分送式　　　　C．分送-聚集式
3. VMI 是指（　　）。
   A．射频识别技术　　B．供应商管理库存　　C．车辆路径规划

二、简答题

1. 配送服务合同的性质有哪些？
2. 按配送运输调度形式分类，配送运输方式有哪些？
3. 车辆调度工作有哪些作用？

三、思考题

1. 在实际配送管理中，实现运输路线合理化可能会遇到哪些困难？你有哪些解决建议？
2. 简述客户服务管理的意义。

四、案例题

"最后一公里"

伴随苏宁零售业务的发展，苏宁物流持续推进线上线下一体化融合，完善"最后一公里"布局，拓展社会化服务功能，提升消费者体验。

1. 线上线下一体化融合

苏宁物流在集团的线上线下融合总体战略下，持续整合上下游资源，打通线上（苏宁易购平台、苏宁易购天猫官方旗舰店）及线下（苏宁易购门店、苏宁小店等）渠道，打造线上线下一体化融合的仓储配送管理体系，实现门店端、PC 端、移动端和家庭端四端协同，为消费者提供家电、3C、母婴、百货、超市、服装等全品类、全渠道的优质服务。

在动态库存管理方面，苏宁物流通过大数据分析和智能调度系统，优化枢纽分拨和配送路径，实现全国范围 "一盘货" 管理；在货位管理方面，苏宁物流通过 ABC 分区法及库存总量预测，缩短了 77% 的订单拣选路线，提高了拣选效率；在配送路径优化方面，苏宁物流通过建立虚拟模型和导入实际作业数据，形成动态路网规划和高灵敏的路由路线排程，同时配备智能调度引擎，平均提高了 18% 的车辆装载率，缩短了 13% 的总配送距离，降低了 22.3% 的配送成本。

2. 完善"最后一公里"布局

苏宁物流充分发挥线上线下零售平台和物流快递设施优势,通过建设快递直营网点、苏宁帮客县镇服务中心、苏宁小店生活帮、零售云门店自提网点,整合旗下天天快递网点等措施,打造智慧零售末端仓配综合服务网点,形成强大的城乡末端配送网络。其主要模式有:一是"苏宁快递网点+零售云自提网点+天天快递网点"三大基础网点组合,实现全网全地域覆盖;二是"苏宁生活帮+苏宁小店"深度融合,定位于"快递+"综合服务功能,实现代寄代收包裹;三是苏宁帮客县镇服务中心打造集揽、仓、配、装、销、修、洗、收、换等功能于一体的综合服务体,强化县镇农村物流深度布局。

通过上述综合服务网点建设,苏宁物流有效破解了城乡网点分布不均、不深、功能少等难题,更好地实现了"最后一公里"全国性布局。

3. 探索社会共享平台服务

苏宁物流打造开放的第四方综合物流信息服务平台,探索实现社会化服务转型。在社会化服务方面,平台基于物联网、大数据、云计算等技术形成信息化体系,实现支线运输、仓储、配送、自提等各环节供需双方的有效对接,并通过担保交易、信用管理、保险赔付等机制,提高物流交易的安全性与可靠性。在共享服务方面,苏宁物流推动包括美的、奥玛、志高、科捷等多家知名企业和近200余家中小型物流服务需求企业与物流企业开展业务合作;充分发挥共享平台优势,对各地"小""散"物流企业及物流运输车辆资源进行集聚整合,减少车辆返程空载,提高物流资源使用效率。2022年,服务平台已入驻商户2000余家,在线共享仓储租赁面积超过10万平方米,覆盖全国57个地区。

针对解决快递"最后一公里"的配送难题,阿里菜鸟、京东、苏宁都开始加码对无人快递车进行研发。苏宁无人快递车"卧龙一号"加入"最后一公里"配送!"卧龙一号"是国内首个与电梯进行信息交互送货上门的无人车,它不仅可以实现从户外到室内配送的无缝切换,解决了小区复杂场景的配送需要;还能实现恶劣天气以及夜晚的24小时配送,做到全天候的服务。根据苏宁物流规划,未来"卧龙一号"将在全国进驻1000多家小区,为消费者提供智慧、准时、轻简的社区服务。

1. 通过阅读案例,总结苏宁完善"最后一公里"布局的主要模式有哪些?
2. 思考如何"减少车辆返程空载",简述车辆调度原则。

第 9 章　仓储配送成本与绩效管理

【本章学习目标】

1. 掌握仓储成本与配送成本的构成。
2. 掌握仓储成本与配送成本的控制策略以及如何降低仓储成本与配送成本。
3. 熟悉仓储成本控制的原则。
4. 了解仓储生产绩效考核指标。
5. 掌握如何对配送各项作业进行绩效评估并提出可改进的措施。

【知识导图】

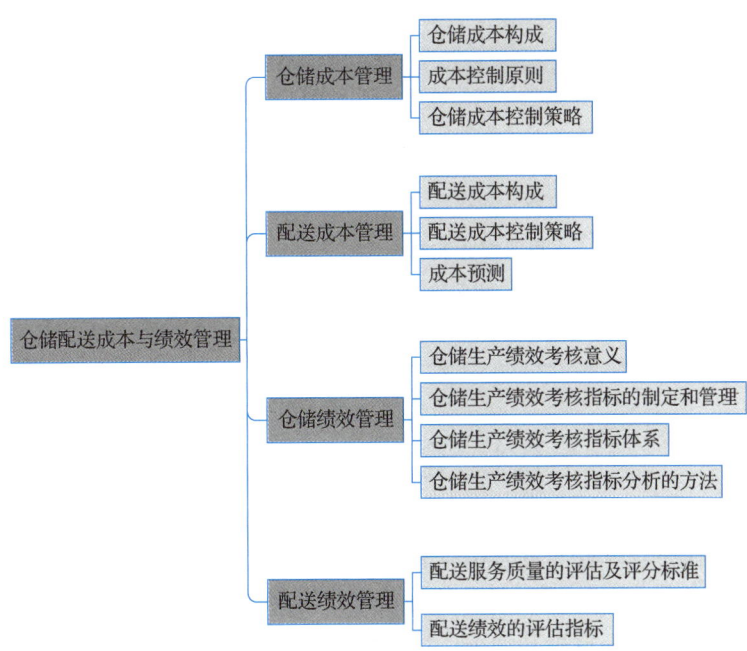

现代仓储与配送管理

导入案例

太平鸟：数字化赋能下的精益库存管理实践

太平鸟是典型的服饰类企业，曾因零散型产业特点使其在扩张过程中难以形成集约化成本优势，从而陷入成本剧增的困境。然而，太平鸟通过建立自身的物流配送系统和严格有效的物流配送管理制度，成功摆脱了这一困境。

实践一：优化配送流程。

太平鸟为客户提供时效快递、经济快递、同城配送、国际快递等多种快递服务，并根据不同货物的特点和对物流时效的要求，灵活地选择陆地和航空两种运输方式，以降低成本并保证配送时效。企业通过改善车辆的装载技术和装载方法，对不同货物进行搭配运输或组装运输，使运输工具装载尽可能多的货物。同时，太平鸟运用特定的系统，对区域送货的路线进行跨区域优化整合，利用GPS卫星定位系统对送货的车辆进行实时监控，并对配送路线进行动态管理，以保证送货路线的合理性和科学性，从而制定配送最优化的路线。

实践二：精细仓储管理。

太平鸟在全国范围内拥有大约170个不同类型的仓库，通过大数据、运筹优化算法和机器学习技术，构建了选址规划系统，实现了选址的科学化和智能化。太平鸟还搭建了完善的数据展示监控体系，通过可视化展示的形式使选址方案细节一目了然。方案投入使用后还可以进行实时监控，减少了传统选址方法中人力的投入，提升了企业的运营效率。同时，太平鸟采用自建仓库的方式，提高了仓储的安全性，并正在推进智慧仓储和利用无人机等技术以提升仓储自动化水平。

实践三：数字化赋能。

太平鸟通过数字化手段和大数据资源，开展了精益库存管理，通过高效的产品需求预测规避了牛鞭效应，通过大数据云仓和智能配送中心强化了库存流通，以及通过ABC分类法和单周期库存模型等科学方法并借助AI技术实现了库存优化，成功解决了库存周转和存货资金占用问题，展现了数字化库存管理的重要作用。

太平鸟的实践充分展示了在数字化赋能的背景下，如何通过优化配送流程、精细仓储管理和数字化手段实现精益库存管理，提升企业的运营效率和竞争力。

（资料来源：中国管理案例共享中心，有改编。）

问题：

（1）太平鸟企业在实践中，采取了哪些策略来控制仓储与配送成本？

（2）在大数据时代，太平鸟企业能够成功运用数字化赋能来实现库存优化，解决一系列资金占用问题。以上有哪些值得我们学习的地方？

9.1 仓储成本管理

仓储成本管理认知

现代仓储与配送是物流业的重要构成部分。而物流成本长期以来被认为是经济领域的"黑暗大陆"，同时又被认为是企业的第三利润源。由于人们对物流活动普遍重视不够，大部分物流成本得不到揭示，使得物流成本的浪费现象严重，直接影响了物流企业的经济效益。加强物流领域的成本管理，特别是把现代成本管理理论与模式融入到物流成本管理中，进而形成新的物流成本管理模式，不断降低物流领域的成本，消除"黑暗大陆"，这正是目前国际国内从事现代物流业的专家和企业家在理论研究和实践探索中关注的热点。

9.1.1 仓储成本构成

1. 维持成本

维持成本是指为保持存货而发生的成本，它可以分为固定成本和变动成本。其中固定成本与一定限度内存货数量的多少无关，如仓库折旧与仓储设备的维护开支、仓库职工的工资等；变动成本与存货数量的多少有关，如资金占用费、税费、保险费、陈旧费、储存费等。下面主要介绍5个变动成本。

（1）资金占用费。即存货占用的资金如果投入其他方面使用所能取得的相应的投资报酬。其比例为当前实行的主要利率。使用主要利率或以主要利率确定的具体利率，是要用推理的方法以现金替代投入存货中的资金，这表明按该利率水平也可以用货币在市场上买到相应的商品。在管理上，企业应针对可利用的所有资金，根据预期的投资报酬率目标来确定较高的利率。因为，任何投入到存货中的资金就会失去其他盈利的能力，从而限制了资金的其他投资用途。

（2）税费。许多国家将存货列入应税财产，高水平库存导致了高税费的开支。税率和评估方法通常随地点不同而不同。一般情况下，税金是根据一年内某个特定日的存货水平或某一段时间内的平均存货水平征收的。有些地方对存货税金不作任何评估，按存货价值的百分比来确定税金。

（3）保险费。保险费一般是根据风险评估或承担风险的程度直接加以征收。风险的评估或承担的风险程度取决于存货和储存设施这两方面的性质。例如，丢失或损坏的风险高的存货及易燃的危害性存货将导致相对较高的保险费。保险费还受到储存设施内的预防措施的影响，如安保类摄像机和自动喷水灭火系统等都会影响保险费。

（4）陈旧费。陈旧费是指存货发生损耗且又得不到保险的补偿，该费用的计算是根据以往的经验确定的。此外，陈旧费还可以扩大到市场营销损失。陈旧费必须小心地予以处理，并且应该仅局限于与存货有关的直接损失。与货物陈旧损失有关的支出应该表示为平均存货的一个百分比。

（5）储存费。储存费是与存货的存放有关而不是与搬运有关的设施费用。这笔费用必须分摊到具体的物品上去，因为它与存货价值没有直接的关系。根据仓储设施的类型（如公共仓库或私营仓库等），储存费可以直接计算，也可能需要进行分摊计算。

2. 采购成本

采购成本由外部采购成本和生产准备成本两部分构成。外部采购成本是指企业为了实现一次采购而进行的各种活动的费用，如办公费、差旅费、通信费等支出。这部分采购成本中有一部分与采购次数无关，如常设采购机构的基本开支等，称为采购的固定成本；另一部分采购成本与采购的次数有关，如差旅费、通信费等，称为采购的变动成本。

生产准备成本是指当库存的某些产品不由外部供应而是由企业自己生产时，企业为生产一批货物进行改线而准备的成本，实质上这也可以看作一种"采购"，只不过是企业的采购部门向企业生产部门的采购而已。其中更换模具、夹具需要的工时或添置某些专用设备的花费等属于生产准备固定成本；与生产产品的数量有关的费用，如材料费、加工费等属于生产准备变动成本。

假定每次的外部采购成本是固定的,每次的生产准备成本也是固定的,则每年的总采购成本只受到一年中采购次数或生产准备次数的影响,也就是只受到每次采购规模或每次生产数量的影响。随着采购次数或生产准备次数的减少(即每次采购规模或每次生产数量的增加),年总采购成本会下降。

采购成本和维持成本随着每次采购规模或每次生产数量的变化而变化。起初随着每次采购规模的增加,采购成本的下降比维持成本的增加要快,即采购成本的边际节约额比维持成本的边际增加额要多,使得仓储成本下降。当采购规模增加到某一点时,采购成本的边际节约额与维持成本的边际增加额相等,这时仓储成本最小。此后,随着采购规模的不断增加,采购成本的边际节约额比维持成本的边际增加额要小,导致仓储成本不断增加。

总之,随着每次采购规模(或每次生产数量)的增加,维持成本增加,而采购成本降低,使仓储成本线呈 U 形。

3. 缺货成本

缺货成本是指由于库存供应中断而造成的损失。缺货成本包括原材料供应中断造成的停工损失、产成品库存缺货造成的延迟发货损失和丧失销售机会的损失(其中包括商誉损失);如果生产企业以紧急采购代用材料来解决库存材料的中断之急,那么缺货成本表现为紧急额外购入造成的损失(紧急采购成本大于正常采购成本的部分)。当一种存货缺失时,客户就会购买竞争对手的存货,这就会对企业产生直接利润损失。如果失去客户,还可能造成企业间接或长期成本上升。在供应物流方面,原材料或半成品或零配件存货的缺货,意味着机器空闲甚至停产。缺货成本主要包括以下几种。

(1) 保险存货的成本。

许多企业都会考虑保持一定数量的保险存货,即缓冲存货,以应对需求波动或提前期方面的不确定性。但困难在于如何确定需要保持多少保险存货,保险存货太多意味着多余的库存,而保险存货不足则意味着缺货或失销。

零售业保持保险存货是为了在用户的需求率不确定或不可预测的情况下,有能力供货。工厂保持保险存货是为了零售和中转仓库的需求量超过平均值时有能力补充他们的库存。半成品的保险存货是为了在工作负荷不平衡的情况下使各制造部门之间的生产正常化。准备这些保险存货是要不失时机地为客户及内部提供需求的服务,以保证企业的长期效益。

但需要指出的是:保险存货的风险更大,且比周转存货的储存成本要高;其次,保险存货水平的决策涉及概率分析。

(2) 延期交货的成本。

延期交货可以有两种形式,缺货商品可以在下次常规订货中得到补充,或者进行快速延期交货。如果客户愿意等到下一个常规订货时间,那么公司实际上没有什么损失。但如果经常缺货,客户可能就会转向其他供货商。

如果缺货商品延期交货,那么就会发生特殊订单处理费用和额外运输费用。与常规补充订单的处理费用相比,延期交货的特殊订单处理费用通常更高。由于延期交货经常是小规模装运,运输费率也相对较高,而且延期交货的商品可能需要长距离运输,如商品要从国内另一个地区的一个工厂仓库运输给客户。另外,可能需要利用快速、昂贵的运输方式运送延期交货的商品。因此,延期交货成本可根据特殊订单处理费用和额外运费来计算。

（3）失销成本。

尽管一些客户可以允许延期交货，但是仍有一些客户会转向其他供货商。换句话说，许多公司都有生产替代产品的竞争者，当一个供货商没有客户所需的产品时，客户就会从其他供货商处订货。在这种情况下，缺货导致失销，对于卖方的直接损失是这种产品的利润损失。这样，可以通过计算这种产品的利润乘以客户的订货数量来确定直接损失。需要指出的是：

第一，除了利润的损失，还包括当初负责这笔业务的销售人员的人力、精力浪费，这就是机会损失；

第二，很难确定在一些情况下的失销总量。例如，许多客户习惯电话订货，在这种情况下，客户只是询问是否有货，而未指出要订货多少，如果这种存货没有，那么客户就不会说明需要多少货物，对方也就不会知道损失的总量；

第三，很难估计一次缺货对未来销售的影响。

（4）失去客户的成本。

由于缺货而失去客户，也就是说，客户永远转向另一个供货商。如果失去了客户，企业也就失去了未来一系列收入，这种缺货造成的损失很难估计，需要用科学管理的技术以及市场营销研究方法来分析和计算。除了利润损失，还有由于缺货造成的信誉损失。信誉难度量，在库存决策中常被忽略，但它对未来销售及企业经营活动非常重要。

（5）期望损失的计算。

为了确定需要保持多少库存，有必要确定如果发生缺货会造成的期望损失。首先，分析发生缺货可能产生的后果，包括延期交货、失销和失去客户。其次，计算与可能产生的后果相关的成本，即利润损失。最后，计算一次缺货的损失。

如果增加库存的成本少于一次缺货的损失，那么就应增加库存以避免缺货。如果发生内部短缺，则可能导致生产损失（人员和机器的闲置）和完工期的延误。如果由于某项物品短缺而引起整个生产线停工，这时的缺货成本可能非常高。尤其对于采用及时生产（Just-In-Time Production，JIT）理念的企业来说更是这样。为了对保险存货量做出最好的决策，制造企业应该对由于原材料或零配件缺货造成停产的成本有全面的理解。

4. 在途存货成本

仓储成本中还有一项常被忽视的成本，即已订购而未到货物的成本，即在途存货成本。这项成本不像前面讨论的三项成本那么明显，然而在某些情况下，企业必须考虑这项成本。如果企业以目的地交货价出售商品，这意味着企业应负责将商品送达客户。因此，当客户收到订货商品时，商品的所有权才转移。从财务观点来看，在途商品仍是卖方的库存。因为这种在途库存直到交给客户之前仍然属企业所有，运货所需的时间是维持成本的一部分。然而快速交货意味着更高成本的运输。因此，企业要对运输成本与在途存货成本进行权衡抉择。

9.1.2 成本控制原则

1. 节约原则

节约就是对人力、物力和财力的节省，它是提高经济效益的核心，是按照客观经济规律办事的要求，也是控制成本的一项基本原则。在这个原则指导下，我们对成本控制必须树立

仓储成本分析与控制

新的观念：它绝不应只是消极的限制与监督，而应是积极的指导和干预。过去的成本控制，最早只是强调事后的分析和检查，主要侧重于严格执行成本开支范围和各项规章制度，这实际上属于"亡羊补牢"性质的防护性控制。后来，成本控制发展到侧重于日常的成本控制，当发现实际成本超过标准或预算时，立即反馈给有关部门对其进行干预或调节，纠正问题，巩固成绩，这些实质上都属于反馈控制。但今后为了深入地贯彻节约原则，成本控制的重点必须转移到成本发生前的事前控制，做好经济预测，充分挖掘仓储与配送企业内部的节约潜力，处处精打细算，在双增双节方面狠下功夫。只有这样，才能把损失和浪费消灭在事前，做到"防患于未然"，有效地发挥事前控制的作用。

2. 全面性原则

在成本控制中实行全面性原则，通常有以下两种含义。

（1）全员的成本控制。

成本是综合性很强的经济指标，它涉及企业的所有部门和全体职工的工作实绩。要想降低成本，提高效益，可以充分调动每个部门和每位职工关心成本、控制成本的主动性和积极性。当然，发动群众参加成本控制，并不是要取消或削弱控制成本的专职机构和专业人员，而是在加强专业成本管理的基础上，要求人人、事事、时时都要按照定额、标准或预算进行成本控制。

（2）全过程的成本控制。

在现代社会中，应充分发挥物流的整合作用，在涉及仓储与配送及其他各个环节中都要加强成本控制。换句话说，成本控制的范围应贯穿成本形成的全过程。实践证明，只有当产品的整个寿命周期成本得到有效控制时，成本才会显著降低；而且从整个社会的角度来说，只有这样才是真正的节约成本。

（3）责、权、利相结合的原则。

要使成本控制真正发挥效益，必须严格按照经济责任制的要求，贯彻责、权、利相结合的原则。应该指出，在经济责任制中，控制成本是每个成本责任中心应尽的职责，同时也是一种权力。很明显，如果责任单位没有这种权力，就无法进行成本控制。譬如任何一个成本责任中心都制订了一定的标准或预算，若要求他们完成控制成本的职责，必须赋予他们在规定范围内有权决定某项费用是否能开支的权力。如果没有这种权力，当然就谈不上什么成本控制了。此外，为了充分调动各个成本责任中心在成本控制方面的主动性和积极性，还必须定期对他们的实绩进行评价与考核，并将控制成本同职工本身的经济利益紧密挂钩，做到奖罚分明。

（4）按目标管理的原则。

目标管理是指企业管理层以既定的目标作为管理人力、物力、财力和各项重要经济指标的基础。成本控制是目标管理的一项重要内容，它必须以目标成本为依据，并将其作为对企业经济活动进行限制和指导的准绳，力求做到以最少的成本开支，获得最佳的经济效益和社会效益。

既然目标成本是所要努力实现的成本，那么制定目标成本时既要考虑本企业的具体情况（如现有设备条件、业务能力、技术水平、历史成本资料等），又要考虑到企业的外部条件（如国家的财经政策、市场供需情况、国内外同行业同类部门的成本信息等）。然后采用成本控制的专门方法与策略，制定出最佳的目标成本。

(5) 按"例外管理"的原则。

"例外管理"是西方国家在企业经营管理中，进行日常控制所采用的一种专门方法，特别是在对成本指标的日常控制方面应用的更多。

日常成本控制主要是通过对各种成本差异进行分析研究，从而发现问题，挖掘降低成本的潜力，并提出改进工作或纠正问题的具体措施。所有不正常的、不符合常规的关键性差异，就叫作"例外"。确定"例外"的标准，通常有下列四条。

第一，重要性。这是根据差异金额的大小来决定的。一般来说，只有在金额上具有重要意义的差异，才能获得管理人员的重视。例如，有的企业规定凡与预算金额相差10%的，应视为重要的差异。这里的差异包括顺差与逆差。因为物流企业中某一成本责任中心的顺差，也可能给另一责任中心带来不利影响或产生不良后果。有的企业除了规定一个百分率，还会用另外一项最低金额加以限制。

第二，一贯性。如果某项差异虽然从未超过规定的百分率或最低金额，但却持续相当一段时间（如两周或一个月）在这个限度附近徘徊，则这项差异应视为"例外"，需要引起管理人员的充分重视。因为这种"例外"可能反映原来的预算或标准已经过时或失效，应及时加以调整；这种"例外"可能是由于成本控制不严而产生的，必须迅速被纠正。

第三，可控性。凡属管理人员无法控制的成本项目，即使发生重要的差异，也不要视为"例外"。例如，由于公共仓库收费标准、保险费率或国家税率等的变动而发生金额较大的差异，管理人员无须采取任何追查行动。

第四，特殊性。凡对于物流企业的长期获利能力有重要影响的成本项目，即使其差异没有达到重要性的程度，也应受到管理人员的密切注意，甚至凡有差异均应视为"例外"，需要追查原因，迅速做出补救决策。如节约固定设备的维修费，在短期内可能降低成本，形成有利差异；但如果维修力度不足，使机器带"病"运转，未来可能造成工作效率的降低而引起收益的减少，这些损失往往比节约的维修费要大得多，必须引起管理人员的高度重视。

9.1.3 仓储成本控制策略

仓储成本的大小与仓储物资的数量、品种等因素有密切的关系。其中存货量的控制对仓储成本的控制尤为关键。以下介绍几种常用的存货控制策略。

(1) 挂签制度。

挂签制度（Hang-Label System）是一种传统的存货控制策略。其基本要领是给库存商品的每个项目均挂上一张带有编号的标签。当存货售出或发给生产单位使用时，即将标签取下，记入"永续盘存记录"上，以便控制。在这种情况下，为了保证不致发生停工待料或临时无货供应，必须在"永续盘存记录"上注明最低存货量（即保险存货量），一旦实际结存余额达到最低水平，应立即提出订购申请。如果企业没有使用"永续盘存记录"，则应将每次取下的存货标签集中存放，到规定的订购日期，再将汇集存放的标签分类，统计其发出数量，并据以作为进货的依据。

必须指出，挂签制度虽然简便易行，但在存货量起伏不定、波动很大时，需要有较高的保险存货量。

（2）ABC 分类方法。

ABC 分类方法（ABC Analysis Method）是一种用于存货分类管理的控制策略。当库存中的存货品种异常繁杂且单价高低悬殊时，若对所有存货不加区分地进行控制，则会导致管理资源的浪费。而 ABC 分类方法能够帮助管理者突出重点、区别对待，是一种简便且高效的管理方法。

仓储物流经典数据方法——ABC 分类法

ABC 分类方法的基本原理是"关键的是少数，次要的是多数"，根据各项存货在全部存货中重要程度的大小，将存货分为 ABC 三类：A 类存货数量较少，资金占用多，应重点实行管理；B 类存货为一般存货，数量较多，资金占用一般，应实行常规管理；C 类存货数量繁多，资金占用少，不必花费太多精力，一般凭经验管理即可。

实践证明，凡规模较大的企业，采用 ABC 分类方法以后，在存货控制方面，不仅十分方便，而且管理效果也异常显著。

（3）双堆存货进货管理系统。

双堆存货进货管理系统的运行无须日记录，因而是连续系统的一种简化形式。此系统将存货分作两堆存放，第一堆是订货点存货量，其余为第二堆。货物发放时，先动用第二堆，当第二堆用完，只剩下第一堆时，意味着存货量下降到了订货点，应立即提出订货。也可将保险存货量从第一堆中分出来，另作一堆，称为三堆法。采用双堆法或三堆法时，无须盘点，存货量形象化，简便易行，其缺点是需占用较大的仓库面积。

双堆存货进货管理系统的显著特点是没有连续的库存记录。该系统属于固定订货量系统，其优点是减少了资料处理工作，对每项业务不用保持详细的库存记录，订货点由肉眼来判定，当存货消耗一堆时便开始进货，其后的需求由第二堆来满足。

该系统也可仅用一堆（一个储存器）的方式运行。当库存水准降至某一物理标记，如某色标线或某一给定液面（用于燃油或其他液体）时，便可发出订单进货。订货点数量也可以设置在贮藏器或容器内，当存货量降至被隔离的数量时便发出订单。双堆存货进货管理系统最适合用于廉价的、用途相当单一的物品的管理。

此外，随着计算机信息系统的广泛应用，人们也相应地开发出了与存货成本管理有关的其他系统。如物料需求计划（Material Requirements Planning，MRP），它既是一种存货成本控制策略，也是一种时间进度安排方法。制造资源计划（Manufacturing Resources Planning，MRPⅡ），它是由物料需求计划扩展成的一个范围更为广泛的对制造业企业资源进行计划与安排的方法。及时生产系统（Just In Time，JIT）是一种生产管理策略，其核心目标是通过精确的时间安排和高效的流程控制，最大限度地减少在制品数量和降低库存水平，从而提高生产效率和降低成本。JIT 代表的是一种理念，在这种理念指导下的系统在运行时，可以实现存货水平最低，库存浪费最小，空间占用最小，管理事务量最少。

9.2 配送成本管理

9.2.1 配送成本构成

配送是集货、分拣、配载、包装、组配及加工等一系列活动的集合。通过配送，物流活动才得以最终实现。但完成配送活动是需要配送成本的。配送成本是配送过程中所支付的费用总和。

根据配送流程及配送环节，配送成本实际上是由配送运输费用、分拣费用、配装费用及流通加工费用等构成的。

1. 配送运输费用

配送运输费用主要包括以下两个方面。

（1）车辆费用。车辆费用是指从事配送运输生产而发生的各项费用，具体包括驾驶员及助手等的工资及福利费、燃料费、轮胎费、修理费、折旧费、养路费、车船使用税等项目。

（2）营运间接费用。营运间接费用是指在营运过程中发生的不能直接计入各成本计算对象的站、队经费，包括站、队人员的工资及福利费、办公费、水电费、折旧费等内容，但不包括管理费用。

2. 分拣费用

（1）分拣人工费用。从事分拣工作的作业人员及有关人员的工资、奖金、补贴等费用的总和。

（2）分拣设备费用。分拣机械设备的折旧费用及修理费用。

3. 配装费用

（1）配装材料费用。常见的配装材料有木材、纸、自然纤维和合成纤维、塑料等。这些包装材料功能不同，成本相差很大。

（2）配装人工费用。从事配装工作的工人及有关人员的工资、奖金、补贴等费用总和。

（3）配装设备费用。在配装过程中使用的各种设施和设备所产生的相关费用，这些费用通常包括仓储设备费用、包装设备费用、物流设备费用等。

（4）配装辅助费用。除上述费用外，还有一些辅助性费用，如包装标记、标志的印刷费用，拴挂物费用等。

4. 流通加工费用

（1）流通加工设备费用。流通加工设备因流通加工形式不同而不同。购置这些设备所支出的费用，以流通加工费用的形式转移到被加工产品中去。

（2）流通加工材料费用。在流通加工过程中，投入加工过程中的一些材料所需要的费用。

（3）流通加工人工费用。在流通加工过程中从事加工活动的管理人员、工人及有关人员的工资、奖金等费用的总和。

在实际应用中，应该根据配送的具体流程归集成本，不同的配送模式，其成本构成差异较大。在相同的配送模式下，由于配送物品的性质不同，其成本构成差异也很大。

配送成本的特点

配送成本是物流成本的一个组成部分，具有物流成本的特点。

1. 配送成本隐蔽性

大多数配送成本通常混杂在运输成本、销售成本和一般经营费用当中,会计对这些成本和费用进行核算时,难以将配送成本单独计算,提供完整的配送成本信息。

2. 配送成本的消减具有乘数效应

假设某配送企业销售 10000 元的货物,其配送成本为 1000 元。如果配送成本降低 10%,就可以得到 100 元利润。如果该配送企业的销售利润率为 5%,则创造 100 元利润需增加 2000 元的销售额,即降低 10% 的配送成本所起的作用相当于销售额增加 20% 所起的作用。

3. 配送成本的效益背反

配送成本是由若干项构成的,如包装成本、装卸搬运成本、拣选成本等,如要减少包装成本,则需要简化包装,但这样却增加了装卸搬运的难度和货物损坏率,导致总的成本增加。

(资料来源:吉亮,2010. 仓储与配送管理[M]. 北京:北京大学出版社.)

9.2.2 配送成本控制策略

(1) 实施目标成本管理。

配送中心经营的总目标是要以更高服务质量与更低成本向各个顾客实施配送,具体实施策略是从财务会计的角度引入目标成本管理的概念。实现这些目标时,要以总目标"经济效益"为基准。降低库存成本、流通加工成本和运输成本,通常是以牺牲对顾客的服务水平和提高供应商的库存成本、运输成本为代价的。这样做可能会出现配送中心的成本、费用在减少,商品的周转率、资金周转率在增加。但与此同时,供应商所提供的商品的价格在上升,来自顾客的埋怨越来越多,顾客需求量减少,配送中心运营面临困境。

因此,配送中心在运营时,应在成本和服务之间作出权衡,结合自身能力对先进的信息技术加以引进,同时在设计目标成本时,利用这些有利资源使目标成本和服务共同迈上一个台阶。

(2) 优化配送作业。

优化配送作业的手段主要有实行混合配送、差异化配送、共同配送、延迟配送以及标准化配送等方式。

混合配送是指配送业务一部分由企业自身完成,另一部分外包给第三方的方式。合理安排企业自身完成的配送作业量和外包给第三方完成的配送作业量,能使配送成本最低。

差异化配送是指按产品的特点、销售水平,设置不同的配送作业,即设置不同的存货量、不同的配送方式以及不同的储存地点。如果采用同样的配送作业则会增加不必要的配送成本。

共同配送也称集中协作配送,是一种战略运作层次上的共享。它是几个企业联合,集小量为大量,共同利用同一配送设施的配送方式。这种方式不仅可减少企业的配送费用,使配送能力得到互补,而且有利于缓解城市交通拥挤,提高配送车辆的利用率。

在传统的配送作业安排中,大多数的库存是按照对未来市场需求的预测量设置的,这样就存在着预测风险,当预测量与实际需求量不符时,就会出现库存过多或过少的情况,从而增加配送成本。延迟配送是指产品的外观、形状及其生产数量、组装方式、配送方式都尽可能推迟到接到顾客订单后再确定。一旦接到订单就要快速反应,因此采用延迟配送的一个基本前提是信息传递速度要非常快。

标准化配送就是尽量减少由品种多变导致的附加配送成本，尽可能多地配送标准零部件、模块化产品。

（3）搭建通畅的信息平台。

配送中心内部成本降低的各种方法策略，以及物流成本管理的主要手段都是借助于通畅的信息渠道、自动化仪器的导入以及信息系统的构建。通过这些手段，配送中心能够实现作业的机械化、节省人力资源、简化订发货作业流程、降低物流成本，缩短商品在途时间，进而真正做到提质增效。而通畅的信息系统与物流成本降低的关系可以通过配送中心场所管理中的信息构筑来说明。

配送中心内的场所管理分为两种方式：一种是利用信息系统事先将货架进行分类、编号，并贴上货架代码，同时预先确定各货架内存储的商品种类和位置，这种管理方式属于固定型场所管理方式；另一种管理方式是流动型场所管理方式，即所有商品按顺序摆放在空的货架中，不事先确定各类商品专用的货架。在固定型场所管理方式下，各货架内存储的商品长期是一样的，这样从事商品备货作业较为容易，同时信息管理系统的建立也较为方便。这是因为只要第一次将货架编号以及商品代码输入计算机，就能很容易地掌握商品出入库动态，从而省去了不断进行在库商品统计的烦琐业务，与此同时，在商品出库以后，利用信息系统能很方便地掌握账目以及实际商品的剩余在库量，及时补充库存。流动型场所管理方式是通过多种手段和技术实现商品信息的快速、准确录入，以确保商品在各节点间的高效流动和信息共享。常用的商品录入方式包括条码扫描、二维码识别、电子数据交换（EDI）等，这些方式能够实时记录商品的流动信息并传输到管理系统中，从而实现商品状态的动态监控和信息的透明化。通过标准化和自动化的录入手段，流动型场所管理方式能够有效减少人为错误，提高商品流转效率，并确保商品信息在各环节的准确传递，为快速响应市场需求和优化供应链运营提供支持。

固定型场所管理方式和流动型场所管理方式各有一定的适用范围。一般来讲，固定型场所管理方式适用于非季节性商品，而季节性商品或流行性变化大的商品，由于周转较快，出入库频繁，更适应于流动型场所管理方式。无论是固定型场所管理方式还是流动型场所管理方式都是通过信息的传输对成本进行有效的控制。

此外，提高配送作业效率不仅可以降低成本，提高仓储与配送企业的经济效益，还可以对配送成本进行有效控制。而配送作业效率具体可细化为入、出库时商品检验的效率，保管、装卸作业的效率，备货作业的效率，分拣作业的效率等。

9.2.3 成本预测

1. 成本预测的概念与作用

成本预测是以预测理论为指导，根据有关历史成本资料、成本信息数据，在分析目前技术经济条件、市场经营环境等内外条件变化的基础上，对未来成本水平及发展趋势所作的定性描述、定量估计和逻辑推断。

SK074-格力电器的运营成本控制策略

成本预测是企业经济预测的重要组成部分，是成本控制的重要环节。在市场经济下，竞争激烈，企业进行有效的成本预测，对提高经济效益、降低成本，在竞争中求生存求发展有着十分重要的作用。具体体现如下。

（1）成本预测是成本决策的依据。成本预测是对成本变动趋势做出的一种估计，回答"将如何"的问题，即提供备选方案；成本决策是对成本预测方案的选择，回答"如何办"的问题，即确定备选方案。预测的要点在于揭示和描述经济变动趋势，从而为确定经营目标和方向提供依据。但预测本身并不是目的，其目的在于反映未来状况，以便作出尽可能合理的定性分析和尽可能精确的定量分析，为成本决策提供科学的依据。通过成本预测，对未来经营活动中可能出现的有利和不利因素，进行全面、系统、尽可能准确的分析，以避免成本决策的片面性和局限性，将未来不确定性的程度降低到最低。

（2）成本预测是成本计划的基础。计划是对未来的具体要求和部署，预测是对未来事件的描述，两者通过决策环节相连接。预测提出可行的备选方案，决策从备选方案中确定最佳的可行方案，计划则是对决策确定的最佳方案作出实施的具体规划。所以，成本预测是企业编制成本计划过程中必不可少的科学分析阶段，是成本计划的基础工作。没有成本预测，也就无所谓成本决策，更谈不上对决策所选方案进行成本计划。

（3）成本预测是市场经济和企业管理的必然要求。在市场经济下，生产的社会性日趋强烈，企业外部环境处于急剧变化之中。企业为了增强自身的竞争能力和适应能力，必然要通过成本预测来分析企业产品在市场竞争中的地位和盈利水平，并不断将预测数据与企业的实际状况相比较，以克服盲目性。实践证明，市场经济越发展，成本预测越重要。

从企业内部管理出发，企业一方面要不断对历史成本资料进行测算，并根据目前状况，寻求降低成本的途径；另一方面要不断对未来经济、技术情况作出适当的估计，不断开拓新产品，并预计其成本水平，加强企业的生存能力。

2. 成本预测的基本程序

预测并不是空想和臆造。科学的预测，首先要对预测对象进行充分的调查研究，收集和利用尽可能全面的信息资料，然后，使用科学的方法和手段，去寻求预测对象的内部与外部联系、演变的逻辑和发展规律，并利用这种联系、逻辑和发展规律去得出正确的结论。成本预测的基本程序如下。

（1）确定预测对象。

首先要确定预测对象，即要求对什么事物进行预测。比如，是对总成本还是单位成本进行预测、是要求预测社会总体成本的变动趋势还是本行业成本水平，等等。其次，要确定对预测有哪些要求。比如，是要求定性化的趋向预测还是定量化的数据预测、对预测结果的精确程度有什么要求，等等。

（2）收集处理资料信息。

要得到比较准确的预测结果，必须有能揭示其本质的足够的资料信息。根据预测的需要，收集成本预测对象本身的历史资料以及进行预测所需的其他资料，主要是对预测对象起影响作用的各种因素的历史资料以及在计划期内这些因素可能发生变化的资料。在收集资料时，除了应注意与预测对象直接相关的因素，还必须注意可能对预测对象的未来造成较大影响的间接因素。在收集资料的过程中，应随时分析资料的完整性和可靠性，补充必要资料，剔除虚假因素和偶然因素，保证预测结果的精确度和可靠性。

（3）建立成本预测模型。

影响成本的因素是多方面的。为了准确地进行预测，应当建立成本预测模型，使预测规范化和科学化。对定性预测设定一些逻辑思维推理程序，对定量预测则建立数学模型，然后根据这些推理和模型进行成本预测。成本预测模型是对被预测事物过去和现在发展规律的模拟，它是否与实际相符将直接关系到预测结果的精确程度。

（4）利用成本预测模型预测。

建立了成本预测模型后，就可以将有关成本的历史资料或变动因素置于预测模型中进行成本测算。因此，必须对预测期内的具体条件加以分析，在确认该时期具备模型的应用条件之后，才能把模型用于预测，去计算和推测成本。同时，也需要假设和判断过去和现在的成本发展规律能够延续到需要预测的时期，即认为预测对象的发展规律在这期间内依然起作用。否则，也就没有必要利用该模型去进行预测了。

（5）分析预测结果。

对于成本预测模型测算的结果，并不能直接使用，还必须对其进行分析并修正。这是因为，建立的成本预测模型和利用的资料是对过去和现状的反映，所预测的未来只是近似于该模型反映的情况。而且在计算和推测过程中又会产生一些误差，再加上模型本身又是在许多假定条件下建立起来的，因而预测的结果假定程度较高。这样，每次得到预测结果后，都应对预测的结果加以分析和评价。分析评价的内容有两个：一是根据经验和常识去检查与判断预测结果是否合理，是否与实际存在较大的误差，并判断未来的条件变化会对预测结果产生多大的影响；二是在预测方案实施后，及时与实际结果相比，以检验预测结果是否准确及误差大小。如果误差较大，则应建立新的成本预测模型，或采用多种预测方法对同一对象进行预测，比较并修正预测结果。

在上述成本预测的基本程序中，关键在于处理和分析环节。一是对收集的资料信息进行筛选和处理，二是对模型的预测结果进行分析和修正。前者直接决定后面建立的模型是否符合事物发展的客观规律，而后者则限定了提供给成本决策和成本计划使用的预测结果的质量。这两个环节所涉及的因素大多是复杂的、不确定的，不像其他环节那样有章可循。预测是一种技巧与艺术，预测方法只是工具，使用效果取决于使用者的运用情况。

9.3 仓储绩效管理

仓储绩效管理

9.3.1 仓储生产绩效考核意义

仓储担负着货主企业生产经营所需的各种货物的收发、储存、保管保养、控制、监督和保证及时供应货主企业生产和销售经营需要等多种职能，这些活动对于货主企业是否能够按计划完成生产经营目标、控制仓储成本和物流总成本至关重要。因此，有必要建立起系统科学的仓储生产绩效考核指标体系。

仓储生产绩效考核指标是仓储生产管理成果的集中体现，是衡量仓储管理水平高低的尺度，仓储企业利用仓储生产绩效考核指标考核仓储管理的意义有以下两方面。

1. 对内加强管理、降低仓储成本

仓储部和物流企业可以利用仓储生产绩效考核指标考核仓储的各个环节的计划执行情况，纠正作业过程中出现的偏差。具体表现如下。

（1）有利于提高仓储管理水平。

仓储生产绩效考核指标体系中的每项指标都反映某部分工作或全部工作的情况。通过对指标的分析，能发现工作中存在的问题，特别是对一些指标的综合分析，能找到彼此间的联系和关键问题之所在，从而为仓储计划的制订、修改，以及仓储生产过程的控制提供依据。

（2）有利于落实岗位经济责任制。

仓储的各项指标是实行经济核算的依据。因此，仓储生产绩效考核有利于落实岗位经济责任制，实行按劳取酬和评定各种奖励。

（3）有利于仓库设施设备的现代化改造。

一定数量和水平的设施和设备是保证仓储生产活动高效进行的必要条件，通过对比作业量系数、设备利用等指标，可以及时发现仓库作业流程的薄弱环节，以便仓储部有计划、有步骤地进行技术改造和设备更新。

（4）有利于提高仓储经济效益。

经济效益是衡量仓储部工作的重要标志，通过指标考核与分析，可以对仓储各项活动进行全面的检查、比较、分析，以确定合理的仓储作业定额指标，制订优化的仓储作业方案，从而提高仓库空间利用率、客户服务水平，降低仓储成本，以合理的劳动消耗获得理想的经济效益。

2. 进行市场开发、接受客户评估

仓储部和物流企业还可以利用仓储生产绩效考核指标进行市场开发和客户关系维护，给货主企业提供相对应的质量评估指标和参考数据。具体表现如下。

（1）有利于说服客户、扩大市场占有率。

货主企业在仓储市场中寻找供应商的时候，通常会在同等价格的基础上重点考虑供应商的服务水平，如果仓储部能提供令客户信服的服务指标体系和数据，就会在竞争中获得有利地位，从而有效扩大市场占有率。

（2）有利于稳定客户关系。

在我国目前的物流市场中，以供应链方式确定下来的供需关系并不太多，供需双方的合作通常以 1 年为期，到期后客户将对物流供应商进行评估，以决定今后是否继续合作，这时如果客户评估指标反映良好，则将使物流企业继续拥有这一合作。

某物流企业在与客户签订的合同中，向客户承诺的服务指标如下所述，报告类型及递交时间，如表 9-1 所示。

表 9-1 报告类型及递交时间

报告类型	递交时间
仓库收货报告	货物到达仓库后第二个工作日上午 9:30 前
SOD 报告及照片	货物到达仓库后第二个工作日上午 9:30 前
日货物出库汇总报告	货物出库后的第二个工作日上午 9:30 前

续表

报告类型	递交时间
库存日报告	每日上午 10 点前
库存月度盘点结存报告	根据双方约定的盘点日期
KPI 周报告	每周一上午 10 点前
KPI 月报告	下月的前 5 个工作日内

关键绩效指标（Key Performance Indicator，KPI）。在整个供货环节中，该物流公司采用 KPI 作为业务表现的衡量工具，并向其所有长期业务伙伴提供这些指标。

这些指标包括报告按时处理率（99%）、按时交货率（99%）、客户无投诉率（98%）、破损率（0.1%）、配送准确率（98%）、库存准确率（99%）等。

9.3.2 仓储生产绩效考核指标的制定和管理

为了保证仓储生产绩效考核真正发挥作用，其指标体系的科学制定和严格实施非常重要。

1. 仓储生产绩效考核指标制定应遵循的原则

（1）科学性原则。科学性原则要求所设计的指标体系能够客观、如实地反映仓储生产的所有环节和活动要素。

（2）可行性原则。可行性原则要求所设计的指标便于工作人员掌握和运用，数据容易获得，便于统计计算和分析比较。

（3）协调性原则。协调性原则要求各项指标之间相互联系、互相制约，但是不能相互矛盾和重复。

（4）可比性原则。在对指标进行分析时，重要的是对指标进行比较，如实际完成与计划相比，现在与过去相比，自己与同行相比等，所以可比性原则要求指标在期间、内容等方面要一致，使指标具有可比性。

（5）稳定性原则。稳定性原则要求指标一旦确定，就应在一定时期内保持相对稳定，不宜经常变动、频繁修改。在执行一段时间后，经过总结再进行改进和完善。

2. 仓储生产绩效考核指标的管理

在制定出仓储生产绩效考核指标之后，为了充分发挥指标在仓储管理中的作用，仓储部各级管理者和作业人员应进行指标的归口管理、分级和考核。

（1）实行指标的归口管理。指标能否完成，与仓储企业每个员工的工作有直接联系，其中管理者对指标的重视程度和管理方法更为关键。将各项指标按仓储职能机构进行归口管理，使每项指标从上到下层层有人负责，充分发挥各职能机构的积极作用，形成一个完整的指标管理系统。

（2）分解指标落实到人。这一系列的仓储生产绩效考核指标需要分解、分级落实到仓库各个部门、各个班组，直至每个员工，使每个部门、每个班组、每个员工明确自己的责任和目标。

（3）开展指标分析，实施奖惩。定期进行指标执行情况的分析是改善仓储部工作、提高仓储经济效益的重要手段。只有通过指标分析，找出差距，分析原因，才能对仓储部的生产经营活动作出全面的评估，从而促进仓储部工作水平不断提高。

9.3.3 仓储生产绩效考核指标体系

仓储生产绩效考核指标体系是反映仓库生产成果及仓库经营状况各项指标的总和。指标的种类由于仓储部在供应链中所处的位置或仓储企业经营性质的不同而有繁有简，有的企业或部门把指标分为六大类，即反映仓储生产成果数量的指标、反映仓储生产作业质量的指标、反映仓储生产物化劳动和活劳动消耗的指标、反映仓储生产作业物化劳动占用的指标、反映仓储生产劳动效率的指标、反映仓储生产经济效益的指标。

1. 反映仓储生产成果数量的指标

反映仓储生产成果数量的指标主要包括吞吐量、库存量、存货周转率、库存品种数四个。

（1）吞吐量。

吞吐量是指计划期内仓库中转供应货物的总量，计量单位通常为"吨"，计算公式为：

$$吞吐量=入库量+出库量+直拨量$$

入库量是指经仓库验收入库的数量，不包括到货未验收、不具备验收条件、验收发现问题的数量。出库量是指按出库手续已经交给用户或承运单位的数量，不包括备货待发运的数量。直拨量是指企业在车站、码头、机场、供货单位等提货点办理完提货手续后，直接将货物从提货点分拨转运给用户的数量。

（2）库存量。

库存量通常是指计划期内的日平均库存量。该指标同时也反映了仓库平均库存水平和库容利用状况。其计量单位为"吨"，计算公式为：

$$月平均库存量=（月初库存量+月末库存量）/2$$

$$年平均库存量=各月平均库存量之和/12$$

月初库存量等于上月末库存量，月末库存量等于月初库存量加上本月入库量再减去本月出库量。

（3）存货周转率。

存货周转率为库存的周转速度。较高的周转率表示库存管理较为高效，但可能意味着库存过低；较低的周转率则可能表明库存积压。

$$存货周转率=（销售成本/存货平均余额）\times 100\%$$

存货平均余额为年初存货数加年末存货数除以2。

（4）库存品种数。

库存品种数是指在一定时间点或期间，仓库中不同种类、型号、规格等的商品品种的数量。该指标不仅能反映仓库中的商品多样性，还能体现生产和库存管理的复杂性。

2. 反映仓储生产作业质量的指标

仓储生产作业质量是指物资经过仓库储存阶段，其使用价值满足社会生产的程度和仓储服务工作满足货主和用户需要的程度。由于库存货物的性质差别较大，货主所要求的物流服务内容也不尽相同，因此，各仓储或物流企业反映仓储生产作业质量的指标体系的繁简程度也会有所不同。通常情况下，反映仓储生产作业质量的指标主要是：收发差错率（收发正确率）、业务赔偿费率、货物损耗率、账实相符率、缺货率等。

(1) 收发差错率（收发正确率）。

收发差错率是以收发货所发生差错的累计笔数占收发货总笔数的百分比来计算，此项指标反映仓储部门收、发货的准确程度。计算公式如下。

$$收发差错率=(收发差错累计笔数/收发货总笔数)\times 100\%$$

$$收发正确率=1-收发差错率$$

收发差错包括由验收不严、责任心不强造成的错收、错发，不包括由丢失、被盗等因素造成的差错。这是仓储管理的重要质量指标。通常情况下，仓储部的收发差错率应控制在0.005%以内。而对于一些单位来说，价值高的物品或具有特别意义的物品，客户将会要求仓储部的收发正确率为100%，否则将根据合同予以索赔。

(2) 业务赔偿费率。

业务赔偿费率是仓储部在计划期内发生的业务赔罚款占同期业务总收入的百分比，此项指标反映仓储部门履行仓储合同的质量。计算公式如下。

$$业务赔偿费率=（业务赔罚款总额/业务总收入）\times 100\%$$

业务赔罚款是指在入库、保管、出库阶段，由于管理不严、措施不当造成库存货物损坏或丢失所支付的赔款和罚款，以及为延误时间等所支付的罚款，意外灾害造成的损失不计。业务总收入指计划期内仓储部门在入库、储存、出库阶段提供服务所收取的费用之和。

(3) 货物损耗率。

货物损耗率是指在保管期内，某种货物自然减量的数量占该种货物入库数量的百分比，此项指标反映仓储部门保管和维护货物的质量和水平。计算公式如下。

$$货物损耗率=（货物损耗量/期内货物保管总量）\times 100\%$$

或

$$货物损耗率=（货物损耗额/货物保管总额）\times 100\%$$

货物损耗率指标主要用于易挥发、易流失、易破碎的货物，仓储部门与货主根据货物的性质在仓储合同中规定一个相应的损耗上限，当实际损耗率高于合同中规定的损耗率时，说明仓储部管理不善，对于超限损失部分，仓储部门要给予赔付；反之，说明仓储部门管理更有成效。

(4) 账实相符率。

账实相符率是指在进行货物盘点时，仓库保管的货物账面上的结存数与库存实有数量的相互符合程度。在对库存货物进行盘点时，要求根据账目逐笔与实物进行核对。计算公式如下。

$$账实相符率=（账实相符笔数/储存货物总笔数）\times 100\%$$

或

$$账实相符率=（账实相符件数/期内储存货物总件数）\times 100\%$$

这项指标可以衡量仓库账面货物的真实程度，反映货物保管工作的完成质量和管理水平，是避免货物损失的重要手段。

(5) 缺货率。

缺货率反映了仓库保证货物供应以满足客户需求的程度。计算公式如下。

缺货率=（缺货次数/用户要求次数）×100%

通过这项指标的考核，可以衡量仓储部进行库存分析的能力和组织及时补货的能力。

3. 反映仓储生产物化劳动和活劳动消耗的指标

反映仓储生产物化劳动和活劳动消耗的指标包括：库用材料、燃料和动力等库用物资消耗指标，平均验收时间、整车（零担）平均发运天数、作业量系数等工作时间的劳动消耗指标，单位进出库成本、单位仓储成本等综合反映人力、物力、财力消耗水平的成本指标等。

（1）库用物资消耗指标。

储存作业的库用物资消耗指标即库用材料（如防锈油等）、燃料（如汽油和机油等）、动力（如耗电量）的消耗定额。

（2）平均验收时间。

平均验收时间即每批货物的平均验收时间，计算公式如下。

平均验收时间=各批货物验收天数之和/验收货物总批数（单位：天/批）

每批货物验收天数是指从货物具备验收条件的第二天起，至验收完毕单据返回财务部门的累计天数，当日验收完毕并退单的按半天计算。验收货物总批数以一份入库单为一批计算。

（3）整车（零担）平均发运天数。

整车平均发运天数=所有整车发运天数之和/发运车总数（单位：天/车）

整车发运天数是从调单到库的第二日起，到向承运单位点交完毕的累计天数。在库内专用线发运的物资，整车发运天数是从调单到库第二日起至车皮挂走的累计天数。

零担平均发运天数=各批零担发运天数之和/零担发运总批数（单位：天/批）

发运天数指标不仅可以反映出仓库在组织出库作业时的管理水平，而且可以反映出当期的交通运输状况。

（4）作业量系数。

作业量系数=装卸作业总量/进出库货物数量

作业量系数为1是最理想的，表明仓库装卸作业组织合理。

（5）单位进出库成本和单位仓储成本。

单位进出库成本=进出库费用/进出库物资量（单位：元/吨）

单位仓储成本=储存费用/各月平均库存量之和（单位：元/吨）

4. 反映仓储生产作业物化劳动占用的指标

反映仓储生产作业物化劳动占用的指标主要有仓库面积利用率、仓容利用率、设备利用率等。

（1）仓库面积利用率。

仓库面积利用率=（库房货棚货场占地面积之和/仓库总占地面积）×100%

（2）仓容利用率。

仓容利用率=（仓库平均库容量/最大库容量）×100%

（3）设备利用率。

设备利用率=（设备作业总台时/设备应作业总台时）×100%

设备作业总台时是指各台设备每次作业时数的总和。设备应作业总台时是指各台设备应作业时数的总和。用于计算设备利用率的设备必须是在用的完好设备。

5. 反映仓储生产劳动效率的指标

反映仓储生产劳动效率的指标主要是全员劳动生产率。全员劳动生产率可以用平均每人每天完成的出入库量来表示，计算公式如下。

全员劳动生产率（吨/工日）=全年货物出入库总量（吨）/全员年工日总数（工日数）

6. 反映仓储生产经济效益的指标

反映仓储生产经济效益的指标主要有人均利税率等。

仓储生产绩效考核指标的运用会由于各个仓储企业或仓储部门服务对象的不同而产生较大的差异。

9.3.4 仓储生产绩效考核指标分析的方法

（1）对比分析法。

对比分析法是将两个或两个以上有内在联系的、可比的指标（或数量）进行对比，从对比中寻差距、查原因。对比分析法是指标分析法中使用最普遍、最简单和最有效的方法。

根据分析问题的需要，主要有以下几种对比分析方法。

第一，计划完成情况的对比分析。计划完成情况的对比分析是将同类指标的实际完成数或预计完成数与计划数进行对比分析，从而反映计划完成的绝对数和程度，然后可以通过帕累托图法、工序图法等进一步分析计划完成或未完成的具体原因。

第二，纵向动态对比分析。纵向动态对比分析是将仓储的同类指标在不同时间维度上进行对比分析。如本期与基期（或上期）对比、与历史平均水平对比、与历史最高水平对比等，来反映事物的发展方向和速度，表明指标是呈现增长或是降低的态势，然后进一步分析产生这一结果的原因，并提出改进措施。

第三，横向类比分析。横向类比分析是将仓储的有关指标在同一时期不同空间条件下进行对比分析。类比单位一般选择同类企业中的先进企业，它可以是国内的，也可以是国外的。通过横向类比，我们能够找出差距，采取措施，赶超先进。

第四，结构对比分析。结构对比分析是将总体分为不同性质的各部分，然后以部分数值与总体数值之比反映事物内部构成的情况，一般用百分数表示。例如，在货物保管损失中，我们可以计算分析因保管养护不善造成的货物霉腐残损、丢失短少，因不按规定验收、错收错付等发生的损失占比。

应用对比分析法进行对比分析时，需要注意以下几点。

首先，要注意所对比的指标或现象之间的可比性。在进行纵向动态对比时，主要考虑指标所包括的范围、内容、计算方法、计量单位、所属时间等是否相互适应、彼此协调；在进行横向动态对比时，主要考虑对比的单位之间的经济职能或经济活动性质、经营规模是否基本相同，否则就缺乏可比性。

其次，要结合使用各种对比分析方法。由于每个对比指标只能从一个侧面来反映情况，因此只作单项指标的对比，有时会出现片面甚至是误导性的分析结果。结合运用有联系的对比指标，有利于全面、深入地研究和分析问题。

最后，还需要正确选择对比的基数。对比基数的选择，应根据不同的分析和目的进行，一般应选择具有代表性的基数。如在进行指标的纵向动态对比分析时，应选择企业发展比较稳定的年份作为基数，这样的对比分析才更具有现实意义，否则与过高或过低的年份作比较，都达不到预期的目的和效果。

(2) 因素分析法。

因素分析法是用来分析影响指标变化的各个因素以及它们对指标各自的影响程度。因素分析法的基本做法是：在分析某一因素变动对总指标变动的影响时，假定其余因素保持不变（作为同度量因素或固定因素），只有这一个因素在变动，然后逐个进行替代，分别计算每一因素单独变化对该指标的影响程度。在采用因素分析法时，应注意各因素应按合理的顺序排列，即按合乎逻辑的衔接原则进行排序。如果顺序改变，各因素变动影响程度之积（或之和）虽然仍等于总指标的变动数，但各因素的影响值就会发生变化，从而得出不同的答案。

(3) 平衡分析法。

平衡分析法是利用各项具有平衡关系的经济指标之间的依存情况来测定各项指标对经济指标变动的影响程度的一种分析方法。

(4) 帕累托图法（ABC 分析法）。

帕累托图法（ABC 分析法）是基于 19 世纪经济学家维尔弗雷多·帕累托（Vilfredo Pareto）的工作而形成的。帕累托图法虽然简单，却能找到问题及其解决的途径。仓储部门也可以通过这种方法寻找影响仓库服务质量或作业效率等的主要因素。

(5) 工序图法。

工序图法（Process Charts）是一种通过一件产品或一种服务的形成过程来帮助理解工序的分析方法，并用工序流程图标示出各个步骤以及各个步骤之间的关系。

仓储部门可以在指标对比分析的基础上，运用这种方法进行整个仓储流程或某个作业环节的分析，将其中主要问题分离出来，并进行进一步分析。例如，经过对比分析发现货物验收时间出现增加的情况，那么就可以运用工序图法，对验收流程，即验收准备—核对凭证—实物检验—入库堆码—上架登账进行分析，以确定导致验收时间增加的主要问题出现在哪个环节，然后采取相应的措施。

(6) 因果分析图法。

因果分析图法（Cause-And-Effect Diagram）也叫石川图（Ishikawa Diagram）或鱼刺图（Fish-Bone Chart），每根鱼刺代表一个可能的原因，一张鱼刺图通常聚焦于分析一个核心问题的潜在原因。因果分析图可以从物料（Material）、机器设备（Machinery）、人员（Manpower）和方法（Methods）四个方面进行分析（即 4M 法），这 4 个 M 构成了主要的原因类别。4M 法为开始分析提供了一个好的分类框架，有助于在进行系统分析时找出可能的质量问题，并据此设立相应的检验点进行重点管理。例如，一些客户对服务的满意度下降，仓储部门可从以上四个方面分析原因，以便改进服务质量。

9.4 配送绩效管理

9.4.1 配送服务质量的评估及评分标准

（1）配送前的评估指标。

第一，组织结构的完整性，即是否有客户服务部。

第二，可联系性，即客户是否能随时联系到配送部门。

（2）配送服务中心的评估指标见表9-2。

表9-2 配送服务中心的评估指标

序号	指标名称	指标定义	达标客户数	指标计算结果	指标加权值	备注
1	集货延误率	未按照合同约定时间到达指定集货地点				
2	配送延误率	未按照合同约定时间到达指定配送地点				
3	货物破损率	在集货、城间配送、市内配送及仓库管理中的货物破损率				
4	在途货物破损率	在集货、城间配送、市内配送中货物总的破损率，以票数计				
5	货物差错率	在发货过程中，发错、少发及送错的货物占总货物的比率				
6	货物丢失率	在配送过程中货物丢失的比率				
7	签收率	城间配送、市内配送单据签收的比率				
8	签收单返回率	城间配送、市内配送签收单据的返回比率				
9	信息准确率	准确地向客户传输信息的次数占信息传输总次数的比率				
10	城间配送稳定性	根据配送延误率、货物破损率、货物差错率等指标汇总，考评某一条线路在一定时间内的稳定性				

（3）配送服务后的评估指标见表9-3。

表9-3 配送服务后的评估指标

序号	指标名称	指标定义	达标客户数	指标计算结果	指标加权值	备注
1	通知及时率	将到货信息、货物破损信息、货物延误信息及时通知客户的比率				
2	投诉预警率	通过预测，未来可能触发客户投诉的潜在风险比例				
3	客户满意率	客户及收货方对配送公司整体满意的比率				
4	索赔赔偿率	客户得到索赔的比率				

9.4.2 配送绩效的评估指标

1. 商品配送的原则

制定配送绩效指标的依据主要是商品配送的原则，商品配送的原则是及时性、准确性、安全性、经济性。

① 及时性。尽量缩短商品的待运和在途时间，加速商品流通、确保商品的市场供给，尽量做到门到门服务。

② 准确性。在配送过程中做到单证传递的正确性，确保各项手续交接清楚，并且准确地完成商品的配送。

③ 安全性。商品在配送的过程中，不发生损坏、变质、污染、渗漏、爆炸、燃烧、丢失等事故，同时确保人员和配送设备的安全。

④ 经济性。配送的经济性体现在选择一种合理的配送方式以及对某一种配送方式的优化，以使整个物流系统或供应链上的配送成本最低，综合效益最好。

2. 配送绩效评估的定量指标

配送绩效评估的定量指标可以归纳如下。

（1）商品配送量。

① 以实物件为计量单位：

$$商品配送量（吨）=［商品件数×每件商品的毛量（千克）］/1000$$

② 以金额为计量单位：

$$商品配送量（吨）=配送商品的总金额/该类商品每吨的平均金额$$

（2）运费损失。

① 按照配送收入计算：

$$运费损失率=经济损失之和/配送业务收入$$

② 按照商品价值计算：

$$运费损失率=经济损失之和/发送抵达商品的总价值$$

（3）配送费用水平。

$$配送费用水平=配送费用总额/商品纯销售总额$$

（4）配送费用效益。

$$配送费用效益=经营盈利额/配送费用支出额$$

（5）货损货差率。

$$货损货差率=货损货差票数/办理商品发送抵达总票数$$

（6）配送质量评估指标。

$$准时配送率=报告期内准时运送次数/报告期内配送总次数$$

$$车船满载率=车船实际装载量/车船实际装载能力$$

本 章 小 结

本章分别从仓储成本管理与配送成本管理，仓储绩效管理与配送绩效管理四个方面展开介绍。仓储成本管理和配送成本管理这两小节从成本构成与控制策略角度阐述了降低成本与提高效益的基本原理并介绍了成本预测的基本程序，以促进各行业更为重视企业第三利润源的开发。本章的后两小节，从介绍仓储生产绩效考核指标入手，阐述了仓储生产绩效考核与配送绩效评估的方法与标准。

习 题

一、选择题

1. 下列选项中，不属于仓储成本构成的是（   ）。
   A．采购成本　　　　B．在途存货成本　　　C．订货成本　　　D．维持成本
2. 资金占用成本属于（   ）。
   A．缺货成本　　　　　　　　　　　B．仓储运作成本
   C．在途存货成本　　　　　　　　　D．仓储存货成本
3. 下列选项中，属于配送成本控制策略的是（   ）。
   A．ABC 分析法　　　　　　　　　　B．搭建通畅的信息平台
   C．挂签制度　　　　　　　　　　　D．双堆存货进货系统
4. 关于配送作业绩效评价指标，描述有误的是（   ）。
   A．是配送企业加强内部流程作业管理的工具
   B．对于特定配送企业，该指标体系是稳定不变的
   C．是配送企业提高对外服务水平的管理工具
   D．是考核双方共同商榷、沟通的结果的指标

二、简答题

1. 仓储成本与配送成本分别包含哪些内容？它们的控制策略分别有哪些？
2. ABC 分析法的基本原理是什么？
3. 实践中如何运用"例外管理"原则？
4. 成本控制应该遵循哪些基本原则？
5. 反映仓储生产成果数量的主要指标有哪些？
6. 配送绩效评估的定量指标有哪些？
7. 阐述仓储企业利用指标考核仓储工作的意义。

三、思考题

1. 在仓储配送成本控制策略中，有哪些有效的成本控制方法？如何通过技术创新降低仓储配送成本？

2. 仓储配送绩效的关键评估指标有哪些？如何设定合理的绩效目标？

3. 在自动化、人工智能、物联网时代中，现代技术是如何影响仓储配送成本和绩效的？尝试探讨人工智能在仓储中的发展前景，并举出一到两个成功的技术应用实例。

4. 仓储配送行业未来可能面临哪些挑战和机遇？企业应当如何准备以适应这些变化？

四、案例分析

特斯拉的智能仓储管理

特斯拉的仓储模式，颇具特色，借助现代科技手段实现了物流效率的极大提升。首先，特斯拉充分利用了自身在电动汽车制造领域所积累的技术优势，并将其应用于仓储过程中。特斯拉仓库内引入了自动化设备，如机器人、智能传送带等，实现了半自动化仓库操作。这种高度自动化的仓储机制，不仅提高了作业效率，同时也降低了工人的劳动强度，从而保证了仓储作业的高质量和高效率。

其次，特斯拉采用了智能化的仓储系统。通过使用物联网技术，特斯拉仓库内的设备能够实现互联互通，形成一个自动化的物流网络。这使得各个环节之间能够实现信息共享和实时交互，进一步提高了仓储的灵活性和响应速度。例如，特斯拉的仓库系统会根据实时销售数据和生产计划，自动调节库存数量和仓库布局，以适应市场需求的变化。

最后，特斯拉采用了先进的大数据分析和预测技术，以提高仓储管理的智能化水平。通过收集和分析大数据，特斯拉可以精确预测市场需求和供应链风险，从而作出及时的调整和决策。这种大数据驱动的智能化仓储管理模式，在减少库存积压和短缺的同时，也能够最大限度地降低成本，提高核心竞争力。

（资料来源：https://www.xxso.net/post/662487.html。）

请结合案例内容，分析以下问题：

1. 根据案例，特斯拉在仓储管理中引入了自动化设备和智能化系统。请结合具体实例，分析这些技术降低人工劳动强度并提高作业效率的方式。

2. 请结合仓储管理目标，阐述大数据驱动下的智能化仓储管理模式如何帮助特斯拉降低成本并提升核心竞争力。

第10章 智慧仓储与配送

【本章学习目标】

1. 掌握智慧仓储和智慧配送的含义。
2. 了解当前的人工智能技术在智慧仓配中的应用。
3. 了解智慧仓储决策的基本框架与步骤。

【知识导图】

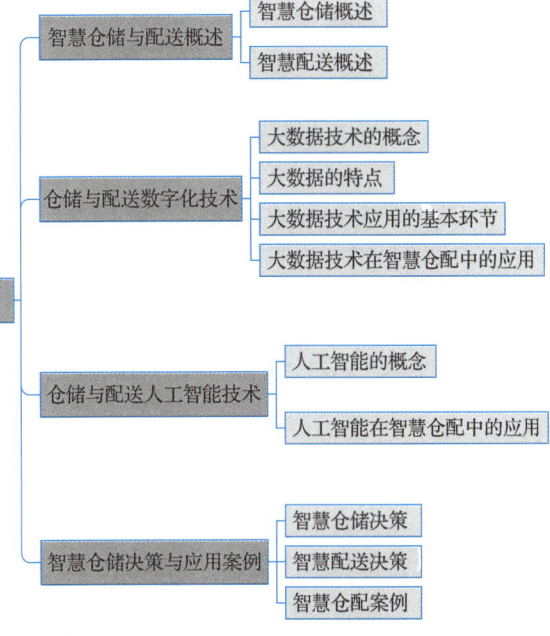

导入案例

阿里巴巴、京东、苏宁比拼物流技术

随着京东、苏宁的自建物流从封闭体系中走出来,物流技术的开放已成为三大电商(阿里巴巴、京东、苏宁)构建社会化物流生态的"杀手锏"。不过,其各自选择的路线不同,阿里巴巴强调"智慧",京东强调"无人化",苏宁则更注重"实用性"。

阿里巴巴要用数据升级"智慧"。菜鸟网络用 2000 人支撑日均 5700 万个包裹的物流系统,其核心优势是大数据的处理能力,通过算法的运用,菜鸟网络能在"双十一"期间,利用物流预警雷达系统,基于 GPS、订单和气象信息数据,为第三方物流企业提供各条线路、各个网点包裹流量的预测,以指导快递企业调整运输路线、预备人力,防止爆仓。在即时配送领域,阿里云采取的是人机协作的模式,通过算法帮助外卖平台提升调度效率,也就是对系统采集的调度员历史操作数据中的关键因素进行提取,用算法优化计算结果,帮助调度员实现更高效、准确的调度。在干线物流领域,阿里云则与运满满合作,用算法满足车货匹配需求。而在同城配送领域,阿里云的算法也能够提升拼单效率,把原来 2%~10%的拼单成功率提升到 45%以上,同时降低了 20%的车辆行驶里程。

京东提出"无人化"畅想。京东一直在加强对物流前沿科技的研发,包括无人仓、无人车和无人机等。实际上,京东之所以如此,深层次的原因在于居高不下的人力成本。在自动化作业层面,京东的设想是依靠无人仓、无人车(配送)和无人机实现从供应商到消费者的全程自动化作业,整齐划一的"无人"概念,凸显了京东降低成本、提高效率的技术。不过,京东主推的 7 个"亚洲一号"自动化仓库,尽管集成了多种先进技术,但实际真正大规模应用的还是自动存取、高速分拣等仓储物流技术。

苏宁做强"实用性"。在零售流通领域,"货到人"技术运用最广,能够实现单天出货量在 30 万单以上的,也就只有苏宁了。实际上,相比京东令人眼花缭乱的物流技术,苏宁使用的物流技术更加务实一些。苏宁正在测试、研究的技术包括仓库自动作业技术、绿色包装技术、智能拣选机器人技术、无人机园区智能巡检技术、AR/VR 技术等。由于场景相对封闭且可控性强,这些仓储物流技术展现出了更强的实用性。

(资料来源:孙家庆、孙倩雯. 仓储与配送管理[M]. 2 版. 北京:中国人民大学出版社,2021. 有修改。)

10.1 智慧仓储与配送概述

10.1.1 智慧仓储概述

1. 智慧仓储的概念

常见的自动化仓储系统

智慧仓储是在仓储管理流程再造的基础上,利用射频识别、网络通信、信息系统等智能技术,结合先进的管理方法,实现在货物入库、出库、盘库、移库等环节中的自动识别、自动抓取、自动预警及智能管理功能,从而降低仓储成本、提高效率,提升仓储的管理水平。"互联网+"的兴起,使智慧仓储成为行业发展的热点。随着仓储需求的增长,传统仓储模式难以满足高效的处理需求,从而推动了仓储管理向自动化、智慧化转型。

物联网作为智慧仓储的技术基础,与云计算、大数据和移动互联网等信息技术相融合,形成了适应物联网发展的技术生态,推动了物流行业技术联动升级。智慧仓储是智慧物流的重要组成部分,其核心是由智能设备、电子信息识别、智能控制、电子监控和信息管理等子系统构成的智慧执行系统,可以对信息进行智能感知、处理和决策,对设备进行智能控制与调度,并能够自动化执行仓储任务。

智慧仓储通过优化作业流程和资源调配,来提高任务分配与执行效率,为管理者提供量化的决策依据;智能设备的应用提升了人机交互便捷性,减少了操作失误,保障了操作准确率;智能算法和控制技术在提高作业效率的同时,能够有效地调配人力与物力,降低能耗和成本,实现合理控制库存。此外,智慧仓储通过加强信息流通,使供应链上下游衔接更为顺畅,为企业发展提供了有力支持。

2. 智慧仓储发展现状

在国外,美国、欧洲和日本已成为智慧仓储发展的领导者。其市场规模庞大,相关智能技术和设备居于世界领先水平,并已经形成了一个基本完好的产业链。智慧仓储已变成推动物流仓储行业前进的重要动力,其不仅降低了物流仓储成本,还促进了整个产业的升级。

在物联网技术、自动化设备应用方面,英国的特易购、德国的麦德龙、美国的沃尔玛等大型零售企业都宣布了自己的智慧仓储计划并准备在这方面进行巨额投资,同时相应带动它们的供应商在智慧仓储市场的投入;联邦快递、联邦包裹等这些大的物流公司通过应用供应链跟踪和智慧监控技术,拉动了包括 Alien 科技、斯坦福大学网络(Sun Microsystem)、微软、惠普在内的硬件及软件供应商对其的投资,进而催生了物联网、自动化设备的巨大市场,形成了完整产业链。数据算法模型技术在欧美、日本等地区已经实现了在多个领域的应用,并已形成了完整的产业链。TNT Express 运用云计算技术来提升运营效率、供应链可见性及客户服务质量,产生了很好的效益。仿真技术和三维规划在日本、韩国等得到很好的应用。在物流自动化设施、协议和信息标准化方面,欧美国家的企业做了很多工作。

发达国家相应的政府机构也为国家智慧仓储的发展创造了良好的政策环境。一是采用了政府、银行和企业共同投资,社会标准化运营的模式来建设和运营网络、政府公共信息平台等物流基础设施;二是开放市场,创造公平合理的市场竞争环境;三是通过企业战略规划、政府政策支持,采取了一系列促进国内政府、地方区域、企业等各方有机协调与合作的机制,促进智慧仓储的国际化、标准化。

在国内,随着我国促进智慧物流、智慧仓储、物联网技术发展相关政策、规划及方案的相继出台及实施,不断加大对智慧仓储基础设施的投资,不断引进各种与智慧仓储相关的示范项目,物联网技术在物流仓储领域的应用不断深化,物流企业对发展智慧仓储的经验不断丰富,认识不断提高,这些都为发展智慧仓储提供了良好的基础条件。

在国家政策的支持与引导下,随着我国人口红利的消退、社保税费成本的提升,仓储行业的用人成本不断提升,智慧仓储的优势凸显。电子商务、物流产业的发展更是带动了智慧仓储的需求,促进了智慧仓储的迅速发展。

在电子商务物流领域:京东建成的全流程无人仓,从货到人、码垛、供包、分拣,再到集包转运,应用了多种不同功能和特性的机器人,而这些机器人不仅能够依据系统指令处理订单,还可以完成自动避让、路径优化等工作,实现了商品从入库、存储到包装、分拣的全流程、全系统的智能化和无人化。菜鸟通过智慧物流技术打造自动化的流水线、物流机器人、智能缓存机器人、360°运行的拣选机器人、带有真空吸盘的播种机器人、末端配送机器人等高科技产品,提升配送效率,让物流行业的当日达、次日达成为快递的标配速度。

智慧物流推动了智慧仓储与配送技术创新,传统的自动化立体仓库接入了网络,实现了自动化+网络化;先进的仓储机器人,通过自主控制技术,实现了智能抓取、码放、搬运及自主导航等功能,使整个物流作业系统具有高度的柔性和扩展性;高速联网的移动智能终端设备,让物流人员操作更加高效便捷,人机交互协同作业更加人性化;送货机器人和无人机已经开始在校园、边远地区等局部场景进行实用测试,并取得了巨大进展。综上所述,智慧仓储技术层面的应用主要集中体现在四个方面,即传统仓储设施的智能化与网络化,仓储设备的自动化和标准化,系统平台对接的应用,物流大数据推动仓储资源整合与共享。

10.1.2　智慧配送概述

1. 智慧配送简介

(1) 智慧配送的产生背景。

党的二十大报告提出,"高质量发展是全面建设社会主义现代化国家的首要任务"。在这一宏观指导下,我国经济正在从高速发展转向高质量发展,产业结构和管理模式不断升级,社会化分工越来越细,电子商务等新型商业模式开始被人们所青睐,配送市场需求旺盛,智慧配送作为物流行业的重要组成部分,其产生和发展正是对这一宏观指导的积极响应和实践。配送已经被企业提升至战略层面,物联网、大数据、云计算和人工智能等新技术可以有效地适应物流行业的发展并使配送服务更加满足消费者的需求,这些也促进了智慧配送的产生。

首先,用户需求逐渐多元化、复杂化、高标准化。用户需求在空间与时间上具有差异性,从空间上看,目标客户不集中在某一个区域,而是呈现出不规则的分布状态。对于企业而言,通过增加运力来满足这些分散开的配送需求已经无法解决问题。从时间上看,客户需求也呈现出潮汐现象,即对配送服务的弹性化需求较高。物流企业既需要持有运力资源来满足如"双十一"购物节等活动引发的配送需求高潮,同时也面临着在需求低谷时的资源闲置问题。客户需求的时空差异,意味着物流企业需要负担很高的经营成本,来支撑企业对于物流效率及服务质量的诉求。此外,用户要求掌握更加精确、透明的货物流动信息。然而受到成本与技术的限制,仍然存在一些信息化水平较低的配送服务企业无法做到商品货物信息全程跟踪,这会使客户无法即时掌握货物动态,影响客户服务体验。用户信息的透明化可以在配送过程中为用户提供相应的提示,减少用户对配送企业的质疑,进而维护企业自身的品牌与服务形象。同时,用户对配送服务安全提出了新的诉求。一些企业为降低成本,降低了配送人员的待遇,导致配送人员工作不稳定,跳槽现象频繁。同时,配送人员自身素质与业务水平也参差不齐。这些问题都会让客户产生对货物财产安全以及自身人身安全的担忧。

其次,技术发展解决用户新增需求,数据分析与新型算法解决了用户需求的时空差异性。随着大数据分析、云计算与人工智能的各类算法在智慧物流中的应用,智慧配送能够即时感知各地区分散的物流需求并实时分析需求数据,以此推荐最佳的配送方案。而智慧配送中的共享思维、平台经济则为企业提供了一个解决用户需求时空差异性的方式。物联网技术可以向客户提供更透明的货物流动信息。在物联网信息通信技术的支持下，智慧配送能够做到配送流程可视化。客户在登录终端后，可以查询到货物的实时位置，即时了解货物动态和预计到达时间，这有助于客户统筹安排其他工作，增强客户体验。无人化技术的应用为配送服务提供了安全保障。智慧配送通过结合遥感控制、无人机、无人车等软硬件技术，实现了机器与人结合配送。这种配送模式不仅精简了配送人员，还通过技术赋能提升了配送人员的专业素质，从而保持配送队伍的稳定性；同时对配送人员进行信号追踪，以保证其精准执行配送任务，减少客户对货物安全的忧虑。

最后，智慧配送拥有非常深厚的政策"土壤"。我国的物流业正在向着数字化和信息化转变，辅以各项政策的出台，推动了智慧配送的快速发展。各类政策内容涵盖了推动智能产品在经济社会的集成应用，夯实人工智能产业发展的软硬件基础，培育推广智能制造新模式，完善人工智能发展环境等。这些政策的实施为智慧配送装备的快速发展营造了良好的环境。如今国家大力倡导智能智慧，与智能智慧相关的科技企业如同雨后春笋般涌现。如果国家能够有效地引导相关科技企业对配送环节进行投入，就可以弥补智慧配送设备稀少、落后等不足。另外，智慧配送作为一个新兴的行业，也方便国家拟订发展规划并制定相关政策，从而取得在全球范围内领先的话语权。

（2）智慧配送的发展。

配送主要有三种模式：共同配送、设立取货点、自设终端模式。其中，共同配送是指多个配送企业联合起来，为某一区域的客户提供集中配送服务的物流模式；设立取货点是指企业在便利店或其他类型的网点设置储物柜，与其形成终端物流合作的物流模式；自设终端模式是一种不依赖于其他机构，企业自身广泛建立终端物流中心的物流模式。

在经济转型、消费升级以及技术革新的推动下，智慧配送展现出更多的新模式，如建立并普及快递智能柜，使用无人机、末端无人快递车或智能无人车进行配送。

智慧物流通过应用物联网、大数据、云计算、人工智能等新技术，不仅促进了线上线下的融合，推动了新零售的发展，还带来了配送体系的变革。智慧配送中的大数据技术可以用来预测客户需求，提前对货物进行调配，减少随机和零散需求下的配送压力，减少货物搬运次数，实现客户下单后就近配货，缩短了物流包裹的配送距离。同时，智慧配送有着去中心化的趋势，传统的零售门店成为离消费者最近的末端配送网点。这些去中心化店仓的末端网络互联互通，因此，可以根据实际销售情况进行智能调度，以实现不同门店之间货物的互补，即有货的门店可以直接把货物就近调拨到缺货门店，实现门店间的智能调配。

随着技术的发展，智慧配送与智慧仓储之间的链接不断深化，大量物流设施设备接入互联网，以设施互联、信息互通的方式带动了仓储与配送之间的信息资源共享，这有助于整合末端人力、物力资源，实现资源的合理布局与共享利用，提升配送效率和用户服务体验。

随着经济社会的迅速发展，各级政府和行业协会也越来越注重智慧物流的发展，这推动了智慧配送技术与设备的创新。高速联网的移动智能终端设备，让物流人员的操作更加高效便捷，使人机交互协同作业更加人性化。

（3）智慧配送的概念。

在《物流术语》（GB/T 18354—2021）中，配送的定义为：根据客户要求，对物品进行分类、拣选、集货、包装、组配等作业，并按时送达指定地点的物流活动。2015年7月，商务部办公厅下发的《商务办公厅关于智慧物流配送体系建设实施方案的通知》指出，智慧物流配送体系是一种以互联网、物联网、云计算、大数据等先进信息技术为支撑，在物流的仓储、配送、流通加工、信息服务等各个环节实现系统感知、全面分析、及时处理和自我调整等功能的现代综合性物流系统，具有自动化、智能化、可视化、网络化、柔性化等特点。发展智慧物流配送，是适应柔性制造、促进消费升级、实现精准营销、推动电子商务发展的重要支撑，也是今后物流业发展的趋势和竞争制高点。

智慧配送是为适应智慧物流发展的新要求，升级原有的配送设备，应用大数据、人工智能算法和无人机等新型软硬件技术，对配送的全流程进行信息化、透明化管理，实现无人配送、即时配送和主动配送的物流活动。智慧配送可以降低配送成本，提升配送效率，增加客户对配送服务的满意度。

2. 智慧配送的种类

（1）"送货上门"的无人配送服务。由于配送的工作量大，如果要实现精准的送货到家服务，那么配送过程中就需要进行许多的自主判断，因此对配送人员的需求量大。导致人力成本居高不下。无人配送通过人工智能算法与无人配送设备结合的方式，在人工智能的决策判断下，提高对硬件设施的使用率，减少人员参与。相比于需要大量配送人员进行作业的配送模式，智慧配送可以实现"送货上门"配送服务的无人化。

（2）基于客户满意的即时配送服务。与智慧仓储和智慧运输相比，智慧配送更加注重客户体验。由于业务量过多，需要在一定的时间点收集前一时间段的所有订单，然后进行统一配送。这种模式导致客户体验出现滞后，可能下单时间仅仅相差 5min，收货时间却相差一天，严重影响了客户体验。新零售所带来的产业升级使得人与货、时间与距离的匹配成为竞争的核心。客户与货物之间的距离不断缩短，客户对送货时间的要求也越来越高。可以说，新零售为配送市场带来机会的同时也让竞争变得异常激烈。

智慧配送为用户提供可以在线下单的互联网平台，客户下单后，系统将线上线下的订单信息数据化，通过算法匹配，自动将配送任务信息发送到最合适的配送员的移动终端或配送设施的接收器上。配送人员取件后，直接送达到指定的目的地，无任何中转环节，真正实现即取即送。

即时配送基于智能交互与需求共享理念，调动闲置的配送资源，发挥现有配送资源使用效率的最大化，通过短链、无人化等智慧物流技术，实现收派一体、即取即送的配送服务。智慧配送的及时性为广大私人用户、企业及商业办公人群打造了高效、便捷、安全的加急件服务和私人物品配送专业化服务。

（3）小范围内的主动配送服务。配送不是单纯的运输或输送，而是运输与其他活动共同构成的组合体。而且主动配送的运输范围相对较小，其需求通常可以较为准确地进行预测。

随着市场竞争日益激烈，未来的配送新趋势是一场关于人、环境、大数据和效率的革命。若不尽快采取措施去适应市场环境的变化，企业势必会逐渐失去原有的销售优势，其市场份额将日渐减少。

因此，各企业均在想方设法地通过不同途径、采用各种方式抢占配送市场。许多公司通过不断优化零售网络，提升商品的质与量，为客户提供标准化、专业化和个性化的优质服务；培养自身的服务品牌，提高顾客的忠诚度，以抢夺市场份额。

主动配送是在配送过程整体优化的基础上，依靠物联网大数据的支持，基于对一定市场范围内需求的预测和库存变化的判断，以满足消费者个性化需求，实现"先发货后下单"的主动式配送服务。在客户感受到缺货前，主动将商品配送到客户处，体现了智慧配送的主动性特点。

3. 智慧配送的应用

（1）智慧配送在新零售中的应用。

近年来，国内新零售浪潮风起云涌，加剧了不同商业生态间配送服务的竞争。新零售表现为对人、货、场三者关系的重构，消费者对购买商品的便捷性、获得产品的及时性以及与商家的交互体验有着更高的要求。具体到商品的配送环节，终端客户对配送的时效性和对服务全过程质量的要求越来越高。

目前，商家自建配送体系、整合平台众包和临时加盟形式并存的即时物流服务，以及配送网络下沉、配送中心前置等综合解决方案，正深刻地影响着今天的消费方式和终端消费者的偏好，并逐步演变为新零售模式下的典型配送服务方式。

在新零售发展的背景下，顾客购买呈现出频率高、部分商品下单时间比较集中等特点，这导致门店的配送系统呈现出特定时间段订单激增、订单时效性变短、最终配送地点多为居民区等特征。此外，配送半径大幅缩短，基本在 5km 以内；服务要求高，基本上要求配送人员送货到家，并与客户当面进行货物交接。配送商品以生鲜类为主时，商品自身的价值周期短，对配送服务要求高，除了及时配送，还需要一定的保鲜、保值的专用设备或附加服务。

在新零售的配送环节中引入智慧的因素，可以有效地应对这些新特点。智慧配送在新零售中的应用主要体现在：终端客户配送服务的及时性大幅提升，从接收订单到配送完成，基本要求在 30min 内。商家与现有配送平台进行合作，利用其终端配送能力覆盖 3km 的范围，实现即时配送。对于时效性较长的商品，可以总结客户购买规律，运用主动配送的方式提升时效性。充分利用如丰巢快递柜、速递易等智慧配送终端资源，解决居民区配送"最后一公里"的问题。

（2）智慧配送在特殊物流保障中的应用。

无人化是智慧配送的典型特点之一。无人机配送代表了物流行业正向自动化、智能化方向发展。智慧配送中的无人机主要应用于灾害应急、医疗应急和区域性快件投递等场景。要根据事件类型及货物类型，确定使用机型，对无人机配送的专用线路、运输规则、商业模式、监管机制、人员培训等设计系统性方案，保障特殊物流需求。设计系统性方案时，要对无人机的载重、续航时间、服务半径、环境适应性等方面做好前期规划，严格把控产品研发和生产测试等环节，做到精细管理和万无一失。在紧急救援和运输应急物资等方面，无人机能发挥常规运输工具无法比拟的优势，把现场信息第一时间传至指挥中心。

无人机在物流中的应用

（3）智慧配送在地下物流中的应用。

地下物流系统的末端配送方式是将地下物流主干道与客户所处地区建筑底下的运输管道相连，最终发展成一个连接城市各办公楼或生活小区的地下物流管道网络，并运用云计算、大数据等技术，实现高度智慧化的物流配送。

客户通过互联网下单后，商家接受订单，将商品通过搭建的地下物流管道传送至物流仓进行分拣，然后通过智能智慧系统进行运输或配送。

来自各处的商品在经过物流主干道的地下运输后，集中在各个地区的物流仓。以综合管廊的物流仓为中心，建立多条次干道以增加输送功能。可利用现代电子信息识别技术对商品进行自动分拣，再通过现在日趋成熟的自动运输与导航技术，完成从物流仓经过次干道至各小区各建筑物的派送。地下物流的智慧配送系统与园区地产结合，通过楼宇的自动化机械完成配送到户到家的终极目标。

地下物流中的智慧配送，不仅具有高效率、高准确度等优势，而且可以避免城市交通拥堵问题，减少机动车带来的环境污染，提高城市商品配送的服务质量。

10.2　仓储与配送数字化技术

在党的二十大报告中，明确指出了"加快发展数字经济，促进数字经济和实体经济深度融合"的重要性，新一代信息技术与各产业的结合已成为现代化经济体系发展的重要方向。其中，大数据、云计算、人工智能等新一代数字技术，作为当代创新最活跃、应用最广泛、带动力最强的科技领域，正对产业发展、日常生活以及社会治理产生着深远影响。在仓储与配送领域，这些数字化技术同样发挥着举足轻重的作用。大数据技术既是社会经济高度发展的结果，也是信息技术发展的必然趋势。它开启了一次重大的时代转型，正在改变着我们生活及理解世界的方式，是一场生活、工作与思维的大变革。大数据技术的出现，使得通过数据分析可以预测事物发展的未来趋势，探索事物发展的规律。大数据将逐渐成为现代社会基础设施中不可或缺的一部分。它可以帮助物流企业发现更多有价值的信息，预测物流过程中可能发生的行为，使物流业朝着数字化、智能化、网络化的方向发展。

10.2.1　大数据技术的概念

大数据是由数量巨大、结构复杂、类型众多的数据构成的数据集合。大数据技术是一种基于云计算的数据处理与应用模式，是可以通过数据的整合共享、交叉复用形成的智力资源和知识服务能力，是可以应用合理的数学算法或工具从中找出有价值的信息，为人们带来利益的一门新技术。大数据技术包括大数据采集、大数据预处理、大数据储存及管理、大数据分析与挖掘四大关键技术。

大数据技术的基本思想主要体现在以下三个方面。

1. **由分析随机样本转变为分析全体样本**

在小数据时代，由于记录、储存和分析数据的工具不够发达完善，只能收集少量的数据进行分析，信息处理能力受到一定的限制，因此只能依靠随机抽样方法进行数据分析，抽样的目的就是用最少的数据获得最多的信息。

在大数据时代，随着数据分析技术的不断提高，可处理的数据量大大增加，对事物理解的角度将比以前更多、更全面，因此要分析更多甚至所有的数据，就不能只依赖于随机抽样方法。大数据技术就是不采用随机抽样方法而采用所有数据进行分析的方法。

例如，谷歌流感趋势预测就是分析了整个美国几十亿条互联网检索记录。分析整个数据库，能够提高微观层面分析的准确性，即能够推测出某个特定城市的流感状况，而不只是一个州或是整个国家的情况。因此在大数据时代，收集全面而完整的数据，既需要足够的数据处理和存储能力，也需要先进的分析技术。

2. 由追求数据精确性转变为接受数据混杂性

过度注重精确性是小数据时代的特点。对小数据而言，最基本、最重要的要求就是减少错误，保证质量，因为收集的信息量比较少，必须保证记录下来的数据尽量准确。而在大数据时代，只有少部分数据是结构化且能适用于传统数据库的，如果不关注混杂的数据，那么大部分非结构化数据都无法被利用，分析得到的结果也就不会精确。小数据时代的数据分析，更多是利用精确的数据样本和深度的数据挖掘进行的，"精确"就是其代名词。不符合规格的样本会被过滤掉，然后对数据字段间的关系进行深度挖掘，得出几个精确无比的结果。但是大数据技术更多的是通过对各种数据分析得出某种趋势，这种趋势不必过于精确。

2006年，谷歌公司开始涉足机器翻译，这被当作实现"收集全世界的数据资源，并让人人都可享受这些资源"这个目标的一个步骤。谷歌翻译系统开始利用更大、更繁杂的数据库，也就是全球的互联网，而不再仅局限于两种语言之间的文本翻译数据。谷歌翻译系统为了训练计算机，会吸收它能找到的所有翻译材料。它会从各种各样语言的公司网站上寻找翻译文档，会寻找联合国和欧盟这些国际组织发布的官方文件和报告的译本，甚至还会吸收速读项目中的书籍翻译。谷歌翻译系统之所以更好，并不是因为它拥有一个更好的算法机制，而是因为谷歌翻译系统吸收了很多各种各样的数据。

相比依赖于小数据和精确性的时代，大数据因更强调数据的完整性和混杂性，使得事情的真相更加清晰。因此，接受数据的不精确性和完整性，往往能更好地发现事物的真相。

3. 由注重因果关系转变为注重相关关系

在小数据时代，因果关系对事物的发展起着很关键的作用，但在大数据背景下，相关关系发挥的作用更大。通过应用相关关系，对事物的分析更容易、更快捷、更清楚。通过寻找相关关系，可以更好地捕捉现在的状态和预测未来的发展状况。例如，如果A事件和B事件经常一起发生，那么当B事件发生了，就可以预测A事件也可能已经发生了。这有助于捕捉可能和A事件一起发生的事件，即使我们不能直接测量或观察到A事件。更重要的是，它还可以帮助人们预测未来能发生什么。

大数据核心问题的解决需要大数据技术。大数据领域已经涌现出大量新的技术，它们成为大数据采集、存储、处理和呈现的有力武器。未来，大数据技术将在更多领域得到发展和应用。大数据技术在我国物流领域的应用，有利于整合物流企业，实现物流大数据的高效管理，从而降低物流成本，提升物流整体服务水平，满足客户个性化需求。

10.2.2 大数据的特点

一般意义上来说，大数据是指难以在有限时间内用传统IT和软硬件工具对其进行感知、获取、管理、处理和服务的数据集合，其特点可以概括为以下四点。

1. 数据体量大

数据体量大指的是巨大的数据量级以及其规模的完整性。数据的存储单位从TB级扩大到ZB级，与数据存储和网络技术的发展密切相关。随着数据加工处理技术的提高、网络带宽的成倍增加及社交网络技术的迅速发展，数据产生量和存储量成倍增长。实质上，从某种程度上来说，数据的数量级大小并不重要，重要的是数据具有完整性。数据规模性的应用有如下的体现：如对每天 12TB 的推文进行分析，可了解人们的心理状态，这些数据可用于情感性产品的研究和开发；基于对 Facebook 上成千上万条信息进行分析，可以帮助人们处理现实中朋友圈的利益关系。

2. 数据类型多

大数据所处理的计算机数据类型早已不是单一的文本形式或者结构化数据库中的表，它还包括订单、日志、博客、微博、音频、视频等各种复杂结构的数据。在大数据环境下，数据类型主要分为结构化数据、半结构化数据和非结构化数据三类。以 Word 文档为例，最简单的 Word 文档可能只有几行文字，但也可以通过混合编辑图片、音乐等内容，成为一份多媒体的文件，这类数据通常称为非结构化数据，其没有固定的格式或结构。与之相对应的是结构化数据，其可以简单地被理解成表格里的数据，每条数据的结构都相同。例如，工资表中的每条数据都具有相同的结构，依次排列到一起，就形成了工资表。与传统的结构化数据相比，大数据环境下存储在数据库中的结构化数据仅占约 20%，而互联网上的数据，如用户创造的数据、社交网络中人与人交互的数据、物联网中的物理感知数据等动态变化的非结构化数据占到约 80%。因此，数据类型繁多、复杂多变是大数据的重要特性。

3. 价值密度低

随着物联网技术的广泛应用，信息感知无处不在，数据量也随之呈现爆炸式增长。然而，在这些海量的数据中，真正有价值的信息却往往只占很小的比例，即价值密度较低。如何通过强大的机器算法更迅速地完成数据的价值提纯，是大数据时代亟待解决的难题。以监控视频为例，在连续不间断的监控过程中，可能有用的数据仅仅有一两秒，这就需要利用相应的视频数据挖掘技术从中筛选出有价值的信息。

4. 处理速度快

处理速度快是指对数据处理的实时性要求高，这就需要支持交互式、准实时的数据分析功能。传统的数据仓库、商业智能等应用对数据处理的时延要求不高，但在大数据时代，数据价值随着时间的流逝而逐步降低，因此大数据对数据处理的响应速度有更严格的要求。大数据分析是实时分析而非批量分析，数据的输入、处理与丢弃几乎无延迟，这是大数据处理速度快的重要体现。新数据的不断涌现和快速增长的数据量要求数据处理的速度也要相应提升，这样才能使得大场景的数据得到有效的利用，否则不断激增的数据不但不能为解决问题带来优势，反而成了快速解决问题的负担。数据的增长速度和处理速度是大数据高速性的重要体现。

10.2.3 大数据技术应用的基本环节

大数据技术的成功应用，要经过数据采集、数据存储与管理、数据计算与挖掘、知识展现四个主要环节。

1. 数据采集

数据采集是大数据技术应用中最重要的一个环节，其后的集成、分析、管理都建立在数据采集的基础上。大数据采集技术就是通过不断发展的数据收集方法及技术获取海量有价值的数据，包括普通文本、照片、视频、链接信息等。数据采集主要是从本地数据库、互联网、物联网等数据源导入数据，包括数据的提取、转换和加载（Extracting Transforming Loading，ETL）。大数据的来源多种多样，既包括企业 CRM/ERP 等内部数据库、网页索引库或社交网络服务（SNS）等公众互联网，也包括传感网或 M2M 等物联网，这些数据不仅数量庞大，而且更加参差不齐、杂乱无章。这就要求系统在采集环节能够对数据去粗取精，同时尽可能地保留原有语义，以便后续分析时参考。

2. 数据存储与管理

大数据在进行存储与管理之前，需要使用预处理技术完成对已接收数据的辨析、抽取、清洗等操作。因获取的数据可能具有多种结构和类型，数据抽取过程可以帮助我们将这些复杂的数据转化为单一的或者便于处理的结构或类型，以达到对数据进行快速分析处理的目的；大数据并不全是有价值的，而且有些数据也并不是我们所需要的，甚至一些数据还是无用的干扰项，因此要对数据进行清洗转化，从而提取出有效数据。

数据的存储与管理这两个细分环节之间的关系极为紧密。数据管理的方式决定了数据的存储格式，而数据的存储格式又限制了数据分析的广度和深度。除了对海量异构数据进行高效率的存储，数据存储还要适应多样化的非结构化数据管理需求，具备数据存储格式上的可扩展性，并且能够提供快速读写和查询功能。数据存储与管理需要用存储器把采集到的数据存储起来，建立相应的数据库，并对其进行管理和调用。只有将数据与适合的存储系统相匹配，并制定出管理数据的战略，才能以低成本、高可靠、高效益的方式应对大量的数据。对于物流企业而言，面对大数据首先解决的问题就是成本和时间效应问题。

3. 数据计算与挖掘

从纷繁复杂的数据中发现规律并提取新的知识，是大数据体现价值的关键。

首先，数据计算环节需要根据处理的数据类型和分析目标，采用适当的算法模型快速处理数据。海量数据的处理要消耗大量的计算资源，就传统单机或并行计算技术来说，其速度、可扩展性和成本都适应不了大数据的新需求。因此，分布式计算成为大数据的主流计算结构，但其在实时性方面还需要大幅度提升。由于数据的价值会随着时间的推移不断减少，实时性成了大数据处理的关键。而大数据规模巨大、种类繁多、结构复杂，使得其实时处理极富挑战性。数据的实时处理要求实时获取数据，实时分析数据，实时绘制数据，任何一个环节变慢都会影响系统的实时性。当前，随着互联网及各种传感器的快速普及，实时获取数据难度不大，而实时分析大规模复杂数据仍然是系统的瓶颈，也是大数据领域亟待解决的核心问题。

其次，数据挖掘环节就是从大量的、不完全的、有噪声的、模糊的、随机的实际数据中，提取潜在的有用信息和知识的过程。对于非结构化、多源异构的大数据集的分析，我们往往缺乏先验知识，很难建立数学模型，这就需要发展更加智能的数据挖掘技术。据国际数据公司（IDC）统计，随着数字宇宙的增长，有效的数据量正在不断膨胀。具有隐藏价值的数据量与价值真正被挖掘出来的数据量之间差距巨大，因此对多种数据类型构成的异构数据集进行交叉分析的技术，是大数据技术发展的核心技术之一。

4. 知识展现

大数据技术的意义不在于掌握庞大的数据信息，而在于对这些大量的、有隐藏价值的数据进行专业化处理后，将结果展现出来。数据知识展现主要是借助图形化手段，清晰有效地传达信息，即以直观的、便于理解的方式将分析结果呈现给客户，通过对数据的分析和形象化，进一步推导出量化计算结论并付诸实践。

10.2.4 大数据技术在智慧仓配中的应用

大数据技术能够让物流企业做到有的放矢，甚至可以做到为每一个客户量身定制符合他们自身需求的服务，从而改变整个物流业的运作模式。但是大数据技术在国内智慧仓配领域中的应用还处在起步阶段，拥有更广阔的发展空间。

1. 仓储作业优化

以货位分配方面为例，合理地安排商品储存位置对于提高仓库空间利用率和搬运分拣的效率有着极为重要的意义。对于商品数量多、出货频率快的物流中心，货物拣选作业的关联性、货物存储时间的长短等因素决定着商品在仓库货架中的存放位置。储位安排的合理与否在很大程度上影响着拣选作业的效率和仓库的效益。

为了解决这一问题，可以综合利用各种大数据技术实现仓库的储位优化：①可使用密度聚类算法、高斯混合模型和自组织映射算法对消费者进行聚类。②可使用 Aprioni 算法挖掘消费者和消费商品之间的关联关系，使用基于异构信息的网络聚类方法得到商品簇类，使用贝叶斯网络定量化方法描述不同商品需求之间的相互影响。③基于商品需求的影响因素（包括商品需求间的相互作用），建立深度表征学习算法模型，对消费者需求进行预测。④依据消费者的订单需求预测，在拣货前按照商品出库频次以及相关性等因素把货物分配到最佳的货位上。

2. 配送作业优化

基于大数据技术的配送作业优化方向包括主动配送服务优化、配送路线实时优化等。

（1）主动配送服务是基于消费者历史行为，企业使用大数据预测向客户提供服务的内容和时间，构建基于客户实时需求的统一信息平台，有针对性地进行服务资源的动态匹配。通过实现配送路线的智能化决策、出入库时快速验货、配送货物库区内快速分拣、根据消费者行为特征制定个性化的配送服务，来提升配送作业的效率，降低配送成本，提高消费者的物流体验。此外，主动配送服务也将有助于缩短企业服务响应时间，变被动服务为主动服务，提高客户对产品的使用满意度，为客户提供更好的消费体验，不断促进消费升级。

（2）配送路线实时优化是一个典型的非线性规划问题，它一直影响着物流企业的配送效率和配送成本。物流企业运用大数据来分析商品的特性和规格、客户的不同需求（如时间和成本）等问题，从而用最快的速度对这些影响配送计划的因素做出反应（如选择哪种运输方案、哪种运输路线等），制定最合理的配送路线。企业还可以通过配送过程中实时产生的数据，快速地分析配送路线的交通状况，对事故多发路段做出预警。精确分析配送整个过程中的信息，使物流的配送管理智能化，从而提高物流企业的信息化水平和可预见性。

3. 库存管理与预测

大数据技术还可以应用于库存管理与预测中，帮助物流企业实现库存的精准控制。通过收集和分析历史销售数据、市场需求趋势等信息，建立库存预测模型。该模型能够预测未来一段时间内商品的需求量，从而指导企业合理安排采购和库存计划。这不仅可以降低库存成本，还可以避免库存积压和缺货现象的发生，提高库存周转率和客户满意度。

4. 智慧仓配系统集成与优化

通过将大数据技术与其他先进技术（如物联网、云计算等）相结合，实现仓储与配送流程的智能化和自动化。通过实时监控和分析仓库和配送中心的运营数据，可以及时发现并解决潜在问题，提高企业的整体运营效率。同时，还可以利用大数据技术对智慧仓配系统进行持续优化和改进，以适应不断变化的市场需求和客户需求。

10.3 仓储与配送人工智能技术

10.3.1 人工智能的概念

人工智能（Artificial Intelligence，AI）是研究、开发用于模拟、延伸和扩展人的智能的理论、方法、技术及应用系统的一门综合性学科。AI作为计算机科学的一个分支，旨在了解智能的实质，并构建能够执行类人智能任务的系统。该领域的研究包括机器人、语音识别、计算机视觉、自然语言处理和专家系统等。人工智能虽能实现特定任务的智能行为，甚至在专用领域可超越人类智能水平，但当前技术体系并不具备人类思维的本质。

1. 人工智能的分类

根据应用范围，人工智能可以分为专有人工智能、通用人工智能、超级人工智能；根据内涵，人工智能可以分为类人行为（模拟行为结果）、类人思维（模拟大脑运作）、泛智能（不再局限于模拟人）。

2. 人工智能与人的关系

人工智能与人的关系包括机器主导、人主导、人机融合。现阶段，人工智能正在从专有人工智能向通用人工智能发展过渡，已不再局限于模拟人的行为结果，而是拓展到"泛智能"领域，即更好地、有创意地解决问题。

3. 人工智能对物流行业的影响

人工智能技术对物流行业的影响主要聚焦在智能搜索、推理规划以及智能机器人等领域，极大地提升了物流运作的效率和准确性。

10.3.2 人工智能在智慧仓配中的应用

人工智能技术的快速发展，正在深刻改变仓配管理的面貌。它不仅提高了仓配作业的效率，还提升了物流企业的决策水平，优化了服务质量。人工智能技术对仓配管理的影响不仅体现在技术层面，更体现在人才培养和能力提升上，其要求从业人员必须具备更高的专业素养和职业道德，以适应快速发展的物流行业。

1. 智慧仓储环节

人工智能技术在智慧仓储环节的具体应用如下。

（1）选址决策。不同于传统情况下对选址因素的考量筛选、选址模型的构建，人工智能技术通过收集与选址任务和目标相关的丰富历史数据，通过大数据技术挖掘对仓储选址决策有普遍性指导意义的知识，并将历次整理总结的知识存入云端数据库，以建立一个基于大数据的人工智能选址决策系统。当遇到新的选址决策问题时，在系统中输入选址目标与相关参数，人工智能系统便可以兼顾新问题的特殊性和历史选址方案的通用性，直接得到最接近最优目标，且不受人的主观判断与利益纠纷影响的选址结果。并且随着案例数量的增加，云端数据库中的数据将不断丰富，未来的人工智能系统将越来越"聪明"和"智能"。

（2）无人仓。人工智能技术的出现使得无人仓的构想得以实现。第一，得益于机器视觉、进化计算等人工智能技术，自动化仓库中的搬运机器人、货架穿梭车、分拣机器人、堆垛机器人、六轴机器人、无人叉车等一系列物流机器人可以实现对仓库内物流作业的自感知、自学习、自决策、自执行，并实现更高程度的自动化。仓储作业实现了从人工操作到高度自动化的转变，这不仅提高了作业效率，还降低了人为错误，使得仓储管理更加精准和高效。

第二，借助在线学习技术，可以自动识别输入的实时数据特征，并综合考虑仓储机器人的负载均衡性、现有任务量及当前路径，自动选择合适的优化模型，让具有自主计算能力的仓储机器人通过"任务竞标"的方式进行任务分配，使得一定时间段内所有任务执行时间最短，解决仓储系统中的订单分配及拣选路径优化等问题。

另外，通过机器视觉技术，不同的摄像头和传感器可以抓取实时数据，并通过品牌标识、标签和3D形态来识别物品，从而可以使拣选机器人对移动传送带上的可回收物品进行分类和拣选，以替代传统人工仓库中的传送设备、扫描设备、人工处理设备和工作人员一道道的分拣作业，大大提高了仓库的运作效率。以京东无人仓为例（见图10.1），其存储效率是传统横梁货架存储效率的10倍以上，分拣机器人拣选速度可达3600次/时，是传统人工的5~6倍。

图10.1 京东无人仓的分拣机器人

（3）库存管理。人工智能技术基于海量的历史消费数据，通过深度学习、宽度学习等算法建立库存需求量预测模型，对以往的数据进行解释并预测未来的数据，形成一个智能仓储需求预测系统。该系统能够基于事实数据自主生成最优的订货方案，实现对库存水平的动态调整。同时，随着订单数据的不断增多，预测系统训练集的规模将不断扩大，使得预测结果的灵敏性与准确性得到进一步提高。这不仅可以使企业在保持较高物流服务水平的同时持续降低库存成本，还可以通过智能测算和调度，合理安排包装材料、运输车辆等资源，从而有效减少资源浪费和污染物排放。这种智能化的决策支持，使得仓储管理更加科学、合理，显著提高了企业的资金利用率，并有助于企业实现可持续发展，同时也积极响应了国家的环保政策。

2. 智慧配送环节

随着无人驾驶等技术的成熟，未来的运输将更加快捷和高效。通过实时跟踪交通信息，以及调整运输路径，人工智能技术能够优化配送路线，提高配送效率，缩短配送时间。

（1）配送机器人。配送机器人可以根据目的地自动生成合理的配送路线，并在配送途中避让车辆、过减速带、绕开障碍物，到达停靠点后，配送机器人就会向用户发送短信提醒其收货，用户可直接通过短信验证码或人脸识别开箱取货。

（2）无人机快递。利用无线电遥控设备和自备的程序控制装置，操纵无人驾驶的低空飞行器（无人机）运载包裹到达目的地。其优点主要是：解决偏远地区的配送问题，提高配送效率，同时减少人力成本。其缺点是：在恶劣天气下，无人机将无法执行派送任务；在飞行过程中，无法避免无人机被人为破坏等。目前，无人机尚未被大范围使用。

3. 其他环节

（1）智能测算。通过对商品数量、体积等基础数据进行分析，对各个环节（如包装、运输车辆等）进行智能调度。例如，通过测算百万 SKU（库存量单位）商品的体积数据和包装箱尺寸，利用深度学习算法，由系统智能地计算并推荐耗材类型和打包排序方式，从而合理安排箱型和商品摆放方案。

（2）图像识别。计算机视觉技术的卷积神经网络可用于手写识别，相比人工识别可有效提高准确率，减少工作量和出错率。另外，计算机视觉技术也可应用于仓内机器人的定位导航，以及无人驾驶中识别远处的车辆位置等。

（3）决策辅助。利用机器学习等技术来自动识别物流运行场景内的人、物、设备、车的状态；利用深度学习算法学习优秀的管理和操作人员的指挥调度经验和决策等，逐步实现计算机辅助决策和自动决策。

10.4 智慧仓配决策与应用案例

10.4.1 智慧仓储决策

1. 智慧仓储作业流程

与传统的仓储作业流程相同，智慧仓储的主要作业内容为入库、拣选、出库、盘点和报表查询等。

智慧物流立体
仓库作业动画

（1）入库。入库作业流程如图10.2所示。货物单元入库时，由输送系统将其运输到入库台，用条形码扫描器自动扫描识读货物上的条码标签，条码标签携带的信息被读入并传递给中央服务器。扫描完成后，货物通过输送机被传送至巷道入口。巷道入口是连接入库区域和存储区域的重要节点。在巷道入口，自动堆垛机或者物流机器人通过自动寻址，将货物存放到指定货位。在完成入库作业后，自动堆垛机或者物流机器人向控制系统返回作业完成信息，并等待接收下一个作业命令。同时，控制系统把作业完成信息返回给中央服务器数据库进行入库管理。

图 10.2　入库作业流程

（2）拣选。拣选作业流程如图10.3所示。货物单元拣选出库时，自动堆垛机或物流机器人到指定货位将货物取出放置到巷道出库台，自动导引车取货后将货物送至拣选台，在拣选台上由工作人员或自动分拣设备按照出库单进行分拣。分拣完成后再由自动导引车将货物送回巷道入库台或直接出库，进入巷道入库台的货物由自动堆垛机或物流机器人将其入库。在分拣作业时，因为拣选台不止一个，所以要求自动导引车具有优良的调度算法，确保其高效、准确、可靠运行。

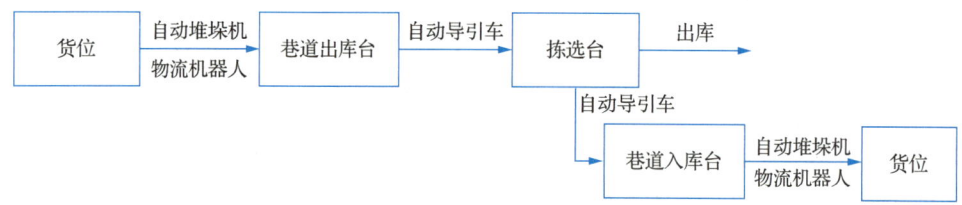

图 10.3　拣选作业流程

（3）出库。出库作业流程如图10.4所示。管理员在收到客户的货物需求信息后，根据要求将货物信息录入仓储管理系统，系统将自动进行库存查询，并按照先进先出、均匀出库、就近出库等原则生成出库作业，传输到终端控制系统中，控制系统再根据当前出库作业及堆垛机状态，将安排好的作业命令逐条发送给自动堆垛机或物流机器人。自动堆垛机或物流机器人到指定货位将货物取出放置到巷道出库台上，并向控制系统返回作业完成信息，等待进行下一个作业。然后货物通过输送机被传送至出站台，进行出库。监控系统向仓储管理系统反馈该货物出库完成信息，系统更新库存数据库中的货物信息和货位占用情况，完成出库管理。如果某一货位上的货物已全部出库，则从货位占用表中清除此条货物记录，并清除该货位占用标记。

图 10.4　出库作业流程

（4）盘点。盘点的目的是保持账存数量和实际库存数量的一致，以便准确地掌握货物资源状况。盘点分为循环盘点和总盘点。循环盘点针对某一部分货位或某几类货物，可以随时进行；总盘点则针对所有货位和库存货物，通常定期进行。在智慧仓储的作业流程中，随着货物入库及拣选过程的自动化信息录入，仓库作业可逐渐实现"零盘点"模式。

（5）报表查询。报表查询是处理与仓储作业相关信息的综合查询功能模块。系统通过报表查询功能，针对已完成的业务，将所获取的信息进行筛选、分析，以综合反映企业的仓储作业情况。这些报表主要包括仓储业务报表和仓储汇总报表，用来反映货物当日以及一定时间内的出入库情况。

智慧仓储作业过程中运用的技术有 RFID 技术、机器视觉技术、物流机器人搬运技术等。RFID 技术是通过无线电信号识别特定目标并读写相关数据。机器视觉技术是通过光学设备从货物的图像中提取信息，再对这些信息进行处理并加以理解，最终用于实际检测货物情况、测量货物信息以及控制、引导执行机构完成相应动作。物流机器人搬运技术是通过二维码/激光 SLAM 导航、视觉验收识别等技术将货物从特定地点搬运到指定地点。总之，综合运用货到人、货到机器人，穿梭车立体库，机器人拣选、运输，自动包装等先进技术，可以实现物流过程的全程自动化。

2. 智慧仓储中的货物出入库作业

区别于传统仓库中货物的出入库作业，智慧仓储中货物出入库主要由机器人完成。在入库作业中，物流机器人收到信息系统的指令，将存储货物的周转货架搬运至存放位置，然后由拣货员或者机器人完成货物的上架。上架作业完成后，物流机器人返回原位置。在出库作业中，完成货物的拣选及订单打包后，由物流机器人将即将出库的货物搬运至出库作业处，或者直接将包装好的订单放置传送带上运输至出库作业处，最后由人工完成货物的装车作业。

3. 智慧仓储中的货位分配作业

货位优化旨在通过合理的分配原则和存储策略，为每种品项指定货位，减少拣选时间或行走路径，从而提高拣选效率。在智慧仓储的货到人作业模式下，合理的货位优化方法可以使各种品项按照一定的存储规则存放于货位中，有序的品项存储可以降低货架出入库的频率，从而提高货架以及搬运设备的利用率，最终提高仓库的作业效率。

关于货位分配策略的研究相对较多，涉及随机存储、分类存储、全周转率存储、就近存储等策略，以及单目标或者多目标优化策略。智慧仓储可以有效应对电商环境中商品种类多、订单密度高、单订单订货数量小、要求快速反应等特点。在电子商务模式下，价格折扣是影响消费者冲动购买的重要因素，对订单数量影响较大。因此，根据品项周转频率进行储位优化时，除了考虑历史订货频次，还需要考虑价格折扣。假设同一区域存储货物单位体积重量相似，如服装区、鞋帽区等，可以忽略商品重量对系统效率和能耗的影响，以被订频次及单次设备行走距离作为货位分配的重要依据，同时从商品价格和历史被订频次两个角度来综合预测未来商品的被订频次。

尽可能地将同一订单中不同品项分配到不同巷道，如果分配到相同巷道，则分配到不同货架层，以提高设备并行作业的概率，这就需要进行品项聚类。品项聚类的方法现在被广泛应用于解决货位分配和优化问题。品项聚类后，采取合适的存储策略，确定最终的货位分配策略。

4. 智慧仓储中的机器人拣选作业

（1）机器人拣选任务分配。

在智慧仓储系统中，所有物品根据物品种类相似度被存放在整齐排列的可移动货架上，在计算机控制系统的指挥下，仓储机器人将货架搬运到距离该货架最近的拣选工作台，拣选人员完成拣货或补货任务后，仓储机器人再将货架运送到原位置。

在完成拣选任务的过程中，多个机器人的协调合作表现出相比于单个机器人更多的优势。对单个机器人来说，在面对复杂、数量较大的任务时，即使功能设计得再强大，其完成任务的能力也往往是有限的。相对于单机器人系统，多机器人系统在任务适用性、经济性、可扩展性和鲁棒性等方面表现出了极大的优越性，提高了系统性能。但是，多个机器人并存也增加了系统协调管理的难度。因此，多机器人系统能否高效地完成任务，关键取决于如何通过系统控制使得多个机器人能够协调运行，提高完成任务的效率。因此，仓储机器人任务分配问题是影响仓储系统工作效率的关键要素之一，有必要对智慧仓储系统中多机器人的任务分配问题开展深入研究。

在进行拣选任务分配时，需要根据系统现有任务量及路径对仓储机器人进行合理分配，在多机器人系统的货到人订单拣选作业模式及机器人直接拣选作业模式下，将具有自主计算能力的仓储机器人通过一定的方式进行任务分配。任务分配既需要考虑工作人员工作量的均衡性以及仓储机器人的负载均衡性，使得一定时间段内所有任务的执行时间最短；又需要考虑仓储机器人现有任务量及当前拣选路径，使智慧仓储系统中商品拣选环节的运行效率提高。

（2）机器人拣选路径优化。

仓储机器人在建立智能化仓库的过程中扮演着关键的角色。目前，以亚马逊的 Kiva 机器人为代表的仓储机器人正逐渐开始被应用到智能化仓库建设之中，它在很大程度上可以提高拣选作业的效率。

仓储机器人拣选作业路径规划是实现其自主导航的一项关键技术。采用良好的路径规划技术不仅可以节省仓储机器人的作业时间、减少仓储机器人的磨损、降低仓储机器人的能耗，同时还可以降低仓储机器人的生产成本，提升仓储机器人对各种仓库环境的适应能力，为实现仓库的智能化、全自动化管理打下坚实的基础。

目前的仓储机器人拣选路径优化研究多以路径最短为目标，但当仓储机器人数量增加时，路径可能会出现冲突。发生路径冲突时，机器人需要先停止运行，待路网畅通后再次启动进行工作，这样做降低了工作效率，增加了机器人能耗。因此，需要考虑减少机器人运行过程中启动、停止的次数，研究机器人无冲突路径，以实现在提高仓储工作效率的同时减少能源消耗。

5. 智慧仓储中的货物盘点作业

智慧仓储中货物盘点作业可由无人机实现，目前许多企业采用无人机航拍和 RFID 相结合的方式，如图 10.5 所示，高效、高速地解决了仓库内货物的实时盘点问题，为大型企业的智慧仓储管理提供了高效的解决方案。

图 10.5　无人机货物盘点

与传统的条码需要对准扫描不同，RFID 电子标签即使被其他物品遮盖也可以被读取，使用更方便，并可重复使用，而且价格还便宜。

基于无人机航拍图像技术的仓库货物盘点方法，具体步骤如下。

（1）通过无人机在仓库内上空飞行获取仓库内货物图像，然后采用数字图像处理技术对货物进行识别和数量统计。

（2）当货物入库时，在货物上绑定一个 RFID 有源标签，通过在无人机上安装的 RFID 有源读卡器，对货物进行统计。

（3）结合图像识别结果和 RFID 的统计结果，得知货物的实时存放情况。

10.4.2 智慧配送决策

随着技术的进步，可供消费者选择的商品种类越来越多，客户需求也瞬息万变。为了充分适应现有的市场状况，满足客户多维度的物流需求，并通过配送服务提升消费者体验，建立智慧配送体系以替代传统的配送模式显得十分必要。

图 10.6 所示为智慧配送的体系构成及主要技术。

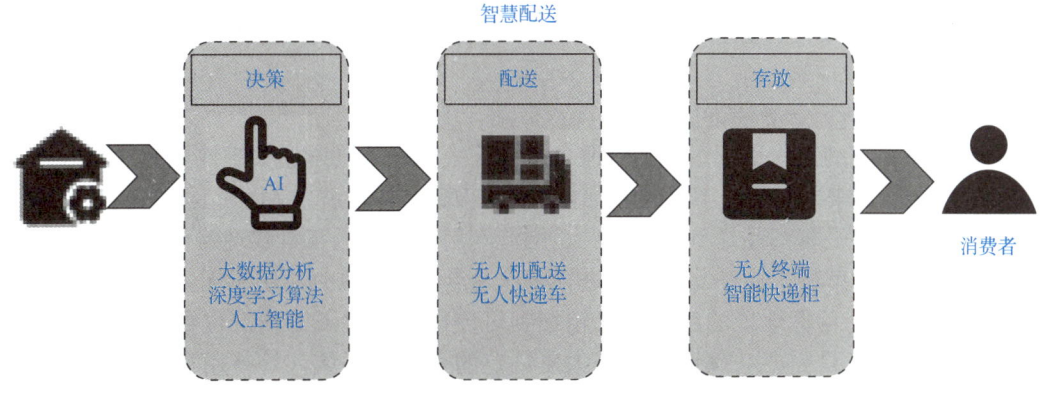

图 10.6　智慧配送的体系构成及主要技术

（1）基于大数据等技术驱动的智慧配送决策。通过收集成本、服务、交通等信息，以服务水平最大化、总成本最小化为目标，设计模型和优化算法并进行求解，对智慧配送区域选取、配送工具选择及路线规划做出决策。

（2）使用无人机、无人快递车等无人设备进行配送。通过遥感技术、自备感应装置和预先设置的行驶方式，使用无人操纵或驾驶的机器运送包裹。其优势主要在于可以应用于配送难度较高、成本较大的偏远或闹市地区，从而节约人力成本，提高配送效率。

（3）将商品存放到智慧配送终端。由于很多商务楼以及社区出于安全考虑，要求配送人员不能上楼，因此智能快递柜这类智慧配送终端通常被摆放在楼下物业处，无须过多管理，也不需要人值守。无人机、无人快递车或配送人员将商品存放至智慧配送终端，消费者可通过短信取件码等方式取出商品，这一环节不仅节省了配送成本，还便于对配送商品的管理。

智慧配送体系可针对配送需求制订出即时计划，通过无人技术将商品送达配送终端，达到配送过程的快、精、准。

1. 智慧配送区域选取

（1）无人配送区域选取。应用场景的具体情况决定了技术的研究方向，互联网电子商务企业纷纷在自动驾驶领域进行研发投入。自动驾驶技术与实际商业应用场景的结合至关重要，它在人工智能领域中最有可能落地应用，因此吸引了整个科技行业的目光。在这种背景下，无人配送被认为是最先可能实现的实际运营的场景。无人配送的实现要结合具体的场景，中期还是以人机交互配送为主要发展方向。

① 无人配送工具引导——高精度测绘。

高精度测绘是无人配送中导航运行的技术基础，只有测绘的数据详细而全面，才能为无人配送设备的行驶提供可靠的行动指引。传统的数据地图以满足人类认知为目的，因此在数据表达上采取的是以人类能够理解的可视化方式。然而，在无人配送中应用的高精度地图是完全面向机器的数据信息，在生成数据内容、传达位置信息的方式上与传统的地图都有较大差异。传统地图数据的生成，大多是通过全站仪测量、卫星图匹配等手段。而高精度地图数据在精度方面有更高的要求，因此这些数据主要是由激光点云数据以及其他高精度感应装置获取的数据加工而来。无人配送工具的运行本身也是数据的感知行为，借助车身上搭载的各种传感器，无人机或无人快递车能够感知实时的道路情况。并且随着无人机在配送领域应用的规模化，数据感知的范围能够覆盖更多的区域和场景，从而实现数据的实时更新。

② 停靠点选择——智能导航系统。

智能导航系统的工作原理，是通过服务端向无人配送工具发送关键地域的地理信息，并通过高精度传感器来判断配送工具的当前位置是否偏离预定轨道，从而对其进行动态引导。无人配送的核心任务是将商品送到客户手中，因此利用无人配送工具实现路径规划需要对用户的订单进行全面的解析，并在此基础上进行多途径点的配送规划。由于无人配送的基础是客户订单，因此对于目标地址的解析需要精细到可停靠或可进入的精准位置。例如，对于办公楼，无人配送工具需要精确地停靠在大厦规定的可停靠区域，等待用户取货。因此，对于每个地址，主流的地图数据服务商均可提供地理编码服务，将地址转化为经纬度信息，并且需要无人配送工具根据经纬度信息分析出实时的可停靠位置，这样才可以将此位置作为停靠点。

③ 配送区域选取——大数据分析。

确定无人配送的区域范围，需要对海量的历史订单信息进行大数据分析，再结合无人配送工具自身的货舱容量和地理信息数据，以配送需求全覆盖和配送路线最短为原则，为无人配送工具和监控人员提供合理的选择方案，并判断该地区是否需要使用无人配送。例如，运用大数据分析确定出某订单密集的闹市区域，并在此区域部署更多的无人配送工具，确保配送效率。

（2）主动配送区域选取。随着科技水平的高速发展，大数据应用越来越广泛，主动配送结合大数据相关技术已经进行了初步探索与应用。首先对海量的消费者行为数据进行挖掘分析，构建用户画像、家庭画像、小区画像和商品画像，并建立有效的物流需求预测理论与方法体系。然后在已有的基础上，加入对其他信息的分析，包括社交信息、地域信息等，提高画像的精度。最后运用基于实时大数据构建的智慧配送的优化模型与计算时间为毫秒级的智能算法，解决主动配送区域选取的优化问题。

① 聚类分析。利用聚类分析法，根据用户特征相似度进行聚合，抽取能够刻画各聚类的属性标签。结合以 TF-IDF（词频-逆文档频率）为例的各类信息检索技术，统计属性标签在消费者画像中出现的频率，并计算权重，以此识别消费者的典型行为特征。

② 数据挖掘。使用贝叶斯网络、聚类分析、关联分析等方法对消费者的人口属性、消费特征、信用属性、兴趣爱好、交互信息等进行分析，结合地域分析和时序分析，构建消费者的精准画像。

③ 深度学习和宽度学习。通过深度学习和宽度学习相结合实现物流需求量时空分布预测，以此确定主动配送区域。首先通过深度学习对物流需求数据进行预测，得到具有代表性的特征信息。为解决深度学习在训练中极度耗时的情况，一般会利用宽度学习来提高预测的效率。基于这种混合学习算法，可以实现在精度被接受的前提下，用最短的时间来完成预测。

选择合适的主动配送区域可以提高企业的实际物流效率。主动配送的区域选择采用的是大批量历史数据模拟计算方法，这样做减少了人为手工干预，极大地提高了区域选择的准确度；同时，数据源采用物流系统内部数据，减少了系统之间的交互，数据可以在内部直接被使用，以提高数据的优化效率；主动配送区域与普通的配送区域选择时采用同一套数据源，当物流系统对数据进行变更与调整的时候，可以实时反馈到主动配送数据中，从而提升配送区域选择的实时性。

（3）即时配送区域选取。目前，即时配送已经应用于生鲜、鲜花、蛋糕、医药等对时效性要求较高的配送服务领域。随着新零售的发展，即时配送迅速同新零售的线下门店配送对接，快速向商超宅配、零售末端配送等领域扩张；随着懒人经济发展，即时配送又开始与 C2C 业务对接，向代买代送、同城快递领域扩张；随着客户对配送时效要求的提升，即时配送也开始与系统对接，向同城落地配送领域渗透，推动末端的快递市场变革，不断扩张边界。

即时配送需要在满足干线物流健康发展的前提下，实现末端物流整体性、系统性、全局式的网络布局，通过融入 AI、导航等先进技术，更好地实现线上线下对供需市场的有效匹配。对于即时配送平台来说，获取订单量和流量是关键，这离不开大数据、人工智能等技术的支撑。即时配送平台可以通过技术手段帮助商户综合考量时间、天气、节日、地段和环境等诸多因素，并对配送时间进行准确预估，以此来进行前置备货等。在此过程中需要诸多技术，比如大数据技术、人工智能技术、运筹优化算法、无人配送技术等。即时配送相关环节如下。

① 选取最合适区域的即时订单——智能调度系统。智能调度系统是即时配送平台的技术核心，其依托海量的历史订单数据、配送员定位数据、商户数据等，针对配送员实时情景（如任务量、配送距离、订单情况、评级）等，对订单进行智能匹配，实现自动化调度及资源全局最优配置，最大限度地提升用户体验。因此，无人配送、依靠大数据和 AI 的智能调度系统是智慧配送未来发展的方向。智能调度系统主要包含了智慧物流、智能调度、智能营销、智能客服、图像识别、智能硬件等。

② 进行复杂决策——AI 人工智能。即时配送线下环节非常多且复杂，需要人工智能技术具备深度感知、正确理解、准确预测，以及能瞬间完成复杂决策的能力。

AI 人工智能快速进行复杂决策需要具备四种能力。a. 具备大数据处理和计算能力，这包括大数据平台、机器学习平台等的应用。其中，大数据平台实现对配送员轨迹数据、配送业务数据、特征数据、指标数据的全面管理和监控，并通过模型平台、特征平台支持相关算法策略的快速迭代和优化，形成精准的画像；机器学习平台则是一个一站式线下到线上的模型训练和算法应用平台，主要负责从海量的数据中寻求规律并进行准确预估，其目的在于解决算法应用场景多、重复开发的矛盾问题，以及线上、线下数据质量不一致等问题。b. 具备对世界的深度感知能力，这主要依赖于定位系统，它可以提供商家、配送员和客户正确、精确的位置信息，以及两点之间正确的导航服务；同时，多传感器技术还能够提供室内定位功能，以刻画精细化场景并识别配送员运动状态。c. 具备准确预测能力，这主要是为了对配送环节所需时间、销量、运力等方面进行预估。d. 具备完成复杂决策能力，这主要体现在调度、定价和规划几个方面。例如，运筹优化模块，主要是在大数据平台以及机器学习的预测数据基础上，采用最优化理论、强化学习等优化策略进行计算，以实现全局最优化的分配决策；同时，通过与配送员高效互动，及时处理执行过程中的问题，实现动态最优化的分配决策。

③ 时间送达预估（Estimated Time of Arrival）分析——机器学习。时间送达预估是配送系统中非常重要的参数，与用户体验、配送成本有直接关系，而且会直接影响调度系统和定价系统的最终决策。为了给用户提供更好的感知体验，就需要通过机器学习技术对送达时间进行精准预估。

准确预估送达时间是一个非常复杂的过程，首先从配送员接单到最终送达，这就涉及接单、到店、取货、送达等每个关键环节的预估时间，这中间需要考虑商户准备商品的时间，以及用户最终收货时间等。因此，需要机器学习技术来对交付时间、未来订单、路径耗时等进行精准的预测，为调度决策提供准确的基础信息。

④ 运筹优化。运筹优化主要是在大数据平台以及机器学习的预测数据基础上，采用最优化理论、强化学习等优化策略，对整个路径规划、系统派单、自动改派、仿真系统等进行计算，以实现全局最优化的分配决策，并通过与配送员高效互动，处理执行过程中的问题，实现动态最优化的分配决策。在这个过程中，优化算法扮演着至关重要的角色，它的作用是找到最优的策略。而如何从庞大的解空间中搜索得到一个满意解，并在系统运行的 2~3s 内给出最终决策，依然是一个很大的挑战。为了实现这一目标，运筹优化中涉及了各类基础性的算法，应用到具体场景中就是对于配送员路径的优化算法和订单分配优化算法。

2. 选择智慧配送工具

（1）决策意义。选择合理的智慧配送工具的意义在于匹配需求点和服务能力，最大化提升配送服务效率。在物流行业中，末端配送成本占整个物流成本的三成，无人机等技术在末端应用会提升时效、降低配送成本。企业需要通过智慧物流来降低成本，补充运力，并通过人机协同的方式来提高效率。有人配送可以被看作点到区的配送服务，而无人配送则属于点到点的配送服务。由于无人设备的资源有限，快递数量庞大，因此在需求点密集的区域，可以优先考虑采用有人配送的方式，以降低配送成本，体现规模效应。面对有特殊需求（如地理位置不便、时间不好协调）的客户可优先考虑采用无人配送。

（2）决策过程。首先通过优化设定配送费以及预计送达时间来调整订单结构。在接收订单之后，需要考虑配送位置、在途订单情况、配送工具能力、交付难度、天气、地理路况、未来单量等因素。在正确的时间，将订单分配给最合适的配送方式和工具，在执行过程中随时预判订单超时情况并动态触发改派操作，实现订单和配送工具的动态最优匹配。

① 对商品进行筛选。无人配送的限制条件很多，因此需要对商品进行筛选，判断其能否选取无人机或无人快递车进行配送。这一过程需要考虑以下三个因素。a. 无人机和无人快递车的载货限制。用于短途配送的旋翼无人机的运输能力普遍较小，平均最大载重量为 15～30kg，无人快递车的载重略高于无人机，因此，无人配送适用于可小批量、高频次运输的商品。如果没有提前考虑到无人设备的载货条件，就可能出现超载或半空载情况，超载对于无人设备的损耗巨大，而半空载使得运力浪费非常严重。b. 收货方对货品配送时间及方式是否具有特殊要求。无人配送工具的效率高、速度快，因此非常适用于应急件的配送。例如，DHL 曾使用无人机为居住在海岛上的客户进行药品等应急物资的配送；而亚马逊 Prime Air 推出的 30min 送达服务，也充分发挥了无人机的速度，为客户提供更高时效的配送服务。c. 需求点的地理位置及周边情况。无人设备的电池续航时间短，限制了无人配送的服务范围。因此，需求点与配送点的距离、需求点是否在禁飞或限行区域以及需求点附近的交通状况，这些条件也决定了配送工具的选择。

② 分析环境因素。室外用于巡逻的监控无人机配备了环境感知技术，用于获取数据并进行环境因素分析。无人快递车适宜在车流比较少、交通标志清晰的街道行驶，无人机适用于地理位置偏僻的或者交付难度高的订单配送情景。

③ 选择配送工具。考虑筛选出的商品自身属性和外部环境特点，通过对需求点标记坐标，结合天气、交通实况、交付难度因素，同时结合无人机和无人快递车的运力情况，最终确定配送点到需求点的最优配送工具。

④ 配送监控。通过高精度定位技术进行订单配送过程中的实时监控，发现订单异常时及时反馈，也可重新规划路线或者更改配送方式。

3. 智慧配送路线规划

车辆路径问题（Vehicle Routing Problem，VRP）通常可以描述为对一系列装货点和（或）卸货点，组织安排适当的运输路线，在满足一定的约束条件（如货物需求量、车辆容量、发货量、交发货时间）下，达到一定的目标（如使用车辆数最少、路程最短、费用最少、时间最少、客户满意度最高等）。

智慧配送路线规划与现有配送路径规划问题的不同之处主要是智慧配送的工具使用与否，包括智慧设施设备和智慧决策方法。前文中对智慧配送的设施设备已有详细的介绍，除了以上的工具，此节还将介绍路线规划中起到支撑作用的几个关键技术工具。

（1）智慧配送路线规划的关键技术工具。

① 智能交通系统。智能交通系统（Intelligent Transportation System，ITS）的前身是智能车辆道路系统（Intelligent Vehicle Highway System，IVHS）。智能交通系统将先进的信息技术、数据通信技术、传感器技术、电子控制技术以及计算机技术等有效地综合运用于整个交通运输管理体系，从而建立起一种大范围内、全方位发挥作用的，实时、准确、高效的综合运输和管理系统。智能交通系统将参与物流活动的人、车辆、道路信息相互联系，从而降低交通拥堵的发生率，减少资源消耗，降低环境污染程度，保障生命财产安全，提高运输效率并增加经济效益。

作为一个兼具采集信息、处理信息、发布信息三大功能的观测系统。智能交通系统每隔一定时间会收集指定地理区域的变更信息，并且把这些信息录入系统。为了避免重复计算，该系统采集的数据信息会经过信息中心自动审核、分类，那些变化较小被系统认为不会影响行驶路径的信息将被自动忽略。

ITS 信息处理中心结构图如图 10.7 所示。

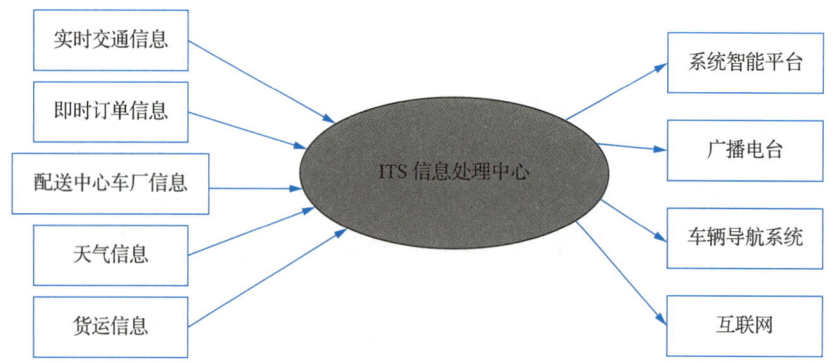

图 10.7　ITS 信息处理中心结构图

② 地理信息系统。地理信息系统（Geographic Information system，GIS）是以计算机系统为基础建立的，涉及空间学、地球学和信息学等学科的交叉学科系统。它是在计算机硬、软件系统支持下，对整个或部分地球表层（包括大气层）空间中的有关地理分布数据进行采集储存、管理、运算、分析、显示和描述的技术系统。

GIS 本质上是一个为管理者提供空间信息决策的系统，它能够自动捕获数据，并且对这些数据进行分析处理、逻辑推导，最终显示计算结果。地理信息系统为智慧配送路线规划的决策提供了有效的信息。

GIS 应用在配送领域使得各种车辆、道路、交通网络等信息更加直观易懂，能够帮助企业规划更为科学的配送路线。此外，GIS 具有对路径信息的动态实时监测功能，可以为智慧配送提供更具有时效性的路径规划决策方案。

一个完整的 GIS 一般包含五部分，如图 10.8 所示。

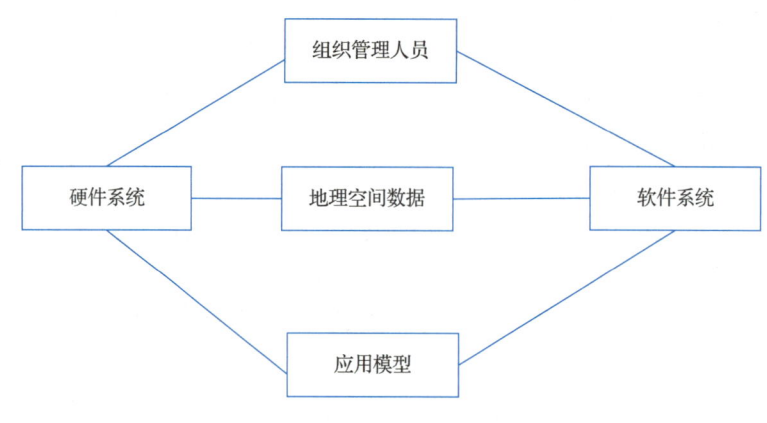

图 10.8　GIS 的组成结构图

③ 北斗卫星导航系统。北斗卫星导航系统（BeiDou Navigation Satellite System，BDS）是一款完全由我国自主研发的全球卫星导航系统，它是继美国的全球定位系统（Global Positioning System，GPS）、俄罗斯的格洛纳斯卫星导航系统（GLONASS）、欧盟的伽利略卫星导航系统（Galileo）之后，第四个成熟的卫星导航系统。

北斗卫星导航系统由空间段、地面段和用户段三部分组成，可在全球范围内全天候、全天时为各类用户提供高精度、高可靠度的定位、导航、授时服务，并具备短报文通信能力，全球范围内水平定位精度优于 9m、垂直定位精度优于 10m，测速精度达 0.2m/s，授时精度达 10ns。

卫星导航技术是无人快递车路径规划领域的重要组成部分。北斗卫星导航系统以其精准、敏捷、连续的动态定位功能为智慧配送的路径规划问题带来了全新的技术解决方案。

（2）基于静态、动态两种时间窗的路线规划。

车辆路径问题（VRP）涉及许多要素，这些要素是 VRP 分类的依据。目前已知的研究模型是组合一种或者几种要素，忽略其他要素建立的。表 10-1 所示为 VRP 构成要素及其属性，主要包括配送中心、客户、车辆、道路网、运输安排的要求以及优化目标这六大类。VRP 模型分类见表 10-2。

表 10-1 VRP 构成要素及其属性

构成要素	属性
配送中心	单配送中心/多配送中心
客户	有时间窗/无时间窗、送货/收货、单计划周期/周期计划、确定性需求/不确定性需求
车辆	车辆的载重能力、容积、多车型/单一车型、车辆数量的限制、有无行驶里程（或时间）的限制等
道路网	无向网络/有向网络、静态网络/动态网络/不确定性、行驶费用等
运输安排的要求	客户只能由一辆车服务/客户可由多辆车服务、车辆需返回配送中心（对于多配送中心情况）等
优化目标	总运输成本最小（包括车辆和行驶里程）、客户等待时间最少、客户满意度最大等

表 10-2 VRP 模型分类

分类	特征	说明
静态 VRP (SVRP)	有能力约束的 VRP(CVRP)	仅对车辆载重和行驶时间（或距离）有约束
	带时间约束的 VRP(VRPTW)	在 CVRP 的基础上加入时间窗的约束
	带取送货的 VRP(VRPPD)	① 客户不仅需要收取货物，还需要返回货物 ② 将货物从取货点处取走，送到相应的卸货点
	分散配送 VRP(SDVRP)	允许一个货物被两辆车或者多辆车配送
	周期性的 VRP(PVRP)	车辆在一个周期内的安排
	多仓库的 VRP(m-VRP)	多个仓库分布在不同区域
	多车型的 VRP(HVRP)	车辆可有多种类型
	开放式 VRP	不要求车辆完成取送任务后返回原仓库
动态 VRP (DVRP)	动态需求 VRP	需求预测产生的不确定性（如需求量、需求时间的不确定性）
	动态车辆 VRP	服务车辆、驾驶员的不确定性
	动态网络 VRP	路线网络性能的不确定性

新零售时代，消费者对终端配送方式及时效性的要求越来越高，主要体现在时间窗及配送任务的实时变化上。对于智慧配送的路线规划问题，可以从静态时间窗及动态时间窗两种情况进行决策。

① 带有静态时间窗的多配送员任务分配及路线规划问题。假设消费者配送时间窗及配送任务是不变的，即在静态时间窗情况下，以配送总成本最低为目标，通过构建配送任务调度模型并采用相关的智能算法求解得到最佳方案。

② 带有动态时间窗的多配送员任务分配及路线规划问题。例如，在实际中，由于预测偏差或人为因素，如消费者改变收货地址或收货时间，使实际与预计计划偏离，导致配送任务的时间窗发生改变（即在动态时间窗下进行决策），这时要以最少的配送人员数、最低的成本与最少的时间窗偏离为目标构建配送任务调度模型，并设计启发式算法进行求解。

10.4.3 智慧仓配案例

1. DHL 智慧仓配系统

（1）智慧仓配系统。

DHL 智慧仓配系统的智慧性体现在以下两处。

① 仓内可穿戴设备的应用。DHL 与理光（Ricoh）可穿戴设备解决方案供应商 Ubimax 进行合作，将"视觉分拣"技术应用于仓库的分拣流程中。DHL 已经成功地在荷兰进行了智能眼镜应用试验，员工通过智能眼镜扫描仓库中的条码图形以加快采集速度和减少采集错误。之后，DHL 与 Vuzix 合作打造了一套"免提式"仓库解决方案，该方案结合了 M100 智能眼镜与 Ubimax 开发的仓库软件"vision picking"，实现了实时的物品识别、条码阅读、室内导航和无缝的信息集成，该软件还可以直接连接到 DHL 的仓库管理系统。应用该方案之后，分拣效率提升了 25%。在 DHL 荷兰仓库内，员工可根据智能眼镜的图像提示（如包裹体积、目的地信息）进行高效分拣。

② 仓库机器人的应用。当工人和机器人还在争夺岗位时，DHL 找到了让双方合作共赢的途径——开发机器人"同事"，让机器人在工人的指导下搬运、包装、运输货物。DHL 在美国田纳西州的孟菲斯仓库部署了众多的机器人，和动辄投入数千万美元的传统自动化系统和传送带相比，这些机器人体积小、价格便宜、智能、灵活，能帮助工人挑选出需要快速出货的各类货物，大幅提高了整个物流中心的工作效率。DHL 在美国测试的机器人之一叫 Chuck，主要应用在仓库中帮工作人员处理订单和分拣、搬运、包装需要快速出货的各类货物。Chuck 的优点是部署周期短，4~6 周即可完成安装并投入使用；没有基础设施要求，无须改造仓库；价格合理，一年至一年半即可收回成本。

应用于美国的孟菲斯仓库的另一个智能机器人为 Locus Robotics。Locus Robotics 可以搬运、配送各类医疗设备。其突出特点是可以通过自主学习来规划最佳行驶路径，这减少了工作人员的走动距离，效率比传统的推车要高 2~5 倍。该机器人轻便、配置灵活，可根据装载的货物调整结构。同样，它也装有方便工人操作的用户界面。机器人内置多国语言，可根据与用户的交互灵活切换，最大限度地保证命令下达的高效、简便。

除了以上的仓储搬运机器人，RightHand Robotics 抓取机器人可以抓住、处理和组装任何形状的物体，该机器人内置触觉传感器和两个摄像头，可与人保持安全距离，通过触发回避动作避免人机接触。

DHL 对仓库机器人的研究并不止步于此,为进一步推进智能仓储操作,DHL 与各机器人公司联合开发了更加智能化的机器人。DHL 与机器人公司 Fetch Robotics 达成合作,以 DHL 在荷兰的物流中心为试点,正式测试 Fetch Robotics 机器人的运行效果、仓库环境配置和人机协作。测试中 DHL 采用的 Fetch 机器人可负载货物 78kg,运动速度为 2m/s,续航时间为 9h,电池耗完前会自行前往充电站休眠充电。机器人带有一块触摸屏,操作人员只需轻点按钮即可下达命令,无须复杂编程。同时,机器人配备先进的避障系统,能辨别自己所处的环境,区分动态、静态障碍物,保证自己行驶安全。测试中,Fetch Robotics 机器人在一天内帮工作人员减少了 32km 的行走距离,保质保量地完成了各项任务。

DHL 的四种机器人的类型、名称、应用示例和特点见表 10-3。

表 10-3　DHL 的四种机器人

机器人类型	机器人名称	应用示例	特点
搬运机器人	Chuck	帮工作人员处理订单,分拣、搬运、包装需要快速出货的各类货物	部署周期短,没有基础设施要求,无须改造仓库。价格合理
搬运机器人	Locus Robotics	帮助搬运、配送各类医疗设备	可以通过自主学习规划最佳行驶路径,机器人内置多国语言
抓取机器人	RightHand Robotics	抓取、处理和组装任何形状的物体	内置触觉传感器和两个摄像头,可与人保持安全距离,通过触发回避动作避免人机接触
搬运机器人	Fetch Robotics	帮 DHL 提升供应链管理效率	负载更大,自行充电和休眠,触屏操作,配备先进的触障系统

仓库机器人的大量应用以及可穿戴设备的使用必然会提高仓库操作的准确性和高效性,在物流高速发展、订单数量迅猛增长的形势下,仓库机器人等迎合了物流市场需要,引领了物流仓储智能化的发展。

(2) 智慧配送系统。

DHL 通过外部合作推进无人机研发项目,已迭代出四代无人机。

第一代无人机起降运动尚需人工遥控。第二代无人机可把快递包裹送往尤斯特岛,这是全欧洲用无人机交付货物的第一例。DHL 的第二代无人机名为 Parcelcopter,自重 5kg,负载 1.2kg,飞行速度最高可达 65km/h,可以完全自动驾驶,能根据天气情况调整飞行速度和飞行轨迹,但仍需工作人员手工装卸货物。

第三代无人机是 2019 年与亿航合作开发的城市无人机,负载 5kg,航程 8 公里,采用多旋翼设计,适用于城市中短途配送。在中国东莞测试中,其单程派送时间为 8 分钟。

DHL 的无人机使用模式与京东、菜鸟等不同,DHL 设置无人机站点,配送人员将物品放入站点后,无人机负责偏远地区该类站点与站点之间的配送,由快递人员负责在最终客户与站点间进行货物的派送与签收。

最近,DHL 进行无人机公共卫生保障运输实验,应用了第四代新型无人机设备,即新型倾转旋翼无人机,它同直升机一样可以垂直降落、起飞,并可以在飞行途中切换到更快、更高效的固定翼飞行模式。其货舱能够运载 6kg 左右的货物，最高时速为 150km，单次充电最远飞行距离为 100km，如果在满载情况下飞行距离可以达到 45km。

2. 京东智慧仓配应用

（1）智慧仓配系统。

京东亚洲一号无人仓

在智慧仓配领域，京东已建立智能仓库和无人仓。智能仓库的特点是部分环节实现无人化，目前京东天狼仓、地狼仓、亚洲一号中的 Shuttle 仓均属于此类。而无人仓已经实现了入库、存储、包装、分拣等全流程、全系统作业的智能化和无人化。

在京东智能仓库内，有包括地狼系统、天狼系统、分拣 AGV、交叉带分拣机、AGV 叉车、机械臂等在内的 12 种京东自主研发的智能仓储系统和设备被投入使用，应用场景覆盖家用电器、美妆个护、电脑办公、服饰内衣、医疗保健五大品类。

智慧仓配系统一：天狼系统。天狼系统是典型的货到人系统，拣货人员无须行走，货物通过输送系统送达拣货人员身边，由拣货人员进行拣选作业，配合电子标签指示系统，每人每小时可完成 1000 件货物拣选，相比于传统人工拣货效率可提高 4～5 倍。天狼系统由多层货架、穿梭车、输送系统组成。每层每巷道有一台小车可完成入库和出库任务；巷道一端的货物提升机将货物送至输送系统；立体库采用双伸位设计，一次可处理两箱货物，可以满足大流量的需求。天狼系统具有高吞吐量、占用面积小、集成度高、员工动线短、拣货效率高的作业特点。其中，Shuttle 货架穿梭车是天狼系统中重要的硬件设施。

智慧仓配系统二：地狼系统。地狼系统采用"货到人"存储拣选作业方式，通过二维码导航的 AGV，将被拣选货架搬运至拣货人员身旁。作业过程包含小件货物的上架、拣选，解决了仓储人员作业时间长、行走路径长等问题，大大提高了生产效率，节省了人力成本。目前，地狼系统包括 DL-500 轻载型地狼货架和 DL-1000 重载型地狼货架。DL-1000 重载型地狼货架载重能力较强，适用于货物重量较大的货到人拣选。DL-1000 重载型地狼货架可作为 DL-500 轻载型地狼货架的保管位，常与机械臂组合使用，用于重型件出库拣选，拣选效率达 400 件/时。DL-500 轻载型地狼货架的载荷小于 500kg，通过调度系统可灵活地改变路径使其拣选效率最优。

（2）智慧配送系统。

在末端配送方面，出现了无人机、无人车。京东发布的新型无人机 JDY-800 是第一架具有 100%自主知识产权的重型无人机，该无人机目标有效载重量为 1～5t，飞行距离超过 1000km。截至目前，京东已出动无人机超 2 万架次，飞行总里程达 10 万 km。

京东无人车研究不仅应用于日常配送，更立足于打造京东智能物流体系中的智能运载装备，即以自动驾驶核心技术为基础，根据不同场景的用户需求，研发并生产多种系列、多种型号的自动驾驶无人车产品。针对物流运输和配送场景，生产自动驾驶货车和配送机器人；针对仓库、厂区、园区、社区等场景，生产安防巡检机器人；针对办公楼内场景，生产服务机器人。

（3）京东无人仓。

无人仓的特点是仓储作业全流程（收货、存储、拣货、包装、分类、发货）都实现了无人化，并具备自感知、自适应、自决策、自诊断、自修复的全套能力。2017 年 10 月，京东物流首个全流程无人仓正式亮相,这是全球首个正式落成并规模化投入使用的全流程无人作业物流中心。截至 2023 年 6 月 30 日,京东物流在全国运营的仓库数量超过 1600 个,其中包括数十座"亚洲一号"大型智能物流园区,遍布全国 20 余个省份。这些智能仓库组成了全亚洲规模最大的智能仓群。

在软件方面,京东物流自主研发了能操控全局的智能控制系统——"智能大脑",从仓储到拣货、打包,再到分拣、出仓,所有环节的无人化操作都由"智能大脑"自主决策与指挥。例如,在上海亚洲一号全流程无人仓内,智能大脑能在 0.2s 内计算出 300 多个机器人的 680 亿条可运行路径,并做出最佳选择。智能控制系统反应时间为 0.017s,而人的生理反应时间大于 0.1s,也就是说,无人仓"智能大脑"的反应时间约是人的 1/6。"智能大脑"主要通过人工智能、大数据、运筹学等相关算法和技术,从整体上对全局进行调配和统筹安排,最大化设备的运行效率,充分发挥设备的集群效应,实现作业流、数据流和控制流的协同。作为无人仓技术的核心,人工智能算法更是京东的优势所在。例如,利用人工智能算法自动推荐最适合商品的存储货位;平衡拣选区和仓储区的库存量分布,并决定最适合重拣的货位和库存数量等;进行机器人调度及路径规划等。

在硬件方面,京东物流主要针对存储、搬运、拣选、包装等环节配备了各类自动化物流设备,如自动化存储货架、AGV 等。在收货存储阶段,"亚洲一号"使用的是高密度无人存储货架(见图 10.9),存储系统采用八组穿梭车立库,可同时存储货物 6 万箱。这种货架可以简单理解为存储量更大的无人货架,货架的每个节点都有红外测距传感器,这是因为在运输货物的过程中需要以此确定货物的位置和距离,保证货物的有序排放。在包装阶段,无人包装区则应用了六轴机器人、自动供包机器人、视觉检测仪器等多种设备。从存储区输送过来的货物,经六轴机器人机械手臂(见图 10.10)智能抓取的同时,也经视觉检测仪器检测(特征、缺陷检测)、测量(规格)、识别(条码等)。它们会根据商品本身的条码、订单信息来判断如何对货物进行排列组合和输送。分好类别的货物随后经传送带输送到自动供包机器人处自动打包。京东投放使用自主研发的自动打包机,包括纸箱包装和纸袋包装两种类型。

图 10.9 高密度无人存储货架

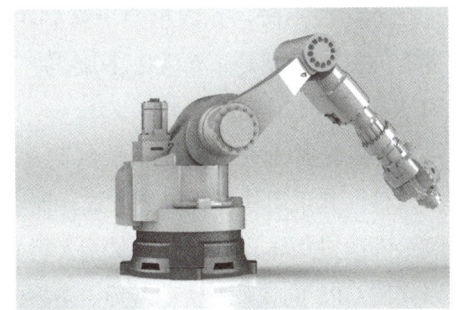

图 10.10 六轴机器人机械手臂

无人分拣区也是京东无人仓应用机器人密度最大的地方,三种 AGV 各司其职,井然有序:小型 AGV(也被称为"小红人",见图 10.11)负责将每个订单小包裹按照订单地址投放入不同的转运袋中;中型 AGV 完成第二轮分拣和搬运;大型 AGV 则直接把要送往京东终端配送站点的大包裹送上伸缩输送机,经传送带直接将包裹输送到库房外的运输车上。

图 10.11　小型 AGV

AGV 是如何避障的？

（4）京东无人设备。

京东无人设备一：无人机。2017 年，京东无人机全国运营调度中心落户宿迁。在无人机全国运营调度中心，工作人员对航线以及无人机的状态等进行全面管理与实时监控。随着全流程智慧化无人机机场的落成，运营调度中心与无人机机场已经实现完美对接，无人机配送的全流程都可以由运营调度中心指挥。而且无人机机场的智慧化程度有了质的提高，机场中不但具备了精确导航、通信、任务规划的能力，还能够实现无人机在起飞及降落平台之间的自动流转，并在流转过程中自动完成充电、货物装载、位置校正等操作。1000W 全自动充电桩仅需一小时就能为无人机完成充电，无人机自动装卸货精度可达到 mm 级，高精准度天窗起落技术能够使无人机自主起降于 2m×3m 的区域中央。整个过程虽然复杂，但是仅需要一名工作人员在后台系统进行运营与监督，即可控制多个机场与无人机，这正是得益于远程中央控制系统的精准控制。

京东无人机飞行高度约为 120m，一般在晴天或多云天气下且风力不高于 4 级时即可起飞，当到达终点时，无人机会下降到距离地面 1m 高度处，然后自动抛货。京东无人机机型主要有六款，分别是京东 Y-1 多旋翼、Y-2 多旋翼、Y-3 多旋翼、VT1 倾侧旋翼、京东巡检无人机 X-1、CT120 油动小壮。

Y-3 多旋翼无人机具有三轴共桨六旋翼结构，配备电动动力系统，具有良好的飞行稳定性和抗风性。其采用外挂式载货方式，能实现全自主定点悬停抛货，自主卸货并返航，是 Y 旋翼系列最新改进版本。Y-3 多旋翼无人机具有感知和视觉导航系统，可满足精准定位的需求；还可以摆脱 GPS 的依赖，主动避障、防撞击，并能够辨识人和动物，对降落环境进行判定；同时，它还能够实现自主决定航线轨迹、智能选取更改路线、强化迭代生成最优路径等功能。

京东巡检无人机 X-1 主要用于仓库巡检，具备多种航拍功能、红外热成像功能、实时监控功能，可单机作业。

京东 Y-1 多旋翼无人机是一款经典的多旋翼无人机，适用于城市和乡村的短途配送，具备较高的灵活性和稳定性。

京东 Y-2 多旋翼无人机作为 Y-1 的升级版，在承重、续航和智能化方面有所增强，适合更长距离的配送任务。

VT1 倾斜旋翼无人机采用了创新的倾斜旋翼设计，兼具多旋翼的垂直起降能力和固定翼的高效远程飞行能力，适合复杂地形的长途配送。

CT120 油动小壮是一款固定翼无人机，搭载油动发动机，具有更长的续航能力和更高的承重容量，专为大范围、偏远地区的物流配送设计。

京东无人机技术在 2018 年又有重大突破，其自主研发了大型载货无人机——JDY-800 无人机。JDY-800 无人机的翼展超过 10m，起飞重量达到 840kg，巡航高度达到 3000m，巡航速度超过 200km/h，具有全天候全自主的飞行能力，可以连续飞行 1000km 以上。截至目前，京东无人机已经在陕西、江苏、海南、青海、广东、福建等地区进行了常态化的物流配送。

京东无人设备二：配送无人车。京东无人车项目早自 2016 年就开始研发，目前京东正在研发多款无人配送小车，并且已经在开展中大型无人车的开发。当下的无人车体积较小，具备六个不同大小的载货舱，可以按照既定路线自动导航行驶，并具备路径规划、智能避障、车道保持、智能跟随等功能。无人车在配送站完成商品装载后，根据目的地进行自主路径规划，寻找最短路径并规避拥堵路段；在行驶过程中，遇到行人、物、车辆等障碍物，无人车会绕路行驶；遇到十字路口，可以识别红绿灯并做出相应行驶决策。自动行驶到目标建筑的指定位置后，无人车会通过京东 App、手机短信等方式通知用户收货，用户到无人车前输入提货码就可以打开货仓，取走自己的包裹。

京东无人车配备深度学习、路线规划和导航定位、自主定位与地图创建等技术。其中，通过深度学习算法，无人车可以敏锐地识别交通标志和车道线，任何情况下都能保证其行驶遵守交通规则。基于高精度立体影像数据并结合全球卫星系统（GNSS），无人车能进行精准路线规划和导航定位，定位精度达到 cm 级。基于多线激光雷达的 3D 全局地图重建和定位技术，实现了无人车自主定位与地图创建。此外，无人车还具备基于多线激光雷达 360°全视角的实时环境感知能力，能够对自主行驶中的行人、车辆、马路沿和交通标示牌等实现识别分类，并依据被检测物的动态信息实现对行驶路线的提前预测和决策，提升整车运行智能性。

本 章 小 结

智慧仓储和配送是指在仓储和配送管理业务流程中，利用智能技术及先进的管理方法，实现仓储和配送作业智能化，以降低成本，提高效率。在智慧仓储与配送中，数字化和人工智能是其关键技术，大数据技术实现了对仓配信息的组织管理及进一步的整理；人工智能技术实现了数据信息向智能决策的转变。同时，本章以 DHL 物流、京东物流为例，介绍了国内外一线物流公司的智慧仓储与配送发展现状及各公司的特色智慧仓配系统。

习　题

一、选择题

1. 智慧配送的主要特点不包括（　　）。
   A. 自动化　　　　B. 智能化　　　　C. 人工化　　　　D. 可视化
2. 大数据技术的基本思想不包括（　　）。
   A. 分析全体样本　　　　　　　　　B. 追求数据精确性
   C. 接受数据混杂性　　　　　　　　D. 注重相关关系
3. 以下不是无人机快递的主要优点的是（　　）。
   A. 解决偏远地区配送问题　　　　　B. 提高配送效率
   C. 减少人力成本　　　　　　　　　D. 适用于恶劣天气配送
4. 无人配送工具在行驶过程中，主要依赖（　　）技术进行导航。
   A. GPS 定位　　　　　　　　　　　B. 雷达探测
   C. 高精度测绘与智能导航系统　　　D. 视觉识别
5. 在智慧仓配的拣选作业中，自动导引车的主要任务是（　　）。
   A. 将货物从入库台搬运到巷道出库台
   B. 将货物从巷道出库台搬运到拣选台，再送回巷道入库台或出库
   C. 完成货物的上架作业
   D. 更新库存数据库中的货物信息
6. 智慧仓配中的货位优化主要目的是（　　）。
   A. 提高货架的美观度　　　　　　　B. 减少拣选时间或行走路程
   C. 增加货物的存储量　　　　　　　D. 提高仓库的湿度

二、简答题

1. 简述智慧仓储的概念及其主要技术基础。
2. 简述智慧仓配系统的组成及其功能。
3. 简述人工智能在智慧仓储环节中的具体应用。
4. 简述智慧仓储作业流程中的入库作业流程。
5. 简述智慧配送体系的基本构成及其各个环节的功能。
6. 简述无人配送技术在智慧配送中的应用场景和优势。

三、思考题

1. 在智慧仓配中，大数据技术如何应用于仓储作业和配送作业的优化？这些优化带来了哪些实际效益？
2. 探讨智慧配送如何满足用户的多元化需求，并举例说明。

3. 京东智慧仓配系统的"智能大脑"是如何实现全局操控和决策的？请结合具体应用场景进行说明。

4. 分析智慧配送产生的背景及其对社会经济发展的意义。

四、案例分析

陕煤集团：智能仓储网络，助力煤炭物资行业全面升级

陕西煤业化工集团有限责任公司（以下简称"陕煤集团"）是陕西省委、省政府为充分发挥陕西煤炭资源优势，从培育壮大能源化工支柱产业出发，按照现代企业的制度要求，经过重组发展起来的国有特大型能源化工企业。

一、智能仓储网络项目介绍

（一）智能仓储网络项目概况

陕煤集团的高速发展与智能化生产，对物资的高效率、精准化供应与管理提出更高的要求，以此延伸出智能仓储建设的需求。因此，陕西煤业物资榆通有限责任公司（以下简称"榆通公司"）自2022年开始，筹备并启动建设陕煤集团陕北地区智能仓储网络优化改造项目（以下简称"智能仓储网络项目"）。一方面对内赋能，为陕煤集团陕北地区所属煤炭、电力、化工板块及周边企业提供物资保障服务，为陕煤集团高质量发展增添新动能；另一方面对外输出，通过打造陕北地区智慧化物流园区来服务社会需要。

基于煤炭、非煤炭单位业务的增量需求和智能化仓储的发展要求，以及库容、效率、管理水平等方面的升级需求，陕煤集团对榆通公司现有仓储条件进行升级，规划形成"中心库+超市"联合布局的陕北地区智能仓储网络体系，实现"作业自动化、仓配协同化、物流可视化、服务便利化"的智能仓储服务，支持未来业务的持续发展。"中心库"，即形成中心库格局，兼顾主业，相互共享，实现蓄水池储备和调度协同作用；"超市"作为供应保障的"主战场"，存放在库共享物资和短期周转性自有物资。

为实现"常用物资超市化、订单物资精准化、储备物资共享化、信息平台智能化"的智能仓储服务，智能仓储网络项目建设内容包括设备系统集成及智能化设备购置，信息化系统优化，一站式业务大厅、物资智慧展厅、党建文化展厅、廉洁教育展厅等基础建设，以及电路、安防、消防等系统集成。该项目以实现自动化为目标，即实现中心库仓储设施机械化、智能化、各供应站与中心库仓配一体化。根据现有场地布局及原有设施，对设施进行合理利旧使用；部分已有设施设备升级改造；优化部分仓储系统功能；打造仓库管理系统与仓库控制系统；选用适合业务场景的智能化设备、硬件设备，通过数字孪生方式对现有资源进行整合展示。

（二）智能仓储网络项目构成

智能仓储网络项目于2023年4月在榆通公司启动建设，涵盖4个中心库和1个供应站，仓储面积达5万余平方米。智能仓储网络项目的投用，实现了仓储管理数字化和服务保障智能化"双重升级"，进一步满足了陕北地区产能扩增和仓储智能化管理的需要。

1. 智能仓配库

智能仓配库主要存放矿用材料、配件类物资，设有堆垛机立体库、标准托盘区、横梁货架区等无人作业区，配备4台堆垛机、3台无人叉车、4台潜伏式AGV等自动化设备以及飞翼式配送车。其中，堆垛机立体库共7层，有2128个存储货位，目前存储在库共享物资约3000种，未来可存储约上万种物资；标准托盘区共有256个存储货位，存储物资约70种；横梁货架区共有648个存储货位，主要存储螺栓等紧固件物资。

2. 智能油脂库

库中配备2台四向穿梭车、1套智能机械手。智能油脂库共3层，有543个存储货位，可储存2172桶油脂。

3. 应急共享库

该库涵盖了灾害和生产应急物资储备区。其中，灾害应急物资储备区库容为 3000 平方米，存储排沙泵、移动变电站、风机等设备配件，储备金额约 340 万元；生产应急物资储备区库容为 6500 平方米，存储各类大功率电机、变频器等物资，储备金额约 4600 万元，配备 1 台智能引导机器人，通过无线射频技术，实现对大件物资的人员引导及自动盘点功能。应急共享库可同时为陕北地区各矿井及周边其他矿井提供应急救援保障。

4. 区域共享库

区域共享库库容为 3200 平方米，存储物资 300 余种，主要储备油缸、乳化液泵等大型/异形物资，采用地堆存储方式，为客户提供物资仓储、代理销售、分拣包装、物流配送、结算等一站式物流综合服务。

5. 示范供应站

除中心库的智能化升级，曹家滩、小保当等仓储网络基地网点也引入了四向穿梭车、堆垛机、无人叉车等自动化系统和设备，通过简化流程、业务前移、强化职能等方式，打造功能齐全、管理规范、智能高效、绿色安全、品牌突出的"示范供应站"，为打造"陕煤物资"总品牌汇聚磅礴之力，使"中心库+超市"智能仓储网络体系布局得到进一步完善。

（三）智能仓储网络项目亮点

1. 功能和定位全面提升

陕煤集团智能仓储网络项目，不仅是对仓储工作的智能化升级或效率提升，更大的意义在于"身份的转变"，即由原来的物资总库向智能物流中心升级，由单纯的仓储功能向智能园区升级，从而提升了全面服务陕煤集团内外部客户、同行业企业以及社会物流服务的能力。

2. 数智化管理全面升级

在科技赋能之下，智能仓储网络焕新而生，实现了仓储管理数字化和服务保障智能化"双重升级"，其智能化、数字化、信息化实践探索为行业做出良好示范，成为整个煤炭行业智能仓储的标杆。

3. 向"绿"而行，创零碳园区

基于"双碳"目标推进，煤炭行业在科技创新的同时，更加兼顾绿色发展。为响应陕煤集团"零碳转型"发展战略，智能仓储网络项目也在积极探索实施"零碳园区"。例如，推动仓储运营低碳化、配备飞翼配送车、采用屋顶光伏发电技术、选用节能降耗的物流自动化设备等。

4. 自动化设备的创新应用

由于煤炭行业生产物资的特殊性，很多自动化设备需要定制，智能油脂库配套四向穿梭车使用的智能机械手就是典型代表。智能机械手可以一次抓取 2 个油桶，并依次将其码垛至托盘上。通常一个托盘码放 4 个油桶，智能机械手先通过视觉识别系统判断所要抓取的油桶的数量，再据此自动将油桶居中码放在托盘上，以保证安全，然后由提升机将码放好的托盘提升到对应层，最后由四向穿梭车将其送至相应货位。

5. 智慧调度中心让仓库变"聪明"

基于仓库控制系统与原有仓库管理系统的打通，智能仓储网络项目打造的智慧调度中心通过大屏呈现的 12 个界面，实现了仓储设备运行状态监控、仓储环境感知与控制、业务运营状态监控、物资调度、物流资源调配与监控五大功能，以及解决了客户关注的业务数据实时追踪、查询与共享，应急库存高效调配，以及消耗分析与协同成本管控三大问题，从而让货物"跑"得快，让仓库变"聪明"。

二、智能仓储网络项目的效果及价值

（一）经济效益：运营效率全面提升

智能仓储网络项目在库容、效率、管理水平、安全、绿色低碳、品牌打造和品牌影响力等各维度均实现全面提升。在整体上，与原有的传统仓储对比，智能仓储网络的货位储存数量整体提升了300%，库容面积较以往扩充了3倍，实现了80%区域的自动化作业，物资管理人员从6人减至3人，人工管理运营效率提升了3倍以上。

以智能仓配库为例，通过采用堆垛机立体库，库容提升了3倍。同时，无人叉车与潜伏式AGV等的应用，实现了每小时55托以上、约80吨、近百项物资的搬运工作，可在2小时内完成整车配送物资出库工作。此外，通过设置闲时理货时间节点，按照出入库频次、出入库时间进行闲时理货，遵循了物资管理"先进先出"的管理原则。

智能油脂库通过采用四向穿梭车，使存储量提升了4倍，每小时收货上架、出库装车超过50桶。通过智能机械手实现自动搬运、物资信息自动识别、安防自动监测预警，实现了更加安全、便捷、高效的仓储管理目标。

（二）社会效益：资源共享共用

除经济效益显著提升，智能仓储网络项目的投用也创造了极大的社会价值——应急共享库、区域共享库让各类物资实现共享共用。进口物资报关时间从7天缩短至1天，结算时间从3个月缩短至当月办理；应急共享库现拥有80余种灾害应急物资和650余种生产应急物资，可同时为陕煤集团陕北地区各矿井及周边其他矿井提供应急保障服务。在助力客户降低经营管理成本的同时，从全链条角度来看，也降低了全社会的物流成本。

未来，陕北地区智能仓储网络建设方面的经验成果将在陕煤集团范围内各板块复制推广，实现智能仓储与生产建设高效协同的全系统智能化融合，为加快推动物资供应智慧新体系全覆盖奠定坚实基础。

根据上述资料，回答以下相关问题：

1. 简述陕煤集团智能仓储网络项目的构成及其主要特点。
2. 陕煤集团智能仓储网络项目在功能和定位上有哪些全面提升？这些提升如何与党的二十大精神中关于绿色发展和社会服务的理念相契合？
3. 陕煤集团智能仓储网络项目的经济效益和社会效益主要体现在哪些方面？

第11章 绿色仓储与配送

【本章学习目标】

1. 掌握绿色仓储与配送的基本概念,了解绿色仓储与配送的重要性。
2. 了解绿色仓储与配送的现状,熟悉发展绿色仓储与配送的对策。
3. 了解绿色仓储与配送相关技术。

【知识导图】

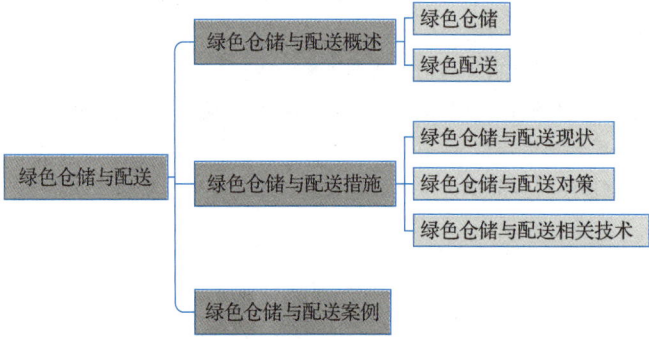

给"飞奔"的城市烙印绿色标签——城市绿色货运配送的"徐州模式"

从田间到餐桌，从枝头到舌尖……如今，越来越多的农产品冲破地域、季节限制，出村进城，一路保"鲜"。这不仅得益于农业生产的日益专业化，更离不开农产品冷链物流的保驾护航。货运便捷生活，城市货运配送"追新逐绿"。在徐州街头，2800多辆纯电动货运配送车辆川流不息、畅通无阻，成为一道亮丽的绿色风景线。

1. 创新模式——三层城市物流配送体系

货运数据是衡量产业经济发展的重要指标之一，经由货运可以让当地商品走向各地市场。目前，徐州物流效率大幅提升，已构建以4座干支衔接型货运枢纽为核心，8个高效运行的公共配送中心为支撑，以及85个遍布主城区的末端共同配送站为基础的配送网络，同时累计培育了9家省级示范物流园区、7家省级重点物流基地。徐州已基本建成"绿色、高效、智慧、集约"的城市货运配送服务体系。目前，干支衔接型货运枢纽—公共配送中心—末端配送站三层城市物流配送体系已经形成。

为了推动城市货运"绿配"高质量发展，徐州市城市绿色货运配送领导小组办公室（简称市绿配办）积极协调各相关部门，创新方式方法，逐一破解货运市场发展遇到的瓶颈。从城市绿色货运配送企业的组建、末端配送网点的建设提升到相关配套设施的完善，市绿配办进行了深入研究和精心规划，并按照相关文件逐步落地实施，持续优化城市绿色货运配送的"关键节点"。

2. 地域特色——给"飞奔"的城市一个新标签

近年来，货运网约车因其便捷性和时效性的优势，发展迅速，货车司机群体逐渐壮大。为了加速绿色货运配送产业的转型升级，市绿配办组织召开政策宣贯会暨绿色配送产品推介会，搭建起政府与企业之间的沟通桥梁，树立企业坚定走绿色发展之路的信心。同时，市绿配办也邀请了徐州的相关企业展示和推广了一批符合绿色、低碳、高效标准的货运配送产品和技术，包括新能源汽车、充电优惠项目、车辆保险方案等。这些产品和技术的推广，将进一步激发市场活力，推动涉新产业大力发展。

3. 冷链崛起——助力绿色物流再升级

近期，徐州市在绿色货运配送领域取得了显著成果，从政策引导到产业升级，再到冷链物流的跨越式发展，彰显着这座城市在"追新逐绿"道路上的坚定步伐。

自2021年起，市政府及相关部门便积极布局，通过出台一系列政策文件，引导和支持符合条件的物流园区和冷链物流企业申报国家或省级骨干冷链物流基地。随着冷链物流设施设备的不断完善，冷冻运输、冷藏运输及恒温运输车辆达到1200辆，市场保有量快速增长。其中，新能源冷链运输车辆逐渐得到市场青睐。新能源冷链运输车辆不仅具备低碳环保的特点，还采用了智能化管理系统和远程监控技术，实现了对运输过程的全程可追溯和精细化管理。

此外，徐州市还积极推动冷链物流与其他产业的融合发展。例如，与农业、食品加工等产业紧密合作，共同打造绿色供应链体系；与电商平台合作开展生鲜配送服务，满足消费者对高品质、绿色生鲜产品的需求。这些举措不仅促进了冷链物流产业的快速发展，也为徐州市绿色货运配送体系增添了新活力。

未来，徐州市将继续加快构建"集约、高效、绿色、智能"的城市货运配送服务体系，秉持绿色发展理念，不断探索和创新绿色货运配送的新模式、新路径，推动徐州市经济高质量发展。

（资料来源：https://www.cnxz.com.cn/newscenter/2024/20241008271257.shtml。）

11.1 绿色仓储与配送概述

菜鸟绿色行动,成为全球首批绿色仓库

11.1.1 绿色仓储

绿色仓储是指在仓储运营中采用环保和可持续的管理策略,旨在减少环境影响,提高资源利用效率。随着可持续发展理念的普及,绿色仓储越来越受到重视。绿色仓储需要注意的几个关键要素如下。

(1)智能仓储:利用自动化和智能化技术来提高仓储管理的效率。例如,自动化拣选系统、搬运机器人等,减少了人工操作。

(2)资源回收利用:鼓励使用可回收和可再生材料,如回收包装材料,以及对废弃物进行有效管理(比如分类回收、再利用)。

(3)节能减排:通过优化仓储设施的设计,如使用节能设备、LED 照明、太阳能等可再生能源,减少能源消耗和温室气体排放。

(4)绿色建筑标准:符合绿色建筑标准的仓库设计。使用低影响的建筑材料,提升建筑的能效和环境友好性。

在现代物流系统中,存储是非常重要的构成要素之一。保管、操作不当会造成货品损坏、变质、泄漏等问题,因此要对货物进行科学养护,加强质量管理。一般的养护和质量管理工作是对货品进行检查、防锈、防霉、防虫、防火等,但一些特殊情况下就要对其进行环境管理,如化学品、危险品的养护和管理。仓储环节产生的环境影响主要在以下几个方面。

(1)仓储物在保管不当时,产生变质、发霉、生虫等损害;有些危险仓储物的泄漏对环境造成不良影响。

(2)对部分仓储物采取技术措施进行管理,如对物体表面喷涂防护和化学药剂,会对仓库周围的生态环境产生不利影响。

(3)由于仓储设施占用大量土地资源,不合理的仓库选址会增加运输次数,增加环境成本。因此要实施绿色仓储策略,就要合理布局仓库,并建立仓储环境影响评价体系。仓库布局合理可以减少交通里程,节约交通成本。如仓库布局过密,会增加运输次数、能耗和废弃物排放量;布局过疏,会降低运输效率,增加空载率。此外也要对仓库进行相应的环境影响评价,充分考虑仓库建设和运营对当地的环境影响。如有些特殊物品应远离居民区,有害物质不能设置在水源地、城市上风口等。表 11-1 列出了一些危险品的特性及其安全储存对仓库的要求。

表 11-1 一些危险品的特性及其安全储存对仓库的要求

危险品名称	危险品特性	对仓库的要求
爆炸性商品	爆炸性	专用仓库,最好利用山势、洼地作为屏障;每幢建筑面积在 100m² 以内,通风良好,四壁防水,采用防日射玻璃,禁用明火灯具
氧化剂	氧化性、遇热分解性、吸水性、化学敏感性、遇酸分解性	库房以隔热、降温为主,库顶宜用绝热材料,库内需加顶棚,地坪宜用空心砖,保持干燥

续表

危险品名称	危险品特性	对仓库的要求
压缩气体和液化气体	剧毒性、易燃性、助燃性、爆炸性	专用仓库，库间距离不少于20m；用耐火材料建造，墙壁坚固并具有绝热性；库底为轻质不燃材料，库内通风干燥、防潮防热，采用防爆式照明；仓库与生活区距离不少于50m
自燃商品	自燃性、条件性	阴凉、干燥、通风的库房；防热隔热设施，库房不宜过大，和临库有一定安全距离
遇水燃烧商品	遇水引发燃烧、条件性	库房地势高、干燥，排水通畅、不渗不漏
易燃液体	易燃性、挥发性、扩散性、爆炸性、有毒性	库房远离生活区，用水方便，消防设施合理分布，库内外墙壁不安装电器设备，安装消毒净化设备
易燃固体	易燃性、燃烧性	库房阴凉、干燥、通风，有隔热防热设施
毒害性商品	有毒性、挥发性、燃烧性、溶解性	普通砖木结构库房，通风良好，有气体净化设备；可安装机械通风排毒设备；防止日照
腐蚀品	腐蚀性、毒害性、易燃性、氧化性、遇水分解	库顶最好是水泥的平顶结构，里面涂耐酸漆；库内各个结构的铁制附件也涂耐酸漆；干燥通风，酸碱性商品分开储存
放射性商品	放射性、易燃性、毒害性、腐蚀性	特型仓库，最好为地下式，墙壁厚度不少于50cm；地面光滑，库内要有下水道和专用渗井

11.1.2 绿色配送

绿色配送是指通过选择合理运输路线，有效利用车辆，科学配装，提高运输效率，降低物流成本和资源消耗，并降低尾气排放的一种配送方式。绿色配送在配送过程中抑制配送对环境造成危害的同时，实现对配送环境的净化，使配送资源得到最充分利用。它包括配送作业全流程和配送管理全过程的绿色化。绿色配送需要注意以下关键要素。

（1）低碳运输：采用环保的运输工具，如采用电动车、混合动力车，甚至自行车配送，减少温室气体排放和化石燃料消耗。

（2）优化路线与调度：利用先进的物流管理系统和技术（如GIS、AI算法等）来优化配送路线，缩短运输时间，降低能源消耗。

（3）集中配送与共享物流：通过集中配送减少重复运输，利用共享物流平台，将多方需求结合，提升运输效率，减少空车率。

（4）透明和可追溯性：利用物联网和区块链技术提高配送过程的透明度，使各环节的信息可追溯，确保环保承诺的落实。

装卸搬运作业产生的各种散发粉尘和烟尘物，如散粮、散煤、散化肥、铁粉、镁砂、道砟、黄沙、食物、棉织品、零星杂品、车辆排出的清洗废水等，不仅造成了资源浪费，影响了装卸效率，还影响了周围环境，造成大气污染、水污染。

装卸搬运污染不仅来自作业过程中的排出物，还来源于不恰当的作业方式。如无效搬运次数的增加，造成了人力资源的浪费；过多的装卸搬运次数还增加了货物破损率，造成资源的浪费和废弃物的增加。因此，为实现绿色配送，使降低的成本成为企业的"第三利润源"，我们要充分利用配送运输中的节能减排技术，调整和优化配送运输网络，使用权威的车辆调度指挥系统，将合理的配送运输路线优化方法灵活运用于纵横交错的运输网络中，及时处理在配送运输过程中因高耗能造成的资源浪费问题。

11.2 绿色仓储与配送措施

11.2.1 绿色仓储与配送现状

我国绿色物流现状

"绿色"革命以可持续发展为目标在全国兴起，并逐渐渗透到各行各业。随着对绿色物流的重视和投入，我国绿色物流得到了一定发展。然而，绿色仓储与配送作为绿色物流的支柱却收效甚微，我国的绿色仓储与配送发展远远落后于西方发达国家。我国在认识和发展绿色仓储与配送的过程中存在很多不足，主要表现在以下几个方面。

（1）绿色仓储与配送的理念和意识不强。

当"绿色"在西方已经成为相当成熟的标准时，我国才刚刚知晓"绿色"的概念。"绿色"在我国仓储与配送业中也是缺失的。我国企业对于绿色仓储与配送的认识是不足的，绿色仓储与配送的理念也未被广泛接受。企业看重的更多是眼前利益，而绿色仓储与配送着眼于长远利益，因而造成了一些企业不愿意接受或者实施绿色仓储与配送。作为产业的引导者，我国政府对于绿色仓储与配送缺乏足够的认识，相关的政策和法规都处于摸索阶段，并没有建立有效的引导体系和提供相关的政策优惠、技术支持。

（2）仓储与配送管理的信息化水平低。

我国大多数企业对信息化管理的投入是不足的。虽有部分企业与时俱进，采用了ERP管理系统中的仓储子系统进行仓储与配送管理，但是从整体运作模式而言，各子系统之间是相互独立的，并没有形成一个有机的整体。另外，企业的高层管理者在实际决策过程中，很少利用来自信息系统的数据来辅助决策和考虑实际的仓储与配送管理问题。基层人员在系统中输入与输出的这些数据只是存在了信息系统里，并没有起到实质性的作用。因此，没有高效的信息化辅助，也就无法实现对储存物资的准确监控和有效的反馈，更难以实现绿色仓储与配送。

（3）传统落后的作业方式占主导。

在仓储管理过程中，一些物品因性质差异，需要构建相应的仓储中心来储存管理，但是多数企业考虑到利益和成本因素对其望而却步。在具体的作业中，仓储与配送作业模式是比较落后的。企业或不愿意花费资金购置新技术设备，或购置了也没有发挥新技术设备的效用，更不愿放弃和改进固有的作业方式，导致库内作业效率低、保管和养护方面疏忽懈怠、物品损耗大。比如，有的企业存有有毒的气体储罐，但却不作相应的防护措施。作业方式的落后，造成了整个仓储与配送环节的无序发展，无法达到绿色仓储与配送的标准（减少资源浪费和降低环境污染）。

（4）仓库选址和布局不够合理。

仓库选址和布局不够合理对环境的影响是巨大的，仓储与配送活动本身和仓储与配送决策都会对环境造成不可小觑的影响。仓储与配送决策主要涉及的是仓库选址和布局。在实际仓储与配送决策中，管理者没有站在整体理性的高度，全面评估所做决策对周围环境的影响。他们更多的是关注着本企业的局部利益，没有考虑到所做决策对交通和社会的影响。比如，一些企业为了减少建设投入，固执地把仓库建在非交通枢纽地带，结果导致仓储与配送环节的运输成本大大增加，加大了城际交通压力，汽车尾气排放量也大大增加，加剧了环境污染。一些企业将储存有危险物品的仓库建在居民区附近，或将一些储存有害物质的仓库设置在水源附近,这些做法都没有考虑仓库选址和布局对环境的影响,是非常不合理的,直接影响了我国绿色仓储与配送的实施和有力推进。

(5) 缺乏绿色仓储与配送的专业人才。

我国不少高校虽然开设了物流专业,但是培养的物流人才大多是重理论、轻实践的人才,而且这些人才都是综合性的人才,绿色仓储与配送方面的专业人才相对匮乏。绿色仓储与配送的实现离不开一定的人才储备,而绿色仓储与配送人才需要具备扎实的物流专业知识。在欧美发达国家,物流人才通常需要通过考核,然后持证上岗,这有助于确保绿色仓储与配送管理标准的有效实施。相比而言,我国对于绿色仓储与配送的研究和关注都处于初级阶段,能够熟悉并准确理解绿色仓储与配送的人才数量有限,绿色仓储与配送方面的专业人才更是稀缺。毫无疑问,这在一定程度上影响了我国绿色仓储与配送的发展速度和绿色化进程的推进。

11.2.2 绿色仓储与配送对策

绿色物流在短短数十年之间渗透到世界各地。发展绿色物流是不可逆转的趋势,而绿色仓储是发展绿色物流的核心之一。绿色仓储既是成本,又能创造价值。在全球化的推动下,我国企业要想在"红海"的竞争中占有一席之地,必然要加强绿色化,从整体上走上良性循环发展之路。推动我国企业的现代化经营管理必然要大力发展绿色物流,特别是绿色仓储物流,实现内涵式发展。我国在发展绿色仓储与配送方面应该注意以下几个方面。

绿色货运的"减碳"密码

(1) 树立绿色仓储与配送观念,政府和社会应加大参与度。

政府应树立绿色仓储与配送观念,打造服务型政府,为发展绿色仓储与配送营造良好的发展环境;政府应鼓励社会参与、重视绿色仓储与配送的推行和发展。具体而言,政府有必要制定和完善相关的法律法规,规范市场监督机制,确立强制性的绿色物流管理体系。在政策上,政府给予企业引导;在经济上,政府给予政策优惠,从而为发展绿色仓储与配送构建理想的社会环境。企业应该强化绿色仓储与配送观念。在实际工作中,企业要全面收集和分析来自仓储与配送作业各个环节的绿色信息,并及时运用到仓储与配送的管理中,合理增加仓配的绿色化。

(2) 加强企业信息化建设。

作为经济活动主体的企业,应该主动加大对信息化的投入和建设力度。在实际运用中,企业管理者在决策时必须重视来自信息系统的绿色信息,将绿色标准设定到企业仓储与配送管理系统考核目标中去。一方面,企业采用仓储与配送管理信息系统,可使各种物流作业处理得更精确,实现迅捷化;另一方面,通过仓储与配送管理信息系统对数据进行汇总,可以进行相关的预测分析,有效控制不必要物流成本的发生。所以,要加强实施网络信息化的意识,提高信息化水平,向信息管理要效益,让绿色仓储与配送实现信息化管理。

(3) 有效配置仓储与配送设备。

企业应该高瞻远瞩,重视对仓储与配送设备的投入。这样做虽然短期内会加大成本投入,但是这是企业实现长期良性发展的保障。有效配置仓储与配送设备,可以促进仓储与配送系统的绿色化,提高仓储与配送作业效率。对有害物资、处于"黑暗"条件下物资的存储,企业可利用自动化仓储与配送系统,解决其管理和存取问题,这样可以保证工作人员的安全;集中库存可以减少设备噪声、油渍污染和视觉污染对周围环境的影响。另外,通过运用自动化系统,并考虑人机工程学原理,结合信息系统,企业可以实现标准化管理,准确掌握库存动态，有效控制成本和提高作业效率，进而实现仓储管理、操作和维护环境的协调，提高绿色仓储管理的效益。

（4）优化仓库布局和选址。

企业在进行仓库布局和选址时，应当从全面的、整体的系统观点出发，合理地进行仓库选址和布局。更重要的是，企业要将绿色化纳入决策的影响因子，以增加决策的"绿色效益"。对于原有仓库，企业也要合理进行整合。企业应该以科学的绿色规划思想着眼全局，协调好库存货物，对库存内部平面进行科学分区，优化作业流程，使之实现货物分类存放、堆码间隔合理，提高仓库空间的利用效率。优化仓库选址和布局，既可以方便作业人员的场内作业，有效降低仓储与配送成本，也可以改善仓储内部储存管理，提高特殊物品的绿色保管质量，将绿色仓储与配送落实到具体环节上。

（5）培养绿色仓储与配送管理人才。

绿色仓储与配送的最大驱动力是人才。党的二十大报告提出："人才是第一资源、创新是第一动力"。绿色仓储与配送管理人才的缺乏是我国绿色仓储与配送实现的"瓶颈"，应当大力培养和吸收一批绿色仓储与配送管理的技术人才。具体而言，各级高校应该加大绿色仓储与配送的研究力度，针对绿色仓储与配送对专业人才的需求开设相关实用的物流管理专业（绿色仓储与配送方向），并制定校企合作的培养计划，为绿色仓储与配送提供相关专业人才；开展专家讲座、参观学习等活动，提高各级领导的绿色意识、可持续发展意识；开设培训班，增强企业领导者和员工的绿色仓储与配送观念，提高绿色仓储、绿色配送、绿色经营的应用意识。

11.2.3　绿色仓储与配送相关技术

目前，绿色仓储与配送的相关技术主要涉及节电、节水、采暖等领域，如采用节能反光屋顶、太阳能屋顶、高效节能的照明系统、先进的低能耗的制热和制冷系统，以及利用循环雨水进行绿化灌溉等。

（1）分布式光伏发电技术。

分布式光伏发电特指采用光伏组件，将太阳能直接转换为电能的分布式发电系统。它是一种新型的、具有广阔发展前景的发电和能源综合利用方式。它遵循就近发电、就近并网、就近转换、就近使用的原则，不仅能够有效提高同等规模光伏电站的发电量，同时还有效解决了电力在升压及长途运输中的损耗问题。特别是在仓储与配送行业，可充分利用仓库集聚区的屋顶资源，铺设分布式光伏电站装置，为仓储与配送企业的仓库内设施（如照明、通风、空调等）以及库区内的路灯、电动叉车充电站和库区办公区提供电力。有统计显示，每平方米太阳能电池板可实现每年 100 度左右的年发电量。

（2）新能源叉车的节能降耗。

在仓储与配送的物流作业中，叉车使用范围遍及各个环节，叉车的节能减排是中国叉车行业的主要发展方向。叉车按动力可分为内燃叉车和电动叉车。在提倡节能减排的今天，内燃叉车的使用就有了一定程度的局限性。相比内燃叉车，电动叉车利用蓄电池作为动力源，除了完全没有废气污染，低噪声也使得作业环境更令人愉快。因此，国际上电动叉车的使用比例达到 60%以上，先进国家的电动叉车使用比例达到 80%。我国于 2015 年全面启动《国家第四阶段机动车污染物排放标准》，进一步限制了机动车污染物排放限值，这无形中对以柴油、汽油等为燃料的内燃叉车起到了一定的限制作用，也促使越来越多的企业将目光投向了更为环保的电动叉车，使其成为室内仓储与配送作业的不二之选。

（3）商超对接的物流周转箱的循环使用。

在商超对接过程中采用物流周转箱循环使用模式，为零售业物流提供了理想的包装设备解决方案。周转箱由于结构稳固，可有效确保箱内产品得到最佳的保护，降低货损；其外观设计有利于商品促销和顾客挑选；此外，周转箱采用批量化的补货模式，有效省去了货架补给及销售成本，同时增加存储空间，提高了超市卖场的空间利用率；周转箱还具备独特的易操作设计，便于折叠、堆叠及套叠，进一步优化了物流和仓储流程。

根据实际情况，建议政府出台相关政策，大力推进物流周转箱循环使用模式，通过财政补贴和激励措施，引导企业在几年内逐渐提高物流周转箱的使用比例。

（4）绿色包装的技术创新和管理创新。

目前，中国电商包裹已经达到 140 亿个，产生了大量的垃圾污染，成为社会关注问题。采用绿色包装理念、可循环包装、减量包装和可降解包装，是物流配送领域减少污染的重要举措。

目前，一些企业通过回收包装纸箱实现部分包裹循环包装；一些企业通过用物流便利箱取代纸箱进行电商配送（物流便利箱可多次循环使用），减少了大量包裹纸箱垃圾；也有企业采用减量包装的手段，如在小家电等电商配送时，不在产品包装箱外再增加一层纸箱包装，这样做也可以减少纸箱垃圾。

（5）城市物流共同配送。

共同配送模式也称共享第三方物流配送服务，指多个客户联合起来共同由一个第三方物流服务公司提供配送服务。共同配送的本质是通过物流配送集约化和规模化降低作业成本，提高物流资源的利用效率，降低车辆进城次数。共同配送有集中配送、协同配送等多种模式。

新能源配送车辆推广应用

（6）新能源配送车辆推广应用。

电动车、液化天然气（Liquefied Natural Gas，LNG）配送车等新能源配送车辆是节能降耗效果显著的配送车辆。城市电动配送车辆一般都集中从仓储节点出发，这样充电和加气问题容易解决；配送范围主要集中在市区，这样一般的电动车辆或 LNG 配送车辆的运距也能满足要求。因此，在城市推广新能源配送车辆具备良好的基础，并且相比普通新能源轿车，其推广难度更小。此外，平均每辆配送车辆运行距离和时间比轿车要长，其污染物排放也远远低于轿车。因此，推动新能源配送车辆的应用，节能降耗的效果更为明显。

（7）智能穿梭车与密集型货架系统。

智能穿梭车与密集型货架系统是欧洲厂商推出的绿色物流新型仓储模式。该模式在承托托盘的轨道中利用无线电控制、蓄电池驱动的穿梭车独立来回行驶，同时穿梭车能与固定于货架端部的垂直提升机自由组合、配合使用，替代堆垛机，完成托盘或物流箱的快速存取作业，实现节约能源和降低污染物排放。智能穿梭车技术推出后改变了传统立体库的设计理念，其系统拓展非常方便，是市场应用面极广的新产品。它适用于对空间利用率要求较高的冷库以及旧仓库的升级改造，节能降耗显著。

初步测算，这一模式替代传统意义上的巷道堆垛式立体库模式，可以使仓库空间利用率由普通立体库的 45% 提升到 80% 左右，同时由于该模式作业有效载荷与设备自重比值较小，不仅大大降低了每个仓储单元存取作业的能耗，还由于蓄电池的驱动，使室内物流作业排放几乎为零。智能穿梭车技术是绿色节能的物流技术装备，符合目前世界发展的潮流。该技术近两年在中国发展非常快，以每年 100%以上的速度发展。

（8）仓库 LED 节能照明系统改造。

LED 堪称是照明技术的伟大革命，是立竿见影的绿色环保节能产品，它不含汞、铅等对环境污染很大的重金属，而且电能转换成光的效率非常高，比白炽灯省电 90%，比荧光节能灯省电 80%，使用寿命至少是普通照明的 10 倍。

仓库 LED 节能照明系统改造实践结果表明，即使在仓库库区改善了照明效果的基础上，采用 LED 照明一般都比原照明系统节约电能 40%～50%。

由于 LED 节能照明系统改造的节能效果好，也相对容易，2014 年进行 LED 节能照明系统改造的仓库就有 100 多个。

（9）一体化冷库节能技术集成应用。

一体化冷库主要从两个方面进行节能创新，一是集成应用大幅度降低能耗的技术，包括在建筑结构上采用一体化设计，采用节能保温材料，减少仓库门热消耗的双门自控技术等创新技术；二是通过采用地源热泵技术、顶排管制冷技术以及先进的制冷控制系统等，大幅度提高制冷效率。根据企业实际的案例测评，一体化冷库节能技术集成应用相比普通冷库可以节约电能约 80%。考虑到实际情况，保守估计按照节能 70%测算，在冷库领域推广这一先进技术也有巨大的节能降耗潜力。

11.3　绿色仓储与配送案例

物流行业作为现代供应链体系的重要组成部分，其节能减排对于推动实现"碳中和"意义重大。2015 年，万科集团正式推出独立物流品牌——万纬。经过 8 年的发展，万纬物流已经成为国内出色的多温区综合物流解决方案服务商。万纬的核心业务覆盖全国超 50 个主要城市，仓储规模超过 1200 万平方米，冷链仓储规模全国领先，服务 1600 多家企业。近日，位于上海自贸区临港新片区的万纬上海临港园区顺利通过绿色仓库评审，这是万纬物流探索绿色低碳的进一步实践。截至 2024 年 1 月，万纬物流旗下已累计拥有超过 860 万平方米的绿色认证面积，其中包括 108 个绿色三星认证项目、12 个 LEED 铂金级或金级认证项目。

科普小知识——什么是碳中和、碳达峰

1. 为"车厘子"定制专属物流解决方案

近年来，中国成为智利车厘子的全球主要市场。据统计，2022 年以来，智利出口近 40 万吨车厘子，相当于 8000 万个 5 公斤箱，其中约 7000 万箱出口至中国。春节前，智利车厘子抵达上海南港码头，进入万纬上海奉贤临港冷链园区等待发往下游市场。

为保证将新鲜优质的车厘子送到市民的餐桌上，万纬冷链为车厘子贸易商定制了专属物流解决方案：面向批发市场的产品，在临港园区完成越库操作，园区根据品牌、品种、规格做验收，并协同客户问答完成产品质检操作，再分发到全国各大水果批发市场；面向零售渠道的产品，在验收完成后进入冷库，再根据客户需求进行分拣，最后运送至盒马、沃尔玛、Ole、奥乐齐等商超渠道，为消费者送上一份"洋年货"。

万纬上海临港园区临近上海两大重要港口——洋山港和南港，对于进口水果的客户来说，该地理位置极为优越，可大大缩短卸货、入库时间，降低超期还柜风险，节约成本。

除了优越的地理位置，万纬上海临港园区还拥有精准温控、超声波加湿及新风系统，设有10间独立催熟库，并配备亚洲首条奇异果自动分拣线，拥有的光学成像识别系统可自动进行原料果筛选，高效率剔除瑕疵果，每周产能可达20万标准箱。万纬上海临港园区是万纬物流重点打造的集预冷、仓储、越库、质检、库存管理、催熟、包装于一体的水果综合营运中心，为长三角水果产业供应链提质增效。

2. 实施 ESG 管理理念

ESG 永续理念

"绿色仓库"评价认定由中国仓储与配送协会开展，以推进新能源在仓储设施的开发与利用。经综合考察核实，万纬上海临港园区达到《绿色仓库要求与评价》（SB/T 11164—2016）标准要求，符合《中国绿色仓库认定办法》规定的一级（三星）绿色仓库条件。

万纬上海临港园区在设计、建造、运营全周期中引入 ESG（环境、社会和治理）管理理念，绿色低碳目标贯穿始终，包括在所有仓库屋顶架设分布式光伏系统，采用人体感应 LED 照明系统，用热氟融霜代替电融霜，利用可再循环木制托盘和电动叉车等，还以智慧化手段为园区的节能减排赋能。以屋顶光伏为例，经估算其年均发电量足以覆盖园区1~3号库及综合楼的日常运营用电，进而实现园区运营阶段零碳排放。

该案例入选生态环境部宣传教育中心与大道应对气候变化促进中心（CTeam）联合发布的《2022企业气候行动案例集》，并亮相联合国气候变化大会（COP27），是唯一入选的物流行业案例。此外，该园区还获得了国内首个由德国莱茵 TÜV 大中华区携手英国建筑研究院（BRE）颁发的净零碳物流项目认证，并获得 LEED 铂金级认证。

3. 探索碳中和路径

2022年12月，万纬物流发布《近零碳智慧物流园区白皮书》，提出"科技赋能，引领园区智慧碳中和"的理念，并制定了自身的"3+4+N"碳中和路径。"3"为3个着力点，即 ESG；"4"为4个抓手，即管理理念转换、绿色建筑推广、冷链智慧管理和万纬"零碳圈"；"N"为 N 个减碳行动，包括万纬"零碳圈"、碳管理数字化、分布式光伏覆盖、建筑低碳化等。

在探索契合自身特色的碳中和路径的同时，万纬物流还与行业伙伴、协会、咨询机构等开展多种形式的合作，协力推动物流行业实现可持续发展。2022年，万纬物流参与起草的国家标准《绿色仓储与配送要求及评估》（GB/T 41243—2022）、团体标准《零碳物流园区创建与评价技术规范》（T/SEESA014—2022）均已正式发布实施。

为实现绿色低碳的未来，万纬物流将在既有优势基础上积极践行碳中和理念，继续推动绿色全覆盖，确保所有新建冷库100%通过绿色仓库认证，新建冷库分布式光伏100%覆盖，推动项目实现近"零碳"目标，并与产业链上下游的合作伙伴共同推进全行业的碳中和进程。

本 章 小 结

本章分别介绍了绿色仓储和绿色配送的概念，随后分析了当前绿色仓储与配送面临的困境与现状，并且给出了相应的应对措施。本章最后通过万纬集团的案例，进一步介绍了绿色仓储与配送在当前企业中的应用。

习 题

一、选择题

1. 绿色仓储与配送的核心目标是（ ）。
   A．降低成本 B．提高效率
   C．减少环境影响 D．增加利润
2. 新能源车辆在绿色配送中扮演（ ）的角色？
   A．减少碳排放 B．提高运输速度
   C．降低运输成本 D．增加运输距离
3. 以下哪项措施不属于绿色仓储与配送的实践？（ ）
   A．在仓库屋顶安装太阳能光伏板 B．使用氢燃料电池车进行配送
   C．采用自动化设备减少人力使用 D．优化配送路线以减少行驶距离

二、简答题

1. 什么是绿色仓储？
2. 什么是绿色配送？
3. 当前绿色仓储与配送面临哪些现状？
4. 绿色仓储和配送过程中运用了哪些现代技术？

三、思考题

1. 你还能说出哪些绿色仓储或者绿色配送的案例？
2. 在党的二十大报告中，强调了"必须牢固树立和践行绿水青山就是金山银山的理念，站在人与自然和谐共生的高度谋划发展"。结合这一精神，请分析在当前绿色仓储与配送领域，企业应如何落实绿色发展理念，促进物流行业向绿色低碳转型，并提出具体的实施策略。

四、案例分析

京东物流的绿色仓储与配送

京东物流作为中国领先的电子商务物流提供商，一直在积极探索和实施绿色仓储与配送的解决方案，以减少对环境的影响。

绿色仓储与配送　第11章

京东物流推出了"青流计划"，其中包括使用可降解的包装材料和减少包装材料的使用量。他们还鼓励消费者参与包装回收计划，以促进包装材料的循环利用。

京东物流在仓库中使用了更多的自动化设备，如自动化货架系统和智能拣选机器人，以减少能源消耗和提高作业效率。此外，京东物流还在仓库屋顶安装了太阳能光伏板，以利用可再生能源。京东物流在配送车队中引入了电动车辆和氢燃料电池车辆，以减少配送过程中的碳排放。同时，通过优化配送路线和提高车辆装载率，进一步降低了能源消耗。

通过这些措施，京东物流成功减少了包装废物、降低了能源消耗，并减少了仓储与配送过程中的温室气体排放，体现了其对可持续发展的承诺。

（资料来源：京东物流官网。）

根据以上案例所提供的资料，试分析：

1. 描述京东物流在绿色包装方面采取了哪些措施，并分析这些措施对环境和企业运营的潜在影响。
2. 讨论京东物流在绿色仓储和配送方面实施的自动化和新能源技术，以及这些技术如何帮助企业实现可持续发展目标。

第12章 现代专业化仓储与配送

【本章学习目标】

1. 了解并掌握电商仓配的运作模式,熟知电商仓配的各个环节。
2. 了解海外仓与保税仓的概念,并能指出二者区别。
3. 了解并掌握冷链物流在现代企业仓储和配送中的应用。
4. 了解前置仓概念以及与即时配送的关联。

【知识导图】

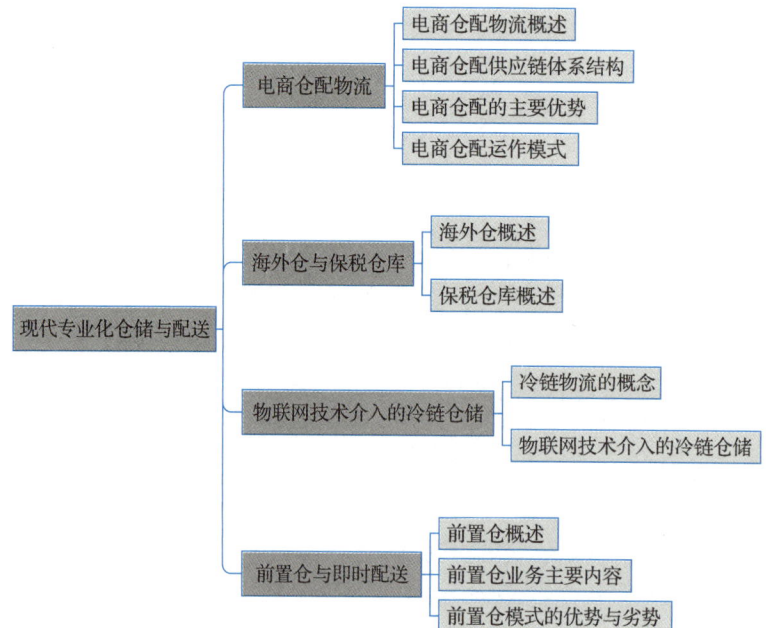

导入案例

强强联合——对现代化仓储与配送的提前卡位与应用

2021年，SPOTTER成立。SPOTTER以欧美为核心市场打通全球B2B分销渠道，基于覆盖跨境出海全链路的自研系统矩阵，为优质品牌在物流供应链、金融财务、运营策略、渠道采销等出海的关键领域提供一站式出海方案。作为全球自营渠道的前沿探索者，SPOTTER与众多领先的中国品牌建立了战略合作关系，通过数据驱动精准赋能企业品牌布局海外渠道，帮助品牌商出海提速、获取全球增量。

2024年2月28日，菜鸟和SPOTTER签署了合作协议。菜鸟将向SPOTTER提供新一代智慧仓储管理系统（WMS），以推动其海外仓的标准化和高效化建设。该系统将覆盖SPOTTER自营仓管理的全业务流程，并与OMS系统（订单管理系统）、MDM系统（主数据管理系统）、ERP系统（企业资源计划系统）及BI系统（商业智能系统）深度集成，保证仓储业务全流程闭环管理。此次合作是菜鸟物流科技在全球化布局上取得的新进展，也是SPOTTER在跨境自营渠道分销领域的重要里程碑。通过合作，双方将共同打造更加高效、智能的海外仓储管理体系，为品牌出海提供更加便捷、高效的物流服务。

深圳市递四方速递有限公司（以下简称"递四方"）成立于2004年，定位为全球跨境电商供应链综合服务提供商。公司专注跨境电商物流领域，以IT和大数据技术为核心驱动力，为全球跨境电商商户提供全方位的服务。

2016年，递四方获得阿里巴巴集团旗下菜鸟网络的亿级战略投资，成为阿里巴巴买全球卖全球战略的重要合作伙伴与物流服务提供商。2022年5月，菜鸟国际和递四方达成全年物流服务战略合作。双方合作后，将共同为海外仓客户商家提供全链路解决方案和服务，提升海外仓的运营效率和服务质量，为跨境电商商户提供更好的仓储和物流服务。

菜鸟携手SPOTTER与递四方，在现代化仓储与配送领域精准布局，抢占了发展的先机。这一合作不仅彰显了各方的前瞻性思维，更对推动整个行业的现代化进程起到了举足轻重的作用。通过携手并进，他们正共同书写着仓储与配送领域的新篇章，引领着行业向更高效、更智能的方向发展。

（案例来源：https://www.100ec.cn/detail--6636695.html，有改编。）

12.1 电商仓配物流

B2B订货+仓配一体化

12.1.1 电商仓配物流概述

电商仓配物流是"互联网+物流"的一种整合形式，主要是借助互联网平台，与客户进行互动交流，完成网上商务交易和提供线下物流服务，同时利用库房、场地、设备进行货物的保管和配送，其延伸功能包括金融领域的融通仓服务与海外仓服务。

从物流一体化到仓配一体化再到供应链物流体系，网络技术、信息技术的贡献最大，电商是最终的内驱力。所以，从狭义的模式讲，电商仓配一体化并不是新生事物，20世纪90年代兴起的电子商务合同制物流或综合物流服务就是"仓"和"配"一体的，只不过其核心业务是围绕B2B物流开展的，主要服务环节为产品下线后到经销商或零售商仓库之间的物流，完成的是仓储管理、干线发运及配送等业务。国际上有代表性的物流企业包括 DHL、UPS、FedEx、DSV、日通（Nippon Express）等；国内主流物流企业包括中外运、招商局物流、中储集团、中远海运物流等央企，以及如顺丰速运、京东物流、满帮集团、安迅物流等部分民企。

仓储和配送作为现代物流重要环节，其整合一体化发展是实现物流一体化的必然要求和重要条件。

12.1.2　电商仓配供应链体系结构

电商仓配供应链体系是指将传统供应链电子商务化，通过互联网服务平台实现供应链交易过程的全程电子化。该体系涵盖供应商、制造商、仓库、配送中心和渠道商等主体，整合了商流、资金流、信息流、物流等多个方面，以实现更高效的供应链管理。在构建电商仓配供应链体系时，必须尊重电子商务环境下的供应链特点及供应链优化的方式，并以此建立电子商务环境下的仓储配送供应链体系结构，使整个体系结构以结算中心、物流中心、虚拟供应链服务系统和互联网为支撑平台。通过信息流引导资金流和物流，良好地解决整个仓储配送供应链的资金流、信息流和物流问题。通过该支撑平台的支持，企业可以专注于自身竞争能力的提高，并在此平台上构建仓储配送供应链的动态联盟。

（1）基于 Web 的供应链支撑平台。

电子商务时代的仓储配送供应链要求有快速的信息传递、资金流转和物流配送，基于 Web 的供应链支撑平台良好地解决了仓储配送供应链中的信息流问题，并通过信息流引导资金流和物流，使仓储配送供应链中的资金快速到位，物流配送的效率大幅度提高。

（2）支撑平台提供支持。

基于 Web 的供应链平台使得仓储配送供应链中的各个企业可以专注于自己的核心业务，有效利用自身资源提高竞争力，构建竞争优势。同时也极大地加强了各企业之间的交流，保证了关键信息的共享并减少了企业通信成本。

（3）虚拟供应链的服务系统。

虚拟供应链的服务系统由专门的中立的信息服务中心提供技术支持和服务，这样既有利于提高服务质量和效率，降低供应链运作成本，又使供应链合作伙伴感到平等和稳定。同时，虚拟供应链的服务系统为整个供应链支撑平台的正常运作提供了基础，并通过统一处理供应链中的信息，增强了供应链合作伙伴之间获得信息的及时性和可见度。

12.1.3　电商仓配的主要优势

以电商物流企业为代表的仓储配送供应链建立的目标是：通过构建更柔性的仓储配送供应链管理体系，不断驱动企业供应链和后端支撑系统的改造，加快上下游各仓储配送环节之间的快速响应和异常情况的快速应对，通过与多终端电商平台的对接，一站式解决仓储配送供应难题。同时密切关注客户的需求和重视客户服务，在仓储配送供应链管理中以客户需求为导向，将客户关系管理与供应链上下游的运作结合起来。"电商+仓储管理+配送"已经成为新型电商仓配公司新的业务模式。传统模式下，电商负责订单汇总、制订发货计划、拣货、配货、包装，而配送企业只负责取件、中转和配送。而在"电商+仓储管理+配送"

模式下,电商所要做的只有一个动作——下单,其他的均由仓配企业来运作,这是一条龙的解决方案服务。主要电商企业的物流配送模式如表 12-1 所示。

表 12-1　主要电商企业的物流配送模式

电商企业	物流配送模式
淘宝	平台模式,通过整合第三方物流资源,提供高效的配送服务
京东	自营模式,通过自建物流体系,从配送中心到运输队伍全部由自己整体建设,确保了物流服务的可控和高质量
当当网	外包配送模式,将配送环节全部外包给第三方物流企业,通过合作提高配送效率和覆盖范围
苏宁电器	垂直一体化模式,物流队伍和仓储体系建设全部由电商企业自己完成,确保了对物流服务的完全控制

(1) 仓配一体化的流程与盈利模式。

电商仓配需要在特定的模式中体现价值。目前基于创新思想,运作流程与盈利模式成为电商仓配关注的焦点。以快递为例,在传统的物流中,客户向商家下单后,商家通知快递公司取件,然后快递公司进行转运、配送。而在运行仓配一体化之后,整个物流被分割成了跨区间的信息流动+同城之间的包裹流动,也就是说客户下单,商家接单之后,商家利用信息系统与快递仓库对接,之后从仓储操作到配送都是由快递公司来完成的。而信息是由仓库 WMS 系统和商家 ERP 系统来对接传输的,过程是即时的。仓配一体化的盈利点可以分为五个部分:仓储租赁、仓内加工管理、配送、保险和其他增值服务。其中仓储租赁包括对托盘和仓储盒的租赁;仓内加工管理包括收货和加工两部分;配送则包括传统的快递、物流;同时,盈利内容还包括人工服务和保险费用支付等。

(2) 服务多元化,提高企业专注度。

物流企业通过将仓储与配送整合为一体化,集中了商品管理、订单管理(包括订单打印、订单拣选、订单包装、订单称重等)、商品配送、逆向物流(退换货)等服务。对企业来说,这些基础服务和增值服务的整合释放了整个供应链后端的压力,使企业可以更专注于自己的核心业务。

(3) 实施仓内标准化流程管理。

实施仓内标准化流程管理必须借助先进的信息技术和网络技术,很多企业通过自主研发的仓配一体化系统,从前端到末端对仓配全生命周期进行监控,实现了仓配标准化的管理。企业通过质检流程规范化、条形码统一化和采购流程标准化等措施,最大限度提高出货配送的效率和准确率。此外,企业也可提供个性化定制服务,利用系统收集数据,优化系统以及提供各类仓配的分析报表。

(4) 拓展了仓配服务的内容和范围。

传统简单的进、销、存管理已经满足不了现在用户的需求,单点、单仓也无法满足市场发展的需要。从行业需求角度以及供应链的管理角度来看,最优化的方式是将供应链上的几个关键节点整合到一家公司来管理,这样可以增强协调性,实现整体效率的最大化;而如果是每一个节点由不同公司负责,节点之间的衔接可能会出问题。因此,无论是从降低成本还是提高效率上看,仓配一体化和云仓都是一个必然的趋势。电商物流已不再是单纯地强调服务,而是要推出适合电商的物流产品,消除电商企业的物流痛点,从配送到仓配一体,推动行业迈向形态更高级、分工更优化、结构更合理的发展阶段。

12.1.4 电商仓配运作模式

电商仓配运作模式将仓储与配送两个环节整合为一个系统化的物流运作模式。在这种模式下,电商企业通过自建或租赁仓库,将商品存储、拣选、包装、配送等环节集中管理,实现全流程的自动化和信息化。电商仓配运作模式与一般的物流运作模式基本相同,但是在内容上有所差异。

(1) 电子商务企业自建仓配物流。

自建仓配物流模式是电子商务企业为了满足自身对于物流业务的需求,自己投资建设的仓配系统,这包含了企业自身投资购置仓储的设备,配置必要的仓储人员,开展自主的管理和经营等。企业自建仓配物流有利于强化对于货物仓储的管控能力,可以使得企业的仓配物流完全地服务于企业自身的战略发展,有利于企业自身的发展和壮大。同时自建仓配物流也能够有效地提升企业的形象,从长远来看,能够为企业节约不必要的物流成本。但是仓配物流中心因为投资比较大,建设的周期也比较长,往往要占用大量的资金,企业会付出更多的机会成本。这种模式的优点包括以下几点。

① 可以更大限度地控制仓配。由于企业对仓库拥有所有权,因此企业作为货主能够对仓配实施更大限度的控制,而且有助于与其他系统进行协调。

② 储位管理更具灵活性。由于企业是仓库的所有者,所以可以按照企业要求和产品的特点对仓库进行设计和布局。

③ 仓配成本较低。如果仓库得到长期的充分利用,可以降低单位货物的仓配成本,在某种意义上说这也是一种规模经济。

④ 最大限度展现企业实力。企业将产品储存在自有仓库中,会给客户一种企业长期持续经营的良好印象。客户会认为企业实力强,经营十分稳定、可靠,会成为企业持续的供应者,这有助于提高企业的竞争优势。

这种模式的缺点包括以下几点。

① 企业资金投入大,长期占用一部分资金。无论企业对仓储空间的需求如何,仓库的容量是固定的,不能随着需求的增加或减少而扩大或减少。当企业对仓储空间的需求减少时,仍须承担仓库中未利用部分的成本,而当企业对仓储空间有额外需求时,仓库却无法满足。

② 仓库位置和结构的灵活性差。如果企业只能使用自有仓库,则会由于数量限制而失去战略性优化选址的灵活性;对于市场的容量、市场的位置和客户的偏好变化来说,如果企业在仓库结构和服务上无法适应这种变化,将失去许多商机。

(2) 第三方仓配物流模式。

第三方仓配物流模式是在 20 世纪中后期的欧美发达国家兴起的一种物流模式,是一种典型的外包模式,这主要是指由物流劳务的供应方、需求方之外的第三方去完成物流仓配服务的专业化的物流模式。第三方仓配物流模式注重利用社会资源,强化了社会分工协作,并且一般情况下,第三方物流企业的效率要高于企业内部的物流仓储部门的效率,具有专业化和低成本等优势,近年来一直受到物流行业的关注。

第三方仓配物流模式的专业化能够很好地消除电商企业在物流配送方面的各种顾虑，使得电商企业能够更加关注自身的网络商品经营，并有效降低电商企业的物流仓储和配送成本。目前，第三方仓配物流模式在我国的发展尚不完善，难以满足电商企业对于仓配物流的现实需求，所以很多电商企业在发展的过程中，仅仅是将一部分的物流交给第三方仓配物流公司去运作，余下的部分由自己来单独完成，以此来降低物流运作过程中的风险。

新的第三方仓配物流公司，开始更加注重对设备系统端的投入以及提升服务的品质以寻求差异化发展。比如备受关注的中联网仓，通过高自动化设备以及定制化的系统来提高工作效率，同时研究出"傻瓜式"的标准化操作流程，提前完成业务转型，成为国内第三方电商仓配物流服务的新标准。使用第三方仓配物流有助于企业降低成本，从而使企业有更多精力和资金专注于前端的发展。

第三方仓配物流模式的优点包括以下几点。

① 完善的内部管理标准。用户在选择合作方的时候通常会要求对方出示其内部管理文件，虽然目前的第三方仓配物流公司都已经通过ISO9001认证，但它们的内部管理文件之间仍存在一定的层级，客户可以要求对方提供某一个层级的某一个文件进行查阅，比如设计作业指导书、标准作业手册、商业流程设计说明文件等。通过这些文件可以了解该第三方物流公司的内部操作是否细致、内部流程的标准是否合理。

② 合理的报价可以避免隐性收费。目前电商仓配物流的收费模式有两类：一类是按操作量进行收费，如入库按件收费、发货按单或件收费、存储按件收费、退货按件收费等；另一类是按耗用资源、开发式合同收费，如按仓库、人员、设备、耗材等的使用收费。对于客户来说，他们通常会计算自己的物流成本，然后对比第三方仓配物流公司的报价，不同的报价之间会有差异，客户需要将费用核算清楚，注意避免一些隐性的收费。

③ 合理有效的项目运营计划。客户在与第三方仓配物流公司合作之前，首先要明确好自身的需求，包括自身需要的工作量、要达到的目标等。根据客户的需求，优秀的第三方仓配物流公司会在整体业务层面上设计出一个未来的运营方案。客户可以大致判断方案是否符合自身的需求，以及方案的合理性。

④ 先进的项目实施流程。在制订仓配物流方案的基础上，第三方会在采购、销售、财务管控等主要流程上，针对客户的特性做出具体的业务流程和设计。对客户而言，在了解第三方基本情况之后，会比较其与其他企业的业务流程的差异，包括分析第三方的仓配管理规律，考虑如何与自己固有的 ERP 系统对接，财务管理方面也会考虑库存账目核算问题。

（3）仓配物流联盟模式。

仓配物流联盟模式又称为共用仓配物流。在电子商务条件下，消费者所在地的分散和运输的远距离已经成为非常普遍的情况。无论一个企业的仓配物流功能有多强大，其物流网络也无法覆盖全国所有地区。在这种情况下，构建仓配物流企业之间的仓配联盟可以很好地解决单个仓配物流企业网络覆盖率小的问题；同时，可以增强仓配物流企业之间的信息交流，有效地实现仓配物流信息的共享。

① 仓配物流联盟建立的要点。在物流智能化进程尚未完全拉开之前，"自建物流仓储"与"第三方物流"曾是电商之争的关键。现在，"互联网+"将改变这种格局，在互联网背景下，物流资源的整合已经实现了资源共享的仓配一体化，外包与自建不再成为主要关注焦点。随着仓配一体化平台的不断涌现，自建物流已不能占据大量的市场份额。在"互联网+"

背景下，重点是利用网络平台实现电商企业之间的竞争，竞争的核心在于通过行业整合带来更优质的用户体验和价值获得感。随着大数据、智慧管理系统的运用以及仓配一体化平台的不断发展，电商企业之间的物流仓配一体化平台竞争日趋激烈。

② 仓配物流联盟形式创新。仓配物流联盟基于"互联网+"的高效物流理念，其核心在于多式联运、一体化运作、一站式服务、多网协同、多业联动，这些要素共同构成了一体化综合性的仓配服务模式，成为物流联盟形式创新的内驱力。

2022年5月，在《国务院办公厅关于印发"十四五"现代物流发展规划的通知》（以下简称《规划》）中明确提出了构建现代物流体系的目标和任务，包括加快物流枢纽资源整合建设、构建国际国内物流大通道、完善现代物流服务体系等。这些政策导向鼓励企业加强合作，形成优势互补、资源共享的仓配联盟，为创新仓配联盟形式提供了宏观指导和政策支持。菜鸟网络和淘宝天猫平台通过合作，实现了仓配一体化，成为电商企业在外包物流方面走上了利用网络平台实现仓配一体化的道路的典型代表。菜鸟网络通过与淘宝天猫的合作，搭建了覆盖全国的智能网络仓储体系，为淘天集团的商家提供高效的物流供应链服务。这种合作不仅帮助商家降低了运营成本、提升了配送时效，还为消费者提供了更加便捷、高效的物流服务，包括送货上门、按需揽派、上门退换货等特色服务。目前，宅急送加入了物联云仓，而这正是企业间通过"互联网+"实现融合发展的典型。通过运用互联网技术，宅急送对接物联云仓，在没有自建物流的情况下，解决了仓配问题，在实现产业融合的同时，节约了大量物流成本。

③ 资源整合平台建设。目前，由政府或企业在部分区域和行业领域搭建了一些社会化或专业化的资源整合平台，如中国铁路95306网、菜鸟智能物流骨干网等，现有各类互联网平台超过2000个，各类移动终端应用近300个。一体化网络平台在"互联网+"的时代效应下，不断成为物流行业资源共享、降本增效的制胜法宝。目前，"互联网+"带动行业科技不断革新的同时，也在不断刷新着智慧物流格局。物流智能化发展已成为诸多电商企业的下一个"蓝海"。

④ 企业平台建设效益明显。为突破行业发展瓶颈，仓配物流联盟精选全国优质仓储服务商和城配服务商，共同打造了一个覆盖全国的仓配一体化网络平台——共同仓配。该平台不仅涵盖了仓储网络，还整合了配送网络，真正实现了仓储物流业一条龙服务。

与目前市面上一些公司的仓配一体化相比，仓配物流联盟除可承接覆盖全国的B2C快递业务，还致力于电商交易供需双方的B2B和O2O仓储配送业务。不仅如此，为了提供最具有品质和竞争力的仓配服务，共同仓配向联盟内的仓储服务商和城配商（如物联云仓）免费提供订单管理系统和仓储管理系统软件，同时要求这些服务商和城配商统一采用物联云仓提供的SOP（标准作业流程），以及提供专业的运营管理指导等服务。

12.2　海外仓与保税仓库

12.2.1　海外仓概述

海外仓及其操作流程

海外仓模式的建立是一个复杂而系统的过程，需要企业从多个方面进行考虑和规划。只有做好充分的准备和规划，才能确保海外仓的顺利建立和高效运营。海外仓是指建立在海外的仓储服务设施,也是仓配一体化模式在跨境物流中的表现形式。跨境电商企业按照一般贸易方式,将商品批量出口到境外仓库,电商平台完成销售后,再将商品送到境外的消费者手中。在跨境电商物流中,邮政快递、海外快递、海外专线、海外仓等四种物流模式占有重要地位。

在跨境电子商务中,国内企业将商品通过大宗运输的形式运往目标市场国家,在当地建立仓库、储存商品,然后再根据当地的销售订单,第一时间做出响应,及时从当地仓库直接对商品进行分拣、包装和配送,这是海外仓给跨境电商带来的物流价值。

1. 海外仓建设前提与基础

海外仓模式的建立需要参与的物流企业之间互相信任,能够及时地开展国际信息的沟通和交流,另外在开展合作的过程中应该明确双方合作的原则和利润的分配标准,这是物流海外仓能够长期发展和存在的基础。

（1）需要有良好的物流体系。

海外仓的建设首先需要依托于一个高效的物流体系。这包括与电商平台、物流公司的系统对接,以实现信息的实时共享和高效协同。同时,海外仓的地理位置应靠近主要的物流枢纽,以确保货物的快速流转。很多有实力的电商平台和出口企业正通过建设海外仓布局境外物流体系。海外仓的建设可以让出口企业将货物批量发送至国外仓库,实现该国本地销售,本地配送。自诞生开始,海外仓就不单单是在海外建仓库,它更是一种对现有跨境物流运输方案的优化与整合。

（2）解决瓶颈问题。

海外仓模式属于跨国物流形式,这种形式有利于解决跨境电子商务的种种痛点,鼓励电商企业走出去。在海外仓模式下,客户下单后,出口企业通过海外仓直接在本地发货,大大缩短了配送时间,也降低了清关障碍;货物批量运输,降低了运输成本;客户收到货物后能轻松实现退换货,也改善了购物体验。目前,在各大跨境电商和出口企业建设海外仓的同时,相关政府部门也正在完善跨境电商相关的法律和税收服务体系建设,解决跨境电商运作中的政策性瓶颈。

（3）企业有跨境电商的产业基础。

海外仓作为跨境电商的重要支撑点,其建设应基于跨境电商的产业基础。只有具备完善的跨境电商产业链和供应链体系,才能确保海外仓的货源充足、品质可靠。截至2024年6月,我国跨境电商主体已超12万家,海外仓的数量更是超过了2500个,总面积超过3000万平方米。其中,专注于服务跨境电商的海外仓数量超过1800个,面积超过2200万平方米。这些海外仓不仅数量众多,而且分布广泛,形成了以北美和欧洲为重点的全球服务网络。它们作为跨境电商的重要基础设施,正以其布局合理、功能完善的特点,为国际贸易提供强大的支撑和保障。政府对跨境电商的支持政策也是海外仓建设的重要推动力。我国政府通过制定和实施相关团体标准、国家标准以及出台一系列支持政策,进一步推动了海外仓的规范化和高质量发展。例如,2023年国务院办公厅印发的《关于加快内外贸一体化发展的若干措施》明确提出要加强外贸新业态新模式的宣传和业务培训,促进"跨境电商+产业带"模式的发展。

2. 海外仓的优势

《2023 海外仓蓝皮书》中的数据显示，截至 2022 年年末，海外仓数量较上年末增长 30.17%；面积合计约 2600 万平方米，较上年末增长约 58%。其中，美国市场 2022 年新增 253 个海外仓，新增面积 653.5 万平方米，平均单仓面积达到 1.41 万平方米，呈现出一定的规模化趋势。海外仓的优势主要体现在以下五个方面。

（1）物流成本降低。

跨境卖家的物流成本将会大大降低。海外仓将商品预先存储在目标市场的仓库中，通过集中存储和批量运输实现规模效应，从而大幅降低单位商品的物流成本。特别是对于重量较大的货物，通过海外仓发货的费用优势更为明显。

（2）包裹时效缩短。

海外仓模式允许商品预先存储在目标市场的仓库中，当订单产生时，可以迅速从离消费者最近的仓库发货，大大缩短了配送时间。通过节省报关、清关等流程所需的时间，客户通常可以在较短时间（如 1~3 天）内收到货物，相较于从中国发货更为迅速。

（3）店铺好评率高。

客户下单之后最关心的就是售后服务，海外仓可以提供包括货物时效、退货、换货等延伸服务。当客户有相关需求的时候，可以利用海外仓进行售后服务，这样既解决了客户后顾之忧，也提高了店铺的满意度。

（4）产品曝光度提升。

如果平台或者店铺在海外有自己的仓库，那么当地的客户在选择购物时，一般会优先选择当地发货，因为这样对买家而言可以大大缩短收货的时间。海外仓的优势就是能够让卖家展示自己特有的产品品牌，从而提高产品的曝光率，提升店铺的销量。

（5）有助于市场拓展。

海外仓更能得到国外买家的认可。如果卖家注意品牌营销，自己的商品在本国不仅能够获得买家的认可，也有利于卖家积累更多的资源去拓展国外市场，扩大产品销售领域与销售范围。

12.2.2 保税仓库概述

保税仓

保税仓库是保税制度中应用最广泛的一种形式，根据《海关总署令第 105 号（中华人民共和国海关对保税仓库及所存货物的管理规定）》，保税仓库的定义为：经海关批准设立的专门存放保税货物及其他未办结海关手续货物的仓库。储存于保税仓库内的进口货物经批准可在仓库内进行改装、分级、抽样、混合和再加工等，这些货物如再出口则免缴关税，如进入国内市场则须缴纳关税。各国对保税仓库货物的堆存期限均有明确规定。设立保税仓库除为贸易商提供便利，还可促进转口贸易。

保税仓库是一个存放未缴关税货物的仓库，就如境外仓库一样。货物存放在保税仓库中可以节省一大笔租金费用，尤其是存储时间较长时，这项优势会更加明显。保税仓库的仓租较便宜，而且可在申报时将货物直接在保税仓库运走报关。保税仓库顾名思义，重在"保税"，税费一般由进口商预缴，等商品出售时再转嫁给消费者，商品入关后存放在公司仓库或各零售店。

1. 保税仓库的类型

保税仓库按照使用对象不同可分为公用型保税仓库、自用型保税仓库、专用型保税仓库三种类型。

保税仓的三大类型

（1）公用型保税仓库。公用型保税仓库由主营仓储业务的独立企业法人经营，专门向社会提供保税仓储服务。

（2）自用型保税仓库。自用型保税仓库由特定的独立企业法人经营，仅存储供本企业自用的保税货物。

（3）专用型保税仓库。专用型保税仓库是保税仓库中专门用来存储具有特定用途商品或特殊种类商品的仓库。专用型保税仓库包括液体危险品保税仓库、备料保税仓库、寄售维修保税仓库和其他专用型保税仓库等。

液体危险品保税仓库，是指符合国家关于危险化学品仓储规定的，专门为石油、成品油或者其他散装液体危险品提供保税仓储服务的保税仓库。备料保税仓库，是指加工贸易企业存储为加工复出口产品所进口的原材料、设备及其零部件的保税仓库，所存保税货物仅限于供应本企业。寄售维修保税仓库，是指专门存储为维修外国产品所进口的寄售零配件的保税仓库。

2. 保税仓库的作用

（1）促进国际贸易便利化。

保税仓库允许企业在未办结海关手续的情况下，暂时存放进口货物。这为企业提供了缓冲时间，可以在等待相关手续完成或市场需求明确后再进行报关和缴税，从而有效降低了因市场波动带来的库存风险。此外，保税仓库还可以作为转口贸易的基地，便于货物在国际间流通，进一步促进了国际贸易的便利化。

（2）优化资源配置与降低成本。

保税仓库通过集中管理进出口货物，实现了资源的有效整合和优化配置。企业可以根据市场需求灵活调整库存结构，避免货物过度积压或短缺，从而降低仓储成本和资金占用。同时，保税仓库通常位于交通便利、物流成本较低的区域，这有助于企业降低整体运营成本。此外，保税仓库内的货物在进口时无须缴纳关税和增值税，也为企业节省了一定的税费成本。

（3）支持加工贸易转型升级。

保税仓库为加工贸易企业提供了重要的原材料和设备存储场所。企业可以将进口的原材料和设备存放在保税仓库中，待加工成成品后再出口或内销。这种模式有助于企业降低生产成本、提高生产效率，并推动加工贸易向更高层次发展。同时，保税仓库还可以提供保税维修、检测等增值服务，为企业在全球范围内提供快速响应和高效服务提供了可能。

（4）加强海关监管与保障税收。

保税仓库的设立加强了海关对进出口货物的监管力度。海关可以对保税仓库内的货物进行实时监控和管理，确保货物的合法性和安全性。同时，保税仓库的货物在进口时虽然暂不缴纳关税和增值税，但一旦货物离开保税仓库进入国内市场或出口到其他国家，海关将依法征收相关税费，从而保障了国家的税收收入。

（5）促进经济发展与招商引资。

保税仓库的设立和发展有助于促进当地经济的繁荣和发展。一方面，保税仓库为当地企业提供了便捷的物流和仓储服务，降低了企业的运营成本和时间成本；另一方面，保税仓库的税收优惠政策和便捷的金融服务也吸引了更多的外资企业前来投资兴业，进一步推动了当地经济的发展和招商引资工作的深入开展。

3. 保税仓库发货的优势

保税仓库实际上是一个享有国家特殊政策，受到国家特殊监管的区域，与通常预缴关税的流程不同，保税仓库是进口商品在获得海关批准后进入特定仓区存放的场所，商品在此可暂不缴税，待商品出售后再缴税，起到"暂缓缴税"的作用。保税仓库发货具有以下几个优势。

（1）成本低。对商家来说，现金流是每一个商家的生命线，由于通常进口商进口的商品数量都比较大，因此每件商品的税费乘以总数都是一个不小的数字。10%～30%的进口关税得以暂缓征收，就会使商品成本降低，出售的价格就可以相应下调，消费者就可以买到更便宜的商品，从中获利。

（2）发货速度快。商品提前存储在国内的保税仓库中，一旦有订单产生，便可以迅速进行分拣、包装和发货，这样可以帮用户省去等待商品从国外飞到国内的这段时间，在海淘中享受到和在国内网站购物相同的物流体验。

（3）退货有保障。相信海淘过的顾客最大的苦衷就是"海淘一时爽，退货等三年"。且不说海淘的东西国内无法质保，在美亚、日亚、乐天、eBay这些地方买的东西，一旦出现问题，退货就会很困难。但在保税仓库模式下，发现问题，将商品退到国内保税仓库或购物平台就可以了，这样做还可享受到《中华人民共和国消费者权益保护法》的保护。

（4）质量有保障。判断一件商品是不是正品，最重要的是看货源。由于境外采购渠道和国外品牌商的合作方式相同，保税仓库渠道的货源与海外直邮的货源相同，因此保税仓库中的商品从源头上就能保证是正品。而商品统一进入国内保税仓库后，还会受到海关的严格监管，又加上了一道"安全阀"。

12.3 物联网技术介入的冷链仓储

冷链物流

12.3.1 冷链物流的概念

冷链物流泛指冷藏冷冻类食品在生产、贮藏运输、销售到消费前的各个环节中始终处于规定的低温环境下，以保证商品质量，减少商品损耗的一项系统工程。它是随着科学技术的进步、制冷技术的发展而建立起来的，是以冷冻工艺学为基础、以制冷技术为手段的低温物流过程。

12.3.2 物联网技术介入的冷链仓储

由于目前互联网已经基本普及，网络营销特点表现得十分明显，即普遍存在销售点分散、销售量小、销售次数多、销售过程复杂多变等情况，尤其是生鲜食品。同样的商品在同一时间可能面临不同的温度，商品尤其是食品质量难以保证。目前，通过物联网的电子标签，可以清楚地了解商品的物流情况。运用互联网，通过冷链物流的控制中心控制其制冷设备，通过销售人员数据的提示，就可以快捷查询包括生产日期在内的产品信息。

（1）采购环节的冷链。

传统的产品生产在原材料的采购过程中很少采取预冷措施，且对操作的规范性要求不高。虽然生产过程中是依照生产厂商的规定进行操作的，但操作过程的透明度不高，不能确定是具体的哪方面出了问题，更不能确定相应的责任人。物联网、互联网的采用，能够解决这个问题。在采购原材料的时候就对其进行电子标记编码，建立数据库，通过电子标签，能够对产品的整个生产加工过程进行连续的监控，包括将当前的温度、湿度以及相应的操作人员，全部录入数据库，这样既能清楚地追溯问题产生的原因，实现针对性地即时改进，也能够确定责任归属。

（2）生产结束后的冷链。

在产品生产完成以后，产品不是直接进入市场，而是要进行储存，再根据需求进行物流配送到物流中心或者是销售点。目前的储存水平相对于以前来说，已经有了很大的改善和提高，但是在这个过程中仍然存在着一些问题。比如，不能保证所有的产品都是按照先进先出的原则储存的，这样可能造成部分产品在仓库的储存时间过长，后面的销售时间很短的情况，特别是冷藏的产品的保质期短，更容易出现这类问题。运用物联网技术之后，仓配管理变得更加的简便、快捷、高效。

（3）存储过程中的冷链。

在生产加工时为产品添加电子标签，这些标签具备自动识别功能，使得在入库时，通过读写器可以快速记录产品的入库时间和相应的数量等信息。仓库的管理过程中不再需要人员逐个进行清点盘查，通过读写器进行快速的读取或者通过数据库查询相应的数据就能清楚仓库库存的详细情况。产品出库时，利用数据库能够快速确定产品，从而避免了产品先进后出现象的发生。产品上的电子标签还能够对周围的环境进行监测，并把数据反馈给物联网，再通过智能处理调节仓库的环境，提高配送质量。

（4）运输过程中的冷链。

运输过程是生鲜冷链物流中较为薄弱的环节。在移动设备上制冷的成本高、效果差。特别是在多种运输方式并存，长距离或连续转运的情况下，冷藏效果更差，这是造成大部分的产品质量下降，甚至使产品失去使用功能的重要原因。冷链物流智能系统通过产品上的电子标签，把在运输途中的信息反馈给系统的控制中心，控制中心根据反馈的信息进行智能处理，及时调节制冷设备，就可以保证产品在运输过程中的质量。

（5）特殊商品的冷链。

目前，冷链物流的适用范围包括初级农产品（蔬菜、水果；肉、禽、蛋；水产品；花卉产品）、加工食品（速冻食品、禽、肉、水产等包装熟食；冰激凌和奶制品；快餐原料）、特殊商品（药品）。食品冷链是以保证易腐食品品质为目的，以保持低温环境为核心要求的供应链系统，因此它比一般常温物流系统的要求更高、更复杂，建设投资也要大很多，是一个庞大的系统工程。

由于许多商品尤其是食品的时效性要求较高，冷链各环节应具有更高的组织协调性。因此，食品冷链的运作始终是和能耗成本相关联的，有效控制运作成本对食品冷链的发展起到关键作用。

12.4 前置仓与即时配送

前置仓

12.4.1 前置仓概述

前置仓是指在社区附近建立的仓库。区别于传统仓库远离最终消费人群的模式，前置仓一般通过租赁社区底商或小型仓库（200～500 平方米），密集分布在社区周边（一般为 3 千米内），用于存储生鲜、快消品等商品，然后由骑手完成"最后一公里"的配送服务，将商品直接送到消费者手中，前置仓流程如图 12.1 所示。

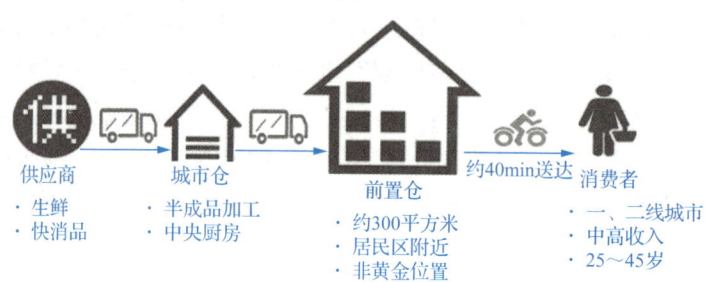

图 12.1 前置仓流程

前置仓模式是随着生活水平的提高以及大城市生活节奏加快而出现的，现在人们既希望生活"既快又好"，又希望能够在采购的时间成本和商品性价比之间找到最佳结合点。所以前置仓的核心在于融合大店的规模化优势和小店的便利性，走出介于"大"和"小"之外折中的第三条道路——既近且全，同时保障品质，这也是新零售追求的终极目标。

前置仓通常采用"城市中心仓+前置仓+消费者"的运营模式。根据仓库形式的不同，前置仓的运营模式主要分为"明仓"和"暗仓"两种。明仓是"前店后仓"的形式，即仓库和门店结合，提供线上即时到家和线下店内体验的服务。暗仓则是由城市仓负责供货，骑手从前置仓取货进行配送的形式。两种前置仓的模式如图 12.2 所示。

图 12.2 前置仓模式

前置仓模式的典型特征是区域密集建仓、就近配送。目前成熟的案例较多，包括叮咚买菜和朴朴超市等，这类企业通常选择先在特定区域发展市场，建立仓网密度和服务优势后，再逐步向其他城市拓展。从城市布局来看，一线城市和经济发达的二线城市是前置仓的主要布局区域。例如，叮咚买菜目前已在全国20多个城市设立超过1000个前置仓，重点覆盖上海、杭州、南京、深圳、成都等地，形成了较强的市场渗透能力。朴朴超市也主要集中在福州、厦门、广州等南方城市布局，强化服务效率。这一模式尤其适用于生活节奏较快、对便利性要求较高的用户群体，如年轻白领和都市家庭用户。

12.4.2 前置仓业务主要内容

前置仓的布局规划是配合新物流兴起而设计的，其基本思想是前置仓的仓储物流离实体店距离比较近。在做前置仓业务时，也要遵循商业模式创新过程，从积累商业数据开始，逐步与相关业务关联企业合作，通过拓展业务范围、降低经营成本、提供优质服务，从而实现前置仓模式的最终效果。

（1）积累商业数据。

一些成熟的仓配公司已经进行了一段时间的前置仓业务探索，积累了一些建设和运营前置仓的经验。例如，前置仓网点往往选择设在人口密集的社区周边；理论上前置仓需要和前端销售平台合作，运用大数据分析订单密度等。但由于运营前期没有数据积累，很多物流公司更多的是通过商业经验，分析外围数据，如根据小区数量、小区居民数量、小区房价等分析当地的消费水平和结构，决定将前置仓网点设置在哪里，通过一段时间的运营，就可以根据大数据进行分析，对前置仓网点进行优化和调整。前置仓通常拥有一个几十平方米的小型冷库，其中包括一组冷柜和冷风柜，配送采用保温箱，这样存储生鲜产品的效率更高，效果更好，物流成本更低。

（2）做好横向协作。

前置仓模式采用接力传递方式提供冷链物流即时服务，其是否能够运行良好，涉及与合作伙伴是否能良好协作。因此，要做好双方的系统对接、产品品质管理等工作。为了最大限度地减少前置仓操作对生鲜产品品质的影响，前置仓通常只承担货品临时存储、包裹生产、货品"最后一公里"配送功能。与以前"中心仓+配送站"模式有所不同，前置仓将以前由中心仓负责的包裹生产作业前置化，配送站则不再进行拆包、拣货、打包的工作，对SKU（最小库存单位）不做任何外形处理。

（3）拓展业务范围。

有些前置仓正在进一步拓展销售业务，逐渐转型为生鲜O2O模式。帮客户销售产品与自己销售产品还是有很大区别的，最重要的是要有销售体系和人员。多数前置仓运营企业最初属于物流企业，缺少零售的业务基础。因此，要做好零售，必须在系统建设、管理优化和人才储备上不断加强投入，这需要一定的人力、财力、物力支持。

12.4.3 前置仓模式的优势与劣势

1. 前置仓模式的优势

前置仓模式最主要的优势是可以实现云平台、云市场、即时营销和全域营销，在商业流通领域全方位实现仓配的空间与时间价值，保证终端门店低成本运营和持续盈利。

在现代零售环境当中，仓库的前置变得越来越重要。它可以较好地利用社会商业资源，将分散的资源进行有效整合，在原有的功能基础上扩展或增加功能，以终端顾客需求为行为导向。用户下单后，能够尽可能在最短的距离和时间内送货上门。

新零售带动新物流，这是新零售模式下，线上线下物流融合最重要的一大突破，前置仓也正是在这种经济环境下产生的。消费者购买的商品不仅可以由专属的电商仓库发出，还可以灵活地从附近门店发出，商家位于线下的门店将成为一个个放在消费者身边的"前置仓"，这种模式既能满足消费者的极速、精准等配送需求，又能帮助商家降低仓储成本，更智能地运营销售供应链。前置仓的主要优势体现在以下几个方面。

（1）仓配更加及时。前置仓模式可以使得商铺的配送更加及时。消费者下单后，都是从最近的仓库发货，也就是从附近的零售店发货，这样商品就可以在短时间内送到客户手里。在实际操作中，如果门店有库存可以发货，系统将在消费者支付前的页面上显示"定时达"字样。消费者可以选择不同时段的送货上门服务，有的门店最快的可选时段就在下单后的2小时，这意味着门店发货最快2小时就可以送到。

（2）仓配成本低。前置仓不仅仅是简单地把大仓库拆成小仓库再去配送，前置仓的模式本质上是用类似200~300平方米的面积，承载十余个生鲜大品类的2000多个SKU。从面积上来说，这类似于便利店的面积大小；从覆盖品类以及客群来说，这又类似于大中型生活超市的客群和覆盖能力。因此，该模式是以小博大，财务杠杆效应比较明显。

前置仓的运营成本主要是房租成本和配送人员成本。目前相关运营商家和企业越来越感受到成本上升带来的压力，原因有两个。第一，相比庞大的电商业务，尽管包括生鲜冷链物流在内的即时配送发展很快，但是实际业务量并不大；第二，前置仓运营属于劳动密集型行业，需要投入大量配送人员，同时仓库与制冷系统建设属于重资产投入，成本较高。

为了化解成本压力，许多公司也做了很多新业务模式的尝试。一方面，在配送环节，前置仓越来越依赖众包物流配送平台，因为使用众包物流配送平台的运力，相比自建配送队伍，成本低很多，并且很多配送平台都提供专门的冷链配送装备（如冷链配送箱），也能给前置仓节约很大的成本。另一方面，充分挖掘前置仓的资源潜力，创造更多的效益，如增加前置仓的商品展示和销售功能。自提服务是前置仓的重要功能之一，因此可以在门店为上游客户做线下体验、商品展示与推广等服务。这样，前置仓就不仅仅是物流仓配中的一个环节，还可以成为一个新的销售通路。

（3）实体店将成为配送支点。自阿里巴巴全面启动新零售战略以来，其在物流领域除前置仓之外，还推出了多项创新服务。在传统的物流模式里，行业内能做到当日达、次日达已经是非常快了。但是随着盒马鲜生推出3公里内30分钟送达，以及天猫超市生鲜推出"1小时送达"服务，阿里巴巴基于线上线下融合的即时物流异军突起，实现了消费者体验的大幅改善。在这种背景下，前置仓可以探索更多的创新模式来应对终端零售市场需求的变化。

目前，天猫和菜鸟进一步把即时物流拓展到了天猫商家的旗舰店，这意味着即时物流不再局限于生鲜这个垂直门类，未来可以全面服务于天猫商家。未来，店与仓功能的融合是趋势，菜鸟门店未来的目标是，在新零售下，线下实体店会进一步形成3公里距离内的供求体系，很多商品并不需要从电商的仓库里发货，可以从靠近消费者最近的实体店发货，这些实体店会变成未来物流配送的重要支点。

随着菜鸟和屈臣氏天猫旗舰店在物流供应链的深入合作，这项服务预计将覆盖全国

430多个城市的3000多家屈臣氏门店。除屈臣氏，周黑鸭等食品企业、银泰等大型商城都将加入到门店发货的体系中，门店的仓配功能体现得越来越明显。到那时，菜鸟将把最快2小时送达、定时送达、极速退换货等服务融合到新零售消费场景中，实现线上线下的深度融合。

（4）保证终端门店实现盈利。前置仓模式能否盈利主要取决于订单密度和客单价。总体来说，前置仓模式的盈利机制尚不明朗，除每日优鲜在2017年宣布其单月营收突破2.8亿元，月订单量达300万单，一线城市全面盈利，尚未有其他企业宣布盈利。

前置仓模式突破了传统的开店模型，尝试走一种新的中间路线。例如，平均门店面积在4000~5000平方米、采取"前店后仓"模式的盒马鲜生，其思路就是前置仓模式。不过，相比较而言，省去开店成本的前置仓，前期投入更低。在拣货效率上，"前店后仓"也是仓配模式的选项，可以形成一套库存体系，同时应对门店和配送两种渠道的需求。

许多商家在对门店功能的开发方面已经做好了充分准备，如果线下门店变身前置仓，商品就可以从消费者身边送出。目前，有些大城市的消费者在屈臣氏天猫旗舰店购物时，菜鸟将根据消费者的收货地址，定位附近3公里内的屈臣氏门店。同时根据消费者下单的商品，计算门店内的库存，实现货、时、地三个可信要素的最佳整合。

目前，屈臣氏的天猫旗舰店共有500多个SKU的商品支持门店发货服务。消费者下单的一瞬间，一条消息会被推送至门店锁定库存，通知打包，另一条消息将通知快递员上门揽收。菜鸟的合作伙伴"点我达"预计将投入数万名快递员，专门用于门店发货的即时配送服务。上班族白天工作忙，下班后商场多已关门，品质高、品种丰富的日用品在便利店又无法买到，经常出现没有化妆棉之类的窘境。有了"门店发货"和"定时送"，就可以提前从网上下单，根据自己的下班时间来选择送达时间。

2. 前置仓模式的劣势

虽然前置仓在体验上优势很明显，但是对于平台方来说，运营难度极大。

（1）客户订单的不确定性，导致损耗的不确定性，同时还存在如何补货的问题。

（2）每个地段的消费者差异，产生了品类运营差异和价格差异。即使在同一个城市的多个区域，这种差异也十分明显。当扩展到全国范围时，这种复杂性就会大大上升。由于前置仓运营成本较高，且规模存在差异，因此终端店的前置仓辐射范围（3公里内）也会有所不同。

前置仓运营模式是信息化时代下的产物，但前置仓的落地运营离不开物流产业的高速发展。前置仓需要顺应市场的需求，不断改进发展模式。不管是从"暗仓"到"明仓"还是未来与新的信息化产物结合，从配送市场、平台用户的需求来说，前置仓对于提升配送效率、用户体验方面都有非常亮眼的表现，仍然有着广阔的发展空间。

本 章 小 结

电商仓配运作模式包括电子商务企业自建仓配物流模式、仓配物流联盟模式、第三方仓配物流模式。海外仓是指建立在海外的仓储设施，也是仓配一体化模式在海外物流中的表现形式。跨境电商企业按照一般贸易方式,将商品批量出口到境外仓库,电商平台完成销售后,再将商品送到境外的消费者手中。保税仓库,是指由海关批准设立的专门存放保税货物及其他未办结海关手续货物的仓库。这些货物如再出口则免缴关税,如进入国内市场则须缴纳关税。

冷链物流流程环节包括采购环节的冷链、生产结束后的冷链、存储过程中的冷链、运输过程中的冷链、特殊商品的冷链。冷链物流的发展策略为创建电商物流企业联盟,实现共同配送。

前置仓就是把仓库设在离消费者更近的地方,可能是某个办公楼,可能是某个社区,也可能是直接把零售门店附以仓库功能,用户下单后,能够尽可能在最短的距离和时间内送货上门。前置仓模式的优势:仓配更加及时、仓配成本低、实体店将成为配送支点、保证终端门店实现盈利。

习 题

一、选择题

1. 在电商仓配管理中,哪个环节负责商品的入库、存储和出库管理?(   )
   A. 订单处理　　　　B. 库存管理　　　　C. 配送管理　　　　D. 客户服务
2. 以下哪项不是电商仓配中常用的物流信息技术?(   )
   A. RFID 技术　　　B. 条形码技术　　　C. 手工记账　　　　D. 物流信息系统
3. 保税仓通常设立在哪里?(   )
   A. 海外　　　　　　B. 中国境内　　　　C. 边境地区　　　　D. 自由贸易区
4. 海外仓的主要功能不包括以下哪一项?(   )
   A. 本地化配送　　　B. 退换货便捷　　　C. 税务优惠　　　　D. 市场反应迅速
5. 以下哪项不是冷链配送过程中需要考虑的关键因素?(   )
   A. 温度控制　　　　B. 配送时间　　　　C. 运输成本　　　　D. 产品包装颜色
6. 冷链仓储的主要目的是什么?(   )
   A. 保持产品新鲜度　　　　　　　　　　B. 降低库存成本
   C. 提高配送速度　　　　　　　　　　　D. 优化供应链管理
7. 前置仓的主要作用是什么?(   )
   A. 降低运输成本　　　　　　　　　　　B. 提高配送速度
   C. 储存大量库存　　　　　　　　　　　D. 优化供应链管理
8. 即时配送的主要特点是什么?(   )
   A. 低时效性　　　　B. 高成本　　　　　C. 快速响应　　　　D. 大量库存

二、简答题

1. 简述电商仓配中订单处理的基本流程。
2. 海外仓相比传统仓库有哪些优势?

3. 冷链配送过程中如何进行温度监控？
4. 简述前置仓在电商物流中的作用。

三、思考题

1. 电商仓配管理在未来可能面临哪些新的挑战和机遇？
2. 思考保税仓和海外仓在跨境电商中的不同作用及其对企业发展的影响。
3. 物联网技术从哪些方面介入冷链仓储？
4. 前置仓模式与即时配送之间有何关联？

四、案例题

天猫国际保税仓库运营策略

在全球化的今天，跨境电商以其独特的商业模式和便捷的购物体验，成为了连接世界各地消费者的桥梁。作为这一领域的重要参与者，天猫国际保税仓库凭借其高效的物流管理和先进的仓储技术，为消费者提供了安全、便捷的购物保障。

一、天猫国际保税仓库的运营之道。

天猫国际保税仓库的成功运营，离不开其精细化的管理和先进的科技支持。首先，保税仓库严格遵守国家相关法律法规，确保每一件商品的合法性和安全性。其内部采用先进的仓储管理系统，商品被严格分类、标识和存储，以保障商品在存储过程中的质量。在商品入库环节，天猫国际保税仓库对商品实施严格的质检和备案流程，确保商品符合相关标准和规定。同时，通过详细记录和追踪，仓库能够随时掌握商品的库存情况和销售动态。在商品出库时，保税仓库根据消费者订单信息，迅速完成商品的拣选、打包和发货，通过智能化的物流系统，实时追踪物流信息，确保商品安全、及时地送达消费者手中。

此外，天猫国际保税仓库与海关、税务等部门的紧密合作，确保了商品在进出境过程中的合规性和顺畅性。这种协同工作模式为消费者提供了更加便捷、高效的购物体验。

二、天猫国际保税仓库的运营模式与技术创新。

天猫国际保税仓库的运营模式主要依托于跨境电商平台的优势资源和技术支持。通过与各大电商平台的深度合作，保税仓库能够获取到丰富的商品资源和订单信息，实现对商品的精准管理和高效配送。同时，保税仓库与海外供应商建立紧密的合作关系，不断拓展商品种类和来源，满足消费者多样化的购物需求。

在技术创新方面，天猫国际保税仓库积极探索新的运营模式和技术应用。引入物联网、大数据等先进技术，提升仓库的智能化水平和管理效率。这些技术的应用使得保税仓库能够更好地适应市场需求的变化，为消费者提供更加优质、个性化的购物体验。

（资料来源：https://www.cogolinks.com/insight/308，有改编。）

根据以上案例试分析：
1. 天猫国际保税仓库在引入物联网、大数据等技术后，具体是如何提升运营效率的。
2. 分析在保税仓库运营中进行技术创新可能遇到的挑战，以及天猫国际是如何应对这些挑战的。

参 考 文 献

陈修齐．现代仓储与配送管理[M]．北京：电子工业出版社，2008．

郭冬芬．仓储与配送管理项目化实操教程[M]．北京：人民邮电出版社，2016．

何庆斌．仓储与配送管理[M]．2版．上海：复旦大学出版社，2015．

贾春玉，双海军，钟耀光．仓储与配送管理[M]．北京：机械工业出版社，2019．

李娜，刘明伟．仓储与配送管理:微课版[M]．北京：清华大学出版社，2022．

刘常宝．现代仓储与配送管理：基于仓配一体化[M]．北京：机械工业出版社，2020．

刘俐．现代仓储管理与配送中心运营[M]．北京：北京大学出版社，2008．

沈文天．配送作业管理[M]．4版．北京：高等教育出版社，2021．

施先亮．智慧物流与现代供应链[M]．北京：机械工业出版社，2020．

孙家庆，孙倩雯．仓储与配送管理[M]．2版．北京：中国人民大学出版社，2021．

田源．仓储管理[M]．3版．北京：机械工业出版社，2015．

汪利虹，冷凯君．冷链物流管理[M]．2版．北京：机械工业出版社，2024．

张志乔．物流配送管理[M]．2版．北京：人民邮电出版社，2014．

郑克俊．仓储与配送管理[M]．4版．北京：科学出版社，2018．

周兴建，冷凯君．现代仓储管理与实务[M]．3版．北京：北京大学出版社，2021．